〔증보판〕
자치통감17

〔증보판〕
자치통감17(권097~권102)

2021년 7월 10일 개정증보판 1쇄 찍음
2021년 7월 18일 개정증보판 1쇄 펴냄

지은이   사마광
옮긴이   권중달
펴낸이   정철재

펴낸곳   도서출판 삼화
등 록   제320-2006-50호
주 소   서울 관악구 남현1길 10, 2층
전 화   02)874-8830
팩 스   02)888-8899
홈페이지 www.samhwabook.com

도서출판 삼화, 2021, Printed in Seoul Korea

ISBN 979-11-5826-367-6 (94910)
       979-11-5826-498-7 (세트)

〔증보판〕

자치통감17

권097~권102

들어가면서

증보판《자치통감》 출판에 붙여

《자치통감》을 완역해서 세상에 내놓은 다음부터 많은 독자로부터 원문도 함께 읽고 싶다는 요구가 있었다. 그러나 원문 작업이 그리 만만한 일은 아니었을 뿐만 아니라 그보다도《자치통감》에 대한 이해를 돕기 위한 책들을 정리하는 것이 먼저라고 생각하였다.

그래서 탄생한 책이《자치통감》에 실린 사론을 정리하여 해설한《자치통감사론강의》이고, 중국 역사의 전체적인 흐름을 보려는 새로운 시도가《중국분열》이며, 복잡하여 이해하기 힘들다는 위진시대를 쉽게 이해하도록 사상사적 측면에서 접근해 본 것이《위진남북조 시대를 위한 변명》이고, 황제제도의 구조적인 모습을 보기 위한 작업이《황제뽑기》였다. 그 외에도《자치통감》을 좀 더 깊이 이해하고자 하는 독자를 위하여《평설자치통감》을 집필해야 했고, 대중들을 위하여 명언을 모아 설명한《촌철활인》, 입문서《자치통감 3번 태어나다》,《생존》,《3권으로 읽는 자치통감 294》 같은 일반인들의 교양물도 출간하였다.

물론 이러한 작업을 하면서도 눈에 띄는 대로 이미 출간한 원고의 보정 작업을 계속하면서 번역문에도 조금씩 수정을 가한 부분이 있게 되었다. 이러는 동안에도 많은 독자가 원문을 볼 수 없는 아쉬움을 표하는 경우를 접하면서 이왕 이 작업을 하는 바에야 독자들에게 원문을 제공하는 것이 옳을 것 같다는 생각을 하였다.

그러나 원문을 교정 보는 작업은 그리 간단하지가 않았고 많은 시간이 필요하였다. 그러나 '자치통감 행간읽기'를 마친 독자라면 좀 더 깊이 알고자 할 것이고, 따라서 번역문과 원문이 동시에 필요할 것이라는 데까지 생각이 미쳤다. 그리하여 작업이 끝나는 대로 번역과 원문을 붙여 증보판이라는 이름으로 출간하기로 하였다.

증보판을 내는 또 다른 이유는 우리가 그동안 익숙하게 아시아의 역사를 '중국사 프레임'으로 보는 것을 깨 보고자 하는 생각도 있다. 즉 중국 문화는 아시아 문화의 중심이며 중국 문화의 동심원적 확산이 바로 아시아 문화인 것처럼 이해하였다. 그뿐만 아니라 중원 대륙의 주인은 한족(漢族)이고, 언필칭 정사라고 하는 25사가 마치 한족 왕조의 면면히 이어졌다는 오해를 풀어야 하기 때문이다.

《자치통감》은 사마광이 역사 사실을 객관적으로 정리한 역사책이다. 이 책의 집필 의도가 황제나 집정자에게 교육시키려는 것이었으므로 '있는 사실 그대로'를 전하려고 하였던 것이었다. 편견 없는 역사 사실만이 진정으로 자신을 돌아보고, 새로운 방향을 설정할 수 있기 때문이었다. 역사적 진실만이 가치가 있는 것으로 생각한 사마광은 한족(漢族)임에도 한족의 단점과 실패의 사실도 집어낼 수 있었고, 이른바 이적의 장점도 은연중에 드러나게 하였다. 그러한 점에서 《자치통감》은 '중국사'가 아니라 '아시아사'이다.

그런데 숙황(叔皇) 금(金) 왕조에 쫓기어 남쪽으로 내려온 남송의 질황(侄皇) 치하에 살았던 주희는 몰락해 가는 한족을 목도하면서 한족에게 애국심을 고취하여야 했던 당시 시대적 상황에 맞추어 역사를 혈통 중심의 정통론이라는 허구적 이념을 세워 《자치통감》을 《자치통감강목》으로 만들어 중국 중심으로 역사를 보려고 하였다. 물론 이것은 시대적 상황에서 필요하였던 것이고 이념을 주장하기 위하여 역사를 이용한 것일 뿐이다.

그런데 우리나라에서는 주자학을 정치이데올로기로 받아들이고 이념서인 《자치통감강목》을 역사라고 오도함으로써 부지불식간에 아시아 역사를 중국 중심으로 보는 왜곡된 시각이 형성되었다. 그리하여 우리도 모르는 사이에 '혈통'이라는 편견을 가지고 역사를 본 《자치통감강목》의 영향으로 500여 년간 '중국사 프레임'에 갇히게 되었고, 그 영향은 오늘에까지도 미치고 있다.

'중국사 프레임'으로 보는 아시아 역사는 중원에 있는 나라는 한족(漢族)이 중심이고, 중원의 우수한 문화가 동심원적으로 사방으로 퍼져

나가 교화시킨 것이 아시아 문화이고, 화이(華夷)는 당연히 구별되고 이적은 배척되어야 하며, 중원에 세워진 왕조가 면면히 이어져 왔다는 것을 실재하였던 현실로 받아들였던 것이다.

《자치통감》은 주희가 이념으로 가공하기 전의 원본으로 '역사를 사실 그대로 이해할 수 있는' 것이 가능하지만 아직도 《자치통감》을 '중국사'로 생각하고 있는 사람이 대부분이다. 이제부터라도 《자치통감》을 1,362년간의 '아시아 역사'로 인식하기를 바란다.

대방재(待訪齋)에서

권중달 적음

목차

권098
진기20 : 석호의 죽음과 북방 세력

권099
진기21 : 부용씨와 모용씨

권100
진기22 : 부견과 모용준의 대결

권101
진기23 : 정족을 이룬 중국천하

권102
진기24 : 전연의 멸망

❖ 황제계보도

부록

《자치통감》구성 : 총 294권 1,362년간

권차	기년 왕조	기록 기간	중 요 사 건
001~005	전국 주	기원전 403 ~256년 (148년간)	■ 주나라의 권위가 무너지고 제후국들이 통일을 위해 각축전을 벌인 전국시대.
006~008	진(秦)	기원전 255 ~207년 (49년간)	■ 전국시대에 진나라가 통일을 준비하고, 통일을 완성하였다가 망하는 과정.
009~068	한	기원전 206 ~서기 219년 (425년간)	■ 진의 해체와 유방의 한 왕조가 중국을 재통일한 과정. ■ 황제체제의 성립과 왕망의 찬탈과정. ■ 왕망의 몰락하는 전한시대와 왕망의 멸망과 유수의 후한이 재통일한 과정. ■ 호족들의 등장과 후한의 몰락과정.
069~078	위	220~264년 (45년간)	■ 후한의 멸망과 위·오·촉한의 삼국시대와 위의 촉한 정벌과정.
079~118	진(晉)	265~419년 (155년간)	■ 위의 몰락과 진의 등장과 삼국 통일과정. ■ 북방 오호의 남하 북방의 분열과 진의 남천과 남북 대결과정.
119~134	남북조 송	420~478년 (59년간)	■ 남조의 송 왕조와 북방민족이 중국 유입하여 이룩한 남북조시대.
135~144	남북조 제	479~501년 (23년간)	■ 남조 송의 멸망과 제의 건국, 북조와의 대결과정.

권차	기년 왕조	기록 기간	중 요 사 건
145~166	남북조 양	502~556년 (55년간)	▪ 남조 제의 멸망과 양의 건국, 북조와의 대결과정.
167~176	남북조 진(陳)	557~588년 (32년간)	▪ 남조 양의 멸망과 진의 건국, 북조와의 대결과정.
177~184	수	589~617년 (29년간)	▪ 수 왕조의 중국 재통일과 멸망과정.
185~265	당	618~907년 (290년간)	▪ 당 왕조의 성립과 중국 고대문화의 완성 과정과 당말 절도사의 발호와 당의 멸망 과정.
266~271	오대 후량	908~922년 (15년간)	▪ 당의 멸망과 후량의 건설 및 오대십국의 진행과정.
272~279	오대 후당	923~935년 (13년간)	▪ 후량의 멸망과 후당의 건설 및 오대십국 의 진행과정.
280~285	오대 후진	936~946년 (11년간)	▪ 후당의 멸망과 후진의 건설 및 오대십국 의 진행과정.
286~289	오대 후한	947~950년 (4년간)	▪ 후진의 멸망과 후한의 건설 및 오대십국 의 진행과정.
290~294	오대 후주	951~959년 (9년간)	▪ 후한의 멸망과 송 태조 조광윤의 등장 및 오대십국의 진행과정.

《자치통감》 왕조 계통도

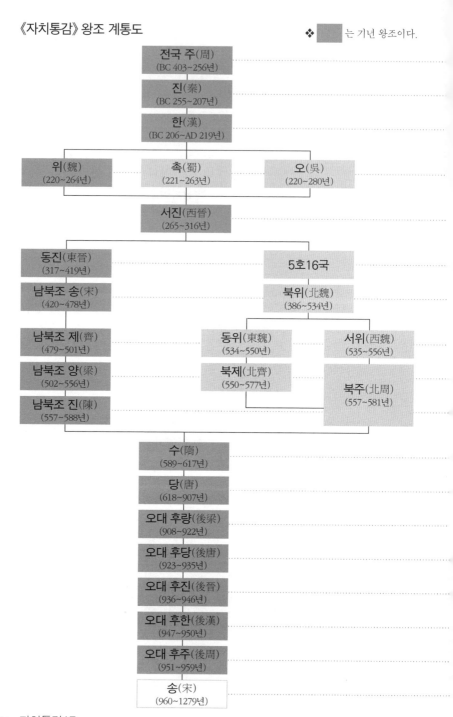

❖ [   ] 는 기년 왕조이다.

전국 주(周)
(BC 403~256년)

진(秦)
(BC 255~207년)

한(漢)
(BC 206~AD 219년)

위(魏)
(220~264년)

촉(蜀)
(221~263년)

오(吳)
(220~280년)

서진(西晉)
(265~316년)

동진(東晉)
(317~419년)

5호16국

남북조 송(宋)
(420~478년)

북위(北魏)
(386~534년)

남북조 제(齊)
(479~501년)

동위(東魏)
(534~550년)

서위(西魏)
(535~556년)

남북조 양(梁)
(502~556년)

북제(北齊)
(550~577년)

남북조 진(陳)
(557~588년)

북주(北周)
(557~581년)

수(隋)
(589~617년)

당(唐)
(618~907년)

오대 후량(後梁)
(908~922년)

오대 후당(後唐)
(923~935년)

오대 후진(後晉)
(936~946년)

오대 후한(後漢)
(947~950년)

오대 후주(後周)
(951~959년)

송(宋)
(960~1279년)

❖ **전국·진시대**(★은 기년 왕조임)

★주(周, ~BC 256년) 노(魯, ~BC 249년) ★진(秦, ~BC 207년)
정(鄭, ~BC 375년) 송(宋, ~BC 287년) 초(楚, ~BC 223년)
제(齊, ~BC 221년) 진(晉, ~BC 376년) 위(魏, ~BC 225년)
한(韓, ~BC 230년) 조(趙, ~BC 222년) 연(燕, ~BC 223년)
위(衛, ~BC 209년)

❖ **5호16국시대**(★은 16국에 포함하지 않음)

■ 흉노(匈奴)
전조(前趙·漢, 304~329년) 북량(北涼, 397~439년) 하(夏, 407~431년)

■ 갈(羯)
후조(後趙, 319~350년)

■ 선비(鮮卑)
전연(前燕, 384~409년) 후연(後燕, 337~370년) 남연(南燕, 398~410년)
서진(西秦, 385~431년) 남량(南涼, 397~414년) ★서연(西燕, 384~394년)
★요서(遼西, 303~338년) ★대(代·魏, 315~376년)

■ 저(氐)
성한(成漢, 302~347년) 전진(前秦, 351~394년) 후량(後涼, 386~403년)
★구지(仇池, 296~371년)

■ 강(羌)
후진(後秦, 384~417년)

■ 한(漢)
전량(前涼, 301~376년) 서량(西涼, 400~420년) 북연(北燕, 409~436년)
★위(魏, 350~352년) ★후촉(後蜀, 405~413년)

❖ **오대의 십국**

■ 십국
전촉(前蜀, 891~925년) 후촉(後蜀, 925~965년) 오(吳, 892~937년)
남당(南唐, 937~975년) 오월(吳越, 893~978년) 민(閩, 893~945년)
초(楚, 896~951년) 남한(南漢, 905~971년) 형남(荊南, 907~963년)
북한(北漢, 951~979년)

〔일러두기〕

· 이 책은 사마광의《자치통감》의 고힐강(顧頡剛) 외의 표점본을 저본으로 하여 전국 시대부터 오대후주시대까지의 전권(294권)을 완역한 것이다.

· 번역의 기본 원칙은 원전이 갖고 있는 통감필법의 정신을 최대한 살린다는 의미에 서 직역하되 의미가 불분명한 경우는 역자의 역주로 설명했다.

· 역자가 내용과 분량을 감안하여 문단을 나누고 각 문단마다 제목을 달았다.

· 필요한 한자어는 괄호 속에 병기했다.

· 인명, 지명, 관직명 등 고유명사는 외래어 표기법을 따르지 않고 한글 발음대로 표 기했다. 인명 가운데 원문에 성이 기록돼 있지 않은 것도 이해를 돕기 위해 성을 추가 하였다. 지명은 괄호 속에 현재의 지명을 넣었고, 주(州)·군(郡)·현(縣) 등 행정 단 위가 생략되었지만 필요한 경우 이를 추가하였다. 관직명은 길고 그 업무가 생소하고 길게 느껴질 경우 관직명 자체를 우리말로 풀어주고 원 관직명은 각주로 설명을 보충 했다.

· 간지로 된 날짜는 괄호 속에 숫자로 표시했다.

· 본문의 '帝'는 '황제'로, '上'은 '황상'으로 번역했다.

· 책이름이나 출전은《 》, 편명은〈 〉로 했다.

· 본문에서 전후관계를 알아야 할 사건이나 내용, 용어, 고사 등 설명이 필요한 경우 각주로 설명을 보충했다.

· 독자들의 이해를 돕기 위해 각주의 설명이 다소 중복 되게 하였다.

· 주어가 생략된 경우는 해당 연도의 기준을 삼은 황제가 주어이다.

· 음은 호삼성의 음주를 따랐다.

· 사마광의 평론은 사마광이 황제에게 아뢰는 것이므로 경어체로, 사마광 이외의 평 론은 사마광이 인용한 것이므로 원전의 표현의 살려 평상체로 번역했다.

· 한글로 번역하여 말뜻이 분명하지 않을 경우〔 〕안에 한자를 넣었다.

권097

진기19

비대해진 북방의 후조

성제의 뒤를 이은 그의 동생 사마악

성제 함강 8년(壬寅, 342년)[1]

1 봄, 정월 초하루 기미일에 일식이 있었다.

2 을축일(7일)에 크게 사면하였다.

3 예주(豫州)자사 유역(庾懌)이 술을 강주(江州)자사 왕윤지(王允之)에게 보내니, 왕윤지가 그 속에 독이 들었을 것이라고 깨닫고 개에게 마시게 하였는데 개가 죽자, 비밀리에 이 사실을 상주하였다.
　황제가 말하였다.
　"큰외삼촌이 이미 천하를 어지럽게 하였는데, 작은외삼촌[2]이 다시 그렇게 하려는가?"

---

1 성(成, 前蜀) 소문제 한흥 5년, 후조 무제 건무 8년, 전량 문왕 태원 19년, 전연 문명제 9년, 대왕 탁발십익건 건국 5년이다.
2 큰외삼촌이란 유량을 말하는 것이고 작은외삼촌이란 유역을 말하는 것이다.

2월에 유역이 짐독을 마시고 죽었다.

4   3월에 처음으로 무도후(武悼后)³를 무제(武帝)의 사당에 배향하게 하였다.

5   유익(庾翼)이 무창(武昌)에 있었는데, 자주 요사스럽고 괴이한 일이 있자 낙향(樂鄕, 호북성 송자현 동북쪽)으로 옮겨서 진수하려고 하였다. 정로(征虜)장군부의 장사인 왕술(王述)이 유빙(庾冰)⁴에게 쪽지를 보내어 말하였다.

"낙향은 무창에서 1천여 리나 떨어져 있는데,⁵ 수만 명의 무리가 하루아침에 이사를 하고 성벽을 일으켜 세우게 되면 공사(公私)간에 수고롭고 소란스러워집니다. 또 강주(江州, 강서성과 복건성 일대)에서는 마땅히 물을 거슬러 올라가서 장군부에 공급을 해야 하니 힘과 노역이 배나 늘어납니다.

또 무창은 실제로 강동지역을 진수(鎭戍)하는 중심이 되는 곳이니 상류지역을 막을 뿐만이 아니고, 완급(緩急)한 일이 알려지면 크게 분주하게 대응하는 것이 어렵지 않습니다. 만약에 낙향으로 옮기게 되면 멀리 서쪽 귀퉁이에 있게 되어 하루아침에 강저(江渚, 장강의 하류지역)에 걱정거리가 있게 되면 서로 이어주면서 구원해 주지 못합니다.

---

3   무제 사마염의 비인 양지(楊芷)로 혜제 영강 원년(300년)에 유폐되었다가 죽었다.

4   유익(庾翼)은 동진의 안서장군이고 유빙(庾冰)은 동진의 중서감이다.

5   무창에서 낙향까지는 직선거리로 300*km* 정도이다.

한 지역을 담당한 중요하신 장군은 진실로 요해(要害)의 땅에 머물러 있어야 하는데, 안팎의 형세가 되어 틈을 엿보는 사람들이 향하는 곳을 모르게 해야 하는 것입니다. 옛날에 진(秦)에서는 '망호(亡胡)'[6]라는 참어(讖語)를 싫어하다가 끝내 유방(劉邦)과 항우(項羽)의 밑천이 되었으며, 주(周)에서는 '염호(檿弧)'[7]의 요언(謠言)을 싫어하여 포사(褒姒)의 혼란을 만들게 하였습니다.

이리하여 통달한 사람이나 군자는 곧은길로 가며 화를 몰아내고 나쁜 일을 피하는 길은 모두 취(取)하지 않습니다. 사람이 해야 할 일이 이치에 맞도록 바로 선택하고 사직을 생각하는 장구한 계책을 세울 뿐입니다."

조정에서 의논하여도 또한 그러할 것이라고 하여 유익이 마침내 중지하였다.

6   여름, 5월 을묘일[8]에 황제의 몸이 좋지 아니하였고, 6월 경인일 (5일)에 질병이 위독해졌다. 어떤 사람이 거짓으로 상서의 부서(符書)

---

6 진(秦)나라 때 '진을 망칠 것은 호(胡)이다.'라는 말이 나돌았다. 진 시황은 호를 흉노로 해석하였으나, 실제로는 그의 둘째 아들인 호해(胡亥)였다.

7 《국어》에 실린 이야기이다. 염호는 뽕나무로 만든 활을 말한다. 주 선왕 때 민요가 있었다. '달이 뜨면 해는 지는데, 뽕나무로 활을 만들고 기(箕)풀로 화살 담는 전통을 짜게 되면 주는 망한다.' 선왕이 이 요언을 들었는데, 어떤 부부가 이것을 만드는 것을 업으로 삼다가 잡혀서 죽게 되었다. 이들이 도망하다가 버려진 여자 포사를 주웠고, 이 포사가 후에 주나라 12대 유왕에게 시집을 갔고 주는 중간에 쇠퇴하게 되었다.

8 5월 1일이 정사일이므로 5월에는 을묘일이 없다. 만약 乙卯가 己卯의 잘못이라면 이날은 5월 23일이다.

를 만들어 궁궐의 문에서 재상을 들여보내지 말라고 칙령을 내리니 무리들이 모두 얼굴빛이 변했다. 유빙(庾冰)이 말하였다.

"이것은 반드시 속임수이다."

추궁하여 물어보니 과연 그러하였다.

황제의 두 아들 사마비(司馬丕)와 사마혁(司馬奕)은 모두 강보에 쌓여 있었다. 유빙은 자기 형제들이 권력을 잡고 있은 지가 오래 되었다고 생각하고, 세상이 바뀐 다음에 친척들이 더욱 소원해질 것과 다른 사람들이 중간에 낄 것을 걱정하여 매번 황제에게 국가는 강한 적을 갖고 있으니 의당 어른이 된 군주를 세워야 한다고 설명하고, 같은 어머니에게서 난 동생인 낭야왕 사마악(司馬岳)[9]을 후계자로 삼자고 청하자 황제가 이를 허락하였다.

중서령 하충(何充)이 말하였다.

"아버지에게서 아들로 전해지는 것은 먼저 돌아가신 제왕들의 옛 법전인데 이를 바꾼 사람으로 혼란을 초래하지 않은 경우는 드뭅니다. 그러므로 무왕이 성스러운 동생에게 주지 않았던 것은 아끼지 않은 것이 아닙니다.[10] 지금 낭야왕이 천조(踐阼)[11]한다면 장차 어린 아들은 어떻게 하시렵니까?"

유빙은 듣지 않았다.

조서를 내려서 사마악을 후계자로 삼고 아울러 사마혁은 낭야애왕

---

9   황제 사마연의 친동생이고, 사마연도 낭야왕으로 있다가 황제가 되었다.

10 주 무왕과 그의 동생 주공의 이야기이다. 주 무왕은 후에 성인이라 부를 주공 단을 동생으로 두었지만 그의 아들 성왕을 후계자로 세웠으며, 주공단은 조카 성왕을 잘 보필하여 주나라를 반석 위에 올려 놓았다.

11 제왕의 자리에 나아가는 것이다.

(琅邪哀王)을 계승하게 하였다. 임진일(7일)에 유빙과 하충 그리고 무릉왕(武陵王) 사마희(司馬晞), 회계왕(會稽王) 사마욱(司馬昱), 상서령 제갈회(諸葛恢)가 함께 고명(顧命)[12]을 받았다.

계사일(8일)에 황제가 붕어하였다.[13] 황제는 어렸을 때 황제의 자리를 이어받아서 친히 모든 정사를 처리하지 않았고, 장성하자 자못 부지런하고 검소한 덕을 갖고 있었다.

7 갑오일(9일)에 낭야왕이 황제의 자리에 오르고 크게 사면하였다.

8 기해일(14일)에 성제(成帝)의 아들 사마비(司馬丕)를 낭야왕으로 삼고, 사마혁(司馬奕)을 동해왕(東海王)으로 삼았다.

9 강제(康帝)는 양음(亮陰)[14] 기간 중에는 말을 하지 않았고, 정치를 유빙과 하충에게 위임하였다. 가을, 7월 병진일(1일)에 성제를 흥평릉(興平陵)에 장사지냈다. 황제가 걸어서 영구(靈柩)를 전송하는데, 창개문(閶闔門)에 도착하여서 마침내 소여(素輿)[15]에 올라 능이 있는 곳까지 갔다.

---

12 제왕이 죽기 전에 내리는 후사를 부탁하는 명령이다.

13 이때 황제 사마연은 22세이었다.

14 강제는 막 황제에 오른 사마악을 말하며, 보통 표현대로 상(上) 또는 제(帝)로 표현하면 혹 성제로 오해될 수 있기 때문에 사마악의 시호를 사용한 것이다. 양음이란 복상 기간을 말한다.

15 소는 흰색으로, 상복을 의미하는데, 소여는 흰색 수레로 복상 기간 중에 황제가 탄다.

이미 장사를 치르고 나서 황제가 궁전의 앞으로 나오니 유빙과 하충이 모시고 앉았다. 황제가 말하였다.

"짐이 넓고 큰 대업을 이어받은 것은 두 분의 힘이었소."

하충이 말하였다.

"폐하께서 용으로 날게 된 것[16]은 신하 유빙의 힘이었으니, 만약에 신과 함께 논의하였다면 승평(升平)의 시대를 보지 못하였을 것입니다."

황제가 부끄러운 기색을 띠었다.

기미일(4일)에 하충을 표기(驃騎)장군·도독서주양주지진릉(都督徐州·揚州之晉陵諸軍事)[17]·영(領)서주자사로 삼아 경구(京口, 강소성 진강시)에서 진수하게 하여 여러 유씨(庾氏)들을 피하게 하였다.

---

16 용은 황제를 상징하므로 황제가 되었다는 말이다.

17 서주(徐州)와 양주(揚州)의 진릉(晉陵)에 있는 모든 군사에 관한 일을 감독하는 관직명인데, 진릉은 양주에 속한 군이다.

10 겨울, 10월에 연왕 모용황이 용성(龍城, 요녕성 조양시)으로 도읍을 옮기고,[18] 그 경내(境內)에 크게 사면하였다.

건위(建威)장군 모용한(慕容翰)이 모용황에게 말하였다.

"우문씨(宇文氏)들이 강성해진 지 오래 되어서 거듭 나라의 걱정거리가 되었습니다. 지금 우문일두귀(宇文逸頭歸)가 나라를 찬탈하여 얻었는데,[19] 여러 사람들이 마음으로 귀부하지 않고 있으며 그 위에 성격과 아는 것이 용렬하고 아둔하며, 장수들은 재주 있는 사람이 아니고, 나라에는 방위시설이 없고, 군대도 대오(隊伍)를 갖추지 못하였습니다.

신이 오랫동안 그 나라에 있었던지라 그 나라의 지형을 모두 알아서 비록 멀리 있는 강한 갈족(羯族)[20]에게 붙어 있지만 명성과 형세가 이어지지 않고 있으니 구원해 주는데 아무런 도움을 주지 못할 것이고,

---

18 극성(요녕성 의현 서북쪽)에서 옮긴 것이다.

19 성제 함화 8년(333년)의 일로,《자치통감》권95에 실려 있다.

20 후조를 말한다.

지금 만약에 그들을 공격한다면 백 번 거사를 하면 백 번을 다 이길 것입니다.

그러나 고구려는 그 나라까지는 아주 가까이 있어서 항상 훔쳐보려는 뜻을 갖고 있으며 저들은 우문씨가 이미 망하기만 하면 그 화가 장차 자기들에게 미칠 것을 알고서 반드시 텅 빈 틈을 타고 깊이 들어와서 우리들이 대비하지 않은 것을 덮칠 것입니다. 만약에 적은 병사를 머무르게 하면 지키기에 부족할 것이고, 많은 군사를 머무르게 하면 진군시키기에 부족할 것입니다. 이것은 가슴이나 뱃속에 있는 걱정거리일 것이니 의당 그것을 먼저 없애야 할 것인데, 그들의 세력을 보건대 한 번 거병(擧兵)하면 이길 수 있을 것입니다.

우문씨는 스스로 지키기만 하는 야만인이니 반드시 멀리까지 와서 이익을 가지고 다툴 수는 없을 것입니다. 이미 고구려만 빼앗고 나면 또 우문씨를 빼앗는 것은 마치 손을 뒤집는 것과 같습니다. 이 두 나라가 평정되면 이익을 취하는 곳은 동해의 끝까지 넓어질 것이고, 나라는 부유하고 군사는 강하게 되어 뒤를 돌아보아야 하는 걱정거리가 없게 될 것이니 그런 다음에 중원지역을 도모해볼 수 있을 것입니다."

모용황이 말하였다.

"훌륭한 말이오."

장차 고구려를 치려고 하였다. 고구려로 가는 길은 두 개가 있었는데, 그 북쪽 길은 평평하고 넓으며, 남쪽으로 가는 길은 험하고 좁아서 무리들은 북쪽 길로 가고자 하였다.[21]

---

21 북쪽 길은 북치(北置)에서 나아가는 것이고 남쪽 길은 남협(南陝) 목저성(木底城)으로 들어가는 것이다.

모용한이 말하였다.

"야만인[22]들이 보통 때의 마음을 가지고 이를 헤아린다면 반드시 많은 군대가 북쪽 길로 올 것이라고 생각할 것이고, 북쪽 길을 중시하고 남쪽 길을 경시할 것입니다. 왕께서는 의당 정예의 군사를 인솔하고 남쪽 길로 가서 그들을 공격하여 그들이 생각하지 못한 계책을 내면 환도(丸都, 길림성 집안현 통구, 고구려의 도읍지)는 빼앗는다고 말할 거리도 되지 않습니다. 일부 군사를 파견하여 북쪽 길로 가게 하시어 설사 차질이 있다고 하여도 그들의 중심부는 이미 궤멸되었으니, 사지(四肢)는 움직일 수 없을 것입니다."

모용황이 이 말을 좇았다.

11월에 모용황이 스스로 강한 군사 4만 명을 거느리고 남쪽 길로 나가는데, 모용한과 모용패(慕容霸)를 선봉으로 삼고 별도로 장사(長史) 왕우(王寓) 등이 군사 1만5천 명을 거느리고 북쪽 길로 나가서 고구려를 정벌하였다. 고구려 왕 고쇠(高釗)[23]가 과연 동생 고무(高武)를 파견하여 정예의 군사 5만 명을 인솔하고 북쪽 길에서 막고, 스스로는 노약한 병사들을 인솔하고 남쪽 길에서 대비하였다.

모용한 등이 먼저 도착하여 고쇠와 붙어 싸우고, 모용황이 많은 무리로 그 뒤를 이어주었다. 좌(左)상시 선우량(鮮于亮)이 말하였다.

"신은 포로로 잡힌 몸으로 왕의 국사(國士)라는 은혜를 입게 되었는데,[24] 보답하지 않으면 안 됩니다. 오늘이 신이 죽는 날일 것입니다."

---

22 고구려를 말한다.

23 고구려 16대 고국원왕이다.

24 성제 함강 4년(338년)의 일로,《자치통감》권96에 실려 있다.

홀로 몇 명의 기병과 더불어 먼저 고구려의 진지를 침범하여 가는 곳마다 꺾고 무너뜨렸다.

고구려의 진지는 움직였고 많은 무리들이 이것으로 인하여 기회를 타니 고구려 군사가 대패하였다. 좌(左)장사 한수(韓壽)가 고구려의 장수 아불화도가(阿佛和度加)²⁵의 목을 베고, 모든 군사들이 이긴 기세를 타고 그들의 뒤를 쫓아가서 드디어 환도에 들어갔다.

고쇠는 혼자 말을 타고 달아났는데, 경거(輕車)장군 모여니(慕輿埿)가 뒤쫓아 가서 그의 어머니 주씨(周氏)와 처를 잡아서 돌아왔다. 마침 북쪽 길에서 왕우 등이 싸웠는데 모두가 패배하여 죽고, 이로 말미암아서 모용한은 다시 끝까지 추격하지 않았다. 사자를 파견하여 고쇠를 불렀으나 고쇠가 나오지 않았다.

모용황이 장차 돌아오려고 하는데 한수가 말하였다.

"고구려의 땅은 수(戍)자리를 세워 지키지 않을 수 없습니다. 지금 그 주군이 도망하였고, 백성들이 흩어져서 산골짜기에 숨어들었는데, 많은 군대가 떠나버리고 나면 반드시 다시 비둘기처럼 모여들어 그들의 타버리고 남은 것을 거둬들일 것이니 오히려 충분히 걱정거리가 될 것입니다.

청컨대 그 아비의 시체를 싣고 그 어미를 가두고서 돌아가 자기 몸을 묶어서 스스로 귀부할 때를 기다렸다가 그런 다음에 그들을 돌려보내고 은혜와 신의를 가지고 위무하는 것이 정책 가운데 가장 좋은 것입니다."

모용황이 이 말을 좇았다.

---

25 고구려의 관직 이름인데, 예컨대 상가(相加)·대가(大加)·소가(小加)가 있다.

그래서 고쇠의 아버지 고을불리(高乙弗利)[26]의 묘를 발굴하여 그 시체를 싣고, 그 부고에 있는 여러 세대를 거쳐서 쌓아 온 보물을 거두고, 남자와 여자 5만여 명을 포로로 잡고, 그들의 궁실을 불 지르고 환도성을 파괴하고 돌아왔다.

11 12월 임자일(29일)에 비(妃)인 저(褚)씨[27]를 황후로 삼았다. 예장(豫章, 강서성 남창시)태수 저부(褚裒)를 불러서 시중·상서로 삼았다. 저부는 스스로 황후의 아버지이기 때문에 궁중에서 일을 맡는 것을 원치 아니하여서 고생스럽게 밖으로 나가기를 구하여 마침내 건위(建威)장군·강주(江州, 강서성과 복건성)자사로 임명하여 반주(半洲, 강서성 구강시 서쪽)에서 진수하게 하였다.

12 조왕 석호가 대(臺)와 관(觀)[28]을 업(鄴)에다 40여 곳을 만들고 또한 낙양과 장안에 있는 두 궁궐을 수리하는데, 작업을 한 사람이 40여만 명이고, 또 업에서부터 시작하여 양국(襄國, 하북성 형태시, 조의 도읍)에 이르도록 각도(閣道)[29]를 만들고자 하고, 칙령을 내려서 황하의 남쪽에 있는 네 주[30]에 남쪽을 정벌할 준비를 하도록 하는데, 병주

---

26 고구려 15대 미천왕이다.

27 저산자(褚蒜子)이다.

28 대는 고대(高臺)를 말하고, 관은 관각(觀閣)으로 높은 누각을 말한다. 모두 구경할 수 있는 곳을 말한다.

29 나무로 만든 고가도로를 말한다.

30 낙주·예주·서주·연주를 말한다.

(幷州)·삭주(朔州)·진주(秦州)·옹주(雍州)에서는 서방을 토벌할 물자를 엄히 다루게 하고, 청주(靑州)·기주(冀州)·유주(幽州)에서는 동쪽을 정벌할 계책을 세우게 하였는데, 모두 3·5[31]로 졸병을 징발하게 하였다.

여러 주(州)의 군사들로 갑옷을 만드는 사람이 50여만 명이었고, 배를 부리는 사람은 17만 명이었는데 물에 빠져 죽거나 호랑이에게 잡아먹힌 사람이 세 명 가운데 한 명 꼴이었다. 그 위에 공후(公侯)와 주목(州牧)과 재상(宰相)들이 경쟁적으로 사사로운 이익을 경영하니 백성들은 직업을 잃고 근심하고 고단하였다.

패구(貝丘, 산동성 임청현) 사람 이홍(李弘)은 무리들이 마음속에 원망을 갖고 있는 것을 이용하여 자신의 성명이 도참(圖讖)에 나와 있는 말과 맞는다고 말하고 함께 할 무리들을 연결하고 백관을 두었는데, 이 일이 발각되어 그는 주살되고, 이에 연좌된 사람이 수천 집이었다.

석호는 사냥하는 일이 무절제하였는데, 새벽에 나아가서 밤중에 돌아왔고, 또한 미행(微行)[32]을 많이 하며 몸소 작업하는 것을 살폈다. 시중인 경조(京兆) 사람 위소(韋謏)가 간하였다.

"폐하께서는 천하의 중함을 소홀히 하시고 도끼를 들고 있는 사람들 사이를 가볍게 다니시는데, 갑자기 미친 녀석의 변고가 있게 된다면 비록 지혜와 용기를 갖고 있다고 하여도 장차 어떻게 써볼 수 있겠습니까? 또 일을 부리는 것이 때가 없어서 백성들이 김매고 수확하는 것을

---

31 한 집에 3명의 정(丁)이 있으면 2명을, 5명의 정이 있으면 3명을 징발하는 제도이다.

32 제왕이 평민들의 복장을 입고 다니는 것을 말한다.

없앴으니 한탄하는 소리가 도로에 가득 차 자못 어질고 성스러운 분이 차마 할 일이 아닐 것입니다."

석호가 위소에게 곡식과 비단을 하사하였지만 건물을 짓고 수선하는 일을 번거롭게 하였으며 유람하며 살피는 것도 여전히 하였다.

진공(秦公) 석도(石韜)가 석호에게 총애를 받았는데 태자 석선(石宣)이 그를 미워하였다. 우복야 장리(張離)가 오병상서(五兵尙書)의 직책을 관장하였는데,[33] 석선에게 아낌을 받으려고 하여 그에게 유세하였다.

"지금 제후들의 관리와 병사는 한도를 지나치고 있으니 의당 점차 줄여서 근본 되는 곳을 튼튼하게 하여야 합니다."

석선이 장리에게 상주하게 하였다.

"진(秦)·연(燕)·의양(義陽)·낙평(樂平)[34]의 네 공(公)들이 197명의 관리를 두는 것을 들어주었고, 그 장하병(帳下兵)[35]은 200명이니, 이로부터 이후로는 3분의 1을 설치하고, 나머지 군사가 5만 명인데 모두 동궁에 배치하게 하십시오."

이에 여러 공(公)들이 모두 원망하였고, 싫어하는 틈새가 더욱 깊어졌다.

청주(靑州)에서 말씀을 올렸다.

---

33 5병은 중병(中兵)·외병(外兵)·기병(騎兵)·별병(別兵)·도병(都兵)을 말하는데, 실제 군사에 관한 모든 권한을 가진 직책이다. 관직명은 영직(領職)으로 영오병상서이다.

34 진공은 석도(石韜), 연공은 석빈(石斌), 의양공은 석감(石鑒), 낙평공은 석포(石苞)이다.

35 위사에 해당하는 군사이다.

"제남(濟南, 산동성 역성현)의 평릉성(平陵城) 북쪽에 있는 돌 호랑이[36]가 하루 저녁에 성의 동남쪽으로 옮겨졌는데 시랑이와 여우 1천여 마리의 흔적이 그것을 좇아가니 그 흔적이 모두 오솔길을 만들어냈습니다."

석호가 기뻐서 말하였다.

"돌 호랑이란 것은 바로 짐이고, 서북쪽에서 옮겨 동남쪽으로 간 것은 하늘의 뜻이 짐에게 장강의 남쪽을 평정하게 하고자 하는 것이다. 그러니 여러 주(州)의 군사들에게 칙령을 내려서 명년에 모두 모이게 하면, 짐은 6사(師)[37]를 친히 관장하고서 하늘의 명령을 받들겠다."

여러 신하들이 모두 축하하였고 '황덕송(皇德頌)'을 올린 사람이 107명이었다.

이에 제(制)[38]를 내렸다.

"정벌에 참여하는 병사 다섯 명이 수레 한 대와 소 두 마리, 쌀 15곡(斛), 비단 열 필(匹)을 내는데, 조달하지 못하는 자는 목을 벨 것이다."

백성들은 심지어 아들을 팔아서 군사에 필요한 것을 제공하였는데도 오히려 공급할 수가 없어서 스스로 도로에 있는 나무에 목을 맨 사람이 서로 보일 정도였다.

---

36 한자로 쓰면 石虎가 되어 조의 황제 이름과 같다.

37 장강의 남쪽은 동진을 가리키고, 6사(師)란 6개의 군단, 즉 모든 군사를 말한다.

38 황덕송(皇德頌)은 황제의 덕을 칭송하는 글을 말하고, 제(制)란 황제의 명(命)을 말한다.

강제 건원 원년(癸卯, 343년)[39]

1   봄, 2월에 고구려 왕 고쇠(高釗)가 그의 동생을 파견하여 신하를 자칭하면서 연(燕)에 들어와 조현(朝見)하고 1천 개를 헤아리는 진귀하고 색다른 물건을 바쳤다. 연왕 모용황은 마침내 그의 아버지의 시체를 돌려보내고, 그의 어머니를 남겨두어 인질로 삼았다.

2   우문일두귀(宇文逸豆歸)[40]가 그의 재상 막천혼(莫淺渾)을 파견하여 군사를 거느리고 연을 쳤는데, 제장들이 다투어 그들을 치려고 하였으나 연왕 모용황이 허락하지 않았다.

막천혼은 모용황이 그를 두려워한다고 생각하고 술을 마시고 제멋대로 사냥을 하면서 다시 방비시설을 두지 않았다. 모용황이 모용한(慕容翰)에게 나가서 그들을 치라고 하니 막천혼이 대패하고, 겨우 몸만 죽음을 면하니, 그의 무리들은 모두 포로가 되었다.

---

39 성(成, 前蜀) 소문제 한흥 6년, 후조 무제 건무 9년, 전량 문왕 태원 20년, 전연 문명제 10년, 대왕 탁발십익건 건국 6년이다.

40 우문씨 부락의 우두머리이다.

동진 유익의 북벌 준비

3   유익(庾翼)은 사람됨이 울분을 참지 못하고, 공로를 세워 이름나는 것을 좋아하였다. 낭야(琅邪)내사 환온(桓溫)은 환이(桓彝)[41]의 아들인데, 남강(南康)공주[42]를 모시고 살았으며, 호방하고 상쾌하며 기풍과 기개가 있어서 유익은 이 사람과 친구로 잘 지냈는데, 서로 해내를 편안하고 가지런하게 할 것을 기대하였다.

유익은 일찍이 환온을 성제(成帝)에게 추천하여 말하였다.

"환온은 영웅과 같은 재주를 가졌으니, 바라건대 폐하께서 보통 사람처럼 그를 대우하거나 보통의 사위로 그를 기르지 마시고, 의당 방숙(方叔)과 소호(邵虎)[43]가 맡았던 임무를 맡기시면 반드시 어려운 것을

---

41 유익(庾翼)은 동진의 안서장군이자 형주자사이고, 환이는 성제 함화 3년(328년)에 일어난 소준의 난 때에 죽었다.

42 명제 사마소의 딸이다. 보통 결혼을 할 때 남자가 여자를 취(娶)한다고 표현하지만 남자보다 신분이 높은 공주를 아내로 맞을 경우에는 상(尙)이라는 용어를 쓴다.

43 주나라 선왕 때 형만족(荊蠻族)이 배반하자 선왕이 방숙을 파견하여 토벌하였고, 회이(淮夷)들이 배반하자 소호에게 토벌하게 하여서 이 두 사람은 주나라를 중흥시킨 명장으로 알려져 있다.

널리 넘어가게 하는 공로를 세울 것입니다."

이때 두예(杜乂)와 은호(殷浩)가 나란히 재주와 명성으로 세상에 으뜸이었지만 유익만이 홀로 그를 중시하지 않고 말하였다.

"이들은 의당 높은 누각에 묶어 두었다가 천하가 태평해질 때까지 기다리고 그러한 다음에 천천히 그의 임무를 의논해야 할 것이오."

은호는 징소하거나 벽소하는 것을 여러 번 사양하고 울타리를 치고 묘소에 살기를 거의 10년이 되니, 당시 사람들은 그를 관중(管仲)과 제갈량(諸葛亮)에 빗대어 보았다.

강하(江夏, 호북성 운몽현)의 재상인 사상(謝尙)과 장산(長山)현령 왕몽(王濛)이 항상 그가 나오는 곳을 엿보고서 강좌(江左)[44]의 흥망을 점쳤다. 일찍이 서로 함께 그를 찾아보고 은호는 확실한 뜻을 갖고 있음을 알고 돌아와서는 서로 말하였다.

"심원(深源)이 일어나지 않으면[45] 마땅히 창생(蒼生)들을 어떻게 하겠소?"

사상은 사곤(謝鯤)의 아들이다.

유익이 은호를 사마로 삼으라고 청하니, 조서를 내려서 시중·안서장군부 군사(軍司)로 임명하였는데, 은호가 응하지 않았다. 유익이 은호에게 편지를 보내어 말하였다.

"왕이보(王夷甫)[46]는 명성을 세웠지만 진짜는 아니고, 비록 도(道)를

---

44 동진을 말한다.

45 심원(深源)은 은호의 자이고, 일어난다는 말은 세상에 나와서 일을 한다는 말이다.

46 왕연(王衍)을 말한다.

담론한다고 말하지만 실은 화려한 것을 경쟁하는데 뛰어났소. 밝은 덕을 가진 군자가 기회를 만나게 되었을 때 어떻게 그리 할 수 있겠소?"

은호는 오히려 일어나지 않았다.

은선(殷羨)[47]은 장사(長沙, 호남성 장사시)의 재상이었는데 군에서 탐욕스럽고 잔인하니 유빙(庚冰)이 유익(庚翼)에게 편지를 써서 그를 부탁하였다. 유익이 회답하였다.

"은군(殷君)은 교만하고 호방하지만 또한 마치 예쁜 어린애와 같은데가 있으니, 동생인 제가[48] 고의로 조금은 세상 사람들에게 그를 받아들이게 하였습니다. 크게 강동(江東)의 정치와 비교해 보면 몸체와 기운이 크고 강한 사람들이 항상 백성들의 해독이 되었습니다.

때로 법을 시행하려고 하면 번번이 가난하고 열등한 사람에게 실시합니다. 예컨대 과거에 석두(石頭, 남경의 서남쪽)의 창고에 있는 쌀 1백만 곡(斛)을 도둑맞았는데, 이 모두가 호탕한 장군들의 짓이지만 곧바로 창고의 감독만을 죽여서 책임을 지웠습니다.

산하(山遐)가 여요(餘姚, 절강성 여요현) 현장이 되어 관가(官家)를 위하여 호강(豪强)들이 감추어둔 2천 호를 찾아내니, 여러 사람이 함께 그를 몰아내려고 하여 산하에게 편안한 자리에 있지 못하게 하였습니다. 비록 모두 전에 있던 재상들이 아둔하고 잘못한 것이지만 강동[49]의 일이 가버리게 되는 것은 실로 이것이 원인입니다.

---

47 은호의 아버지이다.

48 은군(殷君)은 은선을 말하고, 동생이란 유빙의 동생 유익이 자신을 가리킨 말이다.

49 여러 사람이란 호강을 말하며, 재상은 왕도를 말하고, 강동은 동진을 말한다.

우리 형제는 불행하게도 이 가운데에 가로걸려 빠졌으니 스스로 바람 부는 먼지 속의 밖으로 발을 뺄 수 없어서 마땅히 함께 밝은 눈으로 이것을 다스려야 할 것입니다. 형주(荊州)가 통솔하는 20여 군 가운데서 오직 장사(長沙)만이 가장 나쁜데[50] 그러나 악한 것을 쫓아내지 않고 감독만을 죽이는 것과 또한 무엇이 다릅니까?"

산하는 산간(山簡)의 아들이다.

유익이 흉노를 멸망시켜 촉(蜀)을 빼앗는 것이 자기의 임무라고 하고, 사자를 파견하여 동쪽으로 보내 연왕 모용황(慕容皝)과 약속을 하고, 서쪽으로는 장준(張駿)과 약속하고서 기한을 정하여 크게 군사를 일으키기로 하였다. 조정에서 논의하였는데, 대부분이 어려운 일이라고 생각하였지만 오직 유빙(庾冰)이 속으로 그와 같은 생각을 하고, 환온과 초왕(譙王) 사마무기(司馬無忌)가 모두 이를 찬성하였다. 사마무기는 사마승(司馬承)[51]의 아들이다.

가을, 7월에 조(趙)의 여남(汝南, 하남성 여남현)태수 대개(戴開)가 수천 명을 거느리고 유익에게 가서 항복하였다. 정사일(8일)에 조서를 내려서 중원을 경략하는 것을 논의하게 하였다. 유익이 거느리는 모든 무리를 가지고 북쪽 정벌을 하려고 하여 표문을 올려 환선(桓宣)을 도독사용양삼주형주지사군제군사(都督司·雍·梁三州·荊州之四郡諸軍事)[52]·양주(梁州)자사로 삼아 앞으로 나아가 단수(丹水)[53]로 가도록

---

50 치적을 말한다.

51 장준(張駿)은 전량의 왕이고, 사마승(司馬承)은 원제 연창 원년(322년)에 일어난 왕돈의 난 때 죽었다.

52 사주(司州)·옹주(雍州)·양주(梁州)의 세 주(州)와 형주(荊州) 네 군(郡)의 모든 군사를 감독하는 관직명이다.

하였다. 환온(桓溫)을 전봉소독(前鋒小督)[54]·가절(假節)로 삼아 무리를 인솔하고 임회(臨淮, 강소성 우태현)로 들어가게 하고, 아울러 그가 통솔하는 여섯 주[55]의 노복과 수레 그리고 소와 노새와 말을 징발하니 백성들이 한탄하고 원망하였다.

4   대왕(代王)[56] 탁발십익건이 다시 연에 혼인을 하자고 요구하니[57] 연왕 모용황이 그에게 말 1천 필을 받으면서 빙례(聘禮)를 치르게 하였는데, 탁발십익건이 주지 않고 또한 거만하게 굴면서 사위로서의 예의를 차리지 않았다.

8월에 모용황이 세자 모용준(慕容儁)을 파견하여 전군사(前軍師) 모용평(慕容評) 등을 거느리고 대를 치게 하였다. 탁발십익건이 무리를 인솔하고 피해 달아나니 연의 사람들은 만나 보지도 못하고 돌아왔다.

5   한(漢)의 주군 이수(李壽)가 죽으니,[58] 시호를 소문(昭文)이라고 하고 묘호(廟號)를 중종(中宗)이라고 하였고, 태자 이세(李勢)가 즉위

---

53 호북성·하남성·섬서성의 경내에 있는 한강(漢江)의 지류인 단강(丹江)을 말한다.

54 전봉은 선봉(先鋒)이라는 뜻이고, 소독(小督)은 도독(都督)의 잘못 같으며, 다른 판본에 도독으로 고친 것도 있다. 여하간 선봉부대의 지휘관이라는 뜻이다.

55 성제 한강 6년(340년)에 유익은 이미 도독강형사옹양익육주제군사가 되었으므로 이 여섯 주를 말한다.

56 대의 도읍지는 내몽고 화린거리현에 있다.

57 탁발십익건은 모용황의 매부였는데 성제 함강 8년(342년)에 그의 처가 죽었다.

58 이때 44세였다.

하여 크게 사면하였다.

6 조(趙)의 태자 석선(石宣)이 선비족(鮮卑族) 곡곡제(斛穀提)를 쳐서 그들을 대파하였는데 참수한 것이 3만 급이었다.

7 우문일두귀(宇文逸豆歸)가 단요(段遼)의 동생 단난(段蘭)을 잡아서 조로 보내고[59] 아울러 좋은 말 1만 필을 바쳤다. 조왕 석호가 단난에게 명령을 내려서 그를 좇는 선비족(鮮卑族) 5천 명을 거느리고 영지(令支, 하북성 천안현)에 주둔하라고 하였다.

8 유익(庾翼)[60]이 양양(襄陽, 호북성 양번시)으로 진수하는 곳을 옮기려고 하였으나 조정에서 허락하지 않을 것을 두려워하여 마침내 주문을 올려 안륙(安陸, 호북성 안륙현)으로 옮겨서 진수하겠다고 하였다.

황제와 조정에 있는 인사들은 모두 사자를 파견하여 유익에게 중지하게 하였으나 유익이 드디어 조서를 위반하고 북쪽으로 가서 하구(夏口)[61]에 도착하여 다시 표문을 올려 양양에서 진수하게 해달라고 청하였다. 유익이 그때 무리 4만 명을 갖고 있었으므로 유익에게 조서를 내려서 도독정토제군사(都督征討諸軍事)[62]를 더하여주었다.

---

59 단요가 패하자 그의 동생 단난이 우문부로 달아났었는데, 우문일두귀가 지금 그를 잡아서 조로 보낸 것이다.

60 이때 유익은 도독강형사옹양익제군사였다.

61 면구(沔口) 혹은 한구(漢口)라고도 하는데, 하수(夏水, 漢水의 하류)가 장강으로 흘러들어 가는 곳으로 호북성 무한시이다.

62 정벌군의 총사령관에 해당하는 직책이다.

 이보다 먼저 거기(車騎)장군인 양주(揚州)자사 유빙(庾冰)이 여러 차례 밖으로 나가기를 요구하였는데,[63] 신사일(2일)에 유빙을 도독형강영익양교광칠주예주지사군제군사(都督荊·江·寧·益·梁·交·廣七州·豫州之四郡諸軍事)·영강주(領江州)자사[64]·가절(假節)로서 무창(武昌, 호북성 악성현)에 진수하고서 유익을 계속 후원하게 하였다.

 서주(徐州)자사 하충(何充)을 징소하여 도독양예서주낭야제군사(都督揚·豫·徐州之琅邪諸軍事)·영양주(領揚州)자사·녹(錄)상서사로 삼아 정치를 보필하게 하였다. 낭야(琅邪)내사(內史) 환온(桓溫)을 도독청서연삼주제군사(都督靑·徐·兗三州諸軍事)[65]·서주자사로 하고, 저부(褚裒)[66]를 위(衛)장군으로 삼고 중서령(中書令)의 직책을 관장[67]하게 하였다.

9　　겨울, 11월 기사일(22일)에 크게 사면하였다.

---

63 중앙직이 아닌 외직(外職)을 담당하겠다는 뜻이다.

64 도독형강영익양교관칠주예주지사군제군사는 형주·강주·영주(寧州)·익주·양주(梁州)·교주(交州)·광주(廣州) 일곱 주와 예주(豫州)의 네 개 군의 모든 군사에 관한 일을 감독는 직책이고, 영강주(江州)자사는 영직이다. 즉 상급직책을 가지고서 하급 직책까지 관장하는 것을 말한다.

65 도독양예서주낭야제군사는 양주(揚州)와 예주(豫州) 그리고 서주 낭야(琅邪)의 모든 군사에 관한 일을 감독하는 직책이며, 도독청서연삼주제군사는 청주(靑州)·서주(徐州)·연주(兗州) 세 주의 모든 군사적인 일을 감독하는 관직명이다.

66 강주자사였던 것 같다. 다른 판본에는 '徵江州刺史'라는 글자가 더 있으므로 강주자사 저부를 징소하였다는 뜻이다.

67 영직이다. 중서령이 아니라 중서령의 업무를 관장하는 업무를 담당하였다는 뜻이다.

우문씨의 멸망과 강제의 죽음

강제 건원 2년(甲辰, 344년)[68]

1 봄, 정월에 조왕[69] 석호가 태무전(太武殿)에서 여러 신하들에게 향연을 베풀고 있는데, 흰기러기 100여 마리가 마도(馬道)[70]의 남쪽에 모여들자 석호가 그것을 쏘라고 명령을 내렸으나 모두를 잡지 못하였다. 그때 여러 주의 군사가 집결한 것이 1백여만 명이었는데 태사령 조람(趙攬)이 비밀리에 석호에게 말하였다.

"흰기러기가 들에 모인 것은 궁궐이 장차 텅 비게 될 것을 상징하는 것이니 남쪽으로 가셔서는 안 됩니다."

석호가 이 말을 믿고 마침내 선무관(宣武觀)에 가서 크게 열병(閱兵)을 한 다음에 해산시켰다.

---

68 성(成, 前蜀) 소문제 한흥 7년, 후조 무제 건무 10년, 전량 문왕 태원 21년, 전연 문명제 11년, 대왕 탁발십익건 건국 7년이다.

69 도읍지는 업(하북성 임장현)이다.

70 말이 달릴 수 있도록 닦아놓은 길이다.

2 한의 주군 이세(李勢)가 기원을 태화(太和)라고 고치고, 어머니 염씨(閻氏)를 높여서 황태후로 하고, 처 이(李)씨를 황후로 세웠다.

3 연왕 모용황이 좌(左)사마 고후(高詡)와 우문일두귀(宇文逸豆歸)를 정벌할 모의를 하였더니, 고후가 말하였다.

"우문씨는 강성하니 지금 빼앗지 않으면 반드시 나라의 걱정거리가 될 것이므로 그를 정벌하면 반드시 이기지만 그러나 장수에게는 이롭지 않을 것입니다."

나가서 다른 사람에게 말하였다.

"내가 가면 반드시 돌아오지 아니하겠지만 그러나 충성스런 신하는 피하지 않는 것이다."

이에 모용황이 스스로 군사를 거느리고 우문일두귀를 쳤다.

모용한(慕容翰)을 선봉장군으로 삼고, 유패(劉佩)가 그의 부관이 되었으며, 모용군(慕容軍)·모용각(慕容恪)·모용패(慕容霸)와 절충(折衝)장군 모여근(慕輿根)에게 나누어 명령을 내리어서 군사를 거느리고, 세 길로 나란히 나아가게 하였다. 고후가 장차 출발하려고 하면서 그의 처를 보지 않고 사람을 시켜서 집안일을 처리하라고 말하였다.

우문일두귀가 남라(南羅)의 대(大)[71] 섭야간(涉夜干)[72]을 파견하여 정예의 군사를 거느리고 맞아 싸우게 하니 모용황이 사람을 파견하여 말을 달려서 모용한에게 말하였다.

---

71 남라는 성곽의 이름이고 대(大)는 그 성의 대인(大人)을 말한다. 위치는 대체적으로 내몽고의 요하의 상류인 시라무륜하 혹은 라오허하 근처일 것이다.

72 섭야간은 《연서(燕書)》에 기록된 이름이지만 모용황의 《재기(載記)》에는 섭혁간(涉奕干)이라고 되어 있다.

"섭야간은 용감하기가 삼군(三軍)에서 으뜸이니 의당 그를 조금 피하여야 할 것이다."

모용한이 말하였다.

"우문일두귀는 그 나라의 정예 군사를 다 쓸어서 섭야간에게 귀속시켰고, 섭야간은 평소 용감하다는 이름이 나 있어 온 나라가 의지하는 사람이니, 지금 내가 그를 이기면 그 나라는 공격을 하지 않아도 스스로 붕괴됩니다. 또 나는 섭야간의 사람됨을 익히 아는데 비록 헛된 명성을 갖고 있지만 실제로는 더불어 하기가 쉬울 뿐이니 의당 그를 피하여서 우리 군사들의 기세를 꺾어놓지 않겠다."

드디어 전진하여 싸웠다.

모용한이 스스로 나아가서 진지에 부딪치니 섭야간이 나와서 이에 대응하였고, 모용패가 옆에서 요격하여 드디어 섭야간의 목을 베었다. 우문씨의 사병들은 섭야간이 죽는 것을 보고 싸우지 않고도 붕괴되었고, 연의 군사는 이긴 기세를 타고 그들을 쫓아서 드디어 그들의 도성(都城)에서 이겼다.

우문일두귀는 달아나서 사막의 북쪽에서 죽고 우문씨는 이로부터 흩어져서 없어졌다. 모용황은 그들의 축산물과 재화를 다 거둬들이고, 그들의 무리 5천여 락(落)을 창여(昌黎, 요녕성 의현)로 이사시키고 땅을 1천여 리나 개척하였다. 다시 섭야간이 머물던 성을 위덕성(威德城)이라고 바꾸도록 명령하고, 동생 모용표(慕容彪)에게 그곳을 지키게 하고 돌아왔다. 고후와 유패는 모두 떠도는 화살에 맞아 죽었다.

고후가 천문을 잘 보았는데, 모용황이 일찍이 말하였다.

"경이 좋은 책을 갖고 있다는데 보여주지 않으니 어찌 충성을 다하였다고 하겠소?"

고후가 말하였다.

"신이 듣건대 임금은 요점을 장악하고, 신하는 직책을 장악한다고 하였습니다. 요점을 장악하고 있으면 편하지만 직책을 맡고 있으면 수고롭습니다. 이리하여서 후직(后稷)이 파종을 하는데, 요(堯)[73]는 참여하지 않았습니다. 기후를 점치고, 천문을 보는 일은 새벽과 밤중에 아주 고생스러운 것이어서 지극히 높은 분이 의당 가까이 해야 할 것은 아닌데, 전하께서는 장차 이것을 어디에 쓰려고 하십니까?"

모용황이 잠자코 있었다.

처음에 우문일두귀가 조를 섬기는데 아주 삼갔으며, 공헌(貢獻)하는 것이 길에서 끊이지 않았다. 연의 사람들이 우문일두귀를 정벌하게 되자 조왕 석호가 우(右)장군 백승(白勝)과 병주(幷州)자사 왕패(王霸)에게 감송(甘松, 감숙성 탕창현 서남쪽)에서 나아가서 그들을 구원하게 하였는데, 도착할 즈음에 우문씨는 이미 망하였으니, 이 때문에 위덕성을 공격하였으나 이기지 못하고 돌아왔고, 모용표가 뒤를 쫓아서 쳐서 그들을 깨뜨렸다.

모용한이 우문씨와 싸우면서 떠도는 화살에 맞아서 병들어 누워서 오랫동안 나오지 아니하였다. 후에 점차 차도가 있어서 그의 집에서 시험적으로 말을 탔다. 어떤 사람이 모용한이 병들었다고 하면서 사사롭게 말 타는 것을 익히니 변란을 일으키려고 하는 것이 의심된다고 고발하였다.

연왕 모용황이 비록 모용한의 용기와 지략에 힘입었지만 그러나 마음속으로 끝내 이것을 꺼려서 마침내 모용한에게 죽음을 내렸다. 모용

---

73 후직(后稷)은 주 왕조의 시조이고, 요(堯)는 황제(黃帝) 왕조의 6대 임금이다.

한이 말하였다.

"내가 죄를 짓고 달아났다가 이미 다시 돌아왔는데,[74] 오늘 죽는 것도 이미 늦은 것이다. 그러나 갈(羯)족 도적[75]이 중원지역을 타고 점거하고 있으니, 내가 스스로 헤아리지 못하지만 국가를 위하여 하(夏)를 하나로 통일하려고 하였는데, 이 뜻이 완수되지 않았으니 죽어도 한스러움이 남지만 운명이로다."

약을 마시고 죽었다.

4   대왕(代王) 탁발십익건이 그의 대인(大人)[76] 장손질(長孫秩)[77]을 파견하여 연에서 부인을 맞이하였다.

5   여름, 4월에 양주(涼州)의 장수 장관(張瓘)이 조(趙)의 장수 왕탁(王擢)을 삼교성(三交城, 섬서성 보아현의 서쪽)에서 패배시켰다.

6   애초에, 조(趙)의 영군(領軍)장군 왕랑(王朗)이 조왕 석호에게 말하였다.

"한겨울에 눈 내리고 추운데, 황태자가 사람을 시켜서 궁궐 재목을

---

74 모용한은 성제 함화 8년(333년)에 도망하였다가 성제 함강 6년(340년)에 돌아왔는데, 이 사건은 《자치통감》 권95과 권96에 실려 있다.

75 석호의 후조를 말한다. 석씨는 갈족 출신이다.

76 한 부락의 우두머리를 대인이라 부른다.

77 탁발린(拓跋鄰)이 나라를 통일하고 그 다음 형이 탁발씨를 만들었는데 그 후에 효문제가 성을 고쳐서 장손씨(長孫氏)로 바꾸었다. 이때에는 탁발씨였을 것인데, 역사가가 뒤에 성을 바꾸어버린 것이다.

벌목하여 장수(漳水)로 끌어내니, 노역하는 사람들 수만 명이 슬피 탄식하는 소리가 도로에 가득하므로 폐하께서 의당 나가 보시고 이것을 중지시키십시오."

석호가 이 말을 좋았다. 태자 석선(石宣)이 화를 냈다.

마침 형혹성(熒惑星)이 방(房)을 지키니,[78] 석선이 태사령 조람(趙攬)으로 하여금 석호에게 말하게 하였다.

"방(房)은 천왕(天王)의 자리인데, 지금 형혹성이 이것을 지키고 있으니[79] 그 재앙이 작지 않습니다. 의당 귀한 신하인 왕(王)씨 성을 가진 사람에게 이 일을 감당하게 해야 합니다."

석호가 말하였다.

"누가 합당할까?"

조람이 말하였다.

"왕(王) 영군장군보다 귀한 사람은 없습니다."

석호가 속으로 왕랑을 아껴서 조람에게 다시 그 다음 사람을 말하게 하였다.

조람이 대답을 하지 않다가 그 기회에 말하였다.

"그 다음으로는 오직 중서감 왕파(王波) 뿐입니다."

---

78 천문지를 보면 방에는 네 개의 별이 있는데, 이것이 명당(明堂)이고 천자가 정치를 하는 궁전을 상징한다. 네 개의 보좌하는 별이기도 하다. 아래 있는 첫째 별은 상장(上將)이고, 다음 것은 차장(次將)이며, 다음 것은 차상(次相)이며, 위의 별은 상상(上相)이다. 형혹성이 방과 심(心)을 지키는 것은 제왕 된 사람은 싫어한다. 형혹성은 천자가 처리하여야 하는 것이다. 그러므로 비록 밝은 천자가 있다고 하여도 반드시 삼가 형혹성이 있는 곳을 보는 것이다.

79 형혹성이 방 옆에 있다는 것이며, 형혹성이 방 옆으로 다가갔다는 말이다.

석호가 조서를 내려서 왕파가 전에 고시(楛矢)에 관하여 논의했던 일[80]을 추가하여 죄를 주어서 그를 요참(腰斬)하고 그의 네 아들까지 장수(漳水)에 시체를 던져버리고, 그렇게 하고 나서 그가 죄 없었음을 민망하게 생각하여 사공(司空)으로 추증(追贈)하고, 그의 손자를 후(侯)로 책봉하였다.

7   조의 평북(平北)장군 윤농(尹農)이 연의 범성(凡城, 하북성 평천의 남쪽)을 공격하였으나 이기지 못하고 돌아갔다.

8   한[성]의 태사령 한호(韓皓)가 말씀을 올렸다.
"형혹성이 심(心)을 지키니 이는 종묘가 제대로 닦여지지 않는다는 견책(譴責)입니다."
한의 주군 이세가 여러 신하들에게 명령을 내려서 이 문제를 논의하게 하였다.
상국(相國) 동교(董皎)와 시중 왕하(王嘏)가 말하였다.
"경무(景武)께서 창업하시고, 헌문(獻文)께서 기업(基業)을 이으시고, 지극히 가까운 분이고 먼 관계가 아니니, 의당 소원해 하여 끊을 것이 없습니다.[81]"

---

80 성제 함강 6년(340년)에 전촉에 고시(楛矢, 뽕나무로 만든 화살)와 석노(石砮)를 보내면 전촉에서 조를 무서워할 것이라고 하여 보낸 일이 있으나 의도대로 되지 않았다.

81 경무(景武)는 성의 첫째 황제인 이웅의 아버지 이특을 말하고 헌문(獻文)은 이특의 동생으로 4대 황제인 이수의 아버지 이양을 말하는데, 성제 함강 4년(338년)에 이수(李壽)는 나라를 성(成)에서 한(漢)으로 바꾸면서 별도로 종묘를 만들었다.

마침내 성(成)의 시조(始祖)·태종(太宗)을 바꾸어서 모두 한(漢)나라로 부르라고 명령[82]하였다.

9   정서(征西)장군 유익(庾翼)이 양주(梁州)자사 환선(桓宣)에게 조의 장수 이비(李羆)를 단수(丹水, 한수의 지류인 단강)에서 공격하게 하였는데, 이비에게 패배하니 유익이 환선을 건위(建威)장군으로 깎아내렸다. 환선이 부끄럽고 분통이 터져서 병이 되었고, 가을, 8월 경진일(7일)에 죽었다. 유익이 큰아들 유방지(庾方之)를 의성(義城, 사천성 관원현)태수로 삼고, 대신하여 환선의 무리를 관장하게 하고, 또 사마 응탄(應誕)을 양양(襄陽, 호북성 양번시)태수로 삼고, 참군 사마훈(司馬勳)을 양주(梁州)자사로 삼아 서성(西城, 섬서성 안강현)을 지키게 하였다.

10   중서령 저부(褚裒)가 중추가 되는 중요한 자리[83]를 굳게 사양하니, 윤달(윤8월) 정사일(14일)에 저부를 좌(左)장군·도독연주서주지낭야제군사(都督兗州·徐州之琅邪諸軍事)[84]·연주자사로 삼아 금성(金城)에서 진수하게 하였다.

11   황제의 병이 위독해져서 유빙(庾冰)과 유익(庾翼)이 회계왕(會稽

---

82 성(成)의 시조(始祖)는 이특(李特)이고, 태종(太宗)은 성(成)의 첫 번째 황제인 이웅(李雄)을 말하는데, 이수가 나라를 한으로 바꾸어서 성나라시대의 황제와 별도로 제사를 지냈지만 뿌리로 보아서 모두 한의 황제로 생각하라는 것이었다.

83 이때 저부는 녹상서사였는데, 이 자리는 추요(樞要)의 자리이다.

84 연주와 서주의 낭야에 있는 모든 군사에 관한 일을 감독하는 관직명이다.

王) 사마욱(司馬昱)[85]을 후사로 세우려고 하니 중서감 하충(何充)이 황제의 아들 사마담(司馬冊)을 세우자고 건의하자 황제가 이를 좇았다. 9월 병신일(24일)에 사마담을 황태자로 세웠다. 무술일(26일)에 황제가 식건전(式乾殿)에서 붕어하였다.[86] 기해일(27일)에 하충이 유지(遺旨)[87]를 가지고 태자를 받들어서 즉위하게 하고 크게 사면하였다. 이로 말미암아서 유빙과 유익은 하충을 깊이 한스럽게 생각하였다.

황후 저(褚)씨[88]를 높여서 황태후로 삼았다. 이때 목제(穆帝)는 바야흐로 두 살이었으므로 태후가 조정에 나와서 칭제(稱制)[89]하였다. 하충에게는 중서감과 녹상서사를 덧붙여주었다. 하충이 스스로 이미 상서(尙書)를 총괄하고 있으므로 다시 중서(中書)를 감독하는 것은 마땅치 않다고 말하자 이를 허락하였고, 다시 시중(侍中)을 덧붙여주었다.

하충이 좌(左)장군 저부(褚裒)가 태후의 아버지이므로 의당 조정의 정치를 종합하여야 한다고 하여 상소문을 올려서 저부를 추천하여 참록상서(參錄尙書)로 하니, 이에 저부를 시중·위(衛)장군·녹상서사로 하고, 지절(持節)·독(督)·자사(刺史)는 옛날과 같게 하였다. 저부는 가

---

85 진 8대 황제 사마소(司馬紹)의 동생이다.

86 이때 나이는 23세였다. 이 궁전은 건강에 있는 것인데, 낙양에서 사용하던 명칭을 그대로 사용하고 있다.

87 죽으면서 남긴 뜻이다. 황제가 남긴 유언을 보통 유조(遺詔)라고 하는데 여기서는 유지(遺旨)라고 하였다.

88 저산자(褚蒜子)이다.

89 황제의 명(命)을 제(制)라고 하는데, 황제가 아닌 사람이 황제와 같은 명을 내리는 것을 말한다.

까운 친척이므로 비난과 혐의를 받는 것을 두려워하여 상소문을 올려서 굳게 번직(藩職)⁹⁰에 머무를 것을 청하니, 도독서연청삼주양주지이군제군사(都督徐·兖·青三州·揚州之二郡諸軍事)⁹¹·위장군·서주, 연주 두 주의 자사를 맡아서 경구(京口, 강소성 진강시)에서 진수하게 하였다.

상서가 상주문을 올렸다.

"저부가 태후를 알현할 때 공적인 자리에서는 신하로서의 예를 행하여야 하나 사적으로 볼 때에는 엄부(嚴父)로 높여야 합니다."

이를 좇았다.

12 겨울, 10월 을축일(23일)에 강제(康帝)를 숭평릉(崇平陵)에 장사 지냈다.

13 강주(江州)자사 유빙이 병이 들자 태후가 유빙을 징소하여 정치를 보필하게 하였으나 유빙이 사양하고, 11월 경진일(9일)에 죽었다. 유익이 집안 사정과 국가의 일⁹²로 아들 유방지(庾方之)를 남겨 두고 건무(建武)장군으로 삼아 양양(襄陽, 호북성 양번시)을 지키게 하였다. 유방지가 나이가 어려서 참군 모목지(毛穆之)를 건무장군·사마로 삼

---

90 번은 울타리이므로 중앙관직이 아닌 지방관직을 말한다.

91 서주(徐州)·연주(兖州)·청주(青州) 세 주와 양주의 두 군의 모든 군사에 관한 일을 감독하는 관직명이다.

92 형인 유빙이 죽었으므로 장례에 참석하러 가야하고, 국가의 일은 본래 업무(중원지역 수복 준비 업무)를 수행해야 하는 것을 말한다.

아서 그를 보필하게 하였다. 모목지는 모보(毛寶)[93]의 아들이다.

유익이 돌아와서 하구(夏口)에서 진수하였다. 유익에게 조서를 내려서 다시 강주(江州)를 감독하게 하고 또 예주(豫州)자사의 업무를 관장[94]하게 하였다. 유익은 예주자사를 사양하고 다시 낙향(樂鄉, 하남성 확산현 서남쪽)으로 옮겨서 진수하겠다고 하였으나 조서를 내려서 허락하지 않았다. 유익이 여전히 무기를 수선하고 수리하며 크게 농사를 지어 곡식을 쌓아놓고서 뒤에 거사할 것을 도모하였다.

14   조왕 석호가 영창진(靈昌津)[95]에 황하의 다리를 놓는데, 돌을 채취하여 중간의 건널 곳[96]을 만들려고 하였지만 돌이 떨어지면 번번이 흐르는 물을 따라 내려가자 작업하는 사람 5백여만 명을 동원하였으나 다리가 완성되지 않으니, 석호가 화가 나서 장인(匠人)의 목을 베고 그만두었다.

---

93 모보는 소준을 평정하는데 공로를 세우고 성제 함강 5년(339년)에 주성(邾城)이 함락될 때 죽었다.

94 강주(江州)를 감독하는 직책명은 독강주제군사이고 또 예주(豫州)자사의 업무를 관장하는 직책은 영직인 영예주자사이다.

95 연진(延津)이라고도 하는데, 하남성 급현의 옛 황하의 길에 있다.

96 황하의 폭이 넓어서 중간 지점에 돌을 쌓아서 교각을 세울 수 있게 하려는 것이었다.

체제를 갖추는 연의 모용황

목제 영화 원년(乙巳, 345년)⁹⁷

1   봄, 정월 초하루 갑술일에 황태후가 태극전(太極殿)에 흰 비단 천막을 치고 황제를 안고 헌(軒)에 나왔다.⁹⁸

2   조의 의양공(義陽公)인 석감(石鑒)이 관중(關中)을 진수하면서 노역을 번거롭게 하고 부세를 무겁게 하였는데, 문무(文武) 관리 가운데 머리카락이 긴 사람이 있으면 번번이 잘라서 관(冠)끈을 만들고 남은 것은 궁인(宮人)들에게 주었다.

장사(長史)가 머리카락을 빼앗는 일을 조왕 석호에게 아뢰니, 석호가 석감을 불러 업(鄴, 하북성 임장현)으로 돌아오게 하고, 낙평공(樂平公) 석포(石苞)로 대신 장안을 진수하게 하였다. 옹주(雍州)·낙주·진주

---

97 성(成, 前蜀) 귀의후 태화 2년, 후조 무제 건무 11년, 전량 문왕 태원 22년, 전연 문명제 12년, 대왕(代王) 탁발십익건 건국 8년이다.

98 이때 황제 사마담의 나이가 세 살이었는데 황태후가 이를 안고 조회에 나온 것이다.

(秦州)·병주(幷州)에서 16만 명을 징발하여 장안의 미앙궁을 수리하게 하였다.

석호는 사냥을 좋아하였지만 만년에 이르러 몸이 무거워져서 말을 탈 수가 없자 마침내 사냥하는 수레 1천 대를 만들고 기일을 정해놓고 교렵(校獵)[99]을 하였다. 영창진(靈昌津, 황하의 나루, 延津)의 남쪽에서 형양(滎陽, 하남성 형양현)의 동쪽 끝 양도(陽都, 산동성 기남현)까지를 사냥터로 만들고, 어사에게 감찰하게 하며 그 속에 있는 금수를 범하는 사람이 있으면 그 죄는 대벽(大辟)[100]에까지 이르렀다.

백성들 가운데 미녀와 좋은 소나 말이 있으면 어사가 이를 요구하고 못 찾으면 모두 짐승을 잡았다고 무고하니 사형으로 판결된 사람이 100여 명이었다. 여러 주에서 26만 명을 징발하여 낙양궁을 수리하였다. 백성들의 소 2만 마리를 삭주(朔州)의 목관(牧官)[101]에게 맡겼다.

여관(女官)을 24등급으로 늘리고, 동궁에는 12등급으로 하며, 공후(公侯)들의 70여 개국에는 모두 9등급을 두며, 백성들의 딸 3만여 명을 크게 징발하여 3개 등급으로 나누어 이를 배치하였는데, 태자와 여러 공(公)들이 사사롭게 뽑은 사람이 또한 1만 명에 가까웠다. 군과 현에서는 아름다운 여자를 구하는데 힘을 쓰니, 대부분 다른 사람의 처를 억지로 빼앗고, 그 지아비를 죽이거나 지아비가 자살한 것이 3천여 명이었다.

업(鄴)에 도착하니, 석호가 전각에 가서 선발하고 등급을 정하는데,

---

99 사냥 장소에 울타리를 쳐놓고 사냥하는 것을 말한다.

100 사형을 말한다.

101 목장 담당 관리이다.

사자로서 능력 있는 사람이라 하여 열후(列侯)에 책봉된 사람이 12명이었다. 형초(荊楚)[102]·양주(揚州)·서주(徐州)의 백성들이 달아나거나 배반하여 대략 텅 비게 되니 태수와 현령이 백성들을 안무할 수 없었다는 죄에 걸려들어 감옥에 갇혔다가 죽은 사람이 50여 명이었다. 금자(金紫)광록대부 녹명(逯明)이 모시는 기회에 간절하게 간하였더니 석호가 크게 화를 내고 용등(龍騰)으로 하여금 그를 납살(拉殺)[103]하게 하였다.

3   연왕 모용황이 소를 가난한 백성들에게 빌려주고서 그들에게 원중(苑中)[104]에서 농사를 지어 그 10분의 8을 세(稅)로 내게 하고, 스스로 소를 갖고 있는 사람은 그 중 7을 세로 내게 하였다.

기실참군(記室參軍) 봉유(封裕)가 편지를 올려서 간하였다.

"옛날에는 열에 하나를 세(稅)로 내게 하였는데, 천하에서 공정하고 올바른 것이었습니다. 위(魏)와 진(晉)시대에 내려와서 어진 정치가 쇠퇴하고 야박해져도 관전(官田)과 관우(官牛)를 빌린 사람도 그 세는 불과 10분의 6이었고, 스스로 소를 갖고 있는 사람이 이것을 반으로 나누었으니, 오히려 그 가운데 7~8을 빼앗지는 않았습니다.

영가(永嘉)[105] 연간 이래로 해내(海內)가 다 부서져서 무선왕(武宣

---

102 옛 초나라지역 호북성과 하남성 남부이다.

103 용등은 무사의 명칭이고, 납살은 사형의 일종으로 늑골(肋骨)을 절단하여 죽이는 것이다.

104 황실 소유의 정원이나 농지를 말한다.

105 서진 회제의 연호로 307년~312년 사이이다.

王)[106]이 덕을 가지고 이들을 어루만지니 화족(華族)과 이족(夷族) 백성들이 만 리 밖에서도 한꺼번에 몰려오는데 어린애를 안고 노인을 업고 귀부한 것은 마치 갓난아이가 부모에게 돌아가는 것 같았으니, 이리하여서 호구의 수는 옛날보다 열 배나 되었고, 전지(田地)가 없는 사람이 열에 서너 명이었습니다.

전하께서 통서(統緖)를 이으시고 나서 남쪽으로 강한 조를 꺾고 동쪽으로 고구려를 겸병하고, 북쪽으로는 우문씨를 빼앗았고,[107] 땅 3천 리를 넓히고 백성들을 10만 호를 늘렸으니 의당 원유(苑囿)를 다 없애시어 새로이 편입된 백성들에게 부여(賦與)하시고 소를 갖지 못한 사람들은 관에서 소를 내려주셔야지 더욱 무거운 세를 걷는 것은 마땅치 않습니다.

또한 전하의 백성들이 전하의 소를 사용하는데 그 소는 전하가 갖고 있는 것이 아니면 장차 어디에 있어야 합니까? 이와 같이 하면 융기(戎旗)[108]가 남쪽을 가리키는 날 백성들 가운데 누가 단사호장(簞食壺漿)[109]으로 왕의 군사를 영접하지 않겠으며 석호는 누구와 더불어 할 것입니까?

---

106 연의 무선왕 즉, 모용외(慕容廆)를 말한다. 백성들이 모용외에게 간 일은 민제 건흥 원년(313년)이고 그 내용은 《자치통감》 권88에 실려 있다.

107 조를 꺾은 것은 성제 함강 4년(338년)의 일이고, 고구려를 격파한 것은 성제 함강 8년(342년)의 일이며, 우문씨를 멸망시킨 것은 강제 건원 2년(344년)인데, 그 내용은 모두 《자치통감》 권96에 실려 있다.

108 군사의 깃발을 말한다.

109 소쿠리에 밥을 싸고 항아리에 간장을 담는다는 말로, 군사들에게 먹을 것을 제공하는 것을 표현한 것이다.

6

하천과 운하 가운데 쓰지 않아서 막힌 것이 있으면 모두 응당 잘 통하게 하여야 하고, 가뭄에는 물을 대주고 물이 차있으면 빼주어야 합니다. 한 지아비가 밭을 갈지 않으면 어떤 사람이던 간에 주림을 당할 것인데, 하물며 놀고먹는 사람이 수만 명인데 어떻게 집안과 사람들에게 충족하게 공급하겠습니까?

지금 관청에는 쓸데없이 사람이 많아서 봉록을 헛되이 소비하니 만약에 재주가 두루 쓰이지 못하면 모두는 의당 깨끗이 도태시켜야 합니다. 공상업의 끝에 붙은 이익에 종사하는 사람은 의당 일정한 숫자를 만들어두어야 합니다. 공부하는 사람이 3년 동안 아무런 성과를 내지 못하면 다만 영재(英才)가 갈 길을 막는 것이니 마땅히 그들을 모두 농사짓는 곳으로 돌려보내야 합니다.

전하께서 성스러운 덕과 관대하고 밝으심으로 널리 추요(芻蕘)[110]를 살피시는데, 참군 왕헌(王憲)과 대부 유명(劉明)이 모두 일을 말하다가 뜻에 거슬리자 이를 주관하는 사람이 대벽(大辟)으로 판결하였으니, 전하께서 비록 그의 죽음을 용서해 주셨지만 오히려 관직에서 면직되어 금고(禁錮)되어 있습니다.

무릇 간쟁(諫諍)하는 말을 찾으면서 곧은 말을 한 사람에게 죄를 주니, 이는 월(越)로 보내면서 북쪽으로 가게 하는 것과 같아서 반드시 그 뜻한 바를 얻지 못할 것입니다. 우(右)장사 송해(宋該) 등이 아미구용(阿媚苟容)[111]하여 가볍게 간언(諫言)하는 선비를 탄핵하니, 자기는 뼈대가 없으므로 다른 사람이 이것을 갖고 있는 것을 질시하여 귀와 눈

---

110 꼴 베는 사람을 말한다.

111 눈썹과 얼굴에 아부하는 기색을 띤 것이다.

을 덮어 가리므로 대단히 충성스럽지 못한 자입니다."

모용황이 마침내 명령을 내렸다.

"봉(封) 기실참군이 간하는 내용을 보니 고(孤)는 실로 두렵다. 나라는 백성을 근본으로 삼고 백성들은 곡식을 생명으로 삼는 것이니 원유(苑囿)를 전부 없애서 백성 가운데 전지(田地)가 없는 사람에게 주라. 실제로 가난한 사람에게는 관(官)에서 그에게 소를 주고, 힘에 여유가 있어서 관청의 소를 얻고자 하는 사람은 위(魏)와 진(晉)시대의 옛 법에 의거하라. 하천과 도랑으로 각기 유익한 것은 때에 맞추어 수리하고 다스리게 하라. 지금 군사적인 업무가 바야흐로 일어났으므로 공훈을 세운 사람이 이미 많아졌는데, 관원을 아직 줄일 수가 없으니 중원을 하나로 통일할 때까지 기다려서 천천히 다시 이를 논의하라.

공·상인의 문제와 학생은 모두 마땅히 줄여서 고르게 하라. 무릇 신하로서 임금에게 말하는 것은 아주 어려운 것이니, 비록 미친 것 같고 망령된 것이라도 마땅히 그 가운데 좋은 것은 골라서 이를 좇도록 하라. 왕헌과 유명은 비록 죄는 응당 폐출(廢黜)하여야 하나 또 고(孤)[112]가 관대한 도량이 없음으로 말미암았으니, 모두 다시 본래의 관직에 복귀시키고, 여전히 간언을 담당하는 관청에 있게 하라.

봉생(封生)은 충성을 다하여 왕신(王臣)의 본체를 깊이 체득하였으니, 5만 전을 내려주라. 안팎에 알려 보여주어서 고(孤)의 허물을 말하고 싶은 사람은 귀한 사람이건 천한 사람이건 구애받지 말고 꺼리는 것을 갖지 못하게 하라."

모용황은 문학(文學)을 아주 좋아하여 항상 친히 상서(庠序)[113]에 가

---

112 왕이 자기 자신을 가리키는 말이다.

서 강의를 하였는데, 학교의 학도가 1천여 명에 이르게 되어 자못 망령되고 외람된 사람들이 있게 되니, 그러므로 봉유가 이를 지적하였다.

4   조서를 내려 위(衛)장군 저부(褚裒)를 징소하여 양주(揚州)자사·녹상서사로 삼고자 하였다. 이부(吏部)상서 유하(劉遐)와 장사(長史) 왕호지(王胡之)가 저부에게 유세하였다.

"회계왕(會稽王)은 훌륭한 덕망을 가지고 있어서 이 나라의 주공(周公)[114]이니 족하(足下)께서 의당 큰 정치적 권한을 그에게 주어야 합니다."

저부가 마침내 굳게 사양하고 번직(藩職)으로 돌아왔다. 임술일[115]에 회계왕 사마욱(司馬昱)을 무군(撫軍)대장군·녹상서육조사(錄尙書六條事)[116]로 삼았다.

사마욱은 맑고 텅 비어 욕심이 적으며 특히 현학(玄學)에 관한 말을 좋아하였다. 항상 유담(劉惔)과 왕몽(王濛), 그리고 영천(穎川, 하남성 허창시 동쪽) 사람 한백(韓伯)을 이야기 손님으로 삼았고, 또 치초(郗超)를 벽소(辟召)하여 무군(撫軍)장군부의 연리(掾吏)로 삼고, 사만(謝萬)

---

113 학교이다.

114 서주시대 무왕의 아들로 어린 조카인 성왕을 보필하여 주나라를 굳건하게 한 사람이다.

115 정월 1일이 신미일이므로 정월 중에는 임술일이 없다. 만약에 壬戌이 壬辰의 잘못이라면 이날은 22일이다.

116 이때 사마욱은 27세였으며, 녹상서사란 상서들이 처리하는 업무를 총괄한다는 말이며, 육조란 상서의 아래에 있던 직책을 말하는 것으로 녹상서육조사란 상서사의 아래에 있는 업무를 총관하는 직책이다.

을 종사중랑으로 삼았다.

치초는 치감(郗鑒)의 손자이고 젊어서 뛰어나고 힘이 있어서 구속을 받지 않았다. 그의 아버지 치음(郗愔)은 간결하고 조용하며 평화롭고 물러났지만 재물에는 인색하여 돈을 쌓아놓은 것이 수천만에 이르렀는데, 일찍이 치초(郗超)에게 창고를 열어놓고 가져가라고 하였더니 치초가 친한 친구에게 흩어주어 하루에 다 없앴다. 사만은 사안(謝安)의 동생인데, 맑고 활달하며 뛰어나서 또한 당시에 이름이 났다.

5 연에 검은 용과 흰 용이 용산(龍山, 도읍지인 용성, 요녕성 조양현)에 나타나서 머리를 맞대고 놀다가 뿔이 떨어지자 가버렸다. 연왕 모용황이 친히 태뢰(太牢)[117]로 제사를 지내고 그 경내에 사면령을 내리며, 자기가 사는 새로운 궁궐을 화룡(和龍)이라고 부르라고 명령하였다.

6 도정숙후(都亭肅侯)[118] 유익(庾翼)이 등에 부스럼 병이 나자 표문을 올려 아들 유원지(庾爰之)를 행보국(行輔國)장군[119]·형주(荆州)자사로 하여 후임을 맡기게 해달라고 하고, 또 사마인 의양(義陽, 하남성 신양현) 사람 주도(朱燾)를 남만(南蠻)교위로 삼고, 1천 명으로 파릉(巴陵, 호남성 악양시)을 지키게 하라고 하였다. 가을, 7월 경오일(3일)에 죽었다.

유익의 부장(部將)인 간찬(干瓚) 등이 난을 일으켜서 관군(冠軍)장

---

117 돼지·양·소를 희생으로 바치고 지내는 제사로, 제사 가운데 가장 큰 규모다.

118 유익이 원래 도정후였는데 죽은 다음 시호를 숙후라고 하였고, 이를 합쳐 쓴 것이다.

119 행직이다. 행직은 임시직으로 업무를 대신하는 것이다.

군 조거(曹據)를 죽였다. 주도와 안서(安西)장군부의 장사(長史)인 강반(江彪)·건무(建武)장군부의 사마인 모목지(毛穆之)·장군 원진(袁眞)이 함께 그를 죽였다. 강반은 강통(江統)의 아들이다.

7 8월에 예주(豫州)자사 노영(路永)이 배반하고 조로 달아났는데, 조왕 석호가 노영에게 수춘(壽春, 안휘성 수현)에 주둔하게 하였다.

8 유익(庾翼)이 이미 죽고 나자, 조정에서의 논의가 모든 유(庾)씨들이 대대로 서쪽 번방(藩邦)에 있었으므로 사람들이 마음속으로 편안하게 생각하니 의당 유익이 청한 바대로 해야 할 것이라고 하여 유원지(庾爰之)로 그 임무를 대신하게 하였다.

하충(何充)[120]이 말하였다.

"형초(荊楚)는 우리나라의 서쪽 문에 해당하며 호구도 1백만이나 되고, 북쪽으로는 강한 호족(胡族)을 띠고 있고, 서쪽으로는 센 촉(蜀)[121]과 이웃하고 있으며 땅의 형세가 험하고 막혀있고 그 둘레가 1만 리나 되어 적당한 사람을 찾아내면 중원을 안정시킬 수 있고, 적당한 사람을 잃으면 사직이 걱정하게 되어 육항(陸抗)이 말한바 '이곳이 남아 있으면 오(吳)가 남아 있게 되고, 없어지면 오가 없어진다.'[122]라고 한 것인데, 어찌 아무 것도 모르는 소년에게 이곳을 감당하게 할 수 있습니까?

---

120 양주자사이며 녹상서사이다.

121 호족(胡族)이란 석호의 조를 말하고 센 촉(蜀)이란 전촉, 즉 한(漢)을 말한다.

122 육항은 오나라의 장군으로 진 무제 태시 10년(274년)에 상소문에서 한 말이다.《자치통감》권80에 실려 있다.

환온(桓溫)은 뛰어난 지략이 보통 사람을 넘으며, 문무(文武)의 그릇
도 갖추었으니 서하(西夏)를 맡기는 것은 환온을 넘는 사람이 없을 것
입니다."

의논하는 사람들이 또 말하였다.

"유원지가 환온을 피하려고 하겠습니까? 만약에 지금 군사가 막혀
버리게 되면 부끄럽고 두려움이 적지 않을 것입니다."[123]

하충이 말하였다.

"환온이 충분히 그들을 통제할 것이니 여러분은 걱정하지 마십시오."

단양윤(丹揚尹) 유담(劉惔)이 매번 환온의 재주를 기이하게 생각하
였지만 그러나 그는 신하 노릇을 하지 않겠다는 뜻을 갖고 있음을 알
고 회계왕 사마욱에게 말하였다.

"환온을 형승(形勝)의 땅[124]에 있게 할 수는 없습니다. 그의 지위와
명칭은 마땅히 항상 이를 억제해야 합니다."

사마욱에게 스스로 상류(上流)[125]를 진수하라고 권고하고, 자기를
사마로 삼으라고 하였으나 사마욱이 듣지 않자 또 스스로 가게 해달라
고 청하였으나 또한 듣지 않았다.

경진일[126]에 서주자사 환온을 안서(安西)장군·지절·도독형사옹익

---

123 유원지가 조정의 결정에 승복하지 않아서 통제할 수 없게 되면 나라의 입장
에서는 수치스러운 일이라는 뜻이다.

124 전략적으로 승리할 수 있는 형세를 지닌 지역을 말한다.

125 장강의 상류를 말한다.

126 통감필법에 의하면 이 경진일은 8월 경진일이어야 한다. 그러나 8월 1일이 무
술(戊戌)일이므로 8월 중에는 경진일이 없다. 만약에 경진 앞에 '9월'이 누락
된 것으로 본다면 이날은 9월 13일이다.

양영육주제군사(都督荊·司·雍·益·梁·寧六州諸軍事)·영호남만(領護南蠻)교위[127]·형주자사로 하였더니, 유원지가 과연 감히 다투려 들지 않았다. 또 유담을 감면중제군사(監沔中諸軍事)·영의성(領義成)태수[128]로 삼아 유방지를 대신하게 하였다. 유방지(庾方之)와 유원지(庾爰之)를 예장(豫章, 강서성 남창시)으로 옮겼다.

환온이 일찍이 눈이 내린 속에서 사냥을 하려고 하다가 먼저 유담이 있는 곳을 지나갔는데, 유담이 그가 장비를 갖춘 것이 아주 삼엄한 것을 보고 그에게 말하였다.

"노적(老賊)께서 이렇게 차려 입고 무엇을 하려고 하시오?"

환온이 웃으면서 말하였다.

"내가 이렇게 하지 않으면 경이 어떻게 앉아서 이야기할 수 있겠소?"[129]

9   한(漢)의 주군 이세(李勢)의 동생인 대장군 이광(李廣)이 이세가 아들이 없으므로 태제(太弟)로 삼아달라고 요구하였으나 이세가 허락

---

127 도독형사옹익양영육주제군사(都督荊·司·雍·益·梁·寧六州諸軍事)는 형주(荊州)·사주(司州)·옹주(雍州)·익주(益州)·양주(梁州)·영주(寧州) 여섯 주의 모든 군사에 관한 일을 감독하는 관직명이고, 영호남만(領護南蠻)교위는 영직으로 현장에 가지 않고 멀리서 호남만교위의 직책을 관장하는 관직이다.

128 감면중제군사(監沔中諸軍事)는 면중(沔中, 漢水 유역)의 모든 군사에 관한 일을 감독하는 직책이고, 영의성(領義成)태수는 영직으로 의성(義成)태수의 임무를 관장하는 관직이다.

129 유담이 환온에게 일반적으로 쓸 수 없는 '노적(老賊, 늙은 도적)'이라는 말을 썼는데, 환온 역시 이에 맞서 대답하니 두 사람이 서로 잘 알고 있으며, 이들의 번득이는 말재주를 알 수 있는 대화이다.

하지 않았다. 마당(馬當)과 해사명(解思明)이 간하였다.

"폐하께서는 형제가 많지 않은데 만약에 다시 폐출(廢黜)하는 일이 있게 된다면 장차 외롭고 위태로움이 더 많아질 것입니다."

굳게 청하자 이를 허락하였다.

이세는 그들이 이광과 더불어 모의를 하였을 것이라고 의심하고 마당과 해사명을 잡아서 목을 베고 그들의 삼족을 다 죽였다. 태보(太保) 이혁(李奕)을 파견하여 부성(涪城, 사천성 삼태현)에서 이광을 습격하고 이광을 깎아내려서 임공후(臨邛侯)로 삼으니 이광이 자살하였다.

해사명이 잡히자 탄식하며 말하였다.

"나라가 망하지 않는 것은 우리 몇 사람이 있기 때문인데, 이제 그것이 위태롭게 되었구나!"

말하고 웃는 것이 태연자약하다가 죽었다. 해사명은 지략을 갖고 있었고, 감히 간쟁(諫諍)을 하였으며 마당은 평소에 인심을 얻었는데 그들이 죽자 병사와 백성들 가운데 그들을 애도하지 않는 사람이 없었다.

10 겨울, 10월에 연왕 모용황이 모용각(慕容恪)에게 고구려를 공격하게 하여 남소(南蘇, 요녕성 무순 동쪽의 蘇子河와 渾河가 합류하는 곳)을 뽑아버리고 수(戍)자리를 만들어놓고 돌아왔다.

11 12월에 장준(張駿)이 언기(焉耆)를 정벌하여 이들을 항복시켰다. 이 해에 장준은 무위(武威) 등 11개의 군[130]을 나누어서 양주(涼州)로 만들고 세자 장중화(張重華)를 자사로 삼고, 홍진(興晉) 등 여덟 군[131]

---

130 무위·무흥·서평·장액·주천·건강·서·황하·진흥·수무·안고군이다.

을 나누어 하주(河州)로 만들고, 영융(寧戎)교위 장관(張瓘)을 자사로 삼고 돈황(敦煌) 등 세 군[132]과 서역(西域)도호에 속한 세 영채(營寨)를 나누어 사주(沙州)로 만들고, 서호(西胡)교위 양선(楊宣)을 자사로 삼았다.

장준은 스스로 대도독·대장군·가양왕(假涼王)·독섭삼주(督攝三州)라고 부르고, 처음으로 좨주(祭酒)·낭중(郞中)·대부·사인(舍人)·알자(謁者) 등의 관직을 두고, 관직의 이름은 모두 천조(天朝)[133]를 모방하고 그 이름을 조금씩 고쳤으며, 거복(車服)과 정기(旌旗)는 제왕(帝王)의 것과 비슷하게 하였다.

12　조왕 석호가 관군(冠軍)장군 요익중(姚弋仲)을 지절·십군육이대도독(十郡六夷大都督)·관군(冠軍)대장군으로 삼았다. 요익중은 깨끗하고 검소하며 굳고 곧으며 위엄을 갖춘 형식을 취하지 아니하고 말을 할 때에도 두렵다고 피하는 일이 없어서 석호가 그를 아주 중하게 생각하니 조정의 큰 논의에는 매번 참여하여 결정하자 공경들이 모두 그를 꺼려서 밑으로 들어갔다.

무성(武城, 산동성 비현 서남쪽)의 좌위(左尉)는 석호가 총애하는 여인의 동생이었는데 일찍이 요익중의 영채로 들어가서 그 부대의 무리들을 침해하고 소란스럽게 하였다. 요익중이 그를 잡아서 잘못을 헤아리

---

131 홍진·금성·무시·남안·영진·대하·무성·한중군이다.

132 《진지(晉志)》에는 돈황·진창 두 군만 나와 있다.

133 가양왕(假涼王)에서 가는 임시 또는 대리를 의미하는 말이다. 그러므로 대리 양왕이라는 뜻이고, 천조(天朝)는 동진을 말한다.

며 말하였다.

"너는 금위(禁尉)가 되어 힘없는 백성을 협박하는데, 나는 대신(大臣)이 되어 눈으로 친히 보았으니 그대로 내버려둘 수 없다."

주위 사람에게 그의 목을 베라고 명령을 내리니 금위가 머리를 조아리다 피를 흘리니 좌우에서 굳게 간하여 마침내 중지하였다.

13 연왕 모용황은 옛날에는 제후들이 즉위하여 각기 원년(元年)을 칭한다고 생각하여, 이에 비로소 진(晉)의 연호를 사용하지 않고 자칭(自稱) 12년이라고 하였다.[134]

---

134 연은 이로부터 진에 보고를 하지 않았다.

멸망하는 이세의 한(漢)

14 조왕 석호가 정동(征東)장군 등항(鄧恒)에게 군사 수만 명을 거느리고 낙안(樂安, 하북성 낙정현)에 주둔하고 공격도구를 만들라고 하여 연을 빼앗을 계책을 세웠다. 연왕 모용황이 모용패(慕容霸)를 평적(平狄)장군으로 삼고 도하(徒河, 요녕성 금현)에서 수자리를 서게 하니 등항이 그를 두려워하여 감히 범접하지 못하였다.

목제 영화 2년(丙午, 346년)¹³⁵

1 봄, 정월 병인일(1일)에 크게 사면하였다.

2 기묘일(14일)에 도향문목공(都鄕文穆公) 하충(何充)¹³⁶이 죽었

---

135 성(成; 漢 前蜀) 귀의후 태화 3년, 후조 무제 건무 12년, 전량 문왕 태원 23년, 전연 문명제 13년, 대왕 탁발십익건 건국 9년이다.

136 하충은 양주자사였으며, 작위는 도향공이었는데 죽자 시호를 목공으로 한 것이다.

다. 하층은 큰 그릇이어서 조회에 나아가서는 얼굴색을 바로 하고 사직을 자기의 책임으로 생각하고, 선발하여 채용한 사람이 모두 공로와 업적을 쌓았고, 친구에게 사사롭게 하지 않았다.

3   애초에, 부여(夫餘)는 녹산(鹿山)[137]에 있었는데, 백제(百濟)[138]에게 침략을 받아서 부락이 쇠약해져 흩어졌다가 서쪽으로 가서 연(燕)나라 가까이 옮겼으나 방비를 만들어두지 않았다.

연왕 모용황이 세자 모용준(慕容雋)을 파견하여 모용군(慕容軍)·모용각(慕容恪)·모여근(慕輿根) 세 장군과 1만7천 기병을 인솔하고 부여를 습격하게 하였다. 모용준은 중앙에서 지적해 주고, 군사는 모두 모

---

137 녹산의 위치에 대하여 호삼성은 다음과 같이 주를 달았다. 부여(夫餘)는 현토(玄菟)에서 북쪽으로 1천여 리 지점에 있는데, 녹산이 대개 그 땅에 해당한다. 두우(杜佑)는 "부여국에는 인새(印璽)가 있는데, 그 글귀는 '예왕지인(濊王之印)'이라고 되어 있으며, 그 나라에는 옛 성이 있어, 이를 예성이라고 하는데 대개 본래 예맥의 땅이다. 그 나라는 장성의 북쪽에 있고, 현토에서 1천여 리 떨어져 있고, 남에는 고구려, 동으로는 읍루, 서로는 선비와 맞닿아 있다."고 하였다.

138 호삼성이 백제에 관하여 설명한 주석이다. 동이(東夷)에는 세 개의 한국(韓國)이 있는데, 마한(馬韓)·진한(辰韓)·변한(弁韓)이다. 마한에는 54개국이 있었고, 백제(百濟)는 그 가운데 하나로 후에 점차 강대해져서 여러 작은 나라를 합병하였다. 그 나라는 본래 고구려와 요동의 동쪽으로 1천여 리 지점에 있었다. 《수서(隋書)》에서 말하기를 '백제는 동명(東明)에서 나왔고, 그 후에는 구태(仇台)라는 사람이 있어서 처음으로 그 나라를 세웠으며 점차 강성해졌는데, 처음에 백가(百家)로 바다를 건넜다(濟海) 하여 백제(百濟)라고 불렀다.'고 하였다. 두우(杜佑)는 '백제는 남쪽으로 신라와 맞닿았고, 북쪽으로 고구려를 1천여 리 막으며, 서쪽으로는 대해(大海)까지 가고, 소해(小海)의 남쪽에 처해 있다.'고 하였다.

용각에게 맡겼는데, 드디어 부여를 뽑아버리고 그의 왕 부여현(夫餘玄)과 부락의 5만여 명을 포로로 잡아 가지고 돌아왔다. 모용황이 부여현을 진군(鎭軍)장군으로 삼고 딸을 그의 아내로 삼게 하였다.

4 2월 계축일(19일)에 좌(左)광록대부 채모(蔡謨)를 영사도(領司徒)[139]로 삼고, 회계왕 사마욱(司馬昱)과 더불어 정치를 보필하게 하였다.

5 저부(褚裒)가 전에 광록대부였던 고화(顧和)와 전에 사도부의 좌(左)장사였던 은호(殷浩)를 천거하였는데, 3월 병자일(12일)에 고화를 상서령으로 삼고, 은호를 건무(建武)장군·양주(揚州)자사로 삼았다.

고화가 모친상을 당하여서 굳게 사양하며 나오지 않고서 친하게 지내는 사람에게 말하였다.

"옛 사람들 가운데는 최질(衰絰)[140]을 벗어놓고 왕의 일을 좇은 사람이 있었는데, 그의 재주가 충분히 그 시대의 줄기가 될 만하기 때문이고, 만약에 나 고화 같은 사람의 경우에는 바로 효도를 어그러뜨리고 풍속을 상하게 하기에 충분할 뿐이다."

아는 사람은 그것을 아름답다 하였다. 은호도 굳게 사양하였다.

회계왕 사마욱이 은호에게 편지를 보내어 말하였다.

"액운을 당하여 위험과 폐단이 극도에 달하였으니 족하의 깊은 식견

---

139 영직(領職)이다. 다른 직책을 갖고서 일정한 관직의 업무를 관장하게 하는 관리 임용방법이다. 여기서는 사도의 업무를 관장하는 직책이다.

140 상복을 말한다.

과 감추어진 장점은 충분히 경세제민(經世濟民)할 것이오. 만약에 다시 깊이 들어가 있으면서 두 손으로 읍(挹)하고 물러나 있으며 진실로 본래 갖고 있는 생각을 유지하려고 한다면 나는 천하를 구하는 일이 여기에서 떠나버릴까 두려워하오. 족하의 거취(去就)가 바로 이 시대가 끝나느냐 일어나느냐에 달려있다면 집안과 국가가 다르지 않으니 족하는 의당 깊이 이를 생각하시지요."

은호가 마침내 관직에 나왔다.

6   여름, 4월 초하루 기유일에 일식이 있었다.

7   5월 병술일(23일)에 서평충성공(西平忠成公) 장준(張駿)[141]이 죽었다. 관속(官屬)들이 세자 장중화(張重華)를 올려서 사지절(使持節)·대도독·태위·호강(護羌)교위·양주목(涼州牧)·서평공·가양왕(假涼王)으로 삼고,[142] 그 경내에 사면령을 내리고, 그의 적모(嫡母) 엄(嚴)씨를 높여서 대왕태후로 삼고, 어머니 마(馬)씨를 왕태후로 삼았다.

8   조의 중황문(中黃門)인 엄생(嚴生)이 상서 주궤(朱軌)를 미워하였는데, 마침 오랫동안 비가 내리자 엄생이 주궤가 도로를 제대로 수리하지 않고, 또 조정의 정치를 비난하였다고 참소(讒訴)하니 조왕 석호가 그를 가두었다.

---

141 장준은 전량의 왕이다. 그런데 동진으로부터 받은 작위는 서평공이었는데 죽자 동진에서 시호를 충성공이라 하여 이를 이어서 쓴 것이다.

142 이 관직들은 모두 동진에서 장준에게 준 것이며 그의 아들 장중화가 그대로 계승한 것이다.

포홍(蒲洪)이 간하였다.

"폐하께서 이미 양국(襄國)과 업궁(鄴宮)을 갖고 계신데 또 장안과 낙양[143]에 있는 궁전을 수리하셔서 장차 무엇에 쓰려고 하십니까? 사냥하는 수레가 1천 대이고 그 둘레가 수천 리인 곳에서 금수를 기르고 있으며, 다른 사람의 처와 딸 10여만 명을 탈취하여 후궁을 채워놓으니[144] 성스러운 황제와 밝은 임금이 하는 것이 진실로 이와 같겠습니까? 지금 또 도로를 수리하지 않았다고 상서를 죽이려고 하고 있습니다.

폐하께서 덕을 베푸는 정치를 닦지 않으니 하늘에서 음침한 비를 내리다가 70일이 되어서야 마침내 개였습니다. 개이고 바야흐로 2일 만에는 비록 귀신같은 군사 1백만 명을 가졌다고 하여도 역시 가서 도로의 진흙구덩이를 다 제거할 수 없을 것인데 하물며 사람인 경우에야!

정치와 형벌을 시행하는 것이 이와 같으니 그 사해는 어떠할 것이며, 후대에 어떠하겠습니까?[145] 바라건대 작업하는 무리들을 중지시키시고, 원유(苑囿)를 없애시며, 궁녀들을 내보내고, 주궤를 용서하셔서 많은 사람들의 바람에 부응하십시오."

석호는 비록 기쁘지는 않았으나 또 죄를 주지는 않았고, 이 때문에 장안과 낙양에서의 작업은 그만두었지만 끝내 주궤를 죽였다.

또 사사로이 조정의 정치를 평론하는 법을 만들고, 관리가 그의 주군을 고발하고 노복이 그의 주인을 고발하는 것을 허락하였다. 공경 이

---

143 궁궐의 건축에 대한 이야기이다. 따라서 양국에 있는 궁궐과 업에 있는 궁궐과 낙양과 장안에 있는 궁궐을 말한다.

144 이 사건은 영화 원년(345년)에 있었다.

145 후세에는 반드시 그것이 실수한 것이라고 깎아내리는 논의가 있을 것을 말하는 것이다.

하 사람들은 조근(朝覲)하여서는 눈으로 서로 쳐다볼 뿐 다시는 감히 서로 담론하지 아니하였다.

9 조의 장군 왕탁(王擢)이 장중화[146]를 공격하여 무가(武街, 감숙성 임조현 남쪽)를 습격하고, 호군인 조권(曹權)과 호선(胡宣)을 붙잡았으며, 7천여 호를 옹주(雍州)로 옮겼다. 양주(涼州)자사 마추(麻秋)와 장군 손복도(孫伏都)가 금성(金城, 감숙성 난주시)을 공격하자 태수 장충(張沖)이 항복을 받아달라고 청하게 되니, 양주(涼州)에서는 떨고 두려워하였다.

장중화가 경내에 있는 군사를 전부 징발하여 정남(征南)장군 배항(裴恒)에게 이들을 거느리고 조를 막게 하니, 배항이 광무(廣武, 감숙성 영등현 동남쪽)에다 성벽을 쌓고 오랫동안 싸우지 않았다. 양주의 사마 장탐(張耽)이 장중화에게 말하였다.

"나라의 존망(存亡)은 군대에 달려 있고 군사의 승패(勝敗)는 장수에게 달려 있습니다. 지금 논의하는 자들이 장수를 거론하는데, 대부분 옛날부터 아는 사람들을 밀고 있습니다. 무릇 한신(韓信)이 천거된 것[147]은 옛날부터의 덕을 가지고 한 것이 아닙니다.

대개 밝은 군주가 천거하는 것은 보통 사람이 아닌 사람을 천거하되 재주가 감당할 수 있다면 큰일을 맡겨주는 것입니다. 지금 강한 도적이 경계 지역에 있고, 제장은 전진을 못하여 사람들이 마음으로 위태롭고

---

146 양왕(涼王)이다.

147 한 고조 원년에 유방이 한신을 천거하였던 일은 한 고조 원년(기원전 206년)이고,《자치통감》권9에 실려 있다.

두려워하고 있습니다. 주부(主簿) 사애(謝艾)가 문무를 두루 겸비하였으니, 조를 막는데 쓸 수 있을 것입니다."

장중화가 사애를 불러서 방략(方略)을 물었더니, 사애가 군사 7천 명을 달라고 청하고, 반드시 조를 격파하여 보답하게 해 주기를 원하였다.

장중화가 사애를 중견(中堅)장군으로 삼고 보병과 기병 5천 명을 주어서 그에게 마추를 치게 하였다. 사애가 군사를 이끌고 진무(振武, 내몽고 화림격이현)를 출발하는데, 밤중에 두 마리의 효조(鴞鳥)가 아문(牙門)[148]에서 울었다. 사애가 말하였다.

"육박(六博)에서 효패(鴞牌)를 잡은 사람이 승리하는데,[149] 지금 효조가 아문 가운데서 우니 적을 이길 징조이다."

나아가서 조와 싸워서 그들을 대파하고 참수한 것이 5천 급이었다. 장중화는 사애를 복록백(福祿伯)[150]으로 책봉하였다.

마추가 금성에서 이겼는데, 현령인 돈황(敦煌, 감숙성 돈황현) 사람 차제(車濟)가 항복하지 않고 칼에 엎드려서 죽었다. 마추가 또 대하(大夏)를 공격하면서 호군 양식(梁式)이 태수 송안(宋晏)을 잡자 성을 가지고 마추에게 호응하였는데, 마추가 송안을 파견하여 편지를 써서 완수(宛

---

148 효조란 올빼미이고, 아문이란 군대의 지휘부가 있는 장막의 문을 말한다.

149 6박이란 고대에 있었던 일종의 놀이였다. 모두 12개의 나무쪽인데 여섯 개는 검은 색이고 여섯 개는 흰색인데, 두 사람이 서로 놀이를 하며 한 사람이 여섯 쪽을 갖기 때문에 6박이라고 한다. 효(鴞, 올빼미)를 그린 패는 가치가 제일 높은 것이다.

150 백록은 지명으로 주천군 소속의 현이다. 숙주의 복록현은 주(周)와 수(隋) 시절에는 낙관현이었는데 무덕이 복록으로 고쳤는데, 한(漢)대의 것을 회복시킨 것이다. 백은 백작(伯爵)을 말한다.

戌)도위인 돈황 사람 송구(宋矩)를 유인하였더니 송구가 말하였다.

"다른 사람의 신하가 되어 공로는 이미 못 세웠으니 오직 죽는 절개만을 갖고 있을 뿐이오."

먼저 처자를 죽이고 나서 자살하였다. 마추가 말하였다.

"모두 의로운 인사들이로다."

그를 거두어 장사지냈다.

10   겨울에 한의 태보 이혁(李奕)이 진수(晉壽, 사천성 광원시)에서 군사를 일으켜서 반란하였는데, 촉(蜀) 사람들 대부분이 그를 좇으니 무리가 수만 명에 이르렀다. 한의 주군 이세(李勢)가 성에 올라가서 막으며 싸우는데, 이혁이 혼자 말을 타고 문으로 돌진해 오자 문에 있던 사람이 그를 쏘아서 죽이니 그의 무리들이 모두 무너졌다. 이세는 경내에 크게 사면하고 기원을 가녕(嘉寧)이라고 고쳤다.

이세는 교만하고 음란하며 나라의 업무를 소중히 여기지 않고 대부분 궁중에 살고 있으면서 공경(公卿)들을 만나는 일이 아주 적고, 옛날부터 있던 신하들을 멀리하고 기피하고, 주위 사람들을 신임하고 아첨하고 모함하는 사람들을 아울러 진급시키며, 형벌을 가혹하고 함부로 쓰니, 이로 말미암아서 안팎에서 마음이 떠났다.

촉지역에는 전에 없었던 요(獠)족[151]들이 이때에 이르러 산에서 나

---

151 서남이에 속하였던 사람들이었다. 북사에 보면 요족은 남만족의 별종으로 공(邛)과 착(筰)의 하천과 동굴에 있는 산과 골짜기에 살아서 그 종류가 대단히 많았다. 이들은 씨족의 구별도 없고, 이름도 없으며 출생한 남녀는 오직 태어난 순서대로 불렸으며, 남편을 '아모(阿暮)' 또는 '아단(阿段)'이라고 불렀고, 부인을 '아이(阿夷)' 또는 '아등(阿等)'이라고 불렀다고 되어 있다.

오기 시작하고, 파서(巴西, 사천성 낭중현)에서 건위(犍爲, 사천성 팽산현)
와 재동(梓潼, 사천성 재동현)까지 산과 골짜기에 가득하여 10여만 락
(落)이 널려 있어서 금하거나 통제할 수가 없게 되어 크게 민간인들의
걱정거리가 되었고, 그 위에 기근이 겹쳐서 사방의 경계 지역 안에서는
드디어 적막하고 쓸쓸하게 되었다.

11   안서(安西)장군 환온(桓溫)이 장차 한을 정벌하려고 하는데, 장군
들과 보좌관들이 모두 불가능하다고 생각하였다. 강하(江夏)의 재상
원교(袁喬)가 그에게 권하며 말하였다.

"무릇 경략(經略)한다는 것은 큰일이니, 진실로 보통의 마음으로는
알 수 없는 것이며, 지혜로운 사람도 가슴속에서 알면 되는 것이지 많
은 사람들의 말이 모두 합쳐지기를 기다릴 필요는 없습니다.

지금 천하 사람들의 걱정거리가 되는 것은 호(胡)와 촉(蜀)[152]의 두
야만인일 뿐인데, 촉은 비록 험하고 굳지만 호에 비하여서는 약하니,
장차 이들을 제거하려면 의당 그 가운데 쉬운 것을 먼저 처리해야 할
것입니다. 이세(李勢)[153]는 무도(無道)하여 신하와 백성들이 붙지 않
고 또 그곳이 험하고 멀리 있다는 것을 의지하여 전쟁 준비를 수행하
고 있지 않습니다.

의당 정예의 졸병 1만 명이 경무장하고 질풍같이 달려가면 그들이
깨닫게 될 때쯤에 우리는 이미 그들의 험한 요새 지역을 나왔을 것이
니 한 번 싸워서 사로잡을 수 있습니다. 촉지역은 부유하고 호구도 번

---

152 호는 석호의 조이고, 촉은 이세의 한(전량)을 말한다.

153 한(전량)의 왕이다.

성하였으므로 제갈무후(諸葛武侯)[154]가 이를 이용하여 중하(中夏)에 맞섰으니 만약에 이곳을 얻어 갖게 되면 국가에 큰 이로움이 됩니다.

말하는 자들은 많은 군사가 이미 서쪽으로 가기만 하면 호족(胡族)들이 반드시 틈을 엿볼 것이라고 하지만 이는 그럴 듯하지만 옳지 않습니다. 호족들은 우리가 1만 리나 되는 곳으로 멀리 정벌을 떠났다는 소식을 듣게 되면 속으로 겹겹이 준비를 하고 있을 것이라고 생각하여 반드시 감히 움직이지 못할 것이고, 설사 침략해서 돌격해 와도 장강 주변에 있는 많은 군사들이면 충분히 막고 지킬 수 있을 것이니 반드시 걱정할 것이 없습니다."

환온이 이 말을 좇았다. 원교는 원괴(袁瓌)[155]의 아들이다.

11월 신미일(11일)에 환온이 익주자사 주무(周撫)와 남군태수인 초왕(譙王) 사마무기(司馬無忌)를 인솔하고 한을 정벌하고, 표문(表文)을 올리고 바로 출발하면서 안서(安西)장군부의 장사 범왕(范汪)에게 유사(留事)[156]를 맡겼고, 주무에게 도독양주지사군제군사(都督梁州之四郡諸軍事)[157]를 덧붙여주고 원교에게 2천 명을 인솔하고 선봉에 서게 하였다.

조정에서는 촉으로 가는 길이 험하고 멀고 환온의 무리가 적으면서

---

154 삼국시대 촉한의 재상인 제갈량을 말한다.

155 원괴에 관한 이야기는 성제 함강 3년(337년)에 있고,《자치통감》권95에 실려 있다.

156 안서장군이 정벌을 떠나게 되었으므로 남아 있는 안서장군부의 업무를 처리 하는 사람을 말한다.

157 양주(梁州)에 있는 네 군의 모든 군사적인 일을 감독하는 관직명이며, 양주 에 있는 네 군이란 부릉·파동·파서·파군 등을 말한다.

깊이 들어가는 것이므로 모두가 근심하였고, 오직 유담(劉惔)만이 반드시 이길 것이라고 생각하였다.

어떤 사람이 그 연고를 물었더니 유담이 말하였다.

"박희(博戲)를 가지고 그것을 압니다. 환온은 박희를 잘하는 사람인데 반드시 이기지 아니할 것 같으면 하지 않는 사람입니다. 다만 촉지역을 이긴 다음에 환온이 끝내 조정을 오로지 통제할 것을 걱정할 뿐입니다."

목제 영화 3년(丁未, 347년)[158]

1　봄, 2월에 환온의 군사가 청의(靑衣, 사천성 명산의 북쪽)에 도착하였다. 한의 주군 이세가 크게 군사를 발동하고 숙부인 우위(右衛)장군 이복(李福)과 사촌형인 진남(鎭南)장군 이권(李權), 전(前)장군 잠견(昝堅) 등을 파견하여 이들을 거느리게 하고, 산양(山陽, 사천성 미산의 남쪽)에서 합수(合水, 사천성 무민 강족 자치현의 서쪽)로 나가게 했다.

제장들은 장강의 남쪽에 매복을 하고서 진(晉)의 군사를 기다리고 싶었으나, 잠견이 좇지 않고 군사를 이끌고 장강의 북쪽에 있는 원앙기(鴛鴦碕, 팽산현의 동쪽)에서 물을 건너서 건위(犍爲, 사천성 팽산현)로 향하였다.

3월에 환온이 팽모(彭模, 사천성 팽산현 동남쪽의 민강 남쪽)에 도착하

---

158 한(漢, 前蜀) 귀의후 가녕 2년, 후조 무제 건무 13년, 전량 환왕 영락 2년, 전연 문명제(文明帝) 14년, 대왕 탁발십익건 건국 10년이다.

였는데 의논하는 자들은 나누어서 군사를 둘로 만들어 각기 다른 길로 함께 진격하여 한의 군사세력을 분산시키고자 하였다.

원교가 말하였다.

"지금 현군(懸軍)[159]이 되어 깊이 들어와서 1만 리나 되는 곳의 밖에 있는데, 승리하면 큰 공로를 세울 수 있지만 이기지 못하면 살아 있는 것이라고는 하나도 없을 것이니 마땅히 세력을 합쳐서 힘을 가지런히 하여 한 번 싸워서 승리를 쟁취해야 할 것이다. 만약에 나누어 군사를 둘로 만들면 무리들의 마음이 하나가 되지 않을 것이고, 만약에 한쪽이 패배하면 큰일은 가버릴 것이다. 군사를 모아서 전진하며 솥을 다 버리고 3일치의 양식만 싸가지고 다시는 돌아오지 않겠다는 마음을 보이면 승리는 반드시 차지할 수 있다."

환온이 이 말을 좇았다.

참군인 손성(孫盛)과 주초(周楚)를 남겨두어 약한 군사들을 거느리고 치중(輜重)[160]을 지키게 하고, 환온이 스스로 보병을 거느리고 곧바로 성도(成都)를 향하여 갔다. 주초는 주무(周撫)의 아들이다.

이복(李福)이 나아가서 팽모를 공격하는데, 손성 등이 분투하여 쳐서 이들을 쫓아냈다. 환온이 나아가서 이권(李權)을 만나 세 번 싸워서 세 번 다 이기니 한의 군사들이 흩어져서 성도로 달아났고, 진군(鎭軍) 장군 이위도(李位都)는 환영하며 환온에게 가서 항복하였다. 잠견이 건위(犍爲, 사천성 팽산현)에 이르러서 마침내 환온과 다른 길로 가고 있

---

159 적의 지역 속으로 깊이 들어가서 본국이나 본대와 연락하기 어려운 처지에 놓인 군대를 말한다.

160 무거운 무기나 식량 또는 마초 같은 군사 장비를 싣고 있는 수레이다.

음을 알고서 돌아와서 사두진(沙頭津, 사천성 팽성현 북쪽)에서 물을 건
넜는데, 도착하였을 때쯤에 환온의 군대가 이미 성도에 있는 십리맥(十
里陌)[161]에 진을 치고 있었으므로 잠견의 무리가 스스로 붕괴되었다.

이세의 모든 무리가 성도에 있는 작교(筰橋)로 나아가 싸우는데, 환
온의 선봉부대가 불리하게 되어 참군 공호(龔護)가 전사하고, 화살이
환온이 탄 말의 머리에 떨어졌다. 무리들이 두려워하여 물러나고자 하
였으나, 북을 치는 관리가 잘못하여 전진하는 북을 치자,[162] 원교(袁
喬)가 칼을 뽑아 들고 사졸(士卒)들에게 싸우기를 독려하여 드디어 그
들을 대파하였다.

환온이 이긴 기세를 타고 멀리까지 달려가서 성도에 도착하여 멋대
로 불을 놓아서 그 성문을 태웠다. 한(漢)의 사람들은 떨리고 두려워서
다시 싸울 생각을 갖지 못하였다. 이세가 밤중에 동쪽에 있는 문을 열
고 달아나서 가맹(葭萌, 사천성 관원의 서남쪽)에 도착하여 산기상시 왕
유(王幼)로 하여금 항복하는 글을 환온에게 보내게 하고 스스로 '약양
(略陽, 감숙성 진안현 동남쪽) 사람 이세(李勢)는 머리를 조아리건대 죽을
죄를 지었습니다.'라고 하였다. 곧 친(櫬)을 수레에 싣고 면박(面縛)하
고[163] 군문(軍門) 앞으로 갔다.

환온이 면박을 풀어주고 친(櫬)을 불태우고 이세와 그 종실들 10여
명을 건강(建康)으로 호송하고 한의 사공 초헌지(譙獻之) 등을 끌어내

---

161 성도의 중심부에서 5km 정도 떨어진 곳이다.

162 전장에서는 북을 치면 전진하라는 신호이고, 쇠를 치면 물러나라는 신호이다.

163 친은 빈 관으로 죽으면 이 관에 담으라는 의미이고, 면박은 두 손을 뒤로 묶
은 것을 말하는데, 이것은 항복할 때 항복하는 사람이 취하는 태도이다.

어 참좌(參佐)로 삼고,[164] 현명한 사람을 천거하여 표창하니 촉 사람들이 이를 기뻐하였다.

---

164 환온의 보좌관으로 삼았다는 말이다.

조에 맞선 양나라의 사애

2   일남(日南, 베트남 광평성)태수 하후람(夏侯覽)이 탐욕스럽고 방종하여 호족(胡族) 상인들을 침해한 것이 심각하였으며, 또 배 만드는 재료를 조달(調達)하게 하면서 토벌할 일이 있다고 말하니 이로 말미암아서 여러 나라들이 화를 내고 분하게 생각하였다.

임읍왕(林邑王) 범문(范文)이 일남을 공격하여 함락시키니 장사(將士)로 죽은 사람이 5천~6천 명이고, 하후람을 죽여서 그 시체를 가지고 하늘에 제사지내고, 교주(交州, 베트남 하노이시)자사 주번(朱蕃)에게 격문을 보내어서 군의 북쪽에 있는 횡산(橫山)을 경계로 삼아달라고 청하였다. 범문이 이미 떠나고 나자 주번이 독호 유웅(劉雄)에게 일남을 지키게 하였다.

3   한의 옛 상서복야 왕서(王誓) · 진동(鎭東)장군 등정(鄧定) · 평남(平南)장군 왕윤(王潤) · 장군 외문(隗文) 등이 모두 군사를 일으켜서 배반하였는데, 무리가 각기 1만여 명이었다. 환온이 스스로 등정을 공격하고 원교(袁喬)에게 범문을 치게 하니 모두 이를 깨뜨렸다.

환온이 익주(益州)자사 주무(周撫)에게 명령하여 팽모(彭模, 사천성 팽산현)를 진수하게 하고, 왕서와 왕윤의 목을 베었다. 환온이 성도(成都)에서 30일을 머물다가 군사를 떨치고 강릉(江陵, 호북성 강릉현)으로 돌아왔다.

이세(李勢)가 건강(建康, 남경, 동진의 도읍지)에 도착하니 귀의후(歸義侯)에 책봉하였다. 여름, 4월 정사일(29일)에 등정과 외문 등이 들어가서 성도를 점거하고 정로(征虜)장군 양겸(楊謙)이 부성(涪城, 사천성 삼태현 서북쪽)을 포기하고 물러나서 덕양(德陽, 사천성 강유현 동북쪽)을 지켰다.

4   조의 양주(涼州)자사 마추(麻秋)가 부한(枹罕, 감숙성 임하현)을 공격하였다. 진창(晉昌, 감숙성 안서현)태수 낭탄(郎坦)은 성이 크기 때문에 지키기 어려워지자 외성(外城)을 포기하려고 하였다.

무성(武成, 내몽고 청수현 북쪽)태수 장전(張俊)이 말하였다.

"외성을 포기하면 많은 사람들의 마음을 동요시킬 것이며 큰일은 사라져버리고 맙니다."

영융(寧戎)교위 장거(張璩)가 장전의 말을 좇아서 대성(大城)을 굳게 지켰다.

마추가 무리 8만 명을 인솔하여 참호(塹壕)를 여러 겹으로 포위하고 운제(雲梯)와 지돌(地突)[165]로 백 가지 길로 모두가 전진하였는데 성 안에서 이들을 막으니, 마추의 무리 가운데 죽거나 다친 사람이 수만

---

[165] 대성(大城)은 전량의 도읍지인데, 성이 커서 내성과 외성이 있었으며, 이 전투에서 장거가 정지휘관이고, 장준과 낭탄은 그를 도우러 온 태수이다. 운제(雲梯)는 고가 사다리차로 성을 넘어갈 수 있는 공격도구이고, 지돌(地突)은 성의 밖에서 땅을 파서 성 안으로 들어가게 하는 것을 말한다.

명이었다.

조왕 석호가 다시 그의 장수 유혼(劉渾) 등을 파견하여 보병과 기병 2만 명을 인솔하고 가서 그들과 합치게 하였다. 낭탄이 자기의 말을 채용하지 않은 것을 한스럽게 생각하고 군사(軍士) 이가(李嘉)를 시켜서 몰래 조의 군사 1천여 명을 이끌고 성에 오르게 하니, 장거가 제장을 독려하며 힘껏 싸워서 200여 명을 죽이자 조의 군사들이 마침내 물러났다. 장거가 그들의 공격도구를 불 지르자 마추가 물러나서 대하(大夏, 감숙성 광하현 서북쪽)를 지켰다.

석호가 중서감 석녕(石寧)을 정서(征西)장군으로 삼아서 병주(幷州)와 사주(司州)의 군사 2만여 명을 인솔하고 마추 등의 뒤를 잇게 하였다. 장중화(張重華)[166]의 장수 송진(宋秦) 등이 2만 호를 인솔하여 조에 항복하였다. 장중화가 사애(謝艾)를 사지절(使持節)·군사(軍師)장군으로 삼아서 보병과 기병 3만 명을 인솔하고 나아가서 임하(臨河)에 진을 치게 하였다.

사애는 초거(軺車)[167]를 타고 흰 모자를 쓰고 나팔을 불고 북을 치면서 나아갔다. 마추가 바라보다가 화가 나서 말하였다.

"사애는 나이가 어린 글공부나 하는 녀석인데 모자를 쓰고 옷을 입은 것이 이와 같으니 나를 가벼이 본 것이다."

흑삭(黑矟)을 가진 용상(龍驤)부대[168] 3천 명에게 명령을 내려 달려

---

166 전량의 왕이다.

167 가벼운 마차이다.

168 흑삭(黑矟)의 삭(矟)은 고대의 병기로 보통 창보다 길이가 긴 창을 말하므로 검은 색깔의 긴창을 말하며 용상(龍驤)부대는 특수부대로 돌격부대에 해당한다.

가서 그들을 치게 하니, 사애의 주위 사람들이 크게 소란스러웠다.

어떤 사람이 사애에게 마땅히 말을 타야 한다고 권고하자 사애가 좇지 않고, 수레에서 내려 호상(胡牀)[169]에 걸터앉아서 지휘를 하며 군사를 나누어 배치하니, 조의 사람들은 복병(伏兵)이 있는 것으로 생각하고 두려워서 감히 나오지 못하였다. 별장 장모(張瑁)가 샛길로 군사를 이끌고 가서 조의 군사들의 뒤를 끊었더니 조의 군사들이 물러났고, 사애는 이긴 기세를 타고서 진격하여 그들을 대파하여 그의 장수 두훈(杜勳)·급어(汲魚)의 목을 베고, 수급과 포로로 잡은 것이 1만3천 급이었고, 마추는 홀로 말을 타고 대하(大夏, 감숙성 광하현)로 달아났다.

5월에 마추와 석녕이 다시 무리 12만 명을 인솔하고 나아가서 하남(河南, 감숙성 난주시 이남)에 주둔하고, 유녕(劉寧)과 왕탁(王擢)이 진흥(晉興, 청해성 민화현)·광무(廣武, 감숙성 영등현)·무가(武街, 감숙성 임조현 동쪽)에서 땅을 경략하면 곡류(曲柳, 감숙성 무위현 동남쪽)까지 갔다. 장중화가 장군 우선(牛旋)에게 이들을 막게 하고 물러나서 부한(枹罕)을 지키니 고장(姑臧, 감숙성 무위현, 전량의 도읍지)에서는 크게 놀랐다. 장중화가 친히 나가서 그들을 막고자 하였으나 사애가 굳게 간하였다.

색하(索遐)[170]가 말하였다.

"임금이란 한 국가의 진(鎭)[171]이니 가볍게 움직일 수 없습니다."

---

169 오늘날의 교의(交椅)와 비슷한 의자이다.

170 다른 판본에는 색하의 위에 '별가종사'라는 네 글자가 더 있는 것으로 보아 색하의 직위는 별가종사인 것 같다.

171 진규(鎭圭)를 말한다. 이는 임금이 갖고 있는 보옥(寶玉)이다. 《주례》에는 '鎭圭尺 有二寸 天子守之'라고 되어 있다. 여기서는 나라의 중심 또는 가장 귀중한 사람이라는 뜻이다.

마침내 사애를 사지절·도독정토제군사(都督征討諸軍事)·행위(行
衛)장군[172]을 겸하게 하고, 색하를 군정(軍正)장군으로 삼아서 보병
과 기병 2만 명을 인솔하고 그들을 막게 하였다. 별장 양강(楊康)이 유
녕을 사부(沙阜, 섬서성 대협현 남쪽, 낙수와 위수의 사이)에서 패배시키니,
유녕이 물러나서 금성(金城, 감숙성 난주시)에 주둔하였다.

5   6월 신유일(5일)에 크게 사면하였다.

6   가을, 7월에 임읍(林邑)이 다시 일남(日南)을 함락시키고, 독호 유
웅(劉雄)을 죽였다.

7   외문(隗文)과 등정(鄧定)[173] 등이 옛 국사(國師)였던 범장생(范長
生)의 아들 범분(范賁)을 세워서 황제로 삼고, 그를 받들고 요사스럽고
이상한 것을 가지고 무리들을 유혹하니, 촉 사람들이 대부분 그에게 귀
부하였다.

8   조왕 석호가 다시 정서(征西)장군 손복도(孫伏都)와 장군 유혼(劉
渾)을 파견하여 보병과 기병 2만 명을 인솔하고 마추의 군대와 합하여
멀리까지 달려가서 황하를 건너 장중화(張重華)를 치고 드디어 장최
(長最, 감숙성 영등의 남쪽)에 성을 쌓았다.

---

172 도독정토제군사(都督征討諸軍事)은 정토(征討)하는 모든 군사를 감독하는
    직책이고 행위(行衛)장군의 행은 행직, 즉 대리직을 표시하는 것이니, 여기서
    는 위장군 대리라는 말이다.
173 옛날 성(전촉)의 장군이었던 사람이다.

사애(謝艾)는 아기(牙旗)[174]를 세우고 무리들에게 맹세하는데, 바람이 불어서 깃발을 동남쪽으로 나부끼게 하자, 색하(索遐)가 말하였다.

"바람이 호령하는데, 지금 정기(旌旗)가 적을 가리키고 있으니 하늘이 찬성하는 것입니다."

사애가 신조(神鳥, 감숙성 무위현)에 진을 치고 있었는데, 왕탁(王擢)이 사애의 선봉부대와 싸우다 패배하여 달아나서 하남(河南, 감숙성 난주시의 남쪽)으로 돌아갔다.

8월 무오일(3일)에 사애가 나아가 마추를 쳐서 그를 대파하니 마추가 숨어서 금성(金城, 감숙성 난주시)으로 돌아갔다. 석호가 이 소식을 듣고 탄식하여 말하였다.

"내가 한쪽 군사를 가지고 아홉 주를 평정하였지만, 지금에는 아홉 개 주의 힘을 가지고 부한(枹罕)에서 곤욕을 치렀으니, 저쪽에 사람이 있는 것이어서 아직은 도모할 수 없겠다."

사애가 돌아와서 반란을 일으킨 야만인인 사골진(斯骨眞) 등 1만여 락(落)을 토벌하여 그들을 모두 깨뜨려 평정하였다.

9   조왕 석호가 열 개 주(州)[175]의 땅을 점거하고 금과 비단과 외국에서 바친 진기하고 이상한 것들을 긁어모으니 부고(府庫)에 있는 재물을 기록할 수 없을 정도인데도 오히려 스스로는 부족하다고 생각하여 전 시대의 능묘를 모두 파헤쳐서 그 속에 있는 금과 보배를 꺼냈다.

---

174 상아로 장식한 군기(軍旗)로 본부를 표시하는 것이다.

175 열 주란 유주(幽州)·병주(幷州)·기주(冀州)·사주(司州)·예주(豫州)·연주(兗州)·청주(靑州)·서주(徐州)·옹주(雍州)·진주(秦州)이다.

사문(沙門)[176] 오진(吳進)이 석호에게 말하였다.

"호족(胡族)의 운수는 장차 쇠퇴할 것이고 진(晉)은 당연히 부흥할 것이므로 마땅히 진 출신의 사람들을 고생스럽게 일을 시켜서 그들의 기운을 누르십시오.[177]"

석호가 상서 장군(張羣)에게 근처에 있는 군(郡)에 사는 남녀 16만 명과 수레 10만 대를 징발하게 하여 흙을 운반하여 화림원(華林苑)과 긴 담장을 업(鄴, 하북성 임장현)의 북쪽에 쌓아서 수십 리나 넓히게 하였다. 신종(申鍾)·석박(石璞)·조람(趙攬) 등이 상소문을 올려서 천문(天文)이 섞이고 혼란되어 있으며, 백성들이 지쳐 있음을 진술하였다.

석호가 크게 화를 내며 말하였다.

"원(苑)의 담장을 아침에 완성시켰다가 내가 저녁에 죽는다 하여도 한(恨)이 될 것이 없다."

장군을 재촉하여 그에게 불을 밝히며 밤에도 작업을 하게 하였는데, 폭풍이 불고 큰비가 쏟아져서 죽은 사람이 수만 명이었다.

군과 봉국에서는 앞뒤로 창린(蒼麟) 16마리와 흰 사슴 7마리를 보내 왔는데 석호가 사우(司虞)[178] 장갈주(張葛柱)에게 명령을 내려서 이것들을 조련(調練)시켜 지개(芝蓋)[179]를 끌게 하고, 큰 조회를 열 때 전정(殿庭)에 늘어놓게 하였다.

9월에 태자 석선(石宣)에게 명령을 내려서 나아가 산천(山川)에게

---

176 불교 승려를 말한다.

177 엽승(厭勝)을 의미한다. 어떤 일을 미리 막고자 하여 조치하는 것이다.

178 관직명이다. 태복에 소속되었는데, 산택(山澤)과 원유(苑囿)를 관장하였다.

179 수레의 덮개로 후대에는 제왕이 앉아 있는 수레를 말하였다.

복을 빌도록 하니, 이 기회에 사냥을 하였다. 석선이 커다란 수레를 탔는데, 깃털로 장식한 화려한 덮개에 천자의 정기(旌旗)를 꽂고 16개 군단(軍團)의 병사 18만 명이 금명문(金明門)[180]에서 나아가자 석호가 그 후궁(後宮)에 있는 능소관(陵霄觀)에서 그것을 바라보고 웃으며 말하였다.

"우리 집 부자(父子)가 이와 같으니 하늘이 무너지고 땅이 꺼지지 않는다면 다시 무슨 걱정을 할 것인가! 다만 아들을 안고 손자를 데리고 놀면서 매일 즐기는 일뿐이구나."

석선이 묵는 곳에서는 번번이 사람들을 늘어 세워놓아서 길게 둘러싸게 하였는데 사방으로 각기 100리에서 금수를 몰게 하고, 저녁이 되면 모두가 그곳으로 모이게 하였으며, 문무 관원들에게 모두 궤립(跪立)하고[181] 겹겹으로 둘러싸고 지키게 하였는데, 횃불을 낮처럼 밝히고 힘센 기병 100여 명에게 명령을 내려서 말을 달리며 그 가운데서 활을 쏘게 하고, 석선이 희첩(姬妾)과 연(輦)에 올라가서 보며 짐승이 다 없어져야 중지하였다.

혹 짐승이 포위를 뚫고 달아나기라도 하면 그곳에서 포위하고 지키고 있던 사람이 작(爵)[182]을 가졌다면 말을 빼앗기고 걸어서 하루를 가게하고, 작이 없다면 채찍을 100대 맞았다. 사졸로 배고프고 얼어서 죽는 사람이 1만여 명이었고, 그들이 지나는 세 주(州)[183]와 열 다섯 군

---

180 조의 도읍지인 업성의 서쪽에 있는 문이다.

181 궤립(跪立)이라는 말로, 짐승들이 달아나지 못하게 한쪽 다리를 꿇고서 있는 자세를 취한 것이다.

182 작이란 고대의 술을 마시는 그릇으로 발이 세 개였으며 여러 형태가 있는데, 이것으로 그 사용자의 신분을 알 수 있다.

에서는 저축해놓은 것은 모두 없어져서 남은 것이 하나도 없었다.

　석호가 다시 석도(石韜)에게 명령을 내려서 뒤를 이어 나아가게 하니, 병주(幷州)에서부터 진주(秦州)·옹주(雍州)에 이르기까지 또한 이와 같이 하였다. 석선은 그가 자기와 똑같이 하고 있는 것에 화가 나서 더욱 그를 질투하였다. 환관 조생(趙生)이 석선에게 총애를 받았으나 석도에게는 총애를 받지 못하자 석선에게 그를 제거하라고 은밀하게 권고하니, 이에 처음으로 석도를 죽이려는 모의가 시작되었다.

10　　조의 마추(麻秋)가 또 장중화(張重華)[184]의 장수 장모(張瑁)를 습격하여 그들을 패배시키고 참수한 것이 3천여 급(級)이었다. 부한(枹罕)호군 이규(李逵)가 무리 7천 명을 인솔하고 조에 항복하니, 황하의 남쪽에 있는 저족(氐族)과 강족(羌族)이 모두 조에 귀부하였다.

11　　겨울, 10월 을축일(11일)에 시어사 유귀(兪歸)를 파견하여 양주(涼州)에 가서 장중화에게 시중·대도독·독농우관중제군사(督隴右·關中諸軍事)[185]·대장군·양주(涼州)자사·서평공(西平公)을 주었다.

　유귀가 고장(姑臧, 감숙성 무위현)에 도착하자, 장중화는 양왕(涼王)이라고 불리고 싶으나 아직 조서를 받지 못하여 친한 사람 심맹(沈猛)으로 하여금 사사롭게 유귀에게 말하게 하였다.

---

183 사주·연주·예주였다.

184 전량왕이다.

185 농우(隴右, 감숙성 동부)와 관중(關中, 섬서성 중부)지역의 모든 군사를 감독하는 직책이다.

"주공(主公)은 여러 세대에 걸쳐 진(晉)의 충성스러운 신하였는데 지금은 일찍이 선비족(鮮卑族)만도 못하니 어떻게 된 것입니까? 조정에서 모용황(慕容皝)을 연왕(燕王)으로 책봉하였는데, 우리 주공은 겨우 대장군이니 어떠한 포상 방법을 가지고 충성스럽고 현명한 사람이 되기를 권고하겠습니까? 명대(明臺)께서 의당 황하의 오른쪽으로 문서를 보내시어 함께 주주(州主)[186]에게 권고하여 양왕(涼王)이 되게 하여주십시오. 다른 사람의 신하가 되어 사자(使者)로 나와서 진실로 사직을 이롭게 하려고 하면 이를 단독으로 결정하는 것은 옳은 일입니다."

유귀가 말하였다.

"그대가 실언(失言)했구려! 옛날에 삼대(三代)[187]의 왕이 작위를 준 것으로 귀한 것은 상공(上公)[188]만한 것이 없었는데 주(周)가 쇠약해지고, 오(吳)와 초(楚)가 처음으로 명칭을 참람(僭濫)하게 써서 왕이라고 불렀지만, 제후들은 이를 비난하지 않았으니, 대개 만이(蠻夷)로서 그들을 대하였던 것인데, 설사 제(齊)와 노(魯)가 왕이라고 불렀다면 제후들이 어찌 사방에서 그들을 공격하지 않았겠습니까?

---

186 주공(主公)이란 심맹의 입장에서 주공이라고 말한 것이므로 양왕인 장중화를 가리키는 말이고, 선비족(鮮卑族)이란 선비족인 모용황에게는 연왕이라는 칭호를 동진에서 주었던 것을 말하는 것이며, 명대(明臺)란 시어사인 유귀를 높여서 부른 말이고, 황하의 오른쪽이란 하서지역을 말하는 것이므로 양왕(涼王)의 통치 지역을 말하고, 주주(州主)란 주의 주인이므로 여기서는 양주자사의 직함을 받은 장중화를 말한다.

187 하·은·주시대를 말한다.

188 3대의 봉건에는 작위를 5등급으로 두었는데, 공(公)·후(侯)·백(伯)·자(子)·남(男)이었으므로 제일 높은 작위이다.

한의 고조(高祖)는 한신(韓信)과 팽월(彭越)을 왕으로 삼았는데, 얼마 안 있다가 모두 목이 베여 없어졌으니 대개 임시적으로 적당하게 해준 것이지 그들을 후하게 대해준 것은 아닙니다. 성스러운 황상(皇上)께서 귀공(貴公)[189]이 충성스럽고 현명하시기 때문에 상공(上公)으로 작위를 주시고, 방백(方伯)으로 책임을 맡겼으니 총애하시는 것과 영광스러운 것이 지극한데 어찌 선비족(鮮卑族)인 이적(夷狄)이 비교할 수 있는 것이겠습니까?

또 내가 듣건대 공로는 세운 것에는 큰 것과 작은 것이 있고, 상을 주는데도 무거운 것과 가벼운 것이 있습니다. 지금 귀공(貴公)께서는 세대를 잇고 나서 왕이 되시면[190] 만약에 황하의 오른쪽 무리[191]들을 인솔하고 동쪽으로 호족(胡族)과 갈족(羯族)을 평정하고 능(陵)과 묘(廟)를 수복하고 천자를 영접하여 낙양(洛陽)으로 돌아가게 하신다면 장차 무엇을 덧붙여주어야 하겠습니까?"

장중화가 마침내 중지하였다.

12 무도(武都, 감숙성 성현의 서쪽)에 있는 저왕(氐王) 양초(楊初)가 사신을 보내와서 번국(藩國)이라고 칭하니 조서를 내려서 양초를 사지절(使持節)·정남(征南)장군·옹주(雍州)자사·구지공(仇池公)으로 삼았다.

---

189 장중화를 높여 부른 것이다.

190 장중화는 공로를 세워서 지위를 얻은 것이 아니고 아버지의 지위를 계승한 것이었다. 그런데 진에 다시 왕이라는 칭호를 달라고 하면 공로를 세우지 않고 왕공의 작위를 받는 결과가 되는 것이다.

191 양주(涼州)지역을 말한다.

13   12월에 진위호군(振威護軍)[192]인 소경문(蕭敬文)이 정로(征虜)장
군 양겸(楊謙)을 죽이고, 부성(涪城)을 공격하여 이를 함락시키고 스스
로 익주목(益州牧)이라고 불렀는데, 드디어 파서(巴西)를 빼앗고 한중
(漢中, 섬서성 남정현)과 왕래하였다.＊

_____

192 진위호군은 진(晉)의 관직이다.

진기20

석호의 죽음과 북방 세력

세자를 바꾼 조와 모용황의 죽음

목제 영화 4년(戊申, 348년)[1]

1   여름, 4월에 임읍(林邑, 베트남 광남성 유천현)이 구진(九眞, 베트남 탄호아성 탄호아 서북쪽 동산현)을 노략질하여 병사와 백성들을 열에 8~9명을 죽였다.

2   조의 진공(秦公) 석도(石韜)가 조왕 석호에게 총애를 받았는데, 그를 세우려고 하였으나 태자 석선(石宣)이 형이었으므로 미적미적하며 결정하지 아니하였다.

석선이 일찍이 뜻을 거스르자 석호가 화가 나서 말하였다.

"석도를 세우지 않은 것이 후회스럽다!"

석도는 이로부터 더욱 교만해지고 태위부(太尉府)에다 전당을 만들고 이름을 선광전(宣光殿)[2]이라고 하였는데, 대들보의 길이가 9장(丈)

---

1 후조 무제 건무(建武) 14년, 전량 환왕 영락 3년, 전연 문명제 15년, 대왕 탁발 십익건 건국 11년이다.

이었다. 석선이 이것을 보고 크게 화가 나서 장인(匠人)의 목을 베고 대들보를 잘라놓고 가버리니, 석도도 화가 나서 그것을 늘려서 10장(丈)으로 만들었다.

석선이 이 소식을 듣고 가까이 하고 있는 양배(楊杯)·모성(牟成)·조생(趙生)에게 말하였다.

"흉악한 녀석이 오만하고 패역하여 감히 이렇게 하다니! 너희들이 그를 죽일 수 있다면 내가 서궁(西宮)에 들어가서[3] 마땅히 석도의 국읍(國邑)을 다 나누어 너희들을 책봉하겠다. 석도가 죽으면 주상(主上)께서 반드시 상례(喪禮)에 올 것이니 나는 그 기회를 이용하여 큰일을 저지를 것[4]인데, 성공 못할 것이 없다."

양배 등이 허락하였다.

가을, 8월에 석도가 밤중에 자기에게 속한 관료들과 더불어 동명관(東明觀)[5]에서 연회를 열고서 그 때문에 불정사(佛精舍)[6]에 묵었다. 석선이 양배 등에게 미후제(獼猴梯)[7]를 타고 들어가서 석도를 죽이고 칼

---

2 태자 석선은 석도가 자기의 이름자인 '선(宣)'자를 넣어서 건물을 지었으므로 더욱 화를 낸 것이다.

3 황제 석호가 서궁에 살았으므로 황제가 된다는 의미이다.

4 큰일이란 군주를 시해하는 것이다. 《좌전(左傳)》에 반숭(潘崇)이 초(楚)의 상신(商臣)에게 말하기를 "큰일을 할 수 있는가?"라고 하였는데, 두예(杜豫)가 "큰일이란 시군(弑君)을 말한다."고 하였다.

5 업성의 동쪽 성 위에 세웠던 건물이다.

6 불교사원을 말한다. 불교 승려가 오로지 수행 정진하는 곳을 정사(精舍)라고 한다. 《사물기원(事物紀原)》에는 '한(漢) 명제는 동도문 밖에 정사를 세우고, 섭마등(攝摩騰)과 축법란(竺法蘭)을 머물게 하였다.'는 기록이 있다.

7 작고 긴 사다리이다. 여기에 오르는 사람은 마치 원숭이가 올라가는 것 같다

과 화살을 두고 가버렸다. 다음날 아침에 석선이 이것을 상주하니 석호가 슬프고 놀라서 기절하였다가 오래 지나서야 바야흐로 소생하였다.

장차 나아가서 상례(喪禮)에 참석하려고 하는데, 사공 이농(李農)이 간하였다.

"진공을 해친 사람이 아직 누구인지 모르고 적(賊)은 경사에 있을 것이니 난여(鑾輿)[8]가 가볍게 나가서는 아니 됩니다."

석호가 마침내 그만두었고, 군사들을 엄하게 경계하고 태극전(太極殿)에서 애도하는 의식을 치렀다.

석선이 석도의 상례에 나와서 곡을 하지도 않고 곧바로 '하하'라고 하고 이불을 들어보게 하여 시체를 보고 큰 소리로 웃고 가버렸다. 대장군부(大將軍府)[9]의 기실참군(記室參軍)인 정정(鄭靖)과 윤무(尹武)를 잡아들여서 장차 이들에게 죄를 미루려고 하였다.

석호는 석선이 석도를 살해한 것이라고 의심하고 그를 부르려고 하였으나 그가 들어오지 않을까 걱정하여 마침내 그의 어머니 두후(杜后)가 슬픔이 지나쳐서 위험하다고 속여서 말하니, 석선은 의심을 받는다고 생각하지 않고 중궁(中宮)으로 입조하였고, 이를 이용하여 그를 억류하였다. 건흥(建興, 산서성 양성현) 사람 사과(史科)가 그들이 모의한 것을 알고 이를 알려 석호가 양배와 모성을 잡아들이게 하였으나, 모두 도망하였지만 조생을 붙잡아 그에게 힐문(詰問)하자 모두 자복하였다.

석호는 슬프고 화가 난 것이 아주 심하였으므로 석선을 석고(席庫)[10]

고 하여 이러한 이름이 붙여졌다.

8 황제가 타는 수레이다. 여기서는 석호가 타는 수레이므로 석호를 가리킨다.

9 석도가 대장군이었으므로 그의 부하들에게 죄를 씌우려는 것이었다.

에 가두고 쇠고리를 그의 목에 걸어놓고, 그곳을 잠그고 석도를 죽였던 칼과 화살을 가져다가 그의 피를 핥아보고 슬피 부르짖었는데 궁전을 진동시켰다. 불도징(佛圖澄)이 말하였다.

"석선과 석도는 모두 폐하의 아들인데, 지금 석도 때문에 석선을 죽이면 이는 거듭되는 화(禍)입니다. 폐하께서 만약에 자비와 용서를 베푸신다면 복록이 오히려 길어질 것이지만 만약에 그를 죽이면 석선은 혜성(彗星)이 되어 업궁(鄴宮)을 쓸어버릴 것입니다."

석호가 좋지 않았다.

업(鄴)의 북쪽에 장작을 쌓아놓고 그 위에 표지(標識)를 세우고, 표지 끝에 두레박틀을 놓고서 이것을 줄로 꿰어 사다리를 쌓은 나무장작 더미에 기대어놓고 석선을 그 아래로 보내는데, 석도가 가까이 하였던 환관인 학치(郝稚)와 유패(劉霸)에게 그의 머리카락을 뽑고, 그의 혀를 뽑고, 그를 끌고 사다리를 올라가게 하였으며, 학추는 줄로 그의 턱을 관통하게 하고 두레박으로 끌어 올렸다. 유패가 그의 손과 발을 자르고 눈을 파고 창자를 터뜨려서 마치 석도가 입은 상처와 같게 하였다. 사방에서 불을 놓아 연기와 불꽃이 하늘로 올라갔다.

석호가 소의(昭儀) 이하 수천 명과 중대(中臺)[11]에 올라가서 이것을 바라보았다. 불이 꺼지자 재를 가져다가 여러 문과 도로의 교차로에 나누어 뿌렸다. 그의 처자 아홉 명을 죽였다. 석선의 어린 아들이 겨우 몇 살이었는데 석호가 평소에 그를 아꼈기에 그를 안고 눈물을 흘리며 그를 용서해 주고자 하였지만 그의 대신들이 듣지를 않고 안고 있는 것

---

10 자리를 보관하는 창고이다.

11 세 개의 대 가운데 중간에 있는 대, 즉 동작대이다.

을 빼앗아다가 죽였으며 어린애가 석호의 옷을 잡아당기며 크게 울어서 허리띠가 끊어질 정도였고, 석호는 이로 인하여 병이 났다.

또 그의 황후 두씨(杜氏)를 폐위시켜 서인으로 삼았다. 그의 4솔(率)[12] 이하 400명을 죽이고, 환관 50명은 모두 거열(車裂)[13]로 마디를 다 헤쳐서 장수(漳水)에다 버렸다. 그의 동궁(東宮)에서는 돼지와 소를 길렀다. 동궁의 위사(衛士) 10여만 명은 모두 양주(涼州)로 귀양살이로 가서 수(戍)자리를 서게 하였다.

이보다 먼저 조람(趙攬)이 석호에게 말하였다.

"궁중에서 장차 변고가 있을 것이니 의당 이를 대비해야 합니다."

석선이 석도를 죽이는 일이 있게 되자 석호는 그가 알고 있으면서도 알리지 않은 것이라고 의심하여 또 그도 죽였다.

3 조정에서는 촉(蜀)지역을 평정한 공로를 평론하는데, 예장군(豫章郡)을 환온(桓溫)에게 책봉하고자 하였다. 상서성의 좌승(左丞) 순유(荀蕤)가 말하였다.

"환온이 만약에 다시 황하와 낙양지역을 평정한다면 장차 무엇으로 그에게 상을 주려고 하십니까?"

마침내 환온에게 정서(征西)대장군·개부의동삼사(開府儀同三司)를 덧붙여주고 임하군공(臨賀郡公)으로 책봉하고, 초왕(譙王) 사마무기(司馬無忌)에게는 전(前)장군을 덧붙여주고, 원교(袁喬)에게는 용상(龍

---

12 동궁에 있던 좌·우·전·후의 네 호위부대이다.

13 두 대의 수레에 죄인의 다리를 한쪽씩 묶고 수레를 몰게 하여 몸을 찢어 죽이는 형벌이다.

驤)장군을 주고 상서백(湘西伯)으로 책봉하였다. 순유는 순숭(荀嵩)의 아들이다.

환온이 이미 촉지역을 멸망시키고 나자, 위엄과 이름이 크게 떨치니 조정에서는 그를 꺼렸다. 회계왕(會稽王) 사마욱(司馬昱)은 양주(揚州) 자사 은호(殷浩)가 대단한 명성을 갖고 있어서 조야(朝野)에서 추천하고 복종하였으므로 끌어들여서 심복으로 만들고 조정의 권력에 참여하고 종합하게 하여 환온에 맞서게 하고자 하니, 이로부터 환온과는 점차 서로 두 마음을 품었는지 의심하게 되었다.

은호가 정북(征北)장군부의 장사인 순선(荀羨)과 전 강주(江州)자사였던 왕희지(王羲之)가 일찍부터 훌륭하다는 명성을 갖고 있어서 순선을 발탁하여 오국(吳國)내사로 삼고, 왕희지를 호군(護軍)장군으로 삼아서 우익(羽翼)으로 삼았다. 순선은 순유의 동생이고, 왕희지는 왕도(王導)의 조카이다.

왕희지는 안팎이 협조하고 화합하고 나서야 나라가 안전할 수 있다고 생각하고 은호에게 환온과는 틈을 만들어서는 안 된다고 하였으나 은호가 좇지 않았다.

4   연왕 모용황에게 병이 들자 세자 모용준(慕容儁)을 불러 그에게 부촉(付囑)하였다.

"지금 중원이 아직 평정되지 않았으니, 바야흐로 현명하고 걸출한 인물을 밑천으로 하여 세상을 경륜하는데 힘써야 할 것이다. 모용각(慕容恪)[14]은 지혜와 용기를 겸하여 갖추었고 그 재주는 중요한 임무를

---

14 세자 모용준의 동생이다.

감당할 것이니, 너는 그에게 이것을 위탁하여 나의 뜻을 완성하여라."

또 말하였다.

"양사추(陽士秋)[15]는 선비로서의 품행이 고결하고 충성스러운 줄기가 곧고 굳어서 큰일을 의탁할 수 있을 것이니, 네가 그를 잘 대우하여라."

9월 병신일(17일)에 죽었다.[16]

5   조왕 석호가 태자를 세우는 문제를 논의하니 태위 장거(張擧)가 말하였다.

"연공(燕公) 석빈(石斌)은 군사적 지략을 갖고 있으며, 팽성공(彭城公) 석준(石遵)은 문재(文才)와 덕행을 갖고 있으니, 오직 폐하께서 선택하십시오."

석호가 말하였다.

"경이 바로 나의 뜻을 일으키도록 말하였소."

융소(戎昭)장군 장시(張豺)가 말하였다.

"연공의 어머니는 천하며 또한 일찍이 허물을 저지른 적이 있고,[17] 팽성공의 어머니는 전에 태자의 일로 폐출되었는데,[18] 지금 이를 세우

---

15 사추는 양무(陽騖)의 자이다.

16 이때 나이 52세였다.

17 성제 함강 6년(340년)에 석빈이 주서인 예의(禮儀)를 죽이고, 북정장군 장하도까지 죽이려 하였던 사건이 있으며, 이 내용은 《자치통감》 권96에 실려 있다.

18 팽성공 석준의 어머니인 정씨는 태자였던 석수(石邃)의 어머니이기도 한데, 성제 함강 3년(337년)에 석수를 죽일 때 그 어머니인 정씨를 황후에게 좇아내서 동해태비로 삼았으며, 이 내용은 《자치통감》 권95에 실려 있다.

면 신은 조그만 원한이라도 갖고 있지 않을 수 없을까 걱정이 되니 폐하께서는 의당 이를 살펴서 생각하십시오.”

애초에, 석호가 상규(上邽, 감숙성 천수시)를 뽑아버릴 때[19] 장시는 전조(前趙)의 주군인 유요의 어린 딸 안정(安定)공주를 붙잡았는데, 특별한 미색(美色)을 갖고 있어서 석호에게 바쳤고, 석호가 그를 폐첩(嬖妾)[20]으로 삼아서 제공(齊公) 석세(石世)를 낳았다.

장시는 석호가 늙고 병들자 석세를 후사로 세우고자 하였는데, 유(劉)씨가 태후가 되면 자기는 정치를 보필할 수 있게 되기를 바라면서 마침내 석호에게 유세하였다.

“폐하께서 두 번이나 태자를 세우셨지만, 그의 어머니가 모두 창기나 천한 신분에서 나왔으니, 그러므로 화란(禍亂)이 이어졌는데, 지금은 마땅히 어머니가 귀한 사람이고 아들이 효자인 사람을 골라서 세워야 합니다.”

석호가 말하였다.

“경은 말하지 마시오. 나는 태자가 있는 곳을 아오.”

석호가 다시 여러 신하들과 동당(東堂)에서 논의하는데, 석호가 말하였다.

“나는 순전한 재 3곡(斛)을 가지고서 스스로 그 창자를 세척해 내려고 했는데,[21] 어찌하여 오로지 나쁜 아들만 낳아서 나이가 20살만

---

19 성제 함화 3년(329년) 당시 중산공이었던 석호가 상규를 격파하고 전조의 태자 유희(劉熙)를 포로로 잡은 일이 있다.

20 후에 석호가 황제가 되고서 소의(昭儀)로 삼았다.

21 당시에는 비누가 없어서 보릿짚을 태워 그 재를 물에 걸러서 그 물로 의복을 빨았다.

넘으면 번번이 아버지인 나를 죽이려 하는가? 지금 석세가 바야흐로 10살이니 그가 20살이 될 때쯤에는 나는 벌써 늙어있겠군!"

마침내 장거(張擧)와 이농(李農)과 더불어 확정하는 논의를 하고, 공경들에게 편지를 올려 석세를 세워서 태자로 삼으라고 청하게 하였다.

대사농 조막(曹莫)이 서명을 하려 하지 않으니, 석호가 장시에게 그 연고를 묻게 하자 조막이 머리를 조아리며 말하였다.

"천하를 통치하는 자리는 중요한 그릇이어서[22] 의당 젊은 사람을 세워서는 아니 되니 그러므로 감히 서명을 아니 하는 것입니다."

석호가 말하였다.

"조막은 충신이지만 그러나 아직 짐(朕)의 뜻을 다 알지 못하니 장거와 이농이 짐의 뜻을 알아서 그에게 타이를 수 있을 것이다."

드디어 석세를 태자로 세우고 유소의(劉昭儀)를 황후로 삼았다.

6   겨울, 11월 갑진일(26일)에 연의 문명왕(文明王)[23]을 장사지내고, 세자 모용준(慕容儁)이 즉위하고서 그 경내에 사면하고, 사자를 파견하여 건강에 가게 하여 상사(喪事)를 알렸다. 동생 모용교(慕容交)를 좌현왕으로 삼고, 좌(左)장사 양무(陽鶩)를 낭중령으로 삼았다.

7   12월에 좌(左)광록대부·영(領)사도·녹상서사 채모(蔡謨)를 시중·사도로 삼았다. 채모가 상소문을 올려서 굳게 사양하고 친한 사람에게 말하였다.

---

22 제왕의 자리를 말한다.

23 모용황의 시호를 문명이라고 한 것이다.

"내가 만약에 사도가 된다면 장차 후대의 웃음거리가 될 것이니 의(義)로 보아 감히 받을 수 없다."

석호의 죽음과 석준의 등장

목제 영화 5년(己酉, 349년)[24]

1   봄, 정월 초하루 신유일에 크게 사면하였다.

2   조왕 석호가 황제에 즉위[25]하고 크게 사면하고 기원을 태녕(太
寧)이라고 하며, 여러 아들에게는 모두 작위를 올려주어 왕으로 삼았다.
     옛날 동궁에 있던 고력(高力)[26] 등 1만여 명이 죗값으로 양주(凉州)
에서 수(戍)자리를 서게 하자, 그들이 가다가 옹성(雍城, 섬서성 봉상현)
에 도착하였는데, 이미 사면하는 대상에 들어 있지 않았고, 또한 옹주

---

24 후조 무제 태녕 원년, 전량 환왕 영락 4년, 전연 경소제 원년, 대왕 탁발십익건
    건국 12년이다.

25 조의 석호가 성제 함강 3년(337년)에 천왕(天王)에 즉위하였고, 그의 비인 정
    씨를 천왕황후라고 불렀던 일은《자치통감》권95에 실려 있는데, 이번에 황제
    의 자리에 오른 것이다.

26 석선이 신체 강건하고 힘이 장사인 사람들을 선발하여 동궁을 호위하게 하였
    는데, 이를 고력이라고 불렀다.

자사 장무(張武)에게 칙령을 내려서 이들을 호송하게 하니 장무는 그들의 말을 빼앗고 그들에게 도보로 녹거(鹿車)²⁷를 밀면서 양식을 수(戍)자리 서는 곳으로 운반하게 하였다.

고력독(高力督)²⁸인 정양(定陽, 산서성 길현) 사람 양독(梁犢)이 여러 사람들의 마음에 있는 원망을 이용하여 난을 일으켜서 동쪽으로 돌아갈 것을 꾀하였는데, 무리들이 이 소식을 듣고 모두 발을 구르고 손뼉을 치면서 크게 호응하였다.

양독이 마침내 스스로 진(晉)의 정동(征東)대장군이라고 하고 무리를 인솔하여 하변(下辨, 감숙성 성현)을 공격하여 뽑아버렸고, 안서(安西)장군 유녕(劉寧)이 안정(安定, 감숙성 경천현의 북쪽)에서 나와서 이들을 쳤으나 양독에게 패배하였다.

고력은 모두 힘이 많고 활을 잘 쏘아서 한 사람이 열 명을 감당하니 비록 무기와 갑옷이 없어도 백성들에게서 도끼를 빼앗아 한 개의 몽둥이에 매어서 공격하고 싸우는데 귀신같아서 가는 곳마다 붕괴시켰고, 수졸(戍卒)들이 모두 그들을 따르니 군과 현을 공격하여 함락시키고, 장리(長吏)와 이천석 벼슬을 가진 사람들을 죽이고 동쪽으로 멀리까지 달려가니 거의 장안에 도착하게 되었을 때에는 무리가 이미 10만 명이나 되었다.

낙평왕(樂平王) 석포(石苞)가 모든 정예의 병사를 다 가지고 이들을 막았으나 한 번 싸우고는 패배하였다. 양독이 드디어 동쪽으로 가서 동관(潼關, 섬서성 동관현)을 나와서 전진하여 낙양(洛陽)으로 나아갔다.

---

27 아주 작은 수레이다. 사슴 한 마리 정도만을 실을 수 있어서 이렇게 불렸다.

28 고력을 통솔하는 사람을 말한다.

조의 주군[29] 석호가 이농(李農)을 대도독·행대장군사(行大將軍事)[30]로 삼아서 위(衛)장군 장하도(張賀度) 등 보병과 기병 10만 명을 통합하여 이들을 토벌하게 하니, 신안(新安, 하남성 신안현)에서 싸웠는데 이농 등이 대패하고 낙양에서 싸워서 또다시 패배하여 물러나 성고(成皋, 하남성 형양현 범수진의 서쪽)에서 지켰다.

양독이 드디어 동쪽으로 가서 형양(滎陽, 하남성 형양시)과 진류(陳留, 하남성 진류현)의 여러 군(郡)을 노략질하니, 석호가 크게 두려워하여서 연왕(燕王) 석빈(石斌)을 대도독으로 삼아 안팎의 모든 군사에 관한 일을 감독[31]하고, 관군(冠軍)대장군 요익중(姚弋仲)과 거기(車騎)장군 포홍(蒲洪) 등을 통솔하여 이를 토벌하게 하였다. 요익중이 그의 무리 8천여 명을 인솔하고 업(鄴)에 도착하여 석호를 뵙자 청하였다. 석호가 병이 나서 그를 보지 않고 영군성(領軍省)[32]으로 끌어 들어오게 하여 자기가 먹는 음식을 하사하였다.

요익중이 화가 나서 먹지 않고 말하였다.

"주상께서 나를 불러서 도적을 치라고 하였으니, 마땅히 만나보고서 방략(方略)을 주어야 할 것인데 내가 어찌 밥을 먹으러 왔단 말인가? 또한 주상(主上)이 나를 보지 않으면 내가 어찌 그가 살았는지 죽었는지를 알 것인가?"

---

29 사마광은 석호가 천왕이었을 때에는 조왕이라고 하였지만 황제를 칭한 다음에는 조의 주군이라고 표현했다.

30 행직(行職)이다. 이 경우에는 대장군의 업무를 수행하는 사람이라는 뜻으로 임시직인 셈이다.

31 관직명은 독중외제군사이다.

32 영군장군이 군사업무를 보는 곳이다.

석호가 힘써서 아프지만 그를 만나보았는데, 요익중이 석호를 나무라며 말하였다.

"어린애가 죽어서 근심하는가? 왜 병이 들었는가? 자식이 어렸을 때 좋은 사람을 선택하여 이를 가르치지 아니하고 반역하기에 이르게 하였으며, 이미 반역하여 그를 죽였는데 또 어찌하여 근심하는가? 또한 너는 오랫동안 병이 들어 있는데, 세워놓은 사람이 어린아이니 네가 만약에 쾌유되지 않으면 천하는 반드시 혼란에 빠질 것이므로 마땅히 이것을 먼저 걱정하고 도적을 걱정하지 마시오.

양독 등은 궁색하고 고단하며 고향으로 돌아갈 생각을 하다가 서로 모여서 도적이 된 것이며, 지나가는 곳에서 잔폭(殘暴)한 짓을 하니 어느 곳에 이를 수 있겠는가? 이 늙은 강족(羌族)이 너를 위하여 한 번에 해결하겠소."

요익중의 성격은 사납고 곧아서 사람들에게 귀천의 구별을 두지 않고 누구에게나 '너'라고 하였는데, 석호도 그를 책망하지 않았다. 앉은 자리에서 사지절(使持節)·정서(征西)대장군을 내려주고, 갑옷과 말을 하사하였다.

요익중이 말하였다.

"네가 보기에는 이 늙은 강족이 도적을 격파하는 일을 감당하겠나?"

마침내 정원에서 갑옷을 입고 말을 타고 말에 채찍질을 하고 말을 달려서 남쪽으로 가는데 인사도 하지 않고 나가버렸다. 드디어 석빈 등과 함께 양독을 형양에서 쳐서 그들을 대파하고 양독의 머리를 베어서 돌아오고, 그 나머지 무리들도 토벌하여 그들을 다 죽였다.

석호는 요익중에게 칼을 차고 신을 신고 전각에 오르도록 명령을 내리고 입조(入朝)할 때 종종걸음을 걷지 않게 하고 작위를 올려서 서평

군공(西平郡公)에 책봉하였으며 포홍은 거기(車騎)대장군·개부의동삼
사·도독옹진주제군사(都督雍·秦州諸軍事)[33]·옹주자사를 주고, 작위
를 올려서 약양군공(略陽郡公)에 책봉하였다.

3 시평(始平, 섬서성 함양시 서쪽) 사람 마욱(馬勗)이 병사를 모아서
스스로 장군이라고 부르자 조의 낙평왕 석포(石苞)가 이를 토벌하여
없애고 3천여 호를 죽였다.

4 여름, 4월에 익주자사 주무(周撫)와 용상(龍驤)장군 주도(朱燾)가
범분(范賁)[34]을 쳐서 그의 목을 베니 익주가 평정되었다.

5 조서를 내려서 알자 진침(陳沈)을 파견하여 연(燕)에 가게 하여 모
용준(慕容儁)[35]을 사지절(使持節)·시중·대도독·독하북제군사(督河北諸
軍事)·유평이주목(幽·平二州牧)·대장군·대선우·연왕에 제수하였다.[36]

---

33 옹주(雍州)·진주(秦州)의 모든 군사를 감독하는 직책이다.

34 성도에 있던 한이 멸망되자 잔여세력이 목제 연화 3년(347년)에 추대하여 황
   제가 된 사람이다.

35 모용준에서 준 자가 앞에서는 雋이라고 했는데, 여기서는 儁이라고 하였다.

36 동진에서 모용준에게 준 관직은 실제로 독립국을 인정한 것이며, 형식적으로
   동진과의 군신관계를 유지하는 의미를 갖는다. 독하북제군사(督河北諸軍事)
   는 하북지역의 모든 군사에 관한 일을 감독하는 직책이라는 말이고, 유평이
   주목(幽·平二州牧)은 유주와 평주 두 주의 주목을 맡는다는 뜻의 관직이다.
   그러나 모용준의 《재기(載記)》에는 '유기병평사주목(幽·冀·幷·平四州牧)이
   다.'라고 되어 있어서 모용준의 관할 지역이 네 주에 퍼져 있는 것으로 기록하
   였다.

6   환온이 독호 등준(滕畯)을 파견하여 교주(交州)와 광주(廣州)의 군사를 인솔하고 임읍왕(林邑王, 베트남 중부지역) 문(文)을 노용(盧容, 베트남 승천성 광전현 동쪽에 있는 향강과 포강이 합류하는 곳)에서 치다가 문에게 패배하여 물러나서 구진(九眞, 베트남 탄호아성 탄호아현)에 주둔하였다.

7   을묘일(9일)에 조왕 석호가 병이 심해지니, 팽성왕 석준(石遵)을 대장군으로 삼아 관우(關右)지역을 진수하게 하고, 연왕 석빈(石斌)을 승상으로 삼아 상서의 업무를 총괄[37]하게 하며, 장시를 진위(鎭衛)대장군·영군(領軍)장군·이부(吏部)상서로 삼아 나란히 유조(遺詔)를 받고 정치를 보필하게 되었다.

유후(劉后)는 석빈이 정치를 보필하는 것이 싫어하고 태자에게 이롭지 못하게 될까 두려워서 장시와 더불어 그를 제거하려고 모의하였다. 석빈은 그때 양국(襄國, 하북성 형태시)에 있었는데, 사자를 보내 거짓으로 석빈에게 말하였다.

"주상의 병이 이미 조금씩 나아지고 있으니 왕께서는 수렵을 하고 싶으면 조금은 더 머물러 있을 수 있습니다."

석빈이 평소 사냥을 좋아하고 술을 좋아하여 드디어 남아서 사냥을 하였고 또 술을 멋대로 마셨다.

유씨가 장시와 더불어 그 기회를 이용하여 조서를 고쳐서 석빈이 충성심과 효심이 없으니 관직을 면직시키고 집에 돌아가라고 하고, 장시의 동생 장웅(張雄)에게 용등무사(龍騰武士) 500명을 인솔하고 그를

---

37 관직명은 녹상서사이다.

지키게 하였다.

을축일(19일)에 석준이 유주(幽州)에서 업(鄴)에 도착하였는데 조당(朝堂)에서 관직을 받고, 금병(禁兵) 3만 명을 그에게 배속시켜서 보내니 석준이 눈물을 흘리면서 떠났다.[38]

이날 석호의 병이 조금 나아지자 물었다.

"석준이 도착했느냐?"

주위에서 대답하였다.

"떠난 지가 이미 오래 되었습니다."

석호가 말하였다.

"그를 보지 못하게 된 것이 한스럽다."

석호가 서합(西閤)[39]에 가니, 용등중랑(龍騰中郎) 200명이 앞에 늘어서서 절하자 석호가 물었다.

"무엇을 구하느냐?"

모두 말하였다.

"성스러운 몸이 편안하지 아니하니 의당 연왕에게 명령하여 들어와서 숙위(宿衛)하며 병마(兵馬)를 관장하게 하십시오."

어떤 사람이 말하였다.

"빌건대 황태자로 삼으십시오."

석호가 말하였다.

"연왕이 안에 없지 않은가? 불러 오라."

주위에서 말하였다.

---

38 관우지역을 진수하도록 되어 있었다.

39 태극전의 서합을 말한다.

"왕은 술병이 들어서 들어올 수 없습니다."

석호가 말하였다.

"재촉하여 연(輦)을 가지고 가서 그를 맞이하여 마땅히 인새와 인수를 주어야겠다."

또 끝내 시행하는 사람이 없었다. 조금 있다가 눈이 가물가물하게 되어서 들어갔다. 장시가 장웅으로 하여금 조서를 고쳐서 석빈을 죽이게 하였다.

무진일(22일)에 유씨가 다시 조서를 고쳐서 장시를 태보(太保)·도독중외제군사(都督中外諸軍事)[40]·녹상서사로 삼았는데, 곽광(霍光)이 옛날에 했던 대로 하였다. 시중 서통(徐統)이 탄식하며 말했다.

"혼란이 곧 일어나겠지만 나는 여기에 참여할 방법이 없구나."

우러러 약을 마시고 죽었다.

기사일(23일)에 석호가 죽으니 태자 석세(石世)가 즉위하고[41] 유씨를 높여서 황태후로 하였다. 유씨가 조회에 나와서 칭제(稱制)[42]하였고 장시를 승상으로 삼았지만 장시가 사양하고 받지 않고 팽성왕 석준과 의양왕 석감을 좌우(左右)승상으로 삼아서 그들의 마음을 위로하라고 청하니, 유씨가 이를 좇았다.

장시가 태위 장거(張擧)와 더불어 사공 이농(李農)을 죽이려고 모의하는데, 장거는 평소 이농과 잘 지냈으므로 비밀리에 이를 알리자, 이

---

40 안팎의 모든 군사에 관한 일을 감독하는 직책이다.

41 이때 석호의 나이는 55세였고, 황제가 된 석세는 11세였다.

42 황제가 아닌 사람이 황제의 명을 내리는 것을 말한다. 여기서는 황제의 어머니인 유태후가 황제의 권한을 행사한다는 말이다.

농이 광종(廣宗, 하북성 위현 동쪽)으로 달아나서 걸활(乞活)[43] 수만 가구를 인솔하고 상백(上白, 하북성 위현의 남쪽)을 지키니, 유씨가 장거에게 숙위(宿衛)하는 모든 군사를 통솔하여 이들을 포위하게 하였다. 장시는 장리(張離)를 진군(鎭軍)대장군으로 삼고, 안팎의 모든 군사를 감독하는 직책을[44] 주어 자기의 부이관(副貳官)으로 삼았다.

팽성왕 석준이 하내(河內, 하남성 황하 이북지역)에 이르러 상사(喪事)의 소식을 들었는데, 요익중·포홍·유녕(劉寧)과 정로(征虜)장군 석민(石閔)·무위(武衛)장군 왕난(王鸞) 등이 양독을 토벌하고 돌아오다가 이성(李城, 하남성 온현)에서 석준을 만나서 함께 석준에게 유세하였다.

"전하께서는 장자이시고 또한 현명하셔서 먼저 돌아가신 황제께서도 전하를 후사로 삼으려고 마음에 두셨는데 바로 말년에 정신이 혼미하고 현혹되어서 장시에게 오도(誤導)되었습니다.

지금은 여자 주군이 조회에 나오고, 간사한 신하가 일을 오로지하고 있는데, 상백에서 서로 대치하며 아직 함락시키지 못하고 있으니, 경사의 숙위(宿衛)는 텅 비어 있을 것이고, 전하께서 만약에 장시의 죄악을 말씀하시고 북을 울리며 가서 이들을 토벌한다면 그 누가 문을 열고 창을 거꾸로 하며 전하를 영접하지 않는 사람이 있겠습니까?"

석준이 이를 좇았다.

석준이 이성에서 군사를 일으켜 돌아서 업(鄴)으로 달려가니 낙주(洛州, 치소는 낙양)자사 유국(劉國)이 낙양의 무리들을 인솔하고 가서

---

43 걸활이란 고향을 떠난 유민으로 살기를 구하는 사람이라는 뜻으로 불렸다. 이때에는 서진시대의 이운(李惲)과 전휘(田徽)가 통솔하였던 유민으로 상백에서 모여 살고 있었다.

44 관직명은 감(監)중외제군사이다.

이들과 합쳤다. 격문이 업에 도착하니 장시가 크게 두려워하여 말을 달려서 상백에 있는 군사들을 불렀다.

병술일(11일)에 석준이 탕음(蕩陰, 하남성 탕음현)에 진을 쳤는데, 융졸(戎卒)이 9만 명이고 석민(石閔)이 선봉이었다. 덕망 있는 노인들과 갈족(羯族) 병사들이 모두 말하였다.

"팽성왕이 달려와서 분상(奔喪)하니 우리는 마땅히 나가서 그를 영접하여야 하고, 장시를 위하여 성을 지킬 수는 없다."

성을 넘어서 밖으로 나가자 장시가 그들의 목을 베었지만 중지시킬 수가 없었다.

장리(張離)도 역시 용등(龍騰)의 군사 2천 명을 인솔하고 관문을 깨버리고 석준을 영접하였다. 유씨가 두려워서 장시를 불러 들어오게 하고 그를 마주하여 슬프게 곡하며 말하였다.

"먼저 돌아가신 황제의 재궁(梓宮)⁴⁵은 아직 빈례(殯禮)를 치르지도 아니하였는데, 화난(禍難)이 여기에 이르렀소. 지금 뒤를 이은 아들은 어려서 장군에게 의탁했는데 장군은 장차 어찌하겠소? 석준에게 중요한 자리를 덧붙여주려고 하는데, 그를 중지시키게 할 수 있겠소?"

장시는 당황하고 두려워서 나갈 바를 알지 못하여 다만 '예, 예'라고만 하였다. 마침내 조서를 내려서 석준을 승상·영(領)대사마·대도독·독중외제군사·녹상서사로 삼고, 황월과 구석(九錫)⁴⁶을 덧붙여주었다.

기축일(14일)에 석준이 안양정(安陽亭, 하북성 임장현 업의 부근)에 도착하니 장시가 두려워서 나아가 영접하는데, 석준이 명령하여 그를 잡

---

45 재(梓)나무로 된 궁궐이란 말로 죽은 황제의 관(棺)을 말한다.

46 황제만이 가질 수 있는 아홉 가지의 상징물을 말한다.

으라고 하였다. 경인일(15일)에 석준이 갑옷을 입고 군사를 번득이면서 봉양문(鳳陽門)에서부터 들어와서 태무전(太武殿)의 전전(前殿)에 올라가 가슴을 두드리고 발을 동동 구르며 아주 슬프게 애도하고 물러나서 동합(東閤)으로 갔다. 장시를 평락시(平樂市)에서 목을 베고 그 삼족을 없애버렸다.

유씨의 명령을 빌어서 말하였다.

"뒤를 이은 아들은 어리고 먼저 돌아가신 황제가 사사로운 은혜로 준 것인데, 황제의 대업은 아주 중요한 것이므로 그가 감당할 수 있는 것은 아니니 석준에게 자리를 잇게 한다."

이에 석준이 즉위하고 크게 사면하고 상백에서의 포위를 풀었다. 신묘일(16일)에 석세를 초왕(譙王)에 책봉하고,[47] 유씨를 폐위시켜 태비(太妃)로 하였다가 얼마 후에 이들을 모두 죽였다.

이농이 와서 죄를 받겠다고 하자 그 지위를 회복하게 하였다. 어머니 정(鄭)씨를 높여서 황태후로 삼고,[48] 비 장(張)씨를 세워서 황후로 하고, 옛 연왕인 석빈의 아들 석연(石衍)을 황태자로 삼았다. 의양왕(義陽王) 석감(石鑒)을 시중·태부(太傅)로 삼고, 패왕(沛王) 석충(石沖)을 태보(太保)로 삼고, 낙평공(樂平公) 석포(石苞)를 대사마로 삼고, 여음왕(汝陰王) 석곤(石琨)을 대장군으로 삼고, 무흥공(武興公) 석민(石閔)을 도독내외제군사[49]·보국(輔國)대장군으로 삼았다.

---

47 석세는 황제의 자리에 33일간 있었다.

48 정씨는 바로 석수의 어머니이다. 정후가 폐출된 것은 성제 함강 3년(337년)이고, 그 내용은《자치통감》권95에 실려 있다.

49 안팎의 모든 군사를 감독하는 관직명이다.

조의 내분과 연의 움직임

갑오일(19일)에 업(鄴, 조의 도읍, 하북성 임장현)에 폭풍이 불어서 나무를 뽑아버리고 우박이 마치 바가지나 됫박만큼 컸다. 태무전(太武殿)과 휘화전(暉華殿)에 화재가 발생하여 여러 문과 누각들이 남은 것이 없이 다 타버렸는데 승여(乘輿)와 복어(服御)[50]도 타버린 것이 반을 넘었고, 금은보석도 모두 타버렸으며, 불은 한 달이 넘어서야 마침내 꺼졌다.

그때 패왕(沛王) 석충이 계(薊)에서 진수하고 있었는데, 석준이 석세를 죽이고 스스로 황제가 되었다는 소식을 듣고, 그를 보좌하는 관료들에게 말하였다.

"석세는 먼저 돌아가신 황제의 명령을 받았는데, 석준이 갑작이 그를 폐위시키고 죽였으니 죄가 이보다 클 수는 없다. 그러니 안팎을 엄하게 경계하도록 명령하며 고(孤)[51]가 장차 친히 그를 토벌할 것이다."

이에 영북(寧北)장군 술견(沭堅)을 남겨두어 유주(幽州)를 지키게

---

50 황실의 수레와 의복을 말한다.

51 석충이 왕이므로 자기 자신을 가리키면서 고(孤)라고 한 것이다.

하고, 무리 5만 명을 인솔하고 계(薊)에서 남쪽으로 내려오면서 격문을 연(燕)과 조(趙)에 전하니, 있는 곳마다 구름처럼 모여들어서, 상산(常山, 하북성 곡양현과 산서성의 접경 지역)에 도착할 즈음에는 무리가 10여만 명이 되어 원향(苑鄉, 하북성 임현 동북쪽)에 진을 쳤는데, 석준이 사면하는 문서를 보자 석충이 말하였다.

"모두 나의 동생이고[52] 죽은 사람은 추후로 다시 살릴 수 없는데 어찌하여 다시 서로 죽인단 말인가? 나는 장차 돌아갈 것이다.[53]"

그의 장수 진섬(陳暹)이 말하였다.

"팽성왕[54]이 찬시(篡弑)[55]하고 스스로 높였으니 그 죄가 큽니다. 왕은 비록 북쪽으로 깃발을 돌린다 하여도 신은 장차 남쪽으로 말머리를 돌리고 경사를 평정하고 팽성왕을 사로잡을 때까지 기다리시면 그런 다음에 받들어 대가(大駕)[56]를 영접하겠습니다."

석충이 마침내 다시 전진하였다.

석준이 말을 달려서 왕탁(王擢)을 파견하여 편지로 석충에게 알아듣게 말하였으나 석충이 듣지 않았다. 석준이 무흥공 석민과 이농에게 정예의 병졸 10만 명을 인솔하여 이를 토벌하게 하자 평극(平棘, 하북성 조현의 동남쪽)에서 싸웠는데 석충의 군사가 대패하였고, 석충을 원

---

52 죽은 석세나 죽인 석준이나 모두 석충의 동생이다.

53 계지역으로 돌아가겠다는 말이다.

54 석준은 황제가 되기 전에 팽성왕이었다. 여기서는 황제를 인정하지 않기 때문에 팽성왕이라고 부른 것이다.

55 아랫사람이 황제를 죽이는 것을 말한다.

56 황제가 타는 수레로 여기서는 석충을 황제로 모시러 오겠다는 말이다.

지(元氏, 하북성 원지현 서북쪽)에서 붙잡아서 죽음을 내렸다. 그의 사졸 3만여 명을 땅에 묻었다.

무홍공 석민이 석준에게 말하였다.

"포홍(蒲洪)은 걸출한 인물인데 지금 포홍에게 관중(關中)지역을 진수하게 하고 있으니, 신은 진주(秦州)와 옹주(雍州)의 땅은 국가[57]가 갖고 있지 않게 될까 두렵습니다. 이는 비록 먼저 돌아가신 황제가 임종할 때에 명령하신 것이지만 그러나 폐하께서 즉위하셨으니 스스로 의당 고쳐야 할 것입니다."

석준이 이를 좇아서 포홍의 도독(都督) 직책을 파직시키고 나머지는 전의 명령과 같게 하였다. 포홍이 화가 나서 방두(枋頭, 하남성 준현 서남쪽의 기문나루)로 돌아가 사신을 파견하여 와서[58] 항복하겠다고 하였다.

연의 평적(平狄)장군 모용패(慕容霸)가 연왕 모용준(慕容儁)에게 편지를 올려서 말하였다.

"석호는 지극히 흉포하여 하늘도 버렸고 그 나머지 잔재가 겨우 남아 있지만 스스로 서로 잡아먹으려고 하고 있습니다. 지금 중국은 거꾸로 매달려서 어질고 구휼하는 사람을 기다리고 있으니 만약에 대군(大軍)이 한 번 떨쳐 일어나기만 하면 형세는 반드시 창을 던져버릴 것입

---

57 국가란 황제를 지칭하는 것이다. 따라서 진주와 옹주지역은 포홍의 소유가 된다는 뜻이다. 즉 중앙권력의 영향력이 미치지 않는 지역이 될 것이라는 말이다.

58 도독(都督)이란 포홍이 도독옹진주제군사였으므로 포홍을 가리키는 말이고, 방두로 돌아간다는 말은 포홍은 성제 함화 8년(333년) 이후로 방두에 주둔하고 있었기 때문에 그렇게 한 것이고, 온다는 말은 동진을 중심으로 기록하고 있으므로 동진으로 온 것을 말한다.

니다.”

북평(北平)태수 손홍(孫興)이 역시 표문을 올렸다.

“석(石)씨들이 크게 혼란스러우니 의당 때에 맞추어 나아가서 중원[59]을 빼앗아야 합니다.”

모용준은 새로이 대상(大喪)[60]을 만났다는 이유로 허락하지 않았다.

모용패가 말을 달려서 용성(龍城, 요녕성 조양시)에 가서 모용준에게 말하였다.

“얻기 어렵지만 잃기는 쉬운 것이 시기입니다. 만일에 석(石)씨가 쇠퇴하였다가 다시 일어나서 혹 영웅이 그들이 이룬 밑천을 점거한다면 어찌 큰 이익만을 잃는 것뿐이겠습니까? 또한 후환이 될까 두렵습니다.”

모용준이 말하였다.

“업(鄴)에서는 비록 혼란이 일어났다고는 하지만 등항(鄧恒)이 안락(安樂)[61]을 점거하고서 군사는 강하고 양식이 충분한데 지금 만약에 조를 정벌한다면 동쪽 길로는 갈 수가 없으니 마땅히 노룡(盧龍, 하북성 희봉구 부근)에서 가야 하는데, 노룡으로 가는 산길은 험하고 좁아서 야만인들이 높은 곳에서 요충지를 잘라 버리게 되면 앞뒤로 걱정거리가 될 것이니 그렇게 되면 장차 어떻게 하려 하오?”

모용패가 말하였다.

“등항은 비록 석씨를 위하여 막고 지키고 있지만 그 장사(將士)들은

---

59 지금 조가 중원지역을 차지하고 있다.

60 1년 전에 있었던 아버지인 모용황의 죽음을 말한다.

61 낙안의 잘못일 것이다.

자기 집을 생각하고 있으며, 사람은 돌아갈 생각을 품고 있는 것이니 만약 대군(大軍)이 그곳에 가면 자연스럽게 와해될 것입니다.

신이 청컨대 전하를 위하여 선봉에 세워주신다면 동쪽으로 도하(徒河, 요녕성 금주시)로 나가서 몰래 영지(令支, 하북성 천안현)로 가서 그들이 생각하지 못한 곳에서 나올 것인데, 저들은 이 소식을 들으면 형세는 반드시 놀랄 것이고, 윗사람들은 문을 걸어 잠그고 스스로 지키는데 지나지 않을 뿐이고, 아랫사람들은 성을 버리고 도망하여 붕괴되는 상황을 면치 못할 것이니 어느 겨를에 우리를 막겠습니까? 그렇다면 전하께서는 편안하게 걸어서 앞으로 나아가실 수가 있으며 다시는 어려운 것이 남아 있지 않을 것입니다."

모용준이 미적미적하며 결정을 못하다가 오재(五材)장군 봉혁(封奕)에게 물었더니 대답하였다.

"군사를 사용하는 방법은 적이 강하면 지혜를 쓰고 적이 약하면 형세를 쓰는 것입니다. 이러한 연고로 큰 것이 작은 것을 삼키는 것은 마치 이리가 돼지를 먹는 것과 같고, 잘 다스려진 것으로 혼란한 것으로 바꾸는 것은 마치 태양이 눈을 녹이는 것과 같습니다. 대왕께서 전 시대부터 내려오시면서 덕을 쌓고 인을 베풀어 군사는 강하고 사졸은 훈련되어 있습니다.

석호가 그 잔폭(殘暴)한 것이 극도에 달하여 죽어도 눈을 못 감았는데, 자손들이 나라를 두고 다투니 위아래가 어긋나고 어지럽게 되었습니다. 중국의 백성들은 도탄에 떨어져서 목을 길게 늘이고 발뒤꿈치를 들고서 떨쳐서 뽑아버리기를 기다리고 있습니다.

대왕께서 만약에 군사를 들어내 남쪽으로 매진하셔서 먼저 계성(薊城, 북경시 서남쪽)을 빼앗고 다음에는 업도(鄴都, 하북성 임장현)를 가리키면서 위엄과 덕을 드날리고 남겨진 백성들을 안아서 위로하시게 되면 저들 가운데 누가 노인을 부축하고 어린이를 끌고서 대왕을 영접하지 않는 이가 있겠습니까? 흉악한 무리들은 장차 깃발만 보고도 얼음 부서지듯 할 것이니 어찌 해가 될 수 있겠습니까?"

종사중랑 황홍(黃泓)이 말하였다.

"지금 태백성(太白星)이 하늘을 가로질러 가고,[62] 세성(歲星)이 필성(畢星)[63]의 북쪽에 모이고 있으니, 음국(陰國)[64]이 천명을 받을 것이어서 이는 반드시 나타날 징조이니, 의당 속히 군사를 내서 하늘의 뜻을 이으십시오."

절충(折衝)장군 모여근(慕輿根)이 말하였다.

"중국의 백성들은 석씨의 혼란 속에서 피곤해 있는데, 모두가 주인을 바꾸고 끓는 물과 불 속에서 급히 구원해 주기를 생각하고 있으니 이는 천년에 한 번 오는 기회이니 잃을 수는 없습니다. 무선왕(武宣王)[65] 이래로 현명한 사람을 불러들이고 백성들을 길러서 농사에 힘쓰게 하고 군사들을 훈련시켰던 것은 바로 오늘을 기다린 것입니다.

지금 시기가 왔는데 빼앗지 않고 다시 생각한다면 어찌 하늘의 뜻이 아직 해내에 사는 사람들에게 평화롭게 안정되기를 바라지 않을 것이

---

62 태백성은 금성인데, 살벌(殺伐)을 주관하는 별이므로 이것이 하늘을 가로질러 갈 때에는 전쟁이 발생하는 것이라고 해석하였다.

63 세성과 필성은 모두 28수의 하나이다. 이에 속한 별은 8개이다.

64 28수 가운데 하나이고 별이 네 개로 되어 있는 묘성(昴星)과 필성 사이의 하늘을 천가(天街)라고 하는데 이 천가의 음편(陰便)이 음국이다. 지상에서 이 것과 대응한 국가는 하늘의 도움을 받아서 천명을 받고 왕이 된다는 것이다.

65 모용외를 말한다.

며 장차 대왕께서 천하를 빼앗기를 바라지 않는 것이겠습니까?"

모용준이 웃으며 이들의 말을 좇았다.

모용각(慕容恪)을 보국(輔國)장군으로 삼고, 모용평(慕容評)을 보필(輔弼)장군으로 삼으며, 좌(左)장사 양무(陽鶩)를 보의(輔義)장군으로 삼아서 이를 '삼보(三輔)'라고 하였다. 모용패(慕容霸)를 전봉(前鋒)도독·건봉(建鋒)장군으로 삼아 정예의 병사 20만 명을 골라 무술을 가르치면서 엄하게 경계하며 나아가서 빼앗을 계책을 세웠다.

8   6월에 조왕 석호를 현원릉(顯原陵)에 장사지내고, 묘호[66]를 태조(太祖)라고 하였다.

9   환온이 조가 혼란하다는 소식을 듣고 나아가서 안륙(安陸, 호북성 안륙현)에 주둔하고 제장을 파견하여 북방을 경영하였다. 조의 양주(揚州)자사 왕협(王洽)이 수춘(壽春, 안휘성 수현)을 들어 가지고 와서 항복하자 서(西)중랑장 진규(陳逵)가 나아가서 수춘을 점거하였다.

정북(征北)대장군 저부(褚裒)가 표문을 올려 조를 정벌하게 해달라고 청하고 그날로 엄하게 경계를 하고서 곧바로 사구(泗口, 안휘성 숙천현 남쪽)로 향하였다. 조정에서 논의하여 저부의 일과 임무가 귀중하므로[67] 의당 먼저 일부의 군사를 보내야 한다고 하였다.

저부가 상주문을 올렸다.

---

66 다른 판본에는 묘호 위에 '諡曰武帝'라는 네 글자가 있어서 석호의 시호를 무제로 한 것으로 보인다.

67 다른 판본에는 이 부분에 '불의심입(不宜深入)' 네 글자가 더 있어서 '마땅히 깊이 들어가지 말고'라는 내용이 더 있을 수 있다.

"전에 이미[68] 독호 왕이지(王頤之) 등을 보내어 팽성(彭城, 강소성 서주시)까지 지름길을 만들어 두었고, 다음에 독호 미억(麋嶷)을 파견하여 나아가서 하비(下邳, 강소성 수녕현)를 점거하였습니다. 지금은 의당 속히 군사를 발동하여 소문과 세력을 만들어야 합니다."

가을, 7월에 저부에게 정토(征討)대도독·독서연청양예오주제군사[69]를 덧붙여주었다. 저부는 무리 3만 명을 거느리고 지름길로 팽성으로 달려가니, 북방의 병사와 백성 가운데 항복하여 귀부하는 사람이 매일 1천 명을 헤아리게 되었다.

조야(朝野)에서는 모두 중원은 시기를 정해놓고 회복할 수 있다고 생각하였지만 광록대부 채모(蔡謨)가 홀로 친한 사람에게 말하였다.

"호족(胡族)이 멸망하는 것은 진실로 큰 경사이지만 그러나 다시 조정에 걱정을 끼치겠구나!"

그 사람이 말하였다.

"왜 그런 말을 하십니까?"

채모가 말하였다.

"무릇 하늘의 뜻에 순종하여 때를 타서 어려움 속에서 많은 생명을 구제할 수 있는 사람은 으뜸가는 성인과 영웅이 아니면 할 수 없는 것이며, 그 나머지 사람들은 덕과 힘을 헤아려볼 만하지도 않은 것이오.

오늘날의 일을 보면 거의 이 시대에 맞는 현명한 사람이 미치고 있는 것이 아니니 반드시 장차 경영하며 나누어 표문을 올려서 제멋대로

---

68 다른 판본에는 이 부분에 '전봉(前鋒)'이란 두 글자가 더 있는 것도 있으며, 이를 합해 보면 왕이지의 관직은 전봉독호이다.

69 서주·연주·청주·양주·예주 다섯 주의 모든 군사를 감독하는 관직명이다.

하려고 백성을 피곤하게 할 것이고, 이미 재주와 지략이 성글고 짧으니 마음먹은 것에 부응할 수 없고, 재물과 힘도 다 떨어지며 지혜와 용기도 모두 곤궁하여질 것인데 어찌 조정에 걱정을 끼치지 않겠소!"

노군(魯郡, 산동성 곡부현)의 백성 500여 집이 서로 더불어 군사를 일으키고 진(晉)에 귀부하고서 저부에게 구원해줄 것을 요구하자 저부가 부하 장수 왕감(王龕)과 이매(李邁)를 파견하여 정예의 졸병 3천 명을 거느리고 가서 이들을 영접하였다.

조의 남토(南討)대도독 이농(李農)이 기병 2만 명을 인솔하고 왕감 등과 대피(代陂)[70]에서 싸웠는데, 왕감 등이 대패하고 모두 조에서 죽었다. 8월에 저부가 물러나서 광릉(廣陵, 강소성 양주의 서북쪽)에 주둔하였다. 진규(陳逵)가 이 소식을 듣고 수춘에 쌓아 두었던 것들을 불 지르고 성곽을 부숴버린 다음에 숨어서 돌아왔다. 저부가 상소문을 올려서 스스로 직위를 깎아내리겠다고 하니 조서를 내려서 허락하지 않고 저부에게 경구(京口, 강소성 진강시)로 돌아가서 진수하라고 명령을 내리고 정토(征討)도독을 해제시켰다.[71]

이때 황하의 북쪽은 크게 혼란하여 유민 20만 명이 황하를 건너 와서 귀부하고자 하는데, 마침 저부가 이미 돌아가고 위세(威勢)가 이어주지 않아서 모두 스스로 뽑아버릴 수도 없으니 죽어서 거의 다 없어졌다.

---

70 현재의 지명이 어디인지 분명치 않다.

71 저부는 정북대장군이었으나, 조를 토벌하는 전쟁을 수행하기 위하여 정토(征討)대도독과 서주·연주·청주·양주·예주 다섯 주의 모든 군사를 감독하는 직책 '독서연청양예오주제군사'를 덧붙여주었었는데, 이 덧붙여준 직책을 해제시킨 것이다.

10   조의 낙평왕 석포(石苞)가 관우(關右, 함곡관 서쪽)에 있는 무리를 인솔하고 업(鄴)을 공격하려고[72] 모의하였다. 좌(左)장사 석광(石光)과 사마 조요(曹曜) 등이 굳게 간하니 석포가 화가 나서 석광 등 100여 명을 죽였다. 석포의 성품은 욕심이 많고 계책도 없어서 옹주(雍州)지역에 사는 호걸들은 그가 성공하지 못할 것을 알고, 사신을 파견하여 진(晉)에 알리니, 양주(梁州)자사 사마훈(司馬勳)[73]이 무리를 인솔하고 그곳으로 달려갔다.

11   양초(楊初)[74]가 조의 서성(西城)을 습격하여 이를 깨뜨렸다.

---

72 반역하려는 것이다.

73 사마훈은 선제 사마의의 조카인 제남왕 사마수의 증손이다.

74 무도(감숙성 성현)에 사는 저족(氐族)이 세운 저왕(氐王)이다. 이 서성은 대개 한의 외효가 달아났던 곳이다.

조의 석민

12   9월에 양주(涼州)에 있는 관속들이 함께 장중화를 올려서 승상·
양왕(涼王)·옹진양삼주목(雍·秦·涼三州牧)으로 하였다. 장중화는 여러
번 전(錢)과 백(帛)을 좌우의 총애하는 신하들에게 하사하고, 또 박혁
(博奕)[75]을 좋아하여 자못 정사를 돌보지 아니하였다.

징사(徵事)[76] 색진(索振)이 간하였다.

"먼저 돌아가신 왕께서 아침저녁으로 부지런하고 검소하게 하셔서
부고(府庫)를 알차게 하신 것은 바로 원수의 수치를 아직 갚지 아니하
여서 뜻으로 해내(海內)를 평정하고자 하였던 까닭이었습니다.

전하께서 왕위를 이으셨던 초기에 강한 도적이 침입하여 압박해 왔
으나[77] 많은 상금에 의지하였던 고로 전사(戰士)들이 죽을힘을 다하
였고, 사직을 겨우 보존하였습니다. 지금 저축된 것은 이미 텅 비었고

---

75 도박이나 바둑 등의 놀이를 말한다.

76 한대 이래로 승상의 관속이었다. 전량에서는 장중화가 승상의 직위를 가졌으
   므로 그 직책을 둔 것이다.

77 조가 공격해온 것을 말하는 것으로 이 일은 영황 2~3년(346~347년)의 일로
   《자치통감》 권97에 실려 있다.

도적과 원수는 아직도 남아 있는데, 어찌하여 가벼이 재물을 소모하고 흩어서 아무런 공로를 세우지 못한 사람에게 주십니까?

옛날에 한의 광무제가 몸소 만기(萬機)[78]를 처리하시고 주장(奏章)이 대궐에 도착하면 회보하는데 하루가 넘지 않았으니 그러므로 중흥하는 대업을 융성하게 할 수 있었습니다. 지금은 장주문이 정체되어 움직이는데 한 계절이나 한 달이 걸리니 아랫사람들의 생각이 윗사람에게로 전달될 수가 없어서 억울한 데로 빠져서 영어(囹圄)에서 고생하니 거의 밝은 군주가 할 일이 아닙니다."

장중화가 그에게 감사하였다.

13 사마훈(司馬勳)이 낙곡(駱谷)[79]에서 출발하여 조의 장성수(長城戍)[80]를 깨뜨리고 현구(懸鉤, 섬서성 주지현 서남쪽 낙곡의 북쪽 입구)에서 성벽을 치니 장안까지는 200리 정도인데, 치중(治中)[81] 유환(劉煥)을 시켜서 장안을 공격하게 하여 경조(京兆)태수 유수리(劉秀離)의 목을 베고, 또 하성(賀城)을 뽑아버리니 삼보(三輔)지역의 호걸들이 대부분 태수와 현령을 죽이고 사마훈에게 호응하였는데, 무릇 30여 개의 성과 무리 5만 명이었다.

조의 낙평왕 석포가 마침내 업(鄴)을 공격하겠다는 꾀를 버리고 그

---

78 제왕의 업무를 말하는데 만 가지나 된다는 뜻이다.

79 섬서성 주지현의 남쪽에서부터 낙곡수와 당수의 골짜기를 좇아서 금양현에 이르는 길인데 이는 진령(秦嶺)의 남북교통요지이다.

80 섬서성 주지현의 서남쪽으로 위나라의 사마망과 등애가 이곳을 점거하고 강유를 막았던 곳이다.

81 총무에 해당하는 관직이다.

의 장수인 마추와 요국(姚國)에게 병사를 거느리고 사마훈을 막게 하였다. 조의 주군 석준이 거기(車騎)장군 왕랑(王朗)을 파견하여 정예의 기병 2만 명을 인솔하고서 사마훈을 토벌한다는 것을 명분으로 삼고 그 기회에 석포를 잡아서 업으로 보냈다.

사마훈은 군사가 적고 왕랑을 두려워하여 감히 진격하지 못하다가, 겨울, 10월에 현구를 풀어놓고 완성(宛城)을 뽑아버리고 조의 남양(南陽)태수 원경(袁景)을 죽이고 다시 양주(梁州)로 돌아왔다.

14 애초에, 조의 주군 석준(石遵)이 이성(李城, 하남성 온현)을 뽑아버릴 때 무흥공 석민(石閔)에게 말하였다.

"힘을 써라. 일이 성공하면 너를 태자로 삼을 것이다."

이미 그리하고서 태자를 석연(石衍)으로 세웠다.[82]

석민이 자기가 세운 공로를 믿고 조정의 정치를 오로지하려고 하였으나 석준이 들어주지 않았다. 석민은 평소 날래고 용감하여 여러 차례 전공(戰功)을 세워서 이족(夷族)과 화하족의 오래된 장수들이 모두 그를 꺼렸다.

이미 도독(都督)[83]이 되고, 안팎의 병권(兵權)을 총괄하며 마침내 전중(殿中)의 장사들을 어루만져주어 모두 상주문을 올려서 전중원외(殿中員外)장군으로 삼거나 작위를 주어 관외후(關外侯)[84]로 하였다.

---

82 석연은 석씨 혈통이지만 석민은 석씨 혈통이 아니므로 처음부터 석민이 태자가 될 가능성은 없었다.

83 도독중외제군사이다.

84 제일 낮은 급수의 작위로 관내후보다 아래이다.

석준이 이를 의심하지 않고 다시 이름을 들어서 좋고 나쁜 점을 써서 그들을 억누르니 무리들이 모두 원망하고 화를 냈다. 중서령 맹준(孟準)과 좌(左)위장군 왕난(王鸞)이 조금씩 석준에게 석민의 병권을 빼앗으라고 권고하자, 석민이 더욱 한스럽고 원망하였고, 맹준 등이 모두 그를 죽이라고 권고하였다.

11월에 석준이 의양왕(義陽王) 석감(石鑒)·낙평왕(樂平王) 석포(石苞)·여음왕(汝陰王) 석곤(石琨)·회남왕(淮南王) 석소(石昭) 등을 불러들여서 정(鄭)태후 앞에서 논의하여 말하였다.

"석민의 신하와 같지 않은 행적이 점차 드러나고 있으니 지금 그를 죽이려고 하는데 어떠하오?"

석감 등이 모두 말하였다.

"의당 그렇게 해야지요."

정씨가 말하였다.

"이성에서 군사를 돌려올 때 극노(棘奴)[85]가 없었다면 어찌 오늘이 있었겠는가? 조금 교만하고 방종하다 하여 어찌 급히 죽일 수 있겠소?"

석감이 나가서 환관 양환(楊環)을 파견하여 말을 달려 석민에게 알렸다. 석민이 드디어 이농과 우(右)위장군 왕기(王基)를 겁주어서 비밀리에 석준을 폐위시킬 모의를 하고, 장군 소언(蘇彦)과 주성(周成)에게 갑옷을 차려 입은 병사 3천 명을 인솔하고 남대(南臺)에서 석준을 붙잡게 하였다.

석준이 바야흐로 부인과 더불어 바둑을 두고 있다가, 주성에게 물었다.

---

85 석민이 어렸을 때의 이름이다.

"반란한 사람이 누구인가?"

주성이 말하였다.

"의양왕 석감이 당연히 즉위하겠지요."

석준이 말하였다.

"내가 오히려 이와 같거늘 석감이 며칠이나 가겠는가?"

드디어 그를 곤화전(琨華殿)에서 죽이고 아울러 정(鄭)태후·장(張)후·태자 석연(石衍)·맹준·왕난 그리고 상(上)광록대부 장비(張斐)를 죽였다.

석감이 즉위하고 크게 사면하였다. 무흥공 석민을 대장군으로 삼아 무덕왕(武德王)에 책봉하고, 사공 이농(李農)을 대사마로 하여 나란히 녹상서사로 하였다. 낭개(郎闓)를 사공으로 삼고, 진주(秦州)자사 유군(劉羣)을 상서좌복야로 삼고, 시중 노심(盧諶)을 중서감으로 삼았다.

15   진주(秦州)와 옹주(雍州)의 유민들이 서로 이끌어 주면서 서쪽으로 돌아가다가 가는 길에 방두(枋頭)를 지나가게 되자 함께 포홍(蒲洪)을 추천하여 주군으로 삼았는데 무리가 10여만 명에 이르렀다. 포홍의 아들 포건(蒲健)이 업(鄴)에 있었는데, 관문을 깨뜨리고 나와서 방두로 달려왔다.

석감은 포홍이 압박할 것을 두려워하여 계책으로서 그를 보내고자 하여 포홍을 도독관중제군사·정서대장군·옹주목·영진주자사로 삼았다.[86] 포홍이 관속들을 모아놓고 받을지 말지를 논의하였는데 주부 정

---

86 도독관중제군사는 관중지역의 모든 군사적인 일을 감독하는 직책이고, 영진주자사는 진주자사의 직책을 관장하는 영직(領職)이다.

박(程朴)이 또 조와 연결하여 화합할 것을 청하며 열국(列國)시대처럼 국경을 나누어 다스리자고 하였다. 포홍이 화를 내며 말하였다.

"내가 천자가 되는 것을 감당하지 못할 것이라고 열국이라는 말을 하는가?"

정박을 끌어내어 그의 목을 쳤다.

16　도향원후(都鄕元侯)[87] 저부(褚裒)가 경구(京口, 강소성 진강시)로 돌아오니 곡(哭)하는 소리가 많이 나는 것을 듣고 좌우 사람들에게 물었더니 대답하였다.

"모두 대피(代陂)에서 죽은 사람들의 집들입니다."

저부는 부끄럽고 분통이 터져서 병이 나서 12월 기유일(7일)에 죽었다.

오국(吳國)내사 순선(荀羨)을 사지절·감서연이주양주지진릉제군사(監徐·兗二州·揚州之晉陵諸軍事)[88]·서주자사로 하였는데, 이때의 나이가 28세이고, 중흥한[89]의 방백 가운데는 순선만큼 젊은 사람은 아직 없었다.

17　조의 주군 석감(石鑒)은 낙평왕 석포·중서령 이송(李松)·전중(殿

---

87 저부의 작위는 도향후였는데, 죽은 후 원후라는 시호가 내려져 이를 함께 쓴 것이다.

88 서주와 연주 두 주, 그리고 양주(揚州)의 진릉(晉陵)에 있는 모든 군사적인 일을 감독하는 관직명이다.

89 동진을 가리킨다. 동진은 서진을 중흥시키려는 목표를 갖고 있었기 때문에 이렇게 쓴 것이다.

中)장군 장재(張才)에게 밤중에 석민과 이농을 곤화전(琨華殿)에서 공격하게 하였으나 이기지 못하고 금중이 소란하게 되었다. 석감이 두려워서 거짓으로 알지 못하는 것처럼 하고 밤중에 석감과 장재를 서중화문(西中華門)에서 목을 베고, 아울러 석포도 죽였다.

신흥왕(新興王) 석지(石祗)는 석호의 아들인데, 이때 양국(襄國)에서 진수하고 있다가 요익중(姚弋仲)·포홍(蒲洪) 등과 군사를 연결시켜서 안팎으로 격문을 전하고 함께 석민과 이농을 주살하고자 하자 석민과 이농은 여음왕(汝陰王) 석곤(石琨)을 대도독으로 삼고, 장거(張擧)와 시중 호연성(呼延盛)과 더불어 보병과 기병 7만 명을 인솔하고 나누어 석지 등을 토벌하였다.

중령군(中領軍) 석성(石成)·시중 석계(石啓)·전에 하동(河東, 산동성 하현)태수였던 석휘(石暉)가 석민과 이농을 주살할 모의를 하였는데, 석민과 이농이 모두 이들을 죽였다. 용상(龍驤)장군 손복도(孫伏都)와 유수(劉銖) 등이 갈족(羯族) 무사 3천 명을 인솔하여 호천(胡天)[90]에 매복시켰다가 또 석민과 이농을 죽이려고 하였다. 석감이 중대(中臺)에 있는데 손복도가 30여 명을 인솔하고 장차 대(臺)에 올라 석감을 끼고서 그들을 공격하려고 하였다.

석감이 손복도가 각도(閣道)[91]를 헐어버리는 것을 보고 가서 그 연고를 물었다. 손복도가 말하였다.

"이농 등이 반란을 일으켜서 이미 동액문(東掖門)에 있으니, 신이 위사(衛士)를 거느리고 그들을 토벌하려고 하면서 먼저 삼가 알려 드립

---

90 궁정에 있던 관서이다.

91 고가도로이다.

니다."

석감이 말하였다.

"경은 공신이니 훌륭하게 관(官)[92]을 위하여 힘을 써주면 짐은 대(臺) 위에서 보겠는데, 경은 보답이 없을 것이라고 생각하지 마시오."

이에 손복도와 유수가 무리를 인솔하고 석민과 이농을 공격했으나 이기지 못하고 봉양문(鳳陽門)에 주둔하였다.

석민과 이농이 무리 수천 명을 인솔하고 금명문(金明門)을 부수고 들어갔다. 석감은 석민이 자기를 죽일까 두려워서 말을 달려 석민과 이농을 부르며 문을 열고 그를 받아들이고 말하였다.

"손복도가 반란하였으니 경들은 의당 속히 그를 토벌하시오."

석민과 이농이 손복도 등을 공격하여 목을 베고 봉양문(鳳陽門)에서 곤화(琨華)에 도착하니 가로누운 시체가 서로 베고 있고, 피가 흘러서 도랑이 되었다. 그리고 안팎에 있는 6이(夷)에게 명령하여 감히 병장기(兵仗器)를 드는 사람은 목을 벨 것이라고 하였다. 호인(胡人)들은 혹 문을 부수고 혹은 성을 넘어서 달아난 사람을 헤아릴 수 없었다.[93]

석민이 상서 왕간(王簡)과 소부 왕울(王鬱)에게 무리 수천 명을 인솔하여 석감을 어룡관(御龍觀)에서 지키게 하고 먹을 것을 매달아 그에게 공급하였다. 성 안에 있는 사람들에게 명령을 내렸다.

"근래에 손복도와 유수(劉銖)가 반역을 꾸몄는데 그 곁가지 무리들이 잡혀 죽었으며 훌륭하고 선량한 사람은 하나도 참여하지 않았다. 오

---

92 천자를 말한다. 위진시대에는 천자를 관이라고 말하고 천자 역시 스스로 그렇게 말하였다.

93 석민이 손복도 등을 죽이고 또한 호인의 무기 소지를 금하였으므로 호인들이 장차 화가 자기들에게 올 것을 두려워 한 것이다.

늘 이후로 관가(官家)와 같은 마음을 가진 사람은 남고 같지 않은 사람
은 각기 가고 싶은 대로 맡기겠다. 칙령을 내려서 성문은 다시 통행을
금지시키지 말라고 하였다."

이에 조의 사람[94] 가운데 백 리 안에 있는 사람들은 다 성으로 들어
갔고, 호족과 갈족 가운데 떠나는 사람들로 문이 꽉 찼다.

석민은 호족(胡族)들이 자기를 위하여 사용되지 않을 것을 알고, 안
팎에 명령을 반포하였다.

"조의 사람으로 호족(胡族) 한 사람의 목을 베어 봉양문(鳳陽門)으로
보낸 사람 중 문관은 지위를 3등급 올려주고, 무관은 모두 아문(牙門)
에 제수할 것이다."

하루 중에 목을 벤 것이 수만 명이나 되었다.

석민이 조의 사람들을 인솔하고서 호족과 갈족의 목을 베는데 귀천
(貴賤)·남녀·노소와 상관없이 모두 목을 베니 죽은 사람이 20여만 명
이고, 시체를 성 밖에 두어 모두 들개와 시랑이들이 먹게 하였다. 그 사
방에서 둔수(屯戍)하고 있는 사람들에게는[95] 석민이 편지를 써서 조
의 사람들에게 명령하기를 장수하는 사람을 죽이라 하니, 혹은 코가 높
은 사람과 수염이 많은 사람이어서 죽은 사람이 반이나 되었다.

18   연왕 모용준이 사신을 파견하여 양주(涼州)에 와서 장중화와 함
께 조를 공격하기로 약속하였다.

---

94 중원지역에 살던 사람이다.

95 사방에서 둔수하고 있는 이족들을 말한다.

19   고구려왕 고쇠(高釗)가 전에 동이(東夷)호군이었던 송황(宋晃)을
연으로 보내니⁹⁶ 연왕 모용준이 그를 사면하고서 이름을 바꾸어 송활
(宋活)이라고 하고 중위(中尉)⁹⁷로 임명하였다.

---

96 고소는 고구려 16대 고국원왕이고, 송황이 성제 함강 4년(338년)에 고구려로
   도망하였던 사건은《자치통감》권96에 실려 있다.

97 수도인 용성의 경비책임자에 해당하는 직책이다.

목제 영화 6년(庚戌, 350년)[98]

1 봄, 정월에 조의 대장군 석민(石閔)이 석씨의 흔적을 없애려고 참위서(讖緯書)의 글에 있는 '계조이(繼趙李)'[99]라는 말에 의탁하여 국호를 바꾸어 위(衛)라고 하고, 성을 바꾸어 이(李)씨로 하고 크게 사면하고 기원을 청룡(靑龍)이라고 고쳤다.

태재(太宰) 조서(趙庶)·태위 장거(張擧)·중군장군 장춘(張春)·광록대부 석악(石岳)·무군(撫軍)장군 석녕(石寧)·무위(武衛)장군 장계(張季) 그리고 공후(公侯)·경(卿)·교(校)·용등(龍騰) 등 1만여 명이 양국(襄國, 하북성 형태시)으로 달아나고,[100] 여음왕(汝陰王) 석곤(石琨)은 기주(冀州, 치소는 하북성 기현)로 달아났다.

---

98 후조 의양왕 청룡 원년, 전량 환왕 영락 5년, 전연 경소제 2년, 대왕 탁발십익건 건국 13년, 염위 도무천왕 영흥 원년이다.

99 구태여 해석하면 '조를 이을 사람은 이씨'이다.

100 석지(石祗)를 좇아 간 것이다.

무군(撫軍)장군 장침(張沈)이 부구(滏口, 하북성 자현의 북쪽에 있는 고산, 업성의 서쪽 입구)를 점거하고, 장하도(張賀度)는 석독(石瀆, 하북성 임장현 서쪽, 업성의 동부)을 점거하고, 건의(建義)장군 단근(段勤)이 여양(黎陽, 하북성 준현 동북쪽)을 점거하고, 영남(寧南)장군 양군(楊羣)이 상벽(桑壁, 하북성 평산현 동남쪽)을 점거하고, 유국(劉國)이 양성(陽城, 하남성 등봉현 동남쪽)을 점거하고, 단감(段龕)이 진류(陳留, 하남성 진류현)를 점거하고, 요익중(姚弋仲)은 섭두(灄頭, 하북성 조강현 동북쪽)를 점거하고, 포홍(蒲洪)이 방두(枋頭, 하남성 준현 동남쪽 기분 나루)를 점거하였는데, 무리는 각기 수만 명이고, 모두가 석민에게 붙지 않았다. 단근은 단말배(段末柸)의 아들이고, 단감은 단란(段蘭)의 아들이다.

왕랑(王朗)과 마추(麻秋)[101]가 장안에서 낙양으로 갔다. 마추가 석민의 편지를 이어받고 왕랑이 통솔하는 부대의 호족(胡族) 1천여 명을 죽였다. 왕랑이 양국(襄國)으로 달아났다. 마추가 무리를 인솔하고 업(鄴)으로 돌아갔고 포홍은 그의 아들인 용상(龍驤)장군 포웅(蒲雄)에게 맞아서 치게 하여 그를 사로잡아 군사(軍師)장군으로 삼았다.

여음왕 석곤과 장거, 왕랑이 무리 7만 명을 인솔하고 업(鄴)을 치자 대장군 석민이 기병 1천여 명을 인솔하고 성의 북쪽에서 싸웠는데, 석민이 양손에 칼과 창을 잡고 말을 달려 그들을 치니 가는 곳에서는 꺾이고 무너졌으며 참수한 것이 3천여 급이어서 석곤 등이 대패하고 갔다. 석민과 이농이 기병 3만 명을 인솔하고 석독에서 장하도를 토벌하였다.

윤월[102]에 위(衛)의 주군 석감(石鑒)[103]이 비밀리에 환관을 파견하

---

101 왕랑은 거기장군이었고, 마추는 장군이었다.

여 편지를 싸들고 가서 장침(張沈) 등을 부르고 빈틈을 타서 업을 습격하게 하였다. 환관이 이를 석민과 이농에게 알리니, 석민과 이농이 말을 달려 돌아와서 석감을 폐위시켜서 죽이고, 아울러 조의 주군이었던 석호의 손자 28명을 죽이고, 석씨를 다 죽였다.[104] 요익중의 아들인 요무(曜武)장군 요익(姚益)과 무위(武衛)장군 요약(姚若)이 금병(禁兵) 수 천 명을 인솔하고 관문을 깨뜨리고 섭두로 달아났다. 요익중이 무리를 인솔하고 혼교(混橋, 업성의 동북쪽)에서 석민의 군사를 토벌했다.

사도 신종(申鍾) 등이 석민에게 높은 칭호[105]를 사용하라고 올리니, 석민이 이농에게 양보하였으나 이농이 굳게 사양하였다. 석민이 말하였다.

"나는 원래 옛날 진(晉) 사람인데 지금 진이 아직 존재하니 청컨대 여러분과 더불어 주와 군을 분할하여 각기 주목·태수·공(公)·후(侯)라고 자칭하면서 표문을 받들고 가서 진의 천자를 영접하여 낙양(洛陽)으로 환도하도록 합시다."

---

102 이 기사 앞에 정월 기사를 기록하였으므로 논리적으로는 윤정월이어야 한다. 그러나 고정룡의 《중국사역일화중서력일대조표》에 의거하면 이 해에 윤정월은 없고 2월에 윤달이 있다. 《자치통감고이》에서도 윤2월이어야 맞는다고 한 것으로 보아 이 앞에 2월이 누락되었다고 보아야 하며 따라서 윤2월로 보아야 한다.

103 조를 쿠데타로 빼앗은 석감이 다시 석민에게 잡혀 유폐되었고, 석민이 국호를 위로 바꾸었다. 이때 석감이 아직 폐위된 것은 아니므로 위의 주군이라고 한 것이며 석감은 103일 만에 죽는다.

104 석륵이 성제 함화 3년(328년)에 자립하고서 두 명의 주군과 네 아들이 등장했는데, 이 기간은 23년이다.

105 제왕의 칭호를 말한다.

상서 호목(胡睦)이 나아가서 말하였다.

"폐하의 성스러운 덕이 하늘에 감응한 것이니 의당 대위(大位)에 올라야 하는 것은 진(晉)씨는 쇠미하여 멀리 강표(江表)에 숨어 있는데 어찌 영웅을 전체적으로 통제하며 사해(四海)를 하나로 할 수 있겠습니까?"

석민이 말하였다.

"호 상서의 말은 시기를 알고 천명을 안다고 할 수 있소."

마침내 황제의 자리에 올라 크게 사면하고 기원을 영흥(永興)이라고 하고 국호를 대위(大魏)라고 하였다.[106]

2 조정에서는 중원에서 대란이 났다는 소식을 듣고, 다시 나아가서 빼앗으려고 모의하였다. 기축일(윤2월 18일)에 양주(揚州)자사 은호(殷浩)를 중군(中軍)장군·가절(假節)·도독양예서연청오주제군사(都督揚·豫·徐·兗·靑五州諸軍事)[107]로 삼고, 포홍(蒲洪)을 저왕(氐王)·사지절(使持節)·정북대장군·도독하북제군사(都督河北諸軍事)[108]·기주(冀州)자사·광천군공(廣川郡公)으로 삼고, 포건(蒲健)을 가절·우장군·감

---

106 북방민족의 여섯 번째 정권이다. 중국 역사에서 위(魏)라는 국호를 사용한 나라는 네 개인데, 여기서 말하는 대위(大魏)는 염위(冉魏)이다. 염민(冉閔)은 자가 극노(棘奴)이고, 석호의 양손(養孫)이다. 아버지는 염첨(冉瞻)이고 성은 염이며 이름은 양(良)이고 위군 내황 사람이다. 석륵이 진오를 깨뜨리고 염첨을 붙잡았는데, 그때 나이가 12살이어서 석호에게 그를 아들로 하라고 명령하였다.

107 양(揚)주·예주·서주·연주·청주 다섯 주의 모든 군사적인 일을 감독하는 관직명이다.

108 하북지역의 모든 군사적인 일을 감독하는 관직명이다.

하북정토전봉제군사(監河北征討前鋒諸軍事)[109]·양국공(襄國公)으로 삼았다.[110]

3 　요익중과 포홍이 각기 관우(關右, 함곡관 서쪽)지역을 점거할 뜻을 갖고 있었다. 요익중이 그의 아들 요양(姚襄)을 파견하여 무리 5만 명을 인솔하고 포홍을 치니 포홍이 이를 맞이하여 쳐서 격파하고 목을 베거나 포로로 잡은 것이 3만여 급(級)이었다. 포홍이 스스로 대도독·대선우·삼진왕(三秦王)이라고 부르면서 성을 부(苻)씨로 바꾸었다.[111]

　남안(南安, 감숙성 농서현 동남쪽) 사람 뇌약아(雷弱兒)를 보국(輔國)장군으로 삼고, 안정(安定, 감숙성 경천현) 사람 양능(梁楞)을 전(前)장군으로 삼아 영좌장사(領左長史)로 하였고, 풍익(馮翊, 섬서성 대협현) 사람 어준(魚遵)을 우(右)장군으로 삼아 영우장사(領右長史)로 하고,[112] 경조(京兆, 섬서성 서안시) 사람 단능(段陵)을 좌(左)장군으로 삼

---

109 하북지역 정토(征討) 선봉부대의 모든 군사에 관한 일을 감독하는 관직명이다.

110 목제 영화 5년(349년)에 포홍이 진(晉)에 투항하였는데 이제야 겨우 그에 대한 회보를 한 것이다.

111 포홍이 참위서에 있는 글 가운데 '초부응왕(草付應王, 초부가 왕에 응한다.)'이라는 글귀와 또 그의 손자 포견(蒲堅)의 등에 '초부(艸付)'라는 글자가 있어서 드디어 성을 부(苻)로 고쳤다. 苻를 符로 한 것은 잘못이다.

112 영좌장사(領左長史)와 영우장사(領右長史)는 좌·우장사의 직책을 관장하는 업무를 맡은 관리이다. 장사(長史)란 최고책임자 바로 밑에서 서무를 총괄하는 직책으로 보통은 한 명을 두는데 이 경우에는 좌·우로 두 사람을 둔 것이며, 영(領)은 영직으로 본래의 직책을 맡고 있으면서 또 다른 업무를 관장하게 하는 경우에 임명하는 방법이다.

아 영좌사마(領左司馬)로 하고,[113] 천수(天水, 감숙성 천수시) 사람 조구
(趙俱)·농서(隴西, 감숙성 농서현) 사람 우이(牛夷)·북지(北地, 섬서성 요
현) 사람 신뢰(辛牢)는 모두 종사(從事)중랑으로 삼고, 저(氐)족의 우두
머리 모귀(毛貴)는 선우의 보상(輔相)이 되었다.

4   2월[114]에 연왕 모용준(慕容儁)이 모용패에게 군사 2만 명을 거느
리고 동쪽 길로 가서 도하(徒河, 요녕성 금주시)로 나가게 하고, 모여우
(慕輿于)는 서쪽 길로 가서 열옹새(蠮螉塞, 거용관)로 나가게 하고, 모
용준은 중간 길로 가서 노룡새(盧龍塞, 장성의 희봉구 부근)로 나와서 조
(趙)를 쳤다.

　모용각(慕容恪)과 선우량(鮮于亮)을 선봉으로 삼고, 모여니(慕輿埿)
에게 명령하여 산길을 뚫어 도로를 개통하게 하였다. 세자 모용엽(慕
容曄)을 남게 하여 용성(龍城)을 지키게 하고 내사(內史) 유빈(劉斌)을
대사농(大司農)으로 삼아 전서령(典書令)[115] 황보진(皇甫眞)과 더불어
남아서 후방의 업무를 통괄하게 하였다.

　모용패가 삼형(三陘, 하북성 난현 경계 지역)에 이르니 조(趙)의 정동

---

113 사마는 군사지휘를 하는 책임자이고, 영은 영직이다. 다만 좌사마라고 한 것
　　으로 보아 응당 우사마가 있었을 것인데, 본문에는 없다. 다른 판본에는 '왕타
　　위우장군(王墮爲右將軍 領右司馬 ; 왕타를 우장군으로 삼고, 영우사마라고 하였
　　다.)'라는 10자가 있는 것으로 보아 부견이 사마를 좌우로 두 사람을 둔 것이
　　확실하다.

114 각주 102번의 내용대로라면 2월의 기사는 그 앞으로 가야 한다. 따라서 이
　　기사와 앞의 윤월기사는 그 순서가 바뀐 것으로 보인다.

115 문서를 관리하는 책임자에 해당하는 직책이다.

(征東)장군 등항(鄧恒)이 떨리고 두려워서 창고에 불을 지르고 안락(安
樂, 하북성 창여현 서남쪽)을 버리고 몰래 달아나서 유주자사 왕오(王午)
와 더불어 계(薊)를 지켰다.

도하(徒河)에 있던 남부도위 손영(孫泳)[116]이 급히 안락으로 들어가
서 남은 불을 끄고 곡식과 비단을 건졌다. 모용패는 안락과 북평(北平,
하북성 준화현)에 있던 군사와 식량을 거두어들이고 모용준과 임거(臨
渠, 하북성 삼하현 동쪽)에서 만났다.

3월에 연의 군사가 무종(無終, 천진시 계현)에 도착하니, 왕오(王午)가
그의 장수 왕타(王佗)를 남겨두어서 수천 명을 가지고 계(薊, 북경시 서
남쪽)를 지키게 하고, 등항(鄧恒)과 더불어 달아나서 노구(魯口, 하북성
요양현)를 지켰다. 을사일(5일)에 모용준이 계(薊)를 뽑아버리고 왕타
를 잡아서 목을 베었다.

모용준이 그 사졸 1천여 명을 모두 묻어버리려고 하자 모용패가 간
하였다.

"조는 포학하여 왕께서 군사를 일으켜 이를 치고 장차 도탄에서 백
성들을 구해내시어 중주(中州, 중원)에 사는 사람들을 위로하실 것인
데, 지금 처음으로 계를 얻어서 그 사졸(士卒)들을 묻어 죽인다면 아마
도 왕의 군사가 되겠다고 먼저 했던 소리를 하지 못할까 걱정입니다."

모용준이 계(薊)로 들어가서 도읍하니 중주(中州)에 사는 남녀로 항
복한 사람이 이어졌다.

연의 군사들이 범양(范陽, 하북성 탁현)에 도착하니 범양태수 이산(李
産)이 석(石)씨를 위하여 연을 막고자 하였지만, 무리들을 쓸 수 없게

---

116 연의 관리이다.

되어 마침내 여덟 성(城)[117]의 현령과 현장을 인솔하고 나가서 항복하자, 모용준이 다시 이산을 태수로 삼았다.

이산의 아들 이적(李績)이 유주(幽州)의 별가였는데, 그 집을 버리고 왕오(王午)를 좇아서 노구(魯口)에 있었다. 등항[118]이 왕오에게 말하였다.

"이적의 고향은 북쪽에 있고[119] 아버지는 이미 연에 항복하였으니, 지금은 비록 여기에 있지만 아마도 끝내는 서로 보증하기 어려울 것이며, 헛되이 다른 사람의 누가 될 것이니 그를 제거함만 못합니다."

왕오가 말하였다.

"이 무슨 말인가? 무릇 지금은 상란(喪亂)의 시대이지만 이적은 마침내 의(義)를 세워서 자기 집을 버릴 수 있었으니, 정절(情節)을 중히 여긴 것이 비록 옛날의 열사라도 그보다 지나친 사람은 없을 터인데, 마침내 그를 시기하고 혐의를 가지고 해치려고 하여서 연과 조(燕·趙, 하북성)의 병사들이 이 말을 들으면 '우리는 바로 서로 모여 도적이 될 것이니 아무런 의미가 없는 것이다.'라고 생각할 것이오. 무리들의 마음이 한 번 흐트러지면 다시 모을 수 없는 것이니. 이는 스스로 무너지게 하는 것이오."

등항이 마침내 중지하였다.

왕오가 제장들이 자기와 같은 마음을 갖지 않거나 혹은 뜻하지 않은

---

117 성은 현성(縣城)을 말하므로 8개의 현이다. 탁현·양향현·방성현·장향현·도현·고안현·범양현·용성현이다.

118 왕오는 조의 유주자사이고, 등항은 정동장군이다.

119 이적은 범양(范陽) 사람이고, 범양은 노구의 북쪽에 있다.

일을 만들까 염려하여 마침내 이적을 돌려보냈다. 이적이 왕오에게 비로소 작별하고 가서 연왕 모용준을 만나니 모용준이 그를 나무라며 말하였다.

"경은 천명을 알지 못하고 아버지를 버리고 명성을 좇더니 오늘에야 마침내 비로소 왔군."

대답하였다.

"신은 옛 주인을 사모하였고, 뜻은 조그만 절개를 지키는데 두었으며, 관직에 있는 몸이 있는 곳에서 어찌 주군이 아닌 사람을 섬기겠습니까? 전하께서는 바야흐로 의를 가지고 천하를 얻으시려고 하시니, 신은 만나 본 것이 늦다고 말하지는 않겠습니다."

모용준이 즐거워하고 그를 잘 대우하였다.

모용준이 동생 모용의(慕容宜)를 대군(代郡, 하북성 울현)성랑(城郞)[120]으로 삼고, 손영(孫泳)을 광녕(廣寧, 하북성 탁록현)태수로 삼고, 유주에 속한 군과 현의 태수와 재상을 모두 설치하였다.

갑자일(24일)에 모용준이 중부사리(中部俟釐)[121] 모여구(慕輿丘)에게 계중유사(薊中留事)의 업무를 감독하게[122] 하고 스스로 장차 등항(鄧恒)을 노구에서 공격하려 하였다. 군사가 청량(淸梁, 하북성 청원현 동남쪽)에 도착하니 등항의 장수 녹발조(鹿勃早)가 수천 명을 거느리고 밤중에 연의 진영(陣營)을 습격하여 반쯤 이미 들어올 수 있었는데, 먼

---

120 연에서 설치한 관직이다. 성 안에서 일어나는 군사적인 업무를 관장하는 직책이다.

121 사리는 연에서 두었던 관직명이다. 한 지부(支部) 또는 부락의 우두머리에 해당한다. 중주는 지부 또는 부락을 가리킨다.

122 계성에 남아 있으면서 일을 처리하는 직책이며, 관직명은 독계중유사이다.

저 선봉도독 모용패(慕容霸)를 범접하려고 그의 장막(帳幕)으로 돌진해 들어가자 모용패가 분연히 일어나서 쳐서 손으로 수십 명을 죽이니 녹발조가 전진할 수가 없었고, 이로부터 연의 군사들을 엄하게 대비할 수 있었다.

모용준이 모여근(慕輿根)에게 말하였다.

"적의 칼날이 아주 날카로우니 의당 또한 이를 피해야 할 것이오."

모용근이 얼굴빛을 바로 하고 말하였다.

"우리는 숫자가 많고, 저들은 적어서 힘으로는 대적할 수 없기에 그러므로 밤을 타고 와서 싸운 것이고, 만의 하나라도 승리하기를 기대했던 것입니다. 지금 적들을 찾아보아 적을 찾을 수 있다면 바로 마땅히 이들을 공격해야 하는데 어찌 다시 의심하겠습니까? 왕께서는 다만 편안히 누워 계시면 신들이 스스로 왕을 위하여 그들을 격파하겠습니다."

모용준이 스스로 편안히 있을 수가 없었고, 내사(內史) 이홍(李洪)이 모용준을 좇아서 영채(營寨) 밖으로 나가서 높은 무덤 위에 주둔하고 있었다. 모여근이 좌우의 정예용사 수백 명을 인솔하고 중아(中牙)[123]에서부터 곧바로 앞으로 나아가서 녹발조를 치자, 이홍이 천천히 기병부대를 정돈하여 돌아와서 그들을 도우니 녹발조가 마침내 물러나서 달아났다.

많은 군사들이 40여 리를 추격하자 녹발조는 겨우 죽음을 면했고, 좇아왔던 사졸들은 사망하여 거의 다 없어졌다. 모용준이 병사를 인솔하고 계성(薊城)으로 돌아왔다.

---

123 아는 영문(營門)인데, 중아는 중앙에 설치된 영문이고, 이 영채에는 모용준이 있었다.

북방지역에서의 분열과 개편

5　위(魏)의 주군 석민(石閔)이 원래의 성인 염(冉)씨로 회복하고, 어머니 왕(王)씨를 황태후로 높이고, 처 동(董)씨를 세워서 황후로 하였으며, 아들 염지(冉智)를 황태자로 삼고, 염윤(冉胤)·염명(冉明)·염유(冉裕)를 모두 왕으로 삼았다. 이농을 태재(太宰)로 삼아 영(領)태위·녹상서사로 삼고 제왕(齊王)에 봉하였으며, 그의 아들은 모두 현공(縣公)으로 책봉하였다. 사자를 파견하여 부절(符節)을 가지고 여러 군대의 주둔지[124]에 사면했으나 모두 좇지 않았다.

6　마추(麻秋)가 부홍(苻洪)[125]에게 유세하였다.

"염민과 석지(石祗)가 서로 맞서고 있으니[126] 중원의 혼란은 아직 평정될 수 없습니다. 먼저 관중(關中, 섬서성 중부)지역을 빼앗고 기업

---

124 장침과 포홍을 가리키는 말이다.

125 포홍이 성을 부로 바꾸어 부홍이라 하였다.

126 염민은 후조의 석민으로 조를 위로 바꾸었고, 석지는 후조에서 새로 왕위에 오른 사람이다. 즉 석륵·석호를 이은 후조는 위(魏)와 조(趙)로 나뉘어 대치하고 있는 것이다.

(基業)을 굳게 하는 것만 못하니, 그러한 다음에 동쪽으로 가서 천하를 다툰다면 누가 감히 대적하겠습니까?"

부홍도 깊이 그렇겠다고 생각하였다.

이미 그렇게 하고 나서 마추가 연회를 이용하여 부홍에게 짐독(鴆毒)을 먹이고 그의 무리를 합병하려고 하였는데, 세자 부건(苻健)이 마추를 잡아서 목을 베었다.

부홍이 부건에게 말하였다.

"내가 입관(入關)[127]하지 않은 이유는 중주(中州, 중원)는 평정될 수 있다고 생각하였는데, 지금 불행하게도 어린 녀석에게 곤욕을 치르게 되었다. 중주는 네 형제들이 처리할 수 있는 것이 아니니 내가 죽거든 너는 급히 관중(關中)으로 들어가라."

말을 마치고 죽었다.

부건이 그의 무리를 대신 통솔하고 마침내 대도독·대장군·삼진왕이라는 호칭을 버리고 진(晉)의 관작으로 부르면서 그의 숙부 부안(苻安)을 파견해 와서 상사(喪事)를 알리고 또한 조정에서 임명해 주기를 청하였다.[128]

7   조(趙)의 신흥왕(新興王) 석지(石祗)가 양국(襄國)[129]에서 황제의

---

127 함곡관을 넘어 관중으로 들어가는 것을 말한다.

128 진(晉)의 관작이란 진에서 부홍에게 내려준 관직은 가절·우장군·감하북정 토전봉제군사·양국공이며, 파견해왔다는 말은 이 책이 동진을 중심으로 쓴 것이므로 동진으로 보낸 경우에도 동진으로 왔다고 쓰고 있고, 조정에서 임명해 주기를 청하였다는 말은 동진의 조정에서 부건에게 동진의 관작을 정식으로 임명해달라고 요청한 것이다.

자리에 오르고, 기원을 고쳐서 영녕(永寧)이라고 하였다. 여음왕 석곤을 상국(相國)으로 삼으니, 6이(夷)[130] 가운데 주와 군을 점거하고 있는 사람들은 모두 이에 호응하였다. 석지는 요익중을 우승상·친조왕(親趙王)으로 삼아 특별한 예우로 대우하였다.

요익중의 아들 요양(姚襄)이 배포가 크고 용감하며 재주와 지략이 많아서 병사와 백성들 대부분이 그를 아끼니, 요익중에게 후계자로 삼으라고 청하였지만 요익중은 요양이 장자가 아니어서 허락하지 않았는데, 청하는 사람이 하루에 천 명을 헤아리게 되니 요익중이 마침내 그에게 병사를 거느리게 하였다.

석지가 요양을 표기(驃騎)장군·예주(豫州)자사·신창공(新昌公)으로 하였다. 또 부건(苻健)을 도독하남제군사(都督河南諸軍事)[131]·진남(鎭南)대장군·개부의동삼사·연주목·약양군공(略陽郡公)으로 하였다.

8   여름, 4월에 조의 주군 석지(石祗)가 여음왕 석곤(石琨)을 파견하여 병사 10만 명을 거느리고 위(魏)를 쳤다.

9   위의 주군 염민(冉閔)이 이농과 그의 세 아들을 죽이고, 아울러 상서령 왕모(王謨)·시중 왕연(王衍)·중상시 엄진(嚴震)·조승(趙昇)도 죽였다. 염민이 사자를 파견하여 장강까지 가서 진(晉)에 대고 말하였다.

---

129 원래 석륵·석총이 그들의 도읍으로 삼았던 곳이다. 그 후 영토를 넓히면서 업으로 도읍을 옮겼었는데, 다시 양국(하북성 형태시)으로 돌아온 것이다.

130 6이(夷)는 아시아 북방에 사는 족속으로 흉노(匈奴)·갈(羯)·저(氐)·강(羌)·단씨(段氏 ; 鮮卑)·파만(巴蠻) 등 여섯 이족(夷族)을 말한다.

131 하남지역에 있는 모든 군사적인 일을 모두 감독하는 관직명이다.

"역적 호족(胡族)이 중원지역을 어지럽혔으나 지금 이미 그들을 죽였으니 함께 토벌할 수 있는 사람은 군사를 파견해 와도 좋습니다."

조정에서는 응답하지 않았다.

10 5월에 여강(廬江, 안휘성 서성형)태수 원진(袁眞)이 위의 합비(合肥, 안휘성 합비현)를 공격하여 이기고, 거주하는 백성들을 포로로 잡아서 돌아갔다.

11 6월에 조의 여음왕 석곤이 나아가서 한단(邯鄲, 하북성 한단시)을 점거하였는데, 진남(鎭南)장군 유국(劉國)이 번양(繁陽, 하남성 내황현 서북쪽)에서부터 그곳에 모였다. 위의 위(衛)장군 왕태(王泰)가 석곤을 쳐서 대파하였는데 죽은 사람이 1만여 명이었다. 유국은 번양으로 돌아갔다.

12 처음에, 단란(段蘭)이 영지(令支, 하북성 천안현)에서 죽자,[132] 단감(段龕)이 대신하여 그의 무리를 관장하였는데, 석씨의 난으로 인하여 부락을 데리고 남쪽으로 옮겼다. 가을, 7월에 단감이 군사를 인솔하고 동쪽으로 가서 광고(廣告, 산동성 익도현)를 점거하고 스스로 제왕(齊王)이라고 불렀다.

13 8월에 대군(代郡, 하북성 울현) 사람 조합(趙楷)이 300여 집을 인솔

---

132 우문부에서 단란을 팔아서 후조로 보냈다 이 사건은 강제 건원 원년(343년)에 있었고 그 내용은《자치통감》권97에 실려 있다.

하고 연을 배반하고 조의 병주자사 장평(張平)에게 귀부하였다. 연왕 모용준이 광녕(廣寧, 하북성 탁록현)과 상곡(上谷, 하북성 회래현) 두 군의 백성을 서무(徐無, 하북성 준화현 북쪽)로 옮기고, 대군의 백성을 범성(凡城, 하북성 평천현)으로 옮겼다.[133]

14   왕랑(王朗)[134]이 장안을 떠나자, 왕랑의 사마 두홍(杜洪)이 장안을 점거하고서 스스로 진(晉)의 정북(征北)장군·옹주(雍州)자사라고 부르며 풍익(馮翊, 섬서성 대협현) 사람 장거(張琚)를 사마로 삼았는데, 관서(關西, 함곡관의 이서지역)지역에 사는 이적과 하인(夏人, 漢族)들이 이에 호응하였다.

부건(苻健)이 이들을 빼앗고자 하였으나 두홍이 이를 알까 두려워서 마침내 조의 관작(官爵)[135]을 받았다. 조구(趙俱)를 하내(河內)태수로 삼아 온(溫, 하남성 온현)을 지키게 하고, 우이(牛夷)를 안집(安集)장군으로 삼아 회(懷, 하남성 무섭현 서남쪽)를 지키게 하며 방두(枋頭, 하남성 준현 동남쪽에 있는 기문나루)에다 궁실(宮室)을 짓고 백성들에게 보리를 심게 하여 서쪽으로 갈 뜻이 없다는 것을 보여주며, 알고서도[136] 곡식을 심지 않는 사람은 부건이 그를 죽여서 돌렸다.

이미 그렇게 하고서 스스로 진의 정서(征西)대장군·도독관중제군

---

133 호삼성은 그 사람이 연을 배반하고 조로 귀부할 것을 걱정하여 사민한 것이라고 하였다.

134 후조(도읍지 ; 양국)의 거기장군이다.

135 석저의 후조에서 준 관작이다. 관작은 도독하남제군사·진남대장군·개부의동삼사·연주목·약양공이다.

136 이러한 조치가 위장이라는 것을 아는 사람이다.

사·옹주자사라고 하고, 무위(武威, 감숙성 무위현) 사람 가현석(賈玄碩)을 좌(左)장사로 삼고, 낙양(洛陽) 사람 양안(梁安)을 우(右)장사로 삼았으며, 단순(段純)을 좌(左)사마로 삼고, 신뢰(辛牢)를 우(右)사마로 삼았으며, 경조(京兆, 섬서성 서안시) 사람 왕어(王魚)·안정(安定, 감숙성 경천시) 사람인 정굉(程肱)과 호문(胡文) 등을 군자좨주(軍諮祭酒)로 삼고, 무리를 모두 데리고 서쪽으로 갔다.

어준(魚遵)을 선봉으로 삼아서 맹진(盟津, 황하 나루)까지 가서 부량(浮梁 ; 浮橋)을 만들어 건넜다. 동생인 보국(輔國)장군 부웅(苻雄)을 파견하여 무리 5천 명을 인솔하고 동관(潼關, 섬서성 동관현)에서 들어가게 하고, 조카인 양무(揚武)장군 부청(苻菁)은 무리 7천 명을 인솔하고 지관(軹關, 하남성 제원현 서북쪽)에서 들어가게 하였다.

헤어지게 되자 부청의 손을 잡고 말하였다.

"만약에 일이 승리하지 못하게 되면 너는 하북(河北)에서 죽을 것이고 나는 하남(河南)에서 죽을 것이니 다시 못 보겠구나."

다 건너고 나서 교량을 태워버리고 스스로 큰 무리를 인솔하고 부웅을 좇아서 나아갔다.

두홍(杜洪)이 이 소식을 듣고, 부건에게 편지를 보내어 그를 모욕하고 멸시하였다. 장거(張琚)의 동생 장선(張先)을 정로(征虜)장군으로 삼아 무리 1만3천 명을 인솔하고 동관(潼關)의 북쪽에서 맞이하여 싸우게 하였다. 장선의 군사가 대패하고 도망하여 장안으로 돌아갔다.

두홍이 관중(關中)의 모든 무리들을 다 소집하여 부건을 막았다. 두홍의 동생 두욱(杜郁)이 두홍에게 부건을 영접하라고 권하였으나 두홍이 좇지 않으니, 두욱이 자기가 거느린 사람들을 인솔하고 부건에게 항복하였다.

부건이 부웅(苻雄)을 파견하여 위수(渭水)의 북쪽을 경략하였다. 저(氐)족의 우두머리 모수(毛受)가 고릉(高陵, 섬서성 고릉현 서남쪽)에 주둔하고, 서차(徐磋)가 호치(好畤, 섬서성 건현 동쪽)에 주둔하며, 강족(羌族)의 우두머리 백독(白犢)은 황구(黃口, 섬서성 삼원현 동북쪽)에 주둔하였는데, 무리는 각기 수만 명이었으며 모두가 두홍의 사자의 목을 베고 아들을 보내며 부건에게 항복하였다. 부청(苻菁)과 어준(魚遵)이 지나간 성읍(城邑)에서는 항복하여 귀부하지 않은 곳이 없었는데, 두홍이 두려워서 장안을 굳게 지켰다.

15 장하도(張賀度)·단근(段勤)·유국(劉國)·근돈(靳豚)[137]이 창성(昌城, 하남성 남락현의 서북쪽)에서 모여 장차 업(鄴)을 공격하려고 하였다. 위(魏)의 주군 염민(冉閔)이 스스로 거느리고 가서 그들을 치려고 하여 창정(蒼亭, 산동성 신현 남쪽)에서 싸웠는데 장하도 등이 대패하여 죽은 사람이 2만8천 명이었고 뒤좇아 가서 근돈을 음안(陰安, 하북성 청풍현의 북쪽)에서 목을 베고 그의 무리를 다 포로로 잡아서 돌아왔다.

염민의 융졸(戎卒)이 30여만 명인데 정기(旌旗)와 정고(鉦鼓)[138]가 100여 리에 걸쳐서 늘어섰으니 비록 석씨가 강성하였을 때라도 이를 넘어서지는 못하였다.

옛 진(晉)의 산기(散騎) 상시인 농서(隴西, 감숙성 농서현) 사람 신밀(辛謐)이 높은 명성을 갖고 있었고, 유(劉)씨와 석(石)씨[139]를 거치면서

---

137 모두 후조의 장군이다.

138 정기는 군부대의 깃발이고, 정고는 전투에서 신호 또는 음악용으로 사용하는 북과 징이다.

징소(徵召)되거나 벽소(辟召)되었지만 모두 나가지 않았는데, 염민이 예의를 갖추고 징소하여 태상(太常)으로 삼았다.

신밀이 염민에게 편지를 남겨서 말하였다.

"사물은 극도에 이르면 되돌려지는 것이며 지극한 곳에 이르면 위험해 집니다. 군왕의 공로는 이미 완성되었으니, 의당 이번 큰 승리를 계기로 몸을 진 왕조로 귀부하시면 반드시 허유(許由)와 백이(伯夷)[140]의 깨끗함과 적송자(赤松子)와 왕자교(王子喬)[141]의 수명을 향유할 것입니다."

이어서 먹지 않다가 죽었다.

16   9월에 연왕 모용준이 남쪽으로 가서 기주(冀州)를 경략하여 장무(章武, 하북성 대성현)와 하간(河間, 하북성 하간현)을 빼앗았다. 애초에, 발해(勃海, 하북성 남피현) 사람 가견(賈堅)이 젊어서 기개와 절의를 숭상하였는데 조에서 벼슬하여 전중독(殿中督)[142]이 되었다. 조가 망

---

139 유씨는 유연·유총 등이 세우고 황제가 된 전조를 말하고, 석씨는 석륵·석호 등 세우고 황제가 된 후조를 말하는 것이다.

140 허유는 고대 전설 속에 있는 인물로 요임금이 왕위를 허유에게 전하려 하였더니 받지 않고 기산에 숨었는데, 다시 9주를 맡으라고 하니 깨끗하지 않은 말을 들었다고 영수에 가서 귀를 씻었던 사람이다. 백이는 은나라 말기 고죽국 군장의 장자로 그의 아버지가 죽자 후사를 숙제에게 맡기니 백이와 숙제가 서로 양보하다가 주나라가 되었는데 무왕이 정벌하려고 하자 두 사람이 간하다가 받아들여지지 않자 수양산에 들어가서 굶어 죽었다.

141 적송자는 신농씨의 우사(雨師)로 불에 들어가도 타지 않았으며, 왕자교는 고대의 선인이다.

142 궁중 금위 책임자에 해당하는 직책이다.

하자 가견이 위(魏)의 주군 염민을 버리고 고향으로 돌아와서 부곡(部曲)[143] 수천 가구를 가지고 있었다.

연의 모용평(慕容評)이 발해를 경략하다가 사자를 파견하여 그를 초대하였는데 가견이 끝내 항복하지 않자 모용평이 그와 더불어 싸워서 사로잡았다. 모용준이 모용평을 장무태수로 삼고, 봉유(封裕)를 하간태수로 삼았다. 모용준과 모용각은 모두 가견의 재주를 아꼈으며, 가견의 당시 나이는 60여 세인데, 모용각이 그가 활을 잘 쏜다는 소식을 듣고 소를 100보 거리에 두고 그를 시험하였다.

가견이 말하였다.

"젊었을 때에는 맞지 않게 할 수가 있었는데, 지금은 늙어서 왕왕 그것을 맞춥니다."

마침내 두 번을 쏘았는데 한 번 쏜 화살은 등을 스치고 지나갔고, 또 다른 화살은 배를 만지고 갔는데 모두 피부에 붙어 있는 터럭을 떨어뜨리니 위아래 사람들이 하나 같이 본 사람이면 그의 묘함에 탄복하였다. 모용준이 가견을 낙릉(樂陵)태수로 삼고 고성(高城, 하북성 염산현의 동남쪽)을 치소로 하였다.

17 부청(苻菁)이 장선(張先)과 위수(渭水)의 북쪽에서 싸워서 그를 사로잡으니 삼보에 속한 보루와 성들이 모두 항복하였다. 겨울, 10월에 부건(苻健)이 멀리까지 달려가서 장안에 이르니, 두홍(杜洪)과 장거(張琚)가 사죽(司竹, 섬서성 주지현)으로 달아났다.

---

143 원래는 군대의 편제였다. 이 시기에는 호족들에게 의탁한 사람을 말한다. 평시에는 주인을 위하여 생산 활동을 하고, 전시에는 전투를 한다.

18 연왕 모용준이 계(薊)로 돌아오고 제장을 남겨두어 그곳을 지키게 하고, 모용준이 다시 용성(龍城, 요녕시 조양현)으로 돌아가서 능묘(陵廟)를 배알하였다.

19 11월에 위(魏)의 주군 염민이 보병과 기병 10만 명을 인솔하고 양국(襄國)을 공격하였다. 그의 아들인 태원왕(太原王) 염윤(冉胤)을 대선우·표기(驃騎)대장군으로 임명하고 항복한 호족 1천 명을 그에게 배치하여 휘하에 두게 하였다.

광록대부 위소(韋謏)가 간하였다.

"호족과 갈족(羯族)은 모두 나의 원수이며 적이니, 지금 와서 귀부하는 것은 진실로 성명(性命)을 보존하려는 것뿐인데, 만일에 변화가 있으면 그것을 후회하여도 어떻게 대처할 것입니까? 청컨대 항복한 호족을 죽이거나 막아버리시고 선우라는 칭호를 버려서 작은 것을 막고 조금씩 들어오는 것을 메워버리십시오."

염민은 바야흐로 여러 호족을 위로하며 받아들이려고 하였으므로 크게 화를 내고 위소와 그의 아들 위백양(韋伯陽)을 죽였다.

20 갑오일[144]에 부건(苻健)이 장안(長安)에 들어갔는데, 백성들이 마음으로 진(晉)을 생각하고 있으므로 마침내 참군 두산백(杜山伯)을 파견하여 건강에 가게 하여 승리한 전과를 바치고 아울러 환온(桓溫)과 잘 지내기로 하였다.

---

144 통감필법으로 보아 갑오일은 11월에 있어야 하지만 11월 1일이 무술일이므로 11월에는 갑오일이 없다. 다만 甲午가 甲子의 잘못이라면 이날은 11월 27일이다.

이에 진주(秦州)와 옹주(雍州)에 있던 이적과 한인들이 모두 그에게 귀부하였고, 조의 양주(涼州)자사 석녕(石寧)만이 홀로 상규(上邽, 감숙성 천수시)를 점거하고 있어서 떨어뜨리지 아니하였다가 12월에 부웅(苻雄)이 그를 쳐서 목을 베었다.

21   채모(蔡謨)가 사도에 제수(除授)되었으나 3년이나 직책을 수행하지 않으니,[145] 조서를 여러 번 내리고, 태후도 사자를 보내어 좋은 뜻으로 말하였으나 채모가 끝내 받지 않았다. 이에 황제가 임헌(臨軒)하여 시중 기거(紀據)와 왕문랑 정찬(丁纂)을 파견하여 채모를 징소하지만 채모가 병이 심하게 들었다고 하며 주부 사유(謝攸)에게 사양하는 뜻을 진술하게 하였다. 아침부터 신시(申時, 오후 4시)까지 사자가 10여 번 돌아왔으나 채모는 오지 않았다.

당시 황제는 바야흐로 8세였으므로 아주 지루하여서 주위 사람들에게 물었다.

"부른 사람이 왜 아직까지 오지 않소? 임헌(臨軒)하는 일이 어느 때에 가서나 끝나오?"

태후가 임금과 신하 모두가 피곤해 하자 마침내 조서를 내렸다.

"반드시 오지 않을 사람이니 의당 조회를 파해야 할 것이오."

중군(中軍)장군 은호(殷浩)가 이부상서 강반(江虨)의 관직을 면직시키라고 주청하였다.

회계왕 사마욱(司馬昱)[146]이 조(曹)[147]에 명령을 내렸다.

---

145 목제 영화 4년(348년)의 일이다.

146 이때 사마욱은 녹상서육조사였다.

"채공이 오만하여 황상의 명령을 위반하였으니 신하로서의 예의를 없이한 것이다. 만약에 인주(人主)가 위에서 낮추어 굴복하면 큰 의로움이 아래에서 시행되지 않을 것이며 또 정치하는 이유를 알지 못할 것이다."

공경들이 마침내 상주문을 올렸다.

"채모가 패역하여 황상에게 오만하였으니 그 죄는 신하 노릇을 안한 것과 같은데, 청컨대 정위에게 보내어 형법을 올바르게 하십시오."

채모가 두려워서 제자를 인솔하고 궁궐에 가서 이마를 조아렸고 스스로 정위에게 가서 죄 받기를 기다렸다.

은호가 채모에게 대벽(大辟)[148]의 죄를 주려고 하였는데, 마침 서주(徐州)자사 순선(荀羨)이 입조하게 되자 은호가 순선에게 물으니 순선이 말하였다.

"채공이 오늘 위험한 일을 당하면[149] 내일에는 반드시 환공과 문공[150]과 같은 거병(擧兵)이 있을 것입니다."

은호가 마침내 중지하였다. 조서를 내려서 채모에게 사형을 면하게 하고 서인(庶人)으로 삼게 하였다.＊

---

147 관청의 부서이다. 여기서는 상서조를 말한다.

148 사형이다.

149 사형집행을 말한다.

150 춘추시대의 진 문공과 제 환공을 말하는 것이다.

권099

진기21

부용씨와 모용씨

대진의 부건과 공격받는 위

목제 영화 7년(辛亥, 351년)[1]

1 봄, 정월 정유일(1일)에 일식이 있었다.

2 부건(苻健)의 좌(左)장사 가현석(賈玄碩) 등이 유비가 한중왕(漢中王)을 칭하였던 고사[2]에 의거하여 표문을 올려서 부건을 도독관중제군사(都督關中諸軍事)·대장군·대선우·진왕(秦王)으로 삼으라고 하였다.[3]

부건이 화가 나서 말하였다.

"내가 어찌 진왕(秦王)을 노릇을 하란 말이냐. 또한 진(晉)에 보낸 사자가 아직 돌아오지 않았으니 나의 관작(官爵)은 너희들이 알 바가 아

---

1 전량 환왕 영락 6년, 염조 도무천왕 영흥 2년, 후조 조왕 영녕 2년, 대왕(탁발십익건) 건국 14년, 전연 경소제 3년, 제왕(段龕) 2년, 전진 경명제 시황 원년, 황제(劉顯) 원년이다.

2 유비는 후한 헌제 건안 24년(219년)에 스스로 한중왕이라고 칭하였다.

3 가현석이 진(晉)에 표문을 올려서 말하려고 한 것이다.

니다.”

이미 그렇게 하고서 비밀리에 양안(梁安)으로 하여금 가현석 등에게 넌지시 말하여 존호(尊號)를 올리게 하니 부건이 두세 번 사양하였고, 그런 다음에 이를 허락하였다.

병진일(20일)에 부건이 천왕(天王)·대선우의 자리에 올라 나라의 이름을 대진(大秦)이라고 하고[4] 크게 사면하고, 기원을 황시(皇始)라고 고쳤다. 아버지 부홍(符洪)을 추존(追尊)하여 무혜황제(武惠皇帝)라고 하고 묘호를 태조(太祖)라고 하였다. 처 강(強)씨를 세워서 천왕후(天王后)로 하고, 아들 부장(符萇)을 태자로 삼고, 부정(符靚)을 평원공(平原公)으로 하고, 부생(符生)을 회남공(淮南公)으로 하고, 부적(符覿)을 장락공(長樂公)으로 하고, 부방(符方)을 고양공(高陽公)으로 하고, 부석(符碩)을 북평공(北平公)으로 하고, 부등(符騰)을 회양공(淮陽公)으로 하고, 부류(符柳)를 진공(晉公)으로 하고, 부동(符棟)을 여남공(汝南公)으로 하고, 부수(符廋)를 위공(魏公)으로 하고, 부무(符武)를 연공(燕公)으로 하고, 부유(符幼)를 조공(趙公)으로 하였다.

부웅(符雄)을 도독내외제군사[5]·승상·영(領)거기대장군·옹주목·동해공(東海公)으로 삼고, 부청(符菁)을 위(衛)대장군·평창공(平昌公)으로 삼아 두 궁[6]을 숙위하게 하고, 뇌약아(雷弱兒)를 태위로 삼고, 모귀(毛貴)를 사공으로 삼고, 약양(略陽) 사람 강백주(姜伯周)를 상서령으

---

4 북방민족이 세운 일곱 번째 왕조이다. 역사에는 진(秦)이라는 국호를 가진 왕조는 넷이다. 여기서 부건이 세운 나라는 보통 전진(前秦)이라고 부른다.

5 안팎의 모든 군사를 감독하는 관직명이다.

6 천왕궁과 태자궁을 말한다.

로 삼고, 양릉(梁楞)을 좌복야로 삼고, 왕타(王墮)를 우복야로 삼고, 어
준(魚遵)을 태자태사로 삼고, 강평(强平)을 태부로 삼고, 단순(段純)을
태보로 삼으며, 여파루(呂婆樓)를 산기상시로 삼았다. 강백주는 부건
의 외삼촌이고, 강평은 왕후의 동생이며, 여파루는 본래 약양(略陽, 감
숙성 태안현)에 사는 저족(氐族)의 우두머리였다.

3　　단감(段龕)[7]이 청주(靑州, 산동반도)를 가지고 내부적으로 귀부하
고자 하니, 2월 무인일(23일)에 단감을 진북(鎭北)장군으로 삼아 제공
(齊公)에 책봉하였다.

4　　위(魏)의 주군 염민(冉閔)이 양국(襄國, 하북성 형태시, 조나라의 도
읍)을 포위하고 공격하기를 100여 일 동안이나 하였다.[8] 조(趙)의 주군
석지(石祗)가 위험하고 급하게 되자 마침내 황제 칭호를 버리고 조왕
(趙王)이라고 하면서 태위 장거(張擧)를 파견하여 연(燕)에 군사를 보
내달라고 청하며 전국새(傳國璽)를 보내도록 허락하고, 중군(中軍)장
군 장춘(張春)이 요익중(姚弋仲)[9]에게 군사를 청하였다.

　요익중이 그의 아들 요양(姚襄)을 파견하여 기병 2만8천을 인솔하고
서 조를 구원하게 하며 그에게 훈계하였다.

　"염민(冉閔)이 어진 태도를 버리고 의로운 행동을 배신하여 석(石)

7　광고(廣固, 산동성 익도현의 서북쪽)을 점거하고 제왕(齊王)으로 독립하였던 사
　람이다.

8　지난해 11월부터 염민이 공격하였다.

9　요익중은 이때 섭두(하북성 조강현의 동북쪽)에 있었다.

씨를 없애버렸다.[10] 나는 다른 사람[11]의 후한 대우를 받았으니, 당연히 복수를 해야 하지만 늙고 병들어서[12] 스스로 갈 수가 없다. 너의 재주가 염민보다 열 배이니 만약에 잡아서 효수하지 아니하면 반드시 다시 나를 볼 것이 없다."

요익중이 역시 사자를 파견하여 연에 알리니 연의 주군 모용준이 어난(禦難)장군 열관(悅綰)을 파견하여 병사 3만 명을 거느리고 가서 그와 만나게 하였다.

염민은 모용준이 조를 구원하려 한다는 소식을 듣고, 대사마부의 종사중랑(從事中郞)인 광녕(廣寧, 하북성 탁록현) 사람 상위(常煒)를 파견하여 연에 사신으로 보냈다. 모용준이 봉유(封裕)에게 힐문(詰問)하게 하였다.

"염민은 석씨가 길러준 자식인데, 은혜를 배반하고 역적질을 하고서 어찌 감히 갑자기 커다란 호칭을 사용하는가?"

상위가 말하였다.

"탕(湯)임금은 걸(桀)임금을 추방하였으며, 무왕은 주(紂)임금을 정벌하여 상(商)·주(周)의 대업을 일으켰고, 조맹덕(曹孟德)은 환관에게서 양육되어 어디 출신인지를 모르는데, 끝내 위씨(魏氏)[13]의 기업(基業)을 세웠으니, 진실로 하늘의 명령이 아니라면 어찌 성공할 수 있었

---

10 목제 영화 5년(349년), 6년(350년)의 일로, 《자치통감》 권98에 실려 있다.

11 석호를 말한다.

12 요익중의 나이는 71세였다.

13 조맹덕(曹孟德)은 후한 말 삼국시대를 연 조조를 말하며, 위씨(魏氏)는 조조의 아들 조비가 세운 삼국시대의 위이다.

겠습니까? 이러한 것으로 미루어 볼 때 어찌 반드시 그러한 질문을 하는지요?"

봉유가 말하였다.

"사람들이 말하기를, 염민이 처음 자립할 때 금으로 자기의 모습을 주조하여 성패를 점치고자 하였고, 그 조각상은 완성되지 않았다는데 믿을만한 말이오?"

상위가 말하였다.

"못 들었습니다."

봉유가 말하였다.

"남쪽으로 내려온 사람들이 모두 이와 같다고 말하는데 어찌하여 이를 감추시오?"

상위가 말하였다.

"간사하고 거짓말하는 사람들은 천명(天命)을 고쳐서 다른 사람을 현혹시키고자 하는 사람들인데, 마침내 부서(符瑞)를 빌리고, 시귀(蓍龜)[14]에 의탁하여 자기를 중시(重視)하게 합니다. 우리 위(魏)의 주군이 부새(符璽)를 가지고 중주(中州)를 점거하였는데, 천명을 받은 것을 왜 의심하여 다시 진짜를 돌려서 가짜를 만들려고 금 조각상에서 결정적 증거를 얻으려고 하겠습니까?"

봉유가 말하였다.

"전국새(傳國璽)는 과연 어디 있소?"

상위가 말하였다.

---

14 부서는 상서로운 내용이 쓰인 물건을 말하고, 시귀는 거북점의 점괘를 말한다. 은대에는 거북으로 점을 쳤기 때문이 점치는 것을 이렇게 불렀다.

"업(鄴)에 있습니다."

봉유가 말하였다.

"장거(張擧)는 양국(襄國, 조의 도읍인 하북성 형태시)에 있다고 말합니다."

상위가 말하였다.

"호족(胡族)을 죽이던 날 업(鄴, 위의 도읍인 하북성 임장현)에 있던 사람은 거의 하나도 남은 사람이 없었고, 그때 새어나간 사람이 있다고 하여도 모두 시궁창 속으로 잠복하였을 뿐인데 저들이 어찌 인새가 있는 곳을 안단 말입니까? 저들은 구원해 주기를 요구하는 사람이니 망령되고 거짓된 말이라도 못할 것이 없을 것인데 하물며 한 개의 인새 정도이겠습니까?"

모용준이 장거의 말을 믿고 마침내 그 옆에 장작을 쌓아놓고 봉유에게 그의 사사로움으로써 그를 유혹하게 하고서 말하였다.

"그대는 깊이 생각하여서 헛되이 불에 타서 재가 되어 죽어 없어지는 일을 하지 마시오."

상위가 얼굴색을 바로 하고 말하였다.

"석(石)씨는 탐욕스럽고 포학하여 친히 많은 군사를 인솔하고 연의 도읍을 공격하였다가 비록 이기지는 못하고 돌아갔지만 그러나 그 뜻은 반드시 빼앗으려는데 있었습니다. 그러므로 동북(東北)으로 물자와 양식을 운반하고 무기를 모아놓은 것은 서로 보탬이 되고자 한 것이 아니고, 서로 없애고자 함이었습니다.[15]

---

15 이러한 일들은 모두 성제 함강 6년(340년)에 있었고, 이 내용은《자치통감》권 96에 실려 있다.

우리 위(魏)의 주군께서는 석씨의 목을 벤 것이 비록 연을 위한 것은 아니었지만 신하의 마음에서 보면 원수가 멸망되었다는 소식을 듣는 다면 의(義)로 보아 마땅히 어떻게 해야 하겠습니까? 그러나 저들을 위하여 우리를 책망하니 또한 이상한 것이 아닙니까?

내가 듣건대 죽은 사람은 뼈와 살은 흙에 묻히고, 정갈한 영혼은 하늘로 올라간다고 합니다. 그대의 은혜를 입어서 속히 땔감을 더하고 불을 붙여서 나에게 올라가서 천제(天帝)에게 호소하게 하여 준다면 만족하겠습니다."

주위에서는 그를 죽이라고 청하였다.

모용준이 말하였다.

"저 사람은 그 자신이 죽는 것을 꺼리지 아니하고 그의 주군을 위해 목숨을 바치려 하니 충신이다. 또 염민에게 죄가 있다고 사신에게 어찌 관계시킬 것인가?"

나가게 하여 숙소로 보냈다.

밤중에 그의 고향 사람 조첨(趙瞻)에게 가서 그에게 위로하게 하고 또 말하였다.

"그대는 왜 사실대로 이야기를 하지 않소? 왕이 화가 나서 그대를 요해(遼海 ; 발해)나 갈석(碣石, 하북성 창여현 서북쪽에 있는 선태산)의 변두리에 갖다 두려고 하면 어찌하겠소?"

상위가 말하였다.

"나는 머리를 묶기 시작한 이래로 오히려 포의(布衣)[16]를 속이지 않았는데, 하물며 임금인 경우에서이겠습니까? 뜻을 구부려서 억지로 합

---

16 벼슬하지 않은 사람을 말한다.

치시는 것은 할 수 없는 것이며 곧은 마음으로 다 말하였으니 비록 동해에 빠뜨린다 하여도 감히 피하지는 않겠습니다."

끝내 벽을 향하고 누워버리고 다시는 조첨과 말하지 않았다.

조첨이 모든 것은 다 모용준에게 보고하니 모용준이 마침내 상위를 용성(龍城, 요녕성 조양시)에 가두었다.

5   조의 병주자사 장평(張平)이 사자를 파견하여 진(秦)에 항복하니, 진왕은 장평을 대장군·기주목(冀州牧)으로 삼았다.

6   연왕 모용준이 계(薊, 북경 서남쪽, 연의 도읍지)로 돌아갔다.[17]

---

17 용성에서부터 돌아온 것이다.

7   3월에 요양(姚襄)과 조의 여음왕(汝陰王) 석곤(石琨)이 각기 군사를 이끌고 양국(襄國)을 구원하였다. 염민이 거기장군 호목(胡睦)을 파견하여 요양을 장여(長蘆)[18]에서 막게 하고, 장군 손위(孫威)가 석곤을 황구(黃丘, 하북성 심택현 경계 지역)에서 막게 하였으나 모두 패배하고 돌아왔는데, 사졸들은 거의 다 없어졌다.

염민이 스스로 나아가서 그들을 치려고 하니 위(衛)장군 왕태(王泰)가 간하였다.

"지금 양국이 아직 떨어지지 않았고, 밖에서 구원하는 세력이 구름처럼 모였으니, 만약에 우리가 나아가 싸운다면 반드시 앞뒤에서 적을 만나게 될 것이므로 이는 위험한 길입니다. 보루를 굳게 하여 그들의 예리한 칼날을 무뎌놓고서 천천히 그들의 틈새를 보고 이를 공격하는 것만 못합니다. 또한 폐하께서 친히 나가서 진지(陣地)에 계시다가 만약에 만전(萬全)을 잃는다면 큰 사업은 가버리고 맙니다."

염민이 장차 중지하려고 하는데 도사 법요(法饒)가 나아가서 말하였

---

18 강의 이름으로, 지금 하북성 신하현 경계 지역에 있었는데 지금은 없어졌다.

다.

"폐하께서 양국(襄國)을 포위하시고 한 해가 지났는데도 한 자 한 치의 공로도 세우지 못하였으며 지금 도적들이 오는데 또 피하고 공격하지 않으신다면 장차 어떻게 장사(將士)들을 부리실 것입니까? 또 태백성(太白星)이 묘(昴)[19]자리로 들어갔으므로 마땅히 호왕(胡王)을 죽이고 백 번 싸워서 백 번 다 이길 것이니 잃어버릴 수 없게 되어 있습니다."

염민이 소매를 떨치고 큰 소리로 말하였다.

"내가 싸워서 결판낼 것인데, 감히 무리를 저상(沮喪)시키는 사람은 목을 베리라."

마침내 무리들을 모두 내보내어 요양과 석곤과 싸웠다.

열관(悅綰)[20]이 바로 연의 병사들을 데리고 갔는데, 위의 군사들이 있는 곳에서 몇 리 정도 떨어져 있었고, 기병과 병졸을 넓게 포진시키고 나뭇가지를 끌고 다니게 하여 먼지를 일으키자 위의 사람들이 그것을 바라보고서 가슴이 떨리고 두려워하였다. 요양·석곤·열관이 세 방면에서 그들을 치고 조왕 석지(石祗)가 후방에서부터 그들에게 충격을 가하니 위의 군사는 대패하고, 염민은 10여 명의 기병과 더불어 달아나서 업(鄴)으로 돌아갔다.

항복하였던 호족(胡族) 율특강(栗特康) 등이 대선우 염윤(冉胤)과 좌복야 유기(劉琦)를 붙잡아 가지고 조에 항복하니 조왕 석지(石祗)가 이들을 죽였다. 호목(胡睦)과 사공 석박(石璞)·상서령 서기(徐機)·중서감

---

19 묘성은 일곱 개가 있으며 이 별자리는 만족을 가리키는 별자리이다.

20 연의 어난장군이다.

노심(盧諶) 등 장사(將士) 등 함께 죽은 사람이 10여만 명이었다.

염민은 숨어서 돌아왔는데 아는 사람이 없었다. 업(鄴)에서는 떨리고 두려워하고, 염민이 이미 죽었다는 말이 잘못 전해졌다. 사성(射聲)교위 장애(張艾)가 염민에게 친히 교외에 나가서 많은 사람들의 마음을 안심시키라고 청하자 염민이 이 말을 좇았더니 잘못 전해진 말이 곧 사그라졌다.

염민이 법요 부자의 사지를 찢어버리고 위소(韋謏)를 대사도로 증직(贈職)[21]하였다. 요양이 섭두(涉頭, 하북성 조강현)로 돌아오니 요익중은 그가 염민을 사로잡지 못한 것에 대하여 화가 나서 100대의 곤장을 쳤다.

처음에, 염민이 조의 재상이 되어서 창고에 있는 물건을 흩어서 사사롭게 은혜를 베풀었는데, 강족(羌族)과 호족(胡族)[22]과 더불어 서로 공격하여 싸우지 않은 달이 없었다. 조가 옮겼던 청주·옹주·유주·형주의 네 주에 사는 백성들과 저족(氐族)·강족(羌族)·호족(胡族)·만족(蠻族)의 수백만 명[23]이 조의 법금(法禁)을 시행하지 않고 각기 본토로 돌아가니, 길거리에서 서로 지나치게 되면서 서로 죽이고 빼앗아서 능히 끝까지 갈 수 있는 사람은 열에 두세 명이었다. 중원이 크게 혼란하고

---

21 위소를 죽인 것은 목제 영화 6년(350년)의 일로, 《자치통감》 권98에 실려 있다.

22 강족은 요익중을, 호족은 후조를 말한다.

23 후조의 석륵과 석호가 남하하면서 형주의 주민을 옮긴 것이 회제 영가 4년(310년)이고, 기안이 한수 이동 지역을 약탈한 것은 성제 함강 5년(339년)이고, 석호가 조억을 깨뜨리고 청주의 주민을 옮긴 것이 명제 태녕 원년(323년)이다. 유윤·석생을 격파하고 청주 주민을 옮긴 것이 성제 함화 4년(329년)과 함화 8년(333년)이고, 단필제를 격파하고 전연에게 패배하여 유주의 주민을 옮긴 것은 원제 태흥 4년(321년)과 성제 함강 4년(338년)이다.

이어서 기근이 들고 역질이 돌아서 사람들이 서로 잡아먹으며 다시 농사짓는 사람이 없었다.

조왕 석지가 그의 장수 유현(劉顯)을 시켜서 무리 7만 명을 인솔하여 업(鄴)을 공격하게 하자 명광궁(明光宮)에 진을 쳤는데 업에서 23리 떨어졌다. 위의 주군 염민이 두려워서 왕태(王泰)를 불러 그와 더불어 모의하고자 하였는데 왕태가 전에 한 말을 좇지 않았던 것에 대하여 화가 나서 상처가 심하다고 하면서 사양하였다. 염민이 친히 가서 그에게 물었는데 왕태가 굳게 병이 위독하다고 하면서 사양하였다.

염민이 화가 나서 궁궐로 돌아와 주위 사람들에게 말하였다.

"파(巴) 출신 녀석! 내공(乃公)[24]이 어찌 너의 힘을 빌려서 목숨을 살아가겠는가? 장차 먼저 여러 호족(胡族)들을 없애고 나서 도리어 왕태의 목을 베야겠다."

마침내 모든 무리를 모아서 출전하여 유현의 군대를 대파하고 뒤쫓아 가서 양평(陽平)까지 갔는데, 참수한 것이 3만여 급(級)이었다.

유현이 두려워서 비밀리에 항복하게 해달라고 청하며 석지를 죽여서 스스로 보답하게 해 줄 것을 요구하자 염민이 군사를 이끌고 돌아갔다. 어떤 사람이 왕태가 반란을 일으켜서 진(秦)으로 들어가고자 한다고 보고하니 염민이 그를 죽이고, 그의 삼족도 다 죽였다.

8 　진(秦)왕 부건(苻健)이 사자를 나누어 파견하여 백성들의 고통을 묻게 하고, 뛰어나고 특이한 인재를 찾아서 벌려놓고, 무겁게 거두던 세금을 경감하여주고, 이궁(離宮)[25]에 관한 금령을 느슨하게 하고, 쓸

---

24 염민이 자기 자신을 가리켜서 한 말이다.

데없는 도구를 폐기하고, 사치스러운 복장을 없애어 무릇 조의 가혹한
정치로 백성들에게 불편하였던 것을 모두 제거하였다.

9   두홍(杜洪)과 장거(張琚)가 사자를 파견하여 양주(梁州)자사 사마
훈(司馬勳)[26]을 불러들이고, 여름, 4월에 사마훈이 보병과 기병 3만 명
을 인솔하고 그곳으로 달려가니, 진(秦)왕 부건이 이를 오장원(五丈原,
섬서성 미현의 서쪽 야곡의 서쪽)에서 막았다. 사마훈이 여러 번 싸웠으나
모두 패하자 물러나서 남정(南鄭)으로 돌아왔다.

부건은 중서령 가현석(賈玄碩)이 처음에 존호(尊號)[27]를 올리지 않
은 사람이어서 이를 악물었고, 사람을 시켜서 가현석과 사마훈이 내통
하였다고 알리게 하여 그의 여러 아들과 함께 모두를 죽였다.

10   발해(渤海) 사람 방약(逄約)이 조가 혼란해진 틈을 이용하여 무리
수천 가구를 데리고 위(魏)에 붙으니, 위에서는 방약을 발해태수로 삼
았다. 옛 태수였던 유준(劉準)은 유외(劉隗)[28]의 조카이고, 토호(土豪)
봉방(封放)은 봉혁(封奕)의 사촌동생인데, 따로 무리를 모아서 스스로
를 지켰다.

---

25 고대 제왕은 정식 궁전 외에 별도로 궁전을 건축하여 놀이를 하는 장소로 사
   용하였는데, 이를 이궁이라고 하였다. 조에서는 장안에 있는 궁정을 수리하여
   이궁으로 사용하였고, 여기에는 금령이 있었다.

26 두홍(杜洪)과 장거(張琚)가 목제 영화 6년(350년)에 사죽(司竹)으로 도망가
   있었고, 사마훈(司馬勳)은 동진의 양주자사이다.

27 황제 호칭을 말한다.

28 유외가 후조로 도망한 것이 원제 영창 원년(322년)이었다.

염민이 유준을 유주(幽州)자사로 삼고, 방약과 더불어 발해를 중간에서 나누게 하였다. 연왕 모용준이 봉혁에게 방약을 토벌하게 하고, 창여(昌黎, 요녕성 의현)태수 고개(高開)에게 유준과 봉방을 토벌하게 하였는데, 고개는 고첨(高瞻)[29]의 아들이다.

봉혁이 군사를 이끌고 곧바로 방약의 보루로 달려가고 사람을 파견하여 방약에게 말하였다.

"우리는 서로 고향에서 더불어 지냈는데, 떨어지게 된 지가 오래되었고,[30] 만나 보는 것이 아주 어려웠소. 이즈음의 일들과 이해(利害)관계는 사람마다 모두 자기의 마음을 갖고 있는 것이니 논할 것이 못 됩니다. 바라건대 단독으로 나와서 한 번 만나보고 쌓이고 맺힌 정을 이야기 해봅시다."

방약이 평소 봉혁을 믿고 존중하였으므로 즉시 나가서 문 밖에서 봉혁을 만나는데, 각기 기병들을 물리치고 단독으로 말을 타고서 말을 나누었다.

봉혁이 더불어 자기 평생에 했던 일들을 말하고 이 기회를 이용하여 말하였다.

"그대와는 여러 세대에 걸쳐서 같은 고향에서 살았으니, 마음속으로 서로 아끼고 중하게 생각하고 진실로 그대가 복을 무궁하게 누리기를 바라고 있는데, 지금 이미 받들어 만나볼 기회를 얻었으니, 속에 품은

---

29 고첨이 걱정하다 죽은 일은 원제 태흥 2년(319년)에 있었고, 그 내용은《자치통감》권91에 실려 있다.

30 봉혁은 원래 발해 사람인데 회제 영가 5년(311년)에 모용외에게로 달아났으며 그 내용은《자치통감》권87에 실려 있다. 두 사람이 떨어져 있은 것이 40년이다.

것을 다 말하지 않을 수 없구려.

염민(冉閔)은 석(石)씨가 혼란해진 틈을 타고 습격하여 이미 이룩한 것을 소유하였으니, 마땅히 천하 사람들이 그의 강함에 감복해야 할 것이지만 그러나 화난(禍難)이 바야흐로 시작하였고, 진실로 천명(天命)이라는 것은 힘으로 빼앗을 수 있는 것이 아님을 알겠소.

연왕은 여러 세대를 걸쳐서 덕을 쌓았고, 의로움을 받들고 어지러움을 토벌하니 정벌하는 곳에서 대적할 사람이 없었소. 지금 이미 계(薊, 북경의 서남쪽)에 도읍을 하고 남쪽으로는 조와 위까지 닿아있는데 멀고 가까운 곳에 사는 백성들이 어린아이를 안고 노인을 업고 그에게 돌아오고 있소. 백성들은 고통을 싫어하며 모두가 도를 가진 사람을 생각하고 있소.

염민이 망하는 것은 아침이 아니면 저녁일 것이니 성패의 모습을 분명하고 쉽게 볼 수 있소. 또 연왕은 왕업(王業)을 개창하며 마음을 비운 현명하고 뛰어난 사람이니, 그대가 마음을 돌려서 의도하는 것을 고치면 그 공로는 강후(絳侯)·관영(灌嬰)[31]과 비슷할 것이며, 경사스러운 일은 후손들에게 흘러 내려갈 것인데, 망한 나라의 장수가 되고, 외로운 성을 지키며 반드시 올 화난(禍難)을 기다리는 것과 비교하면 어떠하오?"

방약이 이 이야기를 듣고 긴 한숨을 쉬면서 말하지 않았다.

봉혁의 급사(給使)[32]인 장안(張安)은 용기와 힘을 갖고 있는 사람인데, 봉혁이 미리 그에게 일러주기를 방약의 기분이 저하되었을 때를 기

---

31 강후는 주발(周勃)의 작위이므로 주발을 말하며, 주발과 관영은 전한시대의 명장이다.

다렸다가 장안이 달려와서 그의 말고삐를 잡아채게 하였는데, 이 기회에 그를 끼고 말을 달렸다.

군영(軍營)에 도착하자 봉혁이 그와 함께 앉아서 말하였다.

"그대가 계책을 스스로 결정할 수 없는 것 같았으니, 그러므로 이렇게 결정하게 된 것이지, 그대를 잡아서 공로를 세우려고 한 것이 아니며, 그대를 온전하게 하고 백성들을 편안하게 하려는 것이오."

고개가 발해에 도착하니 유준과 봉방이 영접하며 항복하였다. 모용준이 봉방을 발해태수로 삼고, 유준을 좌(左)사마로 삼으며, 방약을 참군사(參軍事)로 삼았다. 방약은 다른 사람에게 유인되어 잡혔으므로 그의 이름을 조(釣)³³로 고쳤다.

---

32 심부름하는 사람이다.

33 약(約)이라는 이름을 낚시라는 뜻의 조(釣)로 고친 것이다. 조는 약과 글자 모양이 비슷하여서 고친 것으로, 글자를 조금 고쳐서 의미를 부각시킨 것이니 바로 낚시질 당했다는 의미일 것이다.

활발한 연과 우유부단한 동진

11 유현(劉顯)이 조왕 석지와 그의 승상인 낙안왕(樂安王) 석병(石炳)·태재 조서(趙庶) 등 10여 명을 시해(弑害)하고,[34] 그 수급(首級)을 업(鄴, 염민의 위 도읍지 ; 하북성 형태시)에 전했다. 표기(驃騎)장군 석녕(石寧)이 백인(柏人, 하북성 융요현 서요성의 서북쪽)으로 도망하였다. 위의 주군 염민이 석지의 머리를 사거리에서 태워버리고, 유현에게 벼슬을 내려서 상(上)대장군·대선우·기주목(冀州牧)으로 하였다.

12 5월에 조의 연주자사 유계(劉啓)가 견성(鄄城, 산동성 견성현)에서부터 도망하여 왔다.

13 가을, 7월에 유현이 다시 군사를 이끌고 업(鄴)을 공격하니, 위의 주군 염민이 이를 쳐서 패배시켰다. 유현이 돌아가서 양국(襄國, 하북성 형태시, 후조의 도읍지)에서 황제를 자칭하였다.

---

34 유현(劉顯)은 후조의 장군인데, 이번 시해(弑害)를 통하여 후조는 석륵이 세운 이래 33년간 7명의 군주가 있다가 멸망하였다. 이것으로 중국에는 동진·위(염)·전량·전연(모용)·대진(부) 등 다섯 나라가 병존하게 되었다.

14 8월에 위의 서주(徐州)자사 주성(周成)·연주자사 위통(魏統)·형주
자사 악홍(樂弘)·예주목 장우(張遇) 등이 늠구(廩丘, 산동성 운성현)와 허
창(許昌, 하남성 허창시) 등 여러 성을 가지고 와서 항복하였는데[35] 평남
(平南)장군 고숭(高崇)과 정로(征虜)장군 여호(呂護)가 낙주(洛州, 치소
가 낙양임)자사 정계(鄭系)를 잡고 그 땅을 가지고 와서 항복하였다.

15 연왕 모용준이 모용각을 파견하여 중산(中山, 하북성 정현)을 공격
하고, 모용평(慕容評)[36]이 왕오(王午)를 노구(魯口, 하북성 요양현)에서
공격하니, 위의 중산태수인 상곡(上谷, 하북성 회래현) 사람 후감(侯龕)
이 성문을 닫고 막으며 지켰다. 모용낙이 남쪽으로 가서 상산(常山, 하
북성 정정현 남쪽)을 경략하고 구문(九門, 하북성 고성현 서북쪽)에 진을
쳤는데, 위의 조군(趙郡, 치소는 방자현, 하북성 고읍현)태수인 요서(遼西,
하북성 천안현) 사람 이규(李邽)가 군(郡)을 들어서 항복하니, 모용낙이
그를 후하게 어루만져주고, 이규를 돌려보내어 중산을 포위하게 하자
후감이 마침내 항복하였다.
  모용낙이 중산으로 들어가서 그의 장수와 토호들 수십 집을 옮겨서
계(薊, 북경 서남쪽)로 가게하고 나머지는 안도(安堵)하게 하였는데, 군
령이 엄격하고 분명하여 조금도 범하는 일이 없었다. 모용평이 남안(南
安, 감숙성 농서의 위수 동쪽 언덕)으로 가자 왕오가 그의 장수 정생(鄭生)
을 파견하여 막으며 싸우니 모용평이 그를 쳐서 목 베었다.
  열관(悅綰)이 양국에서 돌아오니 모용준이 마침내 장거(張擧)의 망

---

35 이때 주성이 늠구를, 장우가 허창을 점거하고 있었다.

36 모용각은 연의 보국장군이고, 모용평(慕容評)은 연의 보필장군이다.

령됨[37]을 알고서 그를 죽였다. 상위(常煒)[38]에게는 네 아들과 두 딸이 중산에 있었는데, 모용준이 상위의 구금을 풀어주고 여러 아들에게 가서 보게 하였다.

상위가 상소문을 올려서 은혜에 감사를 드리니 모용준이 손수 답장을 하게 하여 말하였다.

"경은 본래 살려는 계책을 세우는 사람이 아니었지만, 고(孤)도 같은 주리(州里)의 사람이기 때문에[39] 살렸을 뿐이오. 지금 큰 혼란이 있는 가운데 여러 아들이 모두 도착하였으니, 어찌 하늘이 생각한 것이 아니겠소? 하늘도 또한 경을 생각하는데 하물며 고(孤)야 말해 무엇 하겠소?"

첩 한 명과 곡식 300곡(斛)을 내려주고 범성(凡城, 하북성 평천현 남쪽)에서 살게 하였다.

북평(北平, 하북성 준화현)태수 손흥(孫興)을 중산(中山)태수로 삼았는데 손흥은 편안하게 어루만져주는 일을 잘하여서 중산이 드디어 편안해졌다.

---

37 장거는 후조에서 온 사자로 연에 구원을 요청하러 왔다. 후조의 도읍이었던 양국에서 열관이 돌아오면서 나라를 전하는 인내(印璽)가 양국에 없다는 것을 알게 되었으므로 장거가 거짓말을 한 것이다.

38 염민의 위에서 연으로 온 사절이다. 장거가 거짓말을 한 것이 밝혀지자 상위의 말은 거짓이 없다는 것이 밝혀진 셈이다.

39 고(孤)는 제왕이 자기 자신을 낮추어 부르는 용어인데 여기서는 모용준이 자기를 낮추어서 부른 말이고, 같은 주리(州里)의 사람이란 말은 모용준은 창여에 살았고, 상위는 광녕에 살았는데, 이 두 군은 모두 유주에 속하였으므로 같은 고향이라고 한 것이다.

16   고녹관위(庫傉官偉)[40]가 거느린 무리를 인솔하고 상당(上黨,산서성 여성현 서남)에서 와서 연에 항복하였다.

17   요익중(姚弋仲)이 사신을 파견해 와서 항복을 받아달라고 청하였다.[41] 겨울, 10월에 요익중을 사지절·육이(六夷)대도독·독(督)강북제군사·거기대장군·개부의동삼사·대선우·고릉군공(高陵郡公)으로 삼고, 또 그의 아들 요양(姚襄)을 지절·평북(平北)장군·도독병주(都督幷州)제군사[42]·병주자사·평향현공(平鄕縣公)으로 삼았다.

18   방조(逢釣)가 도망하여 발해로 돌아와서 옛 무리들을 불러 모으고 연을 배반하였다. 낙릉(樂陵, 하북성 염산현)태수 가견(賈堅)이 사람을 시켜서 고향 사람들에게 알도록 말하며 승패에 관하여 보여주자 방조의 무리들이 점차 흩어지니 드디어 도망해왔다.[43]

---

40 오환족의 우두머리이며 염민(위)의 상당지역을 점거하고 있었으며, 고녹관이 성이다. 고녹관의 고(庫)는 사(傉)여야 한다는 기록도 있다.

41 석씨의 후조가 망하였기 때문에 후조의 옛 승상이었던 요익중이 동진에 항복한 것이며, 그는 석씨에게 충성을 다 바친 사람이다.

42 육이(六夷)대도독은 여섯 이족을 총지휘하는 직책이고, 독(督)강북제군사는 강북지역의 모든 군사적인 일을 감독하는 관직으로 관직명은 도독강북제군사이다. 개부의동삼사는 독자적으로 관부를 열수 있고, 그 대우는 삼공과 같은 지위를 갖는다. 도독병주(都督幷州)제군사는 병주(幷州)지역의 모든 군사적인 일을 감독하는 관직명이다.

43 도망 왔다는 것은 동진으로 왔다는 말이다. 이 책은 동진을 중심으로 쓰기 때문에 동진이라는 말은 없지만 왔다는 말 속에는 동진이라는 의미를 갖고 있다.

19   토욕혼(吐谷渾)의 모용엽연(慕容葉延)⁴⁴이 죽고 그의 아들 모용
쇄해(慕容碎奚)가 뒤를 이었다.

20   처음에, 환온(桓溫)이 석(石)씨가 혼란에 빠졌다는 소식을 듣고,
상소문을 올려서 군사를 출동시켜 중원(中原)지역을 경략하게 해달라
고 하였는데, 이 일이 오래 되어도 회보되지 않았다. 환온은 조정에서
은호(殷浩)⁴⁵에 의지하여 자기에게 대항하는 것을 알고서 그것을 아
주 분노하였지만 그러나 평소 은호의 사람됨을 알고 또한 그를 거리끼
지 않았다.

나라에는 다른 분쟁거리가 없어서 드디어 서로 몇 년간 유지하였고,
기미(羈縻)⁴⁶할 뿐이었으며, 여덟 주⁴⁷의 병사들과 물자와 조부(租賦)
는 거의 국가를 위해서 사용하지 못하였다. 여러 차례 북벌을 요구하였
으나 조서로 허락하지 않았다. 12월 신미일(11일)에 환온이 표문을 올

---

44 모용엽연(慕容葉延)은 토곡혼한국(吐谷渾 汗國, 청해성)의 3대 가한(可汗)이며,
   모용쇄해(慕容碎奚)는 《진서》에 모용벽해(慕容辟奚)라고 되어 있어서 차이가
   있다. 그런데 《자치통감》 권103 간문제 함안 원년(371년)조에 보면 모용벽해(慕
   容辟奚)라고 되어 있으므로 이곳의 모용쇄해는 모용벽해의 잘못으로 보인다.

45 환온(桓溫)은 동진의 정서대장군이고, 석(石)씨란 후조를 말하며, 중원(中原)
   의 경략이란 환온이 상소문을 올린 것이 대체적으로 환온이 안륙으로 진주
   할 때일 것이므로 2년 전쯤 될 것으로 보이며 은호(殷浩)는 동진의 중군장군
   이다.

46 기는 말고삐이고, 미는 소고삐라는 말이므로 팽팽하게 연락하며 통제관계를
   갖는 것이다.

47 환온은 영화 원년(345년)에 형주·사주·옹주·익주·양주·녕주 여섯 주의 도
   독이 되었고, 5년(349년)에는 교주와 관주 두 주를 덧붙여 감독하도록 되었으
   므로 모두 여덟 주를 감독하고 있었다.

리고 바로 행동하여 무리 4~5만 명을 인솔하고 강물을 좇아서 내려가 무창(武昌)에 진을 쳤다. 조정에서는 대단히 두려워하였다.

은호가 자기의 지위를 버리고서 환온에게 피해를 주려고 하고, 또 추우번(騶虞幡)[48]을 가지고 환온의 군대를 머물게 하려고 하였다. 이부(吏部)상서 왕표지(王彪之)가 회계왕(會稽王) 사마욱(司馬昱)에게 말하였다.

"이러한 것들은 스스로 세운 계책이어서 사직을 보전할 수 있거나 전하를 위해 세운 계책이 아닙니다. 만약 은호가 자리에서 물러나면 사람들은 마음이 흐트러지고 놀라서 천자가 홀로 앉아 있게 될 것이고, 이러한 때가 된다면 반드시 그 책임을 맡을 사람이 있어야 하는데 전하가 아니면 누구이겠습니까?"

또 은호에게 말하였다.

"저 사람이 만약에 대항하는 표문을 올려서 죄를 묻는다면 경이 그 첫 번째 사람이 될 것이오. 일과 책임이 이와 같고 시기하는 틈새가 이미 이루어졌는데, 필부(匹夫) 노릇을 하려고 하여도 어찌 완전한 곳이 있겠습니까? 또한 마땅히 고요하게 이를 상대해야 할 것입니다.

상왕(相王)에게 손수 편지를 쓰게 하여서 정성을 보이며 성패에 관하여 진술하게 한다면 저 사람은 반드시 군사를 돌릴 것이고, 만약에 좇지 않으면 중조(中詔)[49]를 보내고, 또 좇지 않으면 마침내 마땅히 정의를 가지고 제재를 가해야 할 것입니다. 어찌하여 아무런 이유도 없이

---

48 황제가 군사행동을 중지시키는 의미를 가진 깃발이다.

49 상왕(相王)이란 재상이며 왕이라는 뜻이므로 여기서는 친왕인 사마욱을 말하고, 중조(中詔)란 황제의 조서를 말한다.

급하게 먼저 스스로 쓰러진단 말입니까?"

은호가 말하였다.

"큰일을 결정하는 것은 바로 스스로 어려운 것이어서 최근에 와서 사람을 번민하게 하였소. 경의 이러한 계책을 들으니 마음속에서 비로소 결정할 수 있구려!"

왕표지는 왕빈(王彬)[50]의 아들이다.

무군(撫軍)대장군부[51]의 사마 고숭(高崧)이 사마욱(司馬昱)에게 말하였다.

"왕께서 의당 편지를 보내시어 화가 되는 것과 복이 되는 것을 알려주시면, 스스로 깃발을 돌리게 될 것입니다. 만약에 그가 이처럼 하지 않으면 바로 6군(軍)이 수레를 정돈하게 되니, 여기에서 반역하는 세력과 순응하는 세력이 분명해집니다."

마침내 그 자리에서 사마욱을 위하여 편지의 초안(草案)을 잡았다.

"도적들의 재난[52]은 의당 평정되어야 하지만 그 시기는 의당 합당해야 할 것이오. 이는 실제로 국가를 위한 먼 계획이며, 경략(經略)을 하는 큰 계산이니, 이러한 기회를 넓힐 수 있는 사람은 족하(足下)가 아니면 누구겠습니까?

다만 최근에 군사를 일으키고 무리를 동원하자면 마땅히 물자가 충실한 것을 근본으로 삼아야 할 것인데, 전운(轉運)하는 어려움은 옛 사

---

50 왕돈의 반란 때 왕빈이 올바름을 지킬 수 있었으니, 그의 아들 왕표지가 아버지를 닮았다고 말할 수 있다.

51 무군대장군은 사마욱이다.

52 후조를 가리킨다.

람도 어렵게 여겼던 것이니, 처음에 이것을 쉽게 생각하고 깊이 고려하지 않으면 안 될 것입니다. 최근에 깊이 생각하다가 의심을 받게 된 까닭[53]이 오직 여기에 있을 뿐입니다. 그러나 보통과 다른 거사를 하면 많은 사람들을 놀라게 하여 소문이 모여들고 있으니, 생각하건대 족하께서도 역시 적지 않게 이러한 소식을 들었을 것입니다.

진실로 잃을 것을 걱정하면 못하는 것이 없는데,[54] 혹 풍문을 바라보고 있다가 시끄러움을 일으킬 수 있다면[55] 한꺼번에 무너지고 흩어질 것입니다. 이와 같이 된다면 명성과 실제를 모두 잃어버리게 될 것[56]이고, 사직의 일도 끝나고 맙니다. 모두 내가 아둔하고 약하며, 덕과 신의(信義)가 드러나지 못하고, 많은 무리들을 진정시켜서 성을 연결시키고 굳게 지킬 수 없었음으로 말미암은 것이니, 그러므로 마음속에서 부끄럽고 밖으로는 좋은 친구에게 창피합니다.

나와 족하는 비록 직책이 안과 밖에 있지만 사직을 안정시키고 국가를 보위하는 것은 아주 똑같습니다. 천하의 안위(安危)는 밝은 덕에 관계가 되는 것이니, 마땅히 먼저 국가를 평안하게 하고 나서 그 밖의 것을 도모하도록 생각하야 하며, 제왕의 기틀을 융성하게 할 수 있어야 대의(大義)가 넓게 드러납니다. 족하께 바라는 바는 하나하나가 진실로 가슴속에 품은 것이니 어찌 다시금 혐의를 받을 것인가를 돌아보며

---

53 조정에서 깊이 생각하느라고 결정이 지연되었다는 것이다.

54 《논어》〈양화편〉에 나오는 말이다. 내용은 만약에 자기가 지금 가지고 있는 것을 잃을까 걱정을 하게 된다면 그것을 지키려고 못하는 것이 없을 것이라는 뜻이다.

55 어떤 사람이 뒤에서 환온을 엿보고 있다가 시끄럽게 할 수도 있다는 말이다.

56 환온의 명성과 실제적인 이익에 손해가 된다는 말이다.

모든 것을 다 터놓고 말하지 않을 수 있겠습니까?"

환온이 바로 상소문을 올려서 황공해 하면서 사과하였고 군사를 돌려서 진수하는 곳으로 돌아갔다.[57]

21 조정에서 장차 교사(郊祀)[58]를 지내려고 하였다. 회계왕 사마욱이 왕표지에게 물었다.

"교사를 지내면 응당 사면하는 일이 있어야 하오?"

왕표지가 말하였다.

"중흥한 이후[59]로는 교사를 지내고서는 왕왕 사면함이 있었지만 어리석은 저는 속으로 항상 마땅하지 않다고 생각하였는데, 흉악하고 어리석은 사람들이 교사를 지내고 나서 반드시 사면함이 있게 된다면 장차 요행을 얻으려는 마음을 만들어낼 것입니다."

사마욱이 이를 좇았다.

22 연왕 모용준이 용성(龍城, 요녕성 조양시)에 갔다.

23 정녕(丁寧)부락[60]에 사는 적서(翟鼠)가 거느린 무리들을 인솔하고 연에 항복하니, 책봉하여 귀의왕(歸義王)으로 삼았다.

---

57 호북성 강릉현으로 돌아간 것이다.

58 교외에서 천지에 제사지내는 것이다.

59 동진이 건국된 이후를 말한다.

60 이때 중산(하북성 정현)에 있었다.

연에 잡혀 죽은 위의 염민

목제 영화 8년(壬子, 352년)⁶¹

1   봄, 정월 신묘일(1일)에 일식이 있었다.

2   진(秦)의 승상 부웅(苻雄)이 진왕 부건에게 존호를 바로 잡으라고 하면서 한(漢)과 진(晉)의 옛날 예에 의거하고 반드시 석(石)씨가 처음에 했던 것⁶²을 본받지 말라고 하였다. 부건이 이 말을 좇아서 황제의 자리에 나아가서 크게 사면하였다.

여러 공(公)들은 모두 작위를 올려서 왕(王)으로 삼았다. 또 선우(單于)라고 말하는 것은 많은 만족(蠻族)을 하나로 통일하는 것이므로 천

---

61 전량 환왕 영락 7년, 전연 경소제 4년(원새 원년), 염(冉)조 도무천왕 영흥 3년, 전진 경명제 시황 2년, 대왕(탁발십익건 건국) 15년, 제왕(段龕) 3년, 황제(劉顯) 2년, 진왕(秦王, 張琚) 건창 원년, 조제(段勤) 원년, 안국왕(王午) 원년, 천자(蘇林) 원년, 안국왕(呂護) 원년이다.

62 석씨의 조는 처음에 조왕이라고 했다가 나중에 천왕이라 하고 마지막으로 황제라는 칭호를 썼다.

자가 마땅히 관장해야 할 것이 아니어서 이를 태자 부장(苻萇)에게 주었다.

3   사마훈(司馬勳)이 이미 한중(漢中, 섬서성 남정시)으로 돌아가고,[63] 두홍(杜洪)과 장거(張琚)는 의추(宜秋, 섬서성 경양현 서북쪽)에 주둔하였다. 두홍은 스스로 우족(右族)[64]이라고 하여 장거를 가볍게 여기자 장거가 두홍을 죽이고 스스로 진왕(秦王)이 되고 기원을 고쳐서 건창(建昌)이라고 하였다.

4   유현(劉顯)이 상산(常山, 하북성 정정현)을 공격하니, 위의 주군 염민이 대장군 장간(蔣幹)을 남겨두어 태자 염지(冉智)를 보필하며 업(鄴)을 지키게 하고, 스스로 8천 기병을 거느리고 이를 구원하였다. 유현의 대사마인 청하왕(淸河王, 청하는 하북성 조강현) 유녕(劉寧)이 조강(棗强, 하북성 조강현)을 가지고 위에 항복하였다.

염민이 유현을 공격하여 패배시키고 뒤쫓아서 양국(襄國)까지 갔다. 유현의 대장군 조복구(曹伏駒)가 문을 열고 염민을 받아들이니 염민이 유현과 그 나라의 공경 이하 100여 명을 죽이고, 양국에 있는 궁궐을 다 태워버리고 그 백성들을 업으로 옮겼다. 조의 여음왕(汝陰王)인 석곤(石琨)이 그의 처첩을 데리고 도망하여 왔는데, 건강(建康, 동진의 도읍, 남경)의 저자에서 목을 베었으며 석(石)씨는 드디어 끊어졌다.[65]

---

63 사마훈은 양주자사였는데, 전진세력에게 쫓겨 한중으로 갔다.

64 호족(豪族)의 다른 말이다. 고대에는 우를 좌보다 높게 생각하였다.

65 호삼성은 다음과 같이 주석하였다. '예로부터 망하지 않는 나라는 없지만 종

5   상서좌승(尚書左丞) 공엄(孔嚴)이 은호에게 말하였다.

"최근에 많은 사람들의 마음을 보면 아주 떨고 있다고 할 수 있는데, 사군(使君)⁶⁶께서는 마땅히 이를 어떻게 진정시키려고 하시는지 모르겠습니다. 어리석은 제 생각으로는 의당 받은 임무를 분명히 하는 방안을 써야 하는데, 한신(韓信)과 팽월(彭越)은 오로지 정벌만 하였고, 소하(蕭何)와 조참(曹參)⁶⁷은 열쇠를 관리하고 지켰으니, 안팎의 맡은 일은 각기 맡은 바가 있었습니다마는 염파(廉頗)와 인상여(藺相如)가 자기 몸을 굽힌 뜻과 진평(陳平)과 주발(周勃)이 서로 환영하였던 꾀⁶⁸를 깊이 생각하여서 화목하고 아무런 틈도 없게 해야 하며 그러한 다음에야 큰 것을 보존하고, 공로를 확정할 수 있을 것입니다.

최근에 항복하여 귀부(歸附)한 무리⁶⁹들을 보면 모두가 사람 얼굴을 하였으나 짐승 같은 마음을 한 사람들이고 욕심을 낼 때에는 친한

족이 주살된다고 하여도 정말로는 남아 있어서 성이 완전히 없어지는 경우는 없다. 그런데 석씨는 아주 흉포하여서 자손들이 후손을 남기지 못하였으니, 천도(天道)가 없어지지 않았다는 것을 충분히 보여주었다.'

66 은호를 높여 부른 말이다.

67 한신(韓信)과 팽월(彭越)은 한 고조 때의 명장이고, 소하(蕭何)와 조참(曹參)은 한 고조 때의 유명한 재상이다. 그 내용은 모두《한서》〈고제기〉와《자치통감》에 실려 있다.

68 염파(廉頗)와 인상여(藺相如)는 전국시대 조의 장군과 재상이다. 인상여는 국가의 이익을 위하여 염파의 모욕적인 행동을 참았던 일이 있다. 그 후에 염파가 이를 알고 크게 사과하였는데 이 사건은《자치통감》권4, 난왕 36년(기원전 279년)조에 실려 있다. 진평(陳平)과 주발(周勃)은 한나라 초기의 승상과 태위이다. 이 두 사람은 육가의 권고를 받고 힘을 합쳐서 여씨 세력에 대항하였다. 이에 관한 사건은《자치통감》권13, 한 고후 7년(기원전 181년)조에 실려 있다.

69 단감(段龕)·장우(張遇)·요양(姚襄) 같은 사람이다.

사람이 없으니 의를 가지고 감화시키는 것이 어려울까 걱정입니다."

은호는 좋지 않았다. 공엄은 공유(孔愉)의 조카이다.

은호는 상소문을 올려서 북쪽으로 가서 허창(許昌)과 낙양(洛陽)으로 나아가게 해달라고 청하였는데, 조서를 내려서 이것을 허락하고 안서(安西)장군 사상(謝尙)과 북(北)중랑장 순선(荀羨)을 독통(督統)으로 삼아 나아가서 수춘(壽春)에 주둔하게 하였다.

사상이 장우[70]를 어루만지고 위로할 수 없자, 장우가 화가 나서 허창을 점거하여 반란을 일으키고, 그의 장수 상관은(上官恩)에게 낙양을 점거하게 하고, 악홍(樂弘)이 독호(督護) 대시(戴施)를 창탄(倉坦, 하남성 개봉시의 서북쪽)에서 공격하게 하니 은호의 군사들은 전진할 수가 없었다. 3월에 순선에게 명령을 내려서 회음(淮陰, 강소성 회음현)을 진수하게 하고 얼마 안 있다가 감청주제군사를 덧붙여주었으며 또 영(領)연주자사[71]로 삼아 하비(下邳, 강소성 수녕현 서북쪽)를 진수하게 하였다.

6 을사일(15일)에 연왕 모용준이 계(薊)로 돌아오니 점차 군대 안에 있는 문무(文武) 관원과 병사, 민간 가족을 계로 옮겼다.

---

70 순선(荀羨)은 서주자사이고, 독통(督統)은 한 방면의 군대를 통일적으로 관장하는 직책이다. 당시 사상이 수춘을 지키고 있었고, 순선이 경구를 지키고 있었으므로 은호가 이 두 사람을 동시에 독통으로 임명한 것이며, 장우는 예주자사로 있다가 귀부하였다.

71 감청주제군사는 청주의 모든 군사에 관한 업무를 감독하는 직책이며, 영(領)연주자사는 연주자사의 업무를 관장하는 관직명이다.

7   요익중(姚弋仲)[72]에게는 아들이 42명이 있었는데, 병이 들자 여러 아들에게 말하였다.

"석(石)씨가 나에게는 후하게 대우하였으므로 나는 본래 그를 위하여 힘을 다하려고 하였다. 지금 석씨는 이미 없어졌으므로 중원(中原)에는 주인이 없으니 내가 죽거든 너희들은 빨리 스스로 진(晉)에 돌아가서 마땅히 신하로서의 절개를 굳게 지키며 옳지 않은 일을 하지 마라."

요익중이 죽자 아들 요양이 비밀에 붙이고 발상(發喪)[73]을 하지 않고 6만 호를 인솔하고 남쪽으로 가서 양평(陽平, 산동성 관도현)·원성(元城, 하북성 대명현)·발간(發干, 산동성 당읍현)을 공격하여 깨뜨리고 확오진(碻磝津, 산동성 사평현)에 주둔하고, 태원(太原, 산서성 태원시) 사람 왕량(王亮)을 장사(長史)로 삼고, 천수(天水, 감숙성 천수시) 사람 윤적(尹赤)을 사마로 삼으며, 태원 사람 설찬(薛瓚)과 약양(略陽, 감숙성 진안현) 사람 권익(權翼)을 참군으로 삼았다.

요양은 진(秦)의 군사와 싸우다 패배하여 3만여 호를 잃었고, 남쪽으로 가서 형양(滎陽, 하남성 형양현)에 도착하여 비로소 발상(發喪)을 하였다. 또 진의 장수 고창(高昌)·이역(李歷)과 마전(麻田, 낙양의 동쪽)에서 싸웠는데, 말이 떠도는 화살에 맞아서 죽었다.

동생 요장(姚萇)이 말을 요양에게 주니 요양이 말하였다.

"너는 어떻게 스스로 죽음을 면하려고 하는가?"

요장이 말하였다.

---

72 후조의 우승상이며, 저족(氐族)의 우두머리였다.

73 요익중이 죽을 때는 73세였고, 발상(發喪)은 죽은 것을 발표하는 것이다.

"다만 형님에게 구제되게 할 뿐이고, 저 녀석들은 반드시 감히 저 요장을 해치지는 않을 것입니다."

마침 구원병이 도착하여 모두 벗어났다. 윤적이 진(秦)으로 달아났는데 진에서는 윤적을 병주자사로 삼아 포판(蒲阪, 산동성 영제현)을 진수하게 하였다.

요양이 드디어 무리를 인솔하고 진(晉)에 귀부하고, 그의 동생 다섯 명을 인질로 보내왔다. 요양에게 조서를 내려서 초성(譙城, 안휘성 박현)에 주둔하게 하였다. 요양이 혼자 말을 타고 회하(淮河)를 건너서 수춘(壽春, 안휘성 수현)에서 사상(謝尙)을 만나보았다. 사상이 그의 이름을 듣고 호위하는 사람을 물러가 있도록 명령하고 폭건(幅巾)[74]을 쓰고 그를 기다렸다가 평생토록 만난 사람처럼 환영하였다. 요양은 박학(博學)하고 담론을 잘하여 강동(江東)[75]의 인사들은 모두 그를 중요시하였다.

8   위의 주군 염민(冉閔)은 이미 양국을 함락시키고 이어서 상산(常山, 하북성 정정현)과 중산(中山, 하북성 정현)에 있는 여러 군에서 유식(遊食)[76]하였다. 조의 입의(立義)장군 단근(段勤)이 호족(胡族)과 갈족(羯族) 1만여 명을 모아서 역막(繹幕, 산동성 평원현 서북쪽)을 보호하며 점거하고, 조의 황제를 자칭(自稱)[77]하였다. 여름, 4월 갑자일(5일)에

---

74 평민들이 쓰는 두건을 말한다.

75 동진을 가리킨다.

76 당시에는 군량의 공급이 원활하지 않아서 군대는 각지를 돌아다니며 먹을 것을 구하였다. 이를 유식이라고 한다.

연왕 모용준이 모용각(慕容恪) 등을 파견하여 위를 치게 하고 모용패(慕容霸) 등은 단근을 쳤다.

위의 주군 염민이 장차 연과 싸우려고 하니 대장군 동윤(董閏)과 거기장군 장온(張溫)이 간하였다.

"선비족(鮮卑族)[78]은 예봉(銳鋒)을 이긴 기세를 타고 있고, 또한 저들은 많고 우리는 적으므로 의당 또한 그들을 피해야 하며, 그들이 교만해지고 게을러질 때까지 기다리고, 그런 다음에 군사를 늘려서 그들을 치십시오."

염민이 화가 나서 말하였다.

"나는 이 무리를 가지고 유주(幽州)를 평정하고 모용준의 목을 베고자 하였는데, 지금 모용각을 만나자 그를 피한다면 다른 사람이 나를 무엇이라고 생각하겠는가?"

사도 유무(劉茂)와 특진 낭개(郎闓)가 서로 말하였다.

"우리 주군은 이번에 나가면 반드시 돌아오지 못할 것이니 우리들이 어떻게 앉아서 죽고 욕된 일을 기다리겠는가?"

모두 자살하였다.

염민이 안희(安喜, 하북성 정현 동쪽 50km 지점)에 진을 쳤는데, 모용각이 군사를 이끌고 그들을 좇았다. 염민이 상산(常山)으로 가니 모용각이 그 뒤를 쫓아가서 위창(魏昌, 하북성 정현의 동남쪽)의 염대(廉臺)에서 따라 잡았다. 염민과 연의 군사가 열 번 싸웠는데, 연의 군사가 모두 이

---

77 합법적인 방법으로 직위를 얻지 아니하고 자기가 스스로 어떠한 직위를 표방하는 경우를 말한다.

78 연을 말한다. 모용준은 선비족이다.

기지 못하였다. 염민은 평소에 용감하다는 명성을 갖고 있으며, 거느리고 있는 군사도 정예의 군사였으므로 연의 사람들이 그를 꺼렸다.

모용각(慕容恪)이 진지를 순시하면서 장사(將士)들에게 말하였다.

"염민은 용감하지만 무모한 한 지아비인 적일뿐이다. 그의 사졸들이 주리고 피곤해 있으며 갑옷을 입은 병사도 비록 정예라고 하지만 실제로 사용하기 어려워서 격파한다고 하기에도 부족할 것이다."

염민이 거느리고 있는 병사들은 대부분 보병이고 연은 모두 기병이므로 병사를 이끌고 숲속으로 데리고 가려고 하였다.

모용각의 참군 고개(高開)가 말하였다.

"우리의 기병은 평지가 이로운데 만약에 염민이 숲속으로 들어갈 수 있게 된다면 다시는 제압할 수 없습니다. 의당 급히 경무장을 한 기병을 파견하여 그들을 맞이하게 하고, 이미 만나고 나서는 겉으로 도망하여서 평지로 유인해 와야 하고 그런 다음에 공격할 수 있습니다."

모용각이 이 말을 좇았다.

위의 군사들이 돌아와서 평지로 나오니 모용각이 군사를 3부로 나누고 제장들에게 말하였다.

"염민의 성격은 경솔하고 예리하며 또 스스로 무리가 적기 때문에 반드시 우리에게 죽겠다고 하고 있다. 우리는 중군(中軍)[79]의 진지를 두텁게 집중시켜놓고 그들을 기다리는데, 그들이 달려와서 싸울 때까지 기다렸다가 경 등이 옆에서부터 그들을 친다면 못 이길 것이 없다."

마침내 선비족(鮮卑族) 가운데 활을 잘 쏘는 사람 5천 명을 골라서 쇠고리로 그들의 말을 이어놓고 방진(方陣)을 만들어서 전진하게 하였

---

79 중앙에 위치한 진지, 즉 본부가 있는 곳이다.

다. 염민이 타고 있는 준마(駿馬)는 주룡(朱龍)이라고 하였는데 하루에 천 리를 가는 말이다. 염민이 왼쪽으로는 두 개의 칼과 창을 돌리고, 오른쪽으로는 갈고리가 달린 창을 쥐고서 연의 군사를 치니 참수한 것이 300여 급이었다.

큰 깃발을 멀리서 바라보고는 그것이 중군(中軍)인 것을 알고 곧장 그곳으로 부딪쳤는데, 연의 진영 양쪽에 있던 군사들이 옆에서부터 협격(挾擊)을 하여 그들을 대파하였다.[80] 염민을 여러 겹으로 포위하니, 염민이 포위를 무너뜨리고 20리를 도망하였지만, 주룡이 홀연히 죽으니 연의 군사에게 잡혔다.

연의 사람들은 위의 복야 유군(劉羣)을 죽이고, 동민(董閔)[81]과 장온(張溫) 그리고 염민을 붙잡아서 모두 계(薊)로 압송하였다. 염민의 아들 염조(冉操)가 노구(魯口, 하북성 요양현)로 달아났다. 고개는 상처를 입어서 죽었다. 모용각이 전진하여 상산(常山)에 주둔하였는데, 모용준이 모용각에게 중산(中山)에서 진수하라고 명령하였다.

기묘일(20일)에 염민이 계(薊)에 이르렀다. 모용준이 크게 사면하였다. 염민을 세워놓고 그를 책망하였다.

"노복(奴僕)이며 재주도 시원치 않은 네가 어찌 망령되게 황제를 칭하였단 말인가?"

---

80 방진은 평지에서 사방에 군대를 놓아 4각형의 형태로 진지를 구축하는 진법이다. 연 진지의 중앙은 방진을 하고 쇠사슬로 서로 연결하여 진영이 흩어지지 않게 하였으므로 비록 300명이 죽었다고 하여도 진이 무너지지는 않았다. 그 위에 양쪽에서 협격하였으므로 위의 군사가 패배한 것이다.

81 동윤(董閏)의 잘못일 것이다. 민(閔)과 윤(閏)이 비슷하여 오자(誤字)가 된 것 같다.

염민이 말하였다.

"천하가 크게 혼란하니 너 같은 이적(夷狄)의 금수(禽獸) 같은 무리도 오히려 황제를 칭하는데, 하물며 나는 중토(中土) 출신의 영웅인데 어찌 황제라고 칭하지 못할 것이냐?"

모용준이 화가 나서 회초리로 300대를 때려서 용성(龍城, 요녕성 조양시)으로 보냈다.

모용패(慕容霸)의 군사가 역막(繹幕)에 도착하니 단근[82]과 그의 동생 단총(段聰)이 성을 들어서 항복하였다.

갑신일(25일)에 모용준이 모용평(慕容評)과 중위(中尉) 후감(侯龕)을 파견하여 정예의 기병 1만 명을 인솔하고 업(鄴)을 공격하게 하였다. 계사일[83]에 업에 도착하였는데, 위의 장간(蔣幹)과 태자 염지(冉智)가 성문을 닫아걸고 막으며 지켰지만 성 밖은 모두 연에 항복하였고, 유녕(劉寧)[84]과 그의 동생 유숭(劉崇)이 호족(胡族)기병 3천 명을 인솔하고 진양(晉陽, 산서성 태원시)으로 달아났다.

9   진(秦)은 장우(張遇)를 정동(征東)대장군·예주목(豫州牧)으로 삼았다.

10   5월에 진(秦)의 주군 부건(苻健)이 장거(張琚)[85]를 의추(宜秋, 섬

서성 경양현 서북쪽, 장거의 근거지)에서 공격하여 목을 베었다.

11 　업(鄴) 안에서는 큰 기근이 생겨서 사람들이 서로 잡아먹으니 그러므로 옛날 조 시절의 궁인[86]들은 잡혀 먹혀서 거의 다 없어졌다. 장간(蔣幹)이 시중 무숭(繆嵩)과 첨사(詹事) 유의(劉猗)에게 표문을 받들고 와서 항복을 받아달라고 청하였고, 또한 사상(謝尙)[87]에게 구원해주기를 요구하였다.

　경인일(2일)에 연왕 모용준이 광위(廣威)장군 모용군(慕容軍)과 전중(殿中)장군 모여근(慕輿根)그리고 우사마 황보진(皇甫眞) 등을 파견하여 보병과 기병 2만 명을 인솔하고 가서 모용평을 도와서 업을 공격하게 하였다.

12 　신묘일(3일)에 연 사람들이 염민을 용성에서 목을 베었다. 마침 큰 가뭄과 황충의 피해를 만나자 연왕 모용준은 염민이 빌미[88]가 된 것이라고 생각하고 사자를 파견하게 하여 그에게 제사를 지내고 시호를 도무천왕(悼武天王)이라 하였다.

---

85 스스로 진왕(秦王)이라고 하였다.

86 목제 영화 원년(345년)에 각지에서 선발되어 후조의 도읍으로 데려온 여자들이다. 이때에 나이를 20세 전후라면 잡혀 먹힐 때는 25~26세일 것이다.

87 항복을 받아달라고 청한 것은 동진에 항복한다는 말이고 사상(謝尙)은 동진의 안서장군이다.

88 수(祟)라고 하는데, 귀신이 되어 화를 끼치는 것이다.

동진으로 넘어간 전국새

13   애초에, 사상(謝尙)이 대시(戴施)[89]에게 방두(枋頭, 하남성 준현 서남쪽의 기문도)를 접거하게 하였는데, 대시는 장간(蔣幹)이 구원해달라고 요구하였다는 말을 듣고, 마침내 창원(倉垣, 하남성 개봉시)에서 극진(棘津, 하남성 활현 남쪽에 있는 옛날 황하나루)으로 옮겨서 주둔하고 장간의 사자[90]를 중지시키고 전국새(傳國璽)를 요구하였다. 유의(劉猗)가 무숭(繆嵩)에게 업(鄴)으로 돌아가서 장간에게 말하게 하니, 장간은 사상이 구원할 수 없을 것이라고 의심하여 침묵하고 결정하지 못하였다.

6월에 대시가 장사(壯士) 100여 명을 인솔하고 업으로 들어가서 삼대(三臺)[91]를 도와서 지키며 그들을 속여서 말하였다.

"지금 연의 도적들[92]이 밖에 있어서 도로가 막히니 인새(印璽)[93]를

---

89 안서장군 휘하의 독호이다.

90 무숭과 유의이다.

91 업성에는 조조가 세운 동작대(銅雀臺)와 금호대(金虎臺)가 있고, 또 빙정대(氷井臺)가 있어서 이를 삼대라고 한다. 이 대(臺)에는 복도(複道)를 놓아 누각이 서로 연결되어 있다.

92 연의 군대를 말한다. 이때 모용준은 아직도 동진의 작위를 받은 신분이기 때

감히 보내지 못할 것입니다. 경이 또한 나와서 나에게 부탁하면 내가 마땅히 말을 달려서 천자에게 보고할 것입니다. 천자께서는 인새가 내가 있는 곳에 있다는 보고를 받게 되면 경의 지성(至誠)을 믿고 반드시 군사와 양식을 많이 내어 군량으로 구원할 것입니다."

장간이 그러할 것이라고 생각하고 인새를 내어 그에게 주었다.

대시가 독호 하융(何融)에게 군량을 맞이하라고 겉으로 말하였지만 속으로는 몰래 인새를 품고서 방두로 보내게 하였다. 갑자일(6일)에 장간이 정예의 병사 5천 명과 진의 병사를 인솔하고 나와 싸웠지만 모용평이 이들을 대파하여 참수한 것이 4천여 급(級)이었는데, 장간이 탈주하여 성 안으로 들어갔다.

14 갑신일(26일)에 진(秦)의 주군 부건(苻健)이 장안으로 돌아갔다.

15 사상과 요양(姚襄)이 함께 장우(張遇)[94]를 허창(許昌, 하남성 허창시)에서 공격하였다. 진(秦)의 주군 부건이 승상인 동해왕(東海王) 부웅(苻雄)과 위(衛)대장군인 평창왕(平昌王) 부청(苻菁)을 파견하여 관동에서 영토를 경략하게 하였는데, 보병과 기병 2만 명을 인솔하고 그

문에 도적이라는 말을 사용할 수가 없는데, 여기서는 위의 입장에서 이와 같이 말한 것으로 볼 수 있다.

93 염민의 위에 있었던 전국새(傳國璽)를 말한다. 전국새는 역대로 내려오던 옥새로 이 옥새를 가진 왕조가 정통 왕조로 인정되었다. 그리하여 동진은 전국새를 갖지 못했으므로 중원지역에서는 '백판천자(白版天子)'라고 불렸던 것이다.

94 사상은 동진의 안서장군, 요양은 평북장군, 장우는 전진(前秦)의 예주자사이다.

를 구원하게 한 것이다.

정해일(29일)에 영수(潁水)에 있는 계교(誡橋, 허창시의 서북쪽)에서 싸웠는데, 사상 등이 대패하고 죽은 사람이 1만5천 명이었다. 사상은 도망하여 회남(淮南)으로 돌아왔고, 요양은 치중(輜重)을 버리고 사상을 작피(芍陂, 수현의 남쪽)로 호송하였는데, 사상은 이 이후의 일을 요양에게 모두 부탁하였다.[95]

은호(殷浩)[96]는 사상이 패배했다는 소식을 듣고 물러나서 수춘(壽春)에 주둔하였다. 가을, 7월에 진(秦)의 승상 부웅이 장우와 진류(陳留, 하남성 진류현)·영천(潁川, 하남성 우현)·허창(許昌)·낙양(洛陽)의 백성 5만여 호를 관중으로 옮기고 우위(右衛)장군 양군(楊羣)을 예주자사로 삼고 허창에서 진수하게 하였다. 사상은 명호(名號)가 깎여서 건위(建威)장군이 되었다.

16 조의 옛 서(西)중랑장이었던 왕탁(王擢)이 사자를 보내어 항복을 받아달라고 청하여서 왕탁을 진주(秦州)자사로 삼았다.

17 정유일(10일)에 무릉왕(武陵王) 사마희(司馬晞)를 태재(太宰)로 삼았다.

18 병진일(29일)에 연왕 모용준이 중산(中山, 하북성 정현)에 갔다.

---

95 호삼성은 후조에서 동진으로 귀부한 요양이 이 싸움에서 동진이 진 것을 보고 동진에 의지할 수 없다고 생각하게 되었다고 하였다.

96 북벌하겠다고 하였던 사람이고 이것으로 북벌은 일단 중단된 셈이다.

19   왕오(王午)는 위가 패배하였다는 소식을 들었는데, 그때 등항(鄧
恒)이 이미 죽었으므로 왕오가 스스로 안국왕(安國王)이라고 하였다.
8월 무진일(11일)에 연왕 모용준(慕容儁)이 모용각(慕容恪)과 봉혁(封
奕), 양무(陽鶩)를 파견하여 그를 공격하게 하니 왕오가 성문을 걸어 잠
그고 스스로 지키며 염조(冉操)를 연의 군대가 있는 곳으로 보내니, 연
사람들이 그들의 곡식을 약탈하고 돌아갔다.[97]

20   경오일(13일)에 위의 장수(長水)교위[98] 마원(馬願) 등이 업성의
문을 열고 연의 군사를 받아들이니 대시(戴施)와 장간(蔣幹)[99]이 줄을
매달아 가지고 내려와서 창원(倉垣, 하남성 개봉시 서남쪽)으로 도망하였
다. 모용평(慕容評)이 위후(魏后) 동(董)씨·태자 염지(冉智)·태위 신종
(申鍾)·사공 조매(條枚) 그리고 승여(乘輿)와 복어(服御)를 계(薊)로 보
냈다.
    상서령 왕간(王簡)·좌복야 장건(張乾)·우복야 낭숙(郎肅)이 모두 자
살하였다. 연왕 모용준이 거짓으로 동씨가 전국새(傳國璽)를 가지고
있다가 이를 바쳤다고 말하고, 명호를 내려서 봉새군(奉璽君)이라고
하고, 염지에게는 작위를 하사하여 해빈후(海賓侯)라고 하였다. 신종

---

97 왕오(王午)는 위의 유주자사로 노구(하북성 요양현)에 주둔하고 있었고, 등항
   (鄧恒)은 위의 정동장군으로 목제 영화 6년(350년)에 죽었으며, 모용각(慕容
   恪)은 연의 보국장군이고, 염조(冉操)는 위왕이었던 염민의 아들이다. 이것은
   전체적으로 청야(淸野)작전이다. 왕오가 성에 갇혀 있으므로 그들에게 양식
   이 공급되는 것을 막기 위한 조치인 것이다.

98 외국인으로 구성된 부대의 지휘관이다.

99 대시는 동진의 독호이고, 장간은 위의 대장군이다.

을 대장군부 우장사로 삼고, 모용평에게 업(鄴)을 진수하라고 하였다.

21　환온(桓溫)이 사마훈(司馬勳)에게 주무(周撫)를 도와서 소경문(蕭敬文)[100]을 부성(涪城, 사천성 팽산현)에서 토벌하게 하여 그의 목을 베었다.

22　사상이 방두에서 전국새를 영접하여 건강(建康, 남경 ; 동진의 도읍지)에 도착하자 백관들이 축하를 다 마쳤다.

23　진(秦)에서는 뇌약아(雷弱兒)를 대사마로 삼고, 모귀(毛貴)를 태위로, 장우(張遇)를 사공으로 삼았다.

24　은호(殷浩)가 북벌하면서 중군(中軍)장군 왕희지(王羲之)가 편지를 써서 그것을 중지하라고 하였는데, 듣지 않았다. 이미 아무런 공로를 세우지 못하였는데, 다시 군사를 일으키는 것을 모의하였다.

　왕희지는 은호에게 편지를 보내어 말하였다.

　"지금 작디작은 강좌(江左)[101]에 있게 되어서 천하 사람들의 마음이 서늘하게 된 지가 진실로 오래 되었지만, 힘껏 싸워서 무공(武功)을 세우는 것은 마땅히 해야 하는 바는 아닙니다.

　근래에 안팎의 책임을 가진 사람들이 아직 깊이 꾀를 내고 멀리까지

---

100 환온(桓溫)은 동진의 정서대장군이고, 사마훈(司馬勳.)은 동진의 양주(梁州)자사이며, 주무(周撫)는 동진의 익주자사이고, 소경문(蕭敬文)은 목제 영화 3년(347년)에 반란을 일으켰다.

101 동진이 차지하고 있는 지역이 장강의 왼쪽이므로 동진을 가리킨다.

염려하지는 않아서 근본을 피곤하고 고갈되게 하여 각기 뜻하는 바에 따르고 있으니, 끝내는 한 번이라도 공로라고 할만한 것을 갖지 못하였고, 드디어 천하 사람들에게 장차 흙이 무너지는 형세를 갖게 하였으니, 그 일을 맡은 사람이 어찌 사해(四海)에 대한 책임을 사양할 수 있겠습니까?

지금 군대는 밖에서 깨뜨려지고 밑천은 안에서 고갈되어 회하(淮河)를 보전하려는 뜻도 다시 도달할 수 있는 것이 아니니 장강으로 돌아와서 지키고 장수들을 독려하여 각기 옛 진(鎭)을 회복시키는 것만 못하며 장강 밖으로는 기미(羈縻)하는 것뿐입니다.

허물을 끌어다가 자기에게 책임을 돌리고 다시 좋은 정치를 하고, 부역을 줄여주며 백성들과 함께 다시 시작하면 대체로 거꾸로 매달린 것 같은 위급함을 구할 수 있을 것입니다.

사군(使君)[102]께서는 포의(布衣)에서 시작하셔서 천하의 중임을 맡으셨고, 전체를 통어할 책임을 맡으셨는데, 실패하고 없어지는 것이 이 지경에 이르렀으니, 아마도 조정에 있는 여러 현명한 사람들 가운데는 다른 사람[103]과 더불어 그 비방하는 말을 나누어 가질 사람이 없을까 걱정입니다.

만약에 오히려 이전에 했던 일이[104] 아직도 꼼꼼하지 못하기 때문이라고 하고, 그러므로 다시 분수에 넘치는 것을 구하고자 한다면 우주가 비록 넓다고 하여도 어느 곳에서 자신을 받아들이겠습니까? 이것이

---

102 은호를 높여서 부른 말이다.

103 은호를 가리킨다.

104 북벌했던 일이다.

어리석은 사람이든 지혜로운 사람이든 이해하지 못하는 것입니다."

또 회계왕(會稽王) 사마욱(司馬昱)에게 쪽지[105]를 보내어 말하였다.

"다른 사람의 신하가 되어 누가 그의 주군을 높이고 전 시대보다 융성하게 하는 것을 원하지 않겠습니까? 하물며 얻기 어려운 운수를 만난 경우이겠습니까? 갖고 있는 힘을 돌아보니 미치지 못하므로 어찌 가벼운지 무거운지를 달아보지 않고 이를 처리하겠습니까?

지금 비록 기뻐할만한 기회를 갖고 있으나, 안으로 자기에게서 찾아보면 걱정해야 할 것이 기뻐해야 할 것보다 무겁습니다. 공로를 세우는 것은 아직 기대할 수 없고, 남겨진 백성들은 거의 다 죽어가며 노역(勞役)은 때도 없이 일으키고, 거둬들이는 것은 날로 무거우며, 작디작은 오·월(吳·越)을 가지고서 천하의 10분의 9를 경영하려고 한다면 망하지 않고 무엇을 기대하겠습니까?

자기가 쌓은 덕을 헤아리고 힘을 재보지 않고 다 떨어지지 않으면 그치려 하지도 않으니, 이것이 국내에 사는 사람들이 마음아파하고 한탄하고 슬퍼하는 바이지만 감히 정성스런 마음을 토로하지 못합니다. '지나간 것은 간할 수 없고, 오는 것은 오히려 추구할 수 있는 것이니'[106] 바라건대 전하께서 다시 세 번 생각해 보셔서 먼저 이길 수 없는 기초를 만들어놓고, 뿌리가 박히고 형세가 드러날 때까지 기다렸다가 이를 꾀한다고 하여도 늦지 않습니다.

만약에 그렇게 하지 않을 것 같으면 아마도 미록(麋鹿)들이 뛰어 노는 곳이 장차 숲속으로 그치지 않을까 두려울 뿐입니다.[107] 바라건대

---

105 전(牋)을 말한다. 보통 편지를 서(書)라고 하고, 전은 비교적 간단한 편지이다.
106 《논어》에 실려 있는 말이다.

전하께서 잠시 텅 비고 먼 곳을 생각하는 마음[108]을 그만두시고 거꾸로 매달린 위급함을 구하시면, 망하는 것을 가지고 살리게 하는 것이며, 화(禍)를 돌려서 복이 되게 하는 것이라고 생각할 수 있습니다.”

좇지 않았다.

9월에 은호가 사구(泗口, 강소성 청강시 서남쪽)에 주둔하여 하남(河南)태수 대시(戴施)를 파견하여 석문(石門, 하남성 형양현 북쪽)을 점거하게 하고, 형양(滎陽)태수 유둔(劉遯)이 창원(倉垣, 하남성 개봉시 서북쪽)을 점거하게 하였다. 은호가 군사를 일으키고서 태학의 생도들을 해산하여 보내니 학교는 이로 말미암아서 드디어 폐지되었다.

겨울, 10월에 사상이 관군(冠軍)장군 왕협(王俠)을 파견하여 허창을 공격하여 이겼다. 진(秦)의 예주(豫州)자사 양군(楊羣)이 물러나서 홍농(弘農, 하남성 영보현)에 주둔하였다. 사상을 징소하여 급사중(給事中)으로 삼아 석두(石頭, 남경의 서북쪽)를 지키게 하였다.

25 정묘일(11일)에 연왕 모용준이 계(薊)로 돌아갔다.

26 옛날 조의 장수였던 사람 가운데 군사를 가지고 주와 군을 점거하고 있는 사람들이 각기 사자를 파견하여 연에 항복하니 연왕 모용준은 왕탁(王擢)을 익주자사로 삼고, 기일(夔逸)을 진주(秦州)자사로 삼고, 장평(張平)을 병주(幷州)자사로 삼고, 이력(李歷)을 연주(兗州)자사로

---

107 미록인 사슴들은 숲에서 뛰어 노는 것이 정상적이지만 궁궐에서까지 놀게 될까 걱정이 된다는 말이니, 궁궐이 폐허가 되는 것을 말한다.

108 청담(淸談)을 말한다. 사마욱의 작풍을 말한 것이다.

삼고, 고창(高昌)을 안서(安西)장군으로 삼으며, 유녕(劉寧)을 거기(車騎)장군으로 삼았다.

황제가 된 연의 모용준과 죽는 양의 장중화

27 모용각(慕容恪)이 안평(安平, 하북성 안평현)에 주둔하고서, 양식을 쌓고 공격도구를 수리하며 장차 왕오(王午)[109]를 토벌하려고 하였다. 병술일[110]에 중산(中山, 하북성 정현)에 있는 소림(蘇林)이 무극(無極, 하북성 무극현)에서 군사를 일으키고 스스로 천자라고 하였다. 모용각이 노구(魯口, 하북성 요양현, 왕오의 근거지)에서 돌아와 소림을 토벌하였다.

윤월(윤11월) 무자일(3일)에 연왕 모용준이 광위(廣威)장군 모여근(慕輿根)을 파견하여 모용각을 도와 소림을 공격하게 하여 그의 목을 베었다. 왕오가 그의 장수 진흥(秦興)에게 죽었다. 여호(呂護)가 진흥을 죽이고 다시 스스로 안국왕(安國王)이라고 하였다.

---

109 모용각(慕容恪)은 연의 보국장군이고 왕오(王午)는 자칭 안국왕이라고 한 사람이다.

110 통감필법에 의하면 병술일은 10월이어야 하지만 10월 1일이 정사일이므로 10월에는 병술일이 없다. 다음 기사에 윤월이 나오는 것으로 보아 윤10월이 있는데, 병술일은 윤10월 1일이다. 그러므로 다음에 오는 '윤월 무자'의 윤월은 병술 앞으로 와야 맞는 것 같다.

연의 많은 관료들이 함께 연왕 모용준에게 존호(尊號)를 올리니 모용준이 이를 허락하였다. 11월 정묘일(12일)에 비로소 백관을 설치하고 국상(國相) 봉혁(封奕)을 태위로 삼고, 좌장사 양무(陽鶩)를 상서령으로 삼고, 우사마 황보진(皇甫眞)을 상서좌복야로 삼고, 전서령(典書令) 장희(張悕)를 우복야로 삼고, 그 나머지 문무 관원들에게 관직과 작위를 차등 있게 주었다.

무진일(13일)에 모용준이 황제의 자리에 올라서 크게 사면하고 스스로 전국새(傳國璽)를 얻었다고 말하였으므로 기원을 원새(元璽)라고 고쳤다. 무선왕(武宣王)을 추존하여 고조무선황제(高祖武宣皇帝)로 하고, 문명왕(文明王)을 태조문명황제(太祖文明皇帝)[111]라고 하였다.

그때 진(晉)의 사자가 바로 연에 오니 모용준이 말하였다.

"너는 돌아가서 너의 황제에게 말하는데, 나는 사람이 결핍한 상황[112]을 이어받았는데, 중국 사람들이 추천하는 바가 되어 이미 황제가 되었다."

사주(司州)를 고쳐서 중주(中州)라고 하고, 용도(龍都)에 유대(留臺)[113]를 두었다. 현토(玄菟)태수 을일(乙逸)을 상서로 삼아서 유대의 사무를 전적으로 위임하였다.

---

111 고조무선황제(高祖武宣皇帝)로 추존된 무선왕(武宣王)은 모용준의 할아버지인 모용외(慕容廆)이고, 태조문명황제(太祖文明皇帝)로 추존된 문명왕(文明王)은 모용준의 아버지인 모용황(慕容皝)이다.

112 중원지역에는 주군을 할 사람이 없다는 뜻이다.

113 용도(龍都)는 전에 연의 도읍지였던 용성(요녕성 조양현)을 용도로 고친 것인데, 모용준이 황제가 되었으므로 이렇게 고친 것이고, 유대(留臺)는 연이 도읍을 계로 하였으므로 도읍이었던 용도에 남아서 일을 처리할 수 있는 기관을 둔 것이다.

28 진(秦)의 승상 부웅(苻雄)이 왕탁(王擢)을 농서(隴西, 감숙성 농서현)에서 공격하니, 왕탁이 양주(凉州)로 도망하였고, 부웅이 돌아와서 농동(隴東, 감숙성 농현)에 주둔하였다. 장중화(張重華)[114]가 왕탁을 정로(征虜)장군·진주(秦州)자사로 삼아서 특별한 총애로 그를 우대하였다.

목제 영화 9년(癸丑, 353년)[115]

1 봄, 정월 초하루 을묘일에 크게 사면하였다.

2 2월 경자일(17일)에 연의 주군 모용준이 그의 비(妃) 가족혼씨(可足渾氏)를 황후로 삼고, 세자 모용엽(慕容曄)을 황태자로 삼았으며, 모두 용성에서 계(薊)에 있는 궁으로 옮겼다.

3 장중화(張重華)는 장군 장홍(張弘)과 송수(宋修)를 파견하여 왕탁을 만나서 보병과 기병 1만5천 명을 인솔하고 진(秦)을 치게 하였다. 진(秦)의 승상 부웅(苻雄)과 위장군 부청(苻菁)이 이들을 막고 용여(龍黎, 감숙성 용현의 동남쪽 60km 지점)에서 양(凉)의 군사를 대패시키고 참수한 것이 1만2천 급(級)이었으며, 장홍과 송수를 포로로 잡으니 왕탁이 진주(秦州)를 포기하고 고장(姑臧, 감숙성 무위현, 凉의 도읍지)으로 달

---

114 고장(감숙성 무위현)에 도읍하고 있는 전량의 왕이다.
115 전량 환왕 영락 8년, 전연 경소제 원새 2년, 전진 경명제 시황 3년, 대왕(탁발십익건 건국) 16년, 제왕(段龕) 4년, 진왕(劉康) 원년, 안국왕(呂護) 원년이다.

아났다. 진(秦)의 주군 부건(苻健)이 영군(領軍)장군 부원(苻願)을 진주(秦州)자사로 삼고 상규(上邽, 감숙성 천수시)에서 진수하게 하였다.

4   3월에 교주(交州)자사 완부(阮敷)가 임읍(林邑, 베트남 구인현)을 토벌하여 50여 개의 보루(堡壘)를 격파하였다.

5   조의 옛 위위(衛尉)였던 이독(李犢)이 무리 수천 명을 모아서 연을 배반하였다.

6   서역(西域, 신강성과 중앙아시아)에 사는 호족(胡族) 유강(劉康)이 유요(劉曜)의 아들이라고 거짓으로 말하고, 평양(平陽, 산서성 임분시)에서 무리를 모아서 스스로 진왕(晉王)이라고 하였는데, 여름, 4월에 진(秦)의 좌위(左衛)장군 부비(苻飛)가 그를 토벌하여 사로잡았다.

7   안서(安西)장군 사상(謝尙)을 상서복야로 삼았다.

8   5월에 장중화가 다시 왕탁에게 무리 2만 명을 인솔하고 상규(上邽, 감숙성 천수시)를 정벌하게 하니, 진주(秦州)의 군현(郡縣)들이 대부분 그에게 호응하였는데, 부원(苻願)이 싸워서 패배하여 장안(長安)으로 도망갔다. 장중화 이 기회에 상소문을 올려서[116] 진(秦)을 정벌하겠다고 하니 조서를 내려서 장중화를 올려 양주목(涼州牧)으로 삼았다.

---

116 동진에 상소문을 올린 것이다.

9 　연의 주군 모용준이 위(衛)장군 모용각(慕容恪)을 파견하여 이독(李犢)을 토벌하게 하니, 이독이 항복하고 드디어 동쪽으로 가서 여호(呂護)[117]를 노구(魯口)에서 공격하였다.

10 　6월에 진(秦)의 부비가 저왕(氐王) 양초(楊初)를 구지(九池, 감숙성 성현의 서북쪽 낙곡진)에서 공격하였으나 양초에게 패배하였다. 승상 부웅(苻雄)과 평창왕 부청(苻菁)이 보병과 기병 4만 명을 인솔하고 농동(隴東, 감숙성 농현)에 주둔하였다.

　진(秦)의 주군 부건이 장우(張遇)의 계모(繼母) 한(韓)씨를 받아들여서 소의(昭儀)로 삼고, 자주 여러 사람들이 있는 곳에서 장우에게 말하였다.

　"경은 나의 양자이다."

　장우는 이를 수치스럽게 생각하였는데, 부웅 등의 정예 군사가 밖에 있는 것을 이용하여 몰래 관중지역의 호걸들과 결탁하고 부씨를 멸망시키고 그들의 영토를 가지고 항복해 오려고 하였다.

　가을, 7월에 장우가 황문(黃門) 유황(劉晃)과 더불어 밤중에 부건을 습격하기로 모의하여 유황이 문을 열고 그를 기다리기로 약속하였다. 마침 부건이 유황으로 하여금 밖으로 나가게 하였는데, 유황이 굳게 사양하다가 부득이하여 갔다. 장우가 이를 알지 못하고 군사를 이끌고 문에 도착하였지만, 문이 열리지 않았고 일은 발각되어 죽었다.

　이에 공지(孔持)[118]가 지양(池陽, 섬서성 경양현)에서 일어나고, 유진

---

117 자칭 안국왕이라고 하는 사람이다.

118 다른 판본에는 공특(孔特)으로 되어 있기도 하다.

(劉珍)과 하후현(夏侯顯)이 호(鄠, 섬서성 호현)에서 일어나고, 교병(喬
秉)이 옹(雍, 섬서성 봉상현)에서 일어나고, 호양적(胡陽赤)이 사죽(司竹,
섬서성 주지현)에서 일어나고, 호연독(呼延毒)이 파성(灞城, 섬서성 서안
시 동쪽)에서 일어났는데, 무리가 수만 명이고, 각기 사자를 보내와서
군사를 보내달라고 청하였다.

11   진(秦)에서는 좌복야 어준(魚遵)을 사공으로 삼았다.

12   9월에 진(秦)의 승상 부웅(苻雄)이 무리 2만 명을 인솔하고 장안
으로 돌아가서 평창왕 부청을 파견하여 상락(上洛, 섬서성 낙남현)을 경
략하여 평정하게 하고, 풍양천(豐陽川, 섬서성 산양현)에 형주(荊州)를
설치하고, 보병(步兵)교위인 금성(金城, 감숙성 난주시) 사람 곽경(郭敬)
을 자사로 삼았다. 부웅이 청하왕(淸河王) 부법(苻法)과 비부(苻飛)[119]
와 더불어 나누어 공지 등을 토벌하였다.

13   요양(姚襄)[120]이 역양(歷陽, 안휘성 화현)에 주둔하였는데, 연과 진
(秦)이 바야흐로 강성하였으므로 아직 북벌할 뜻을 가지지 못하고 마
침내 회하(淮河)를 끼고서 널리 둔전을 일으키고 장사(將士)들을 엄하
게 훈련시켰다. 은호는 수춘(壽春, 안휘성 수현)에 있었는데 그가 강성해
진 것을 싫어하여 요양의 여러 동생을 가두고 여러 번 자객(刺客)을 파
견하여 그들을 찔렀는데 자객들이 모두 인정을 가지고 요양에게 알려

---

119 좌위장군이다.

120 동진의 평북장군이다.

주었다.

안북(安北)장군 위통(魏統)이 죽고,[121] 그의 동생 위경(魏憬)이 대신 그의 부곡을 관장하였다. 은호가 몰래 위경을 파견하여 무리 5천 명을 거느리고 그를 습격하게 하였는데 요양이 위경을 베어버리고 그의 무리를 합병하였다. 은호가 더욱 그를 싫어하여 용상(龍驤)장군 유계(劉啓)에게 초(譙, 안휘성 박현)를 지키게 하고, 요양을 양국(梁國, 하남성 상구시)의 여대(蠡臺, 하남성 수양현)로 옮기고 표문을 올려서 양국내사를 주라고 하였다.

위경의 자제들이 자주 수춘을 왕래하니 요양이 더욱 의심하고 두려워하여 참군 권익(權翼)을 파견하여 은호에게 사자(使者)로 가게 하니, 은호가 말하였다.

"나 자신은 요 평북(姚 平北)[122]과 함께 왕의 신하가 되어서 즐거움과 걱정스러움을 같이 하였는데 평북장군께서 매번 거동하시는 것이 스스로 오로지 하시니 아주 보필하는 이치를 잃었으므로 어찌 바라는 바이겠소?"

권익이 말하였다.

"평북장군은 영웅의 자태로 세상에서 뛰어나셨고, 군사를 가지고 있는 것이 수만 명인데, 먼 곳에서 진(晉) 왕실로 귀부한 것은 조정에 도리가 있으며 재보(宰輔)들이 밝고 현명하기 때문이었습니다. 지금 장군[123]께서 참소하고 모함하는 말들을 가벼이 믿고 평북장군과 틈이

---

121 위통이 1년 전에 동진에 항복하였다.

122 요익이 평북장군이었으므로 이렇게 부른 것이다.

123 은호를 가리킨다.

생겼으니, 어리석은 제가 시기하고 혐의를 두게 된 발단은 이곳에 있지 저쪽에 있지 아니합니다."

은호가 말하였다.

"평북장군의 자태와 성품은 호방하고 걸림이 없어서 살리고 죽이는 것을 자유롭게 하고 있으며 또 소인배를 멋대로 놓아두어서 나의 말을 탈취하게 하였으니 왕의 신하가 된 사람의 체통에서 정말로 이와 같이 해야 하겠소?"

권익이 말하였다.

"평북장군이 성스러운 조정에 귀부하였으니 어찌 죄 없는 사람을 망령되게 죽였겠습니까? 간사한 죄인은 또한 왕의 법도에서도 용인하지 않는 바인데 그들을 죽였다고 무슨 해로움이 있겠습니까?"

은호가 말하였다.

"그렇다면 말을 약탈한 것은 무엇이오?"

권익이 말하였다.

"장군께서는 평북장군이 영웅적인 무력을 갖고 있어서 통제하기 어렵다고 생각하고 끝내는 장차 그를 토벌하려고 하시니, 그러므로 말을 빼앗은 것은 스스로 보위하려는 것일 뿐이오."

은호가 웃으면 말하였다.

"어찌하여 여기에 이르렀겠소?"

애초에, 은호가 몰래 사람을 파견하여 양안(梁安)과 뇌약아(雷弱兒)[124]를 유인하여 그들에게 진(秦)의 주군 부건을 죽이게 하면서 관우(關右)를 책임지게 하기로 허락하였는데, 뇌약아는 거짓으로 이를

---

124 두 사람 모두 진(秦)의 중신이다.

허락하고 또한 군사가 맞이하여줄 것을 청하였다. 은호는 장우(張遇)가 난을 일으켰고, 부건의 조카 보국(輔國)장군 부황미(苻黃眉)가 낙양에서부터 서쪽으로 도망하였다는 말을 듣고는 양안 등의 일이 이미 성공한 것으로 생각하였다.

겨울, 10월에 은호가 수춘에서 무리 7만 명을 인솔하고 북벌하였는데, 나아가서 낙양을 점거하여 원릉(園陵)을 수복하고자 하였다. 이부상서 왕표지(王彪之)가 회계왕 사마욱(司馬昱)에게 쪽지를 보내어 말하였다.

"뇌약아 등이 아마도 속이는 것 같으니 은호는 아직 가볍게 전진하지 않아야 합니다."

좇지 않았다.

은호가 요양을 선봉으로 삼았다. 요양이 군사를 이끌고 북쪽으로 가면서 은호가 장차 도착할 것을 헤아리고서 거짓으로 부대의 무리들에게 밤중에 도망하게 하고 몰래 갑병들을 매복시켜놓고 그를 맞이하게 하였다. 은호가 소식을 듣고 요양을 뒤쫓아 가서 산상(山桑, 안휘성 몽성현)에 도착하자, 요양이 군사를 풀어서 그를 쳤고, 은호는 대패하여 치중을 버리고 도망하여 초성(譙城, 안휘성 박현)을 지켰다.

요양이 1만여 명을 포로로 잡거나 죽이고 그들의 물자와 무기를 전부 거둬들이고 형 요익(姚益)에게 산상을 지키게 하고, 요양은 다시 회남으로 갔다. 화계왕 사마욱이 왕표지에게 말하였다.

"그대의 말은 맞지 않는 것이 없으니, 장량(張良)이나 진평(陳平)[125]도 넘어서지 못할 것이오."

---

125 전한 시대의 모사이다.

14 　서평경열공(西平敬烈公)[126] 장중화(張重華)가 병이 들었는데 아들 장요령(張曜靈)이 겨우 열 살이었지만 그를 세워서 세자로 삼고 그 경내에 사면하였다. 장중화의 서형(庶兄)인 장녕후(長寧侯) 장조(張祚)가 용기와 힘 그리고 관리하는 재간을 갖고 있었는데, 재주를 피우는데 기울어져서 안팎의 사람들을 잘 섬겼으며, 장중화가 총애하는 신하인 조장(趙長)과 위집(尉緝) 등과 더불어 의형제관계를 맺었다.

도위 상거(常據)가 그를 내보내라고 청하였더니 장중화가 말하였다.

"나는 바야흐로 장조를 주공(周公) 노릇을 하게 하여 그에게 어린 아들을 보필하게 하려고 하는데 그대는 무슨 말이오?"

사애(謝艾)가 부한(枹罕)에서 세운 공로[127]로 장중화에게 총애를 받았는데, 주위에서는 그를 질시하고 사애를 참소(讒訴)하여 내보내어 주천(酒泉, 감숙성 주천시)태수로 삼았다. 사애는 상소문을 올렸다.

"권력을 가진 총애하는 신하가 일을 멋대로 처리하면 공실(公室)이 장차 위태로워지니, 빌건대 신이 들어가 모시도록 허락하여 주십시오."

또 말하였다.

"장녕후 장조와 조장 등이 장차 난을 일으킬 것이니 의당 그들을 다 내쫓아야 합니다."

11월 기미일(10일)에 장중화의 병이 심하여 손수 사애를 징소하여 위(衛)장군으로 삼고, 안팎의 모든 군사적인 일을 감독[128]하게 하며 정치

---

126 장중화는 양왕이지만 동진으로부터 서평공의 작위를 받았고, 죽은 다음에 시호를 경열공이라 하였다.

127 진 목제 영화 3년(347년)에 부한을 보위하였었는데, 이 일은 《자치통감》 권 97에 실려 있다.

128 관직명은 감중외제군사이다.

를 보필하게 하였는데, 장조와 조장 등이 숨겨놓고 선포하지 않았다.

정묘일(18일)에 장중화가 죽으니[129] 세자 장요령이 뒤를 이었고, 대사마·양주자사·서평공을 칭하였다. 조장 등이 장중화의 유언으로 남긴 명령을 고쳐서 장녕후 장조를 도독중외제군사[130]·무군(撫軍)대장군으로 삼고 정치를 보필하게 하였다.

---

129 장중화의 나이는 27세였다.

130 안팎의 모든 군사를 감독하는 관직명이다.

은호와 환온

15   은호가 부장(部將) 유계(劉啓)와 왕빈지(王彬之)에게 요익(姚益)을 산상(山桑, 안휘성 몽성현)에서 공격하게 하자 요양이 회남에서부터 그를 치니, 유계와 왕빈지가 모두 패배하여 죽었다. 요양이 나아가서 작피(芍陂, 수춘의 남쪽)를 점거하였다.

16   조의 말년에 낙릉(樂陵) 사람 주독(朱禿)·평원(平原) 사람 두능(杜能)·청하(淸河) 사람 정요(丁嬈)·양평(陽平) 사람 손원(孫元)이 각기 군사를 가지고 성읍을 나누어 점거하고 있었는데, 이때에 이르러서 모두 연에 항복하기를 청하자, 연의 주군 모용준이 주독을 청주(靑州)자사로 삼고, 두능을 평원태수로 삼고, 정요를 입절(立節)장군으로 삼고, 손원을 연주(兗州)자사로 삼아 각기 머물러 있으면서 그 자신의 군영을 위무하게 하였다.

17   진(秦)의 승상 부웅(苻雄)이 지양(池陽)에서 승리하고 공지(孔持)의 목을 베었다. 12월에 청하왕 부법(苻法)과 부비(苻飛)가 호(鄠, 섬서성 호현)에서 승리하고 유진(劉珍)과 하후현(夏侯顯)의 목을 베었다.

18　요양이 회하를 건너 우태(盱胎, 강소성 우태현)에 주둔하면서 유민
들을 부르거나 붙잡아 와서 무리가 7만 명에 이르자, 태수와 재상을 나
누어 두어 농업과 잠업을 힘쓰게 하고, 사자를 파견하여 건강에 가서
은호의 죄상을 말하고 아울러 스스로도 사과하였다. 조서를 내려서 사
상(謝尙)을 도독강서회남제군사[131]·예주자사로 삼아서 역양(歷陽, 안
휘성 화현)에서 진수하게 하였다.

19　양(涼)의 우장사 조장(趙長) 등이 건의하였다.

"이 시대는 어려움이 아직 다 이멸(夷滅)되지 않았으니 의당 어른을
군주로 세워야 합니다. 장요령(張曜靈)은 나이가 어리니 청컨대 장녕
후(長寧侯) 장조(張祚)를 세우십시오."

장조는 먼저 장중화의 어머니인 마씨(馬氏)에게서 총애를 받아 마씨
가 이를 허락하니[132] 마침내 장요령을 폐위시켜 양녕후(涼寧侯)로 삼
고, 장조를 세워서 대도독·대장군·양주목·양공(涼公)으로 삼았다. 장
조가 이미 뜻을 얻고 나자 멋대로 음란하고 포학한 짓을 하고[133] 장중
화의 비(妃) 배(裴)씨와 사애(謝艾)를 죽였다.

20　연의 위(衛)장군 모용각(慕容恪)과 무군(撫軍)장군 모용군(慕容
軍) 그리고 좌(左)장군 모용표(慕容彪) 등이 급사황문시랑(給事黃門侍

---

131 강서지역과 회남지역의 모든 군사적인 일을 감독하는 관직명이다.

132 장조와 마씨는 사통하고 있었다.

133 음학(淫虐)이라고 표현하였는데, 호삼성은 음란했다는 것은 주군의 어머니
　　를 증(烝, 항렬이 아래인 사람이 윗사람을 간음하는 것)한 것이며, 포학했다는 것
　　은 배비와 사애를 죽인 것을 두고 한 말이라고 하였다.

郎) 모용패(慕容霸)를 여러 번 천거하여 세상을 명령할만한 재간을 가졌으므로 의당 큰 임무를 총괄하게 해야 한다고 하였다. 이 해에 연의 주군 모용준이 모용패를 사지절(使持節)·안동장군·북기주(北冀州)자사로 삼아 상산(常山)에서 진수하게 하였다.

목제 영화 10년(甲寅, 354년)[134]

1   봄, 정월에 장조가 스스로 양왕(涼王)이라고 하고 건흥(建興) 42년[135]을 화평(和平) 원년으로 고치고, 처 신(辛)씨를 왕후로 삼고, 아들 장태화(張太和)를 태자로 삼고, 동생 장천석(張天錫)을 장녕후(長寧侯)로 삼고, 아들 장정견(張庭堅)을 건강후(建康侯)로 삼고, 장요령의 동생 장현정(張玄靚)을 양무후(涼武侯)로 삼았으며, 백관을 설치하고 교외에 나가서 천지에 제사를 지냈는데 천자의 예악(禮樂)을 사용하였다.

상서 마급(馬岌)이 간절하게 간하였다가 이에 연루되어 면직되었다. 낭중 정기(丁琪)가 다시 간하였다.

"우리는 무공(武公)[136] 이래로 대대로 신하의 절개를 지켰으며 충성

---

134 전량 위왕 화평 원년, 전연 경소제 원새 3년, 전진 경명제 시황 4년, 대왕(탁발십익건 건국) 17년, 제왕(段龕) 5년, 안국왕(呂護) 3년이다.

135 건흥은 서진시대 민제의 연호이다. 민제의 연호로 치면 이 해가 건흥 42년이 된다. 애초에 양(涼)의 장궤는 동진의 건국 또한 옳지 못한 것으로 여겨서 망한 서진의 연호를 고집스럽게 사용하였던 것이다.

136 양(涼)을 독립시킨 장궤(張軌)를 말한다.

심을 안고 겸손함을 딛고 50년을 지냈으니,[137] 그러므로 한 주(州)에 사는 무리들은 세상의 야만인[138]에게 항거하고, 군사를 일으키는 것이 매년 있었지만 백성들은 피로함을 이야기하지 않았습니다. 전하의 공훈과 덕은 먼저 돌아가신 공(公)보다 높지 않은데 빨리 혁명을 꾀하시니 신은 그것이 옳다는 것을 아직 발견하지 못하였습니다.

저들 병사와 백성들이 명령을 듣는 까닭과 사방의 먼 곳에서 귀부하여 오는 까닭은 우리가 진(晉)의 황실을 받드는 연고입니다. 지금 스스로를 높이면 안팎에서 마음이 떨어져나갈 것인데 어떻게 능히 한 귀퉁이의 땅을 가지고 천하의 강한 적을 막겠습니까?"

장조는 크게 화가 나서 궁궐 아래에서 그의 목을 베었다.

2   옛날 위(魏)의 항복한 장수 주성(周成)[139]이 반란을 일으켜서 완(宛, 하남성 남양시)에서부터 낙양을 습격하였다. 신유일(13일)에 하남태수 대시(戴施)가 위저(鮪渚, 하남성 공현의 서남쪽)로 달아났다.

3   진(秦)의 승상 부웅(苻雄)이 사죽(司竹, 섬서성 주지현)에서 승리하자, 호양적(胡陽赤)이 패성(霸城, 장안의 동쪽)으로 달아나서 호연독(呼延毒)에게 의지하였다.

---

137 혜제 영녕 원년(301년)에 장궤가 양주지역에서 진수하였으므로 금년까지는 54년이 지난 셈이다.

138 유씨의 전조를 말한다.

139 염민의 위의 서주자사였다가 목제 영화 7년(351년)에 동진으로 귀부하였으며, 그 내용은 《자치통감》 권98에 보인다.

4 중군(中軍)장군·양주(揚州)자사 은호가 계속하여 북벌을 하였으
나 군사가 여러 번 패배하여 양식과 무기가 다 소진되었는데, 정서(征
西)장군 환온(桓溫)이 조야(朝野)의 원성 때문에 상소문을 올려서 은호
의 죄를 헤아려가면서 그를 쫓아내라고 청하였다. 조정에서는 부득이
하여 은호를 면직시켜서 서인으로 만들고 동양(東陽, 절강성 금화시)의
신안(信安, 절강성 구현)으로 귀양 보냈다. 이로부터 안팎의 대권(大權)
은 모두 환온에게 돌아왔다.

은호는 젊어서 환온과 명성이 같았는데, 마음속으로 경쟁하며 서로
밑에 들어가지 않으려고 하였지만 환온이 항상 그를 가볍게 생각하였
다. 은호가 이미 폐출되고 나자 비록 근심과 원망하는 기색을 말과 모
습에 나타내지 않았지만 항상 허공에다 '돌돌괴사(咄咄怪事)'[140]라는
글자를 썼다.

한참 지난 뒤에 환온이 그의 연리(掾吏) 치초(郗超)에게 말하였다.

"은호가 덕을 쌓기도 하고 말도 잘하여 과거에 영(令)이나 복야(僕
射)[141]로 삼았더라면 충분히 백관들의 모범이 되었을 것인데 조정에
서 그의 재주를 어겨서 임용하였다."

장차 은호를 상서령으로 삼으려고 편지로 그에게 알렸다.

은호가 기뻐하여 허락하면서 장차 답장을 하려고 하였는데, 잘못된
내용이 있을까 염려하여 편지를 열었다 닫았다 하기를 수십 차례 하다
가 끝내는 빈 봉투를 보냈다. 환온이 크게 화가 나서 이로 말미암아서

---

140 돌돌은 탄식하는 소리이고 괴사는 이상한 일이라는 뜻이다. 이해할 수 없는
   이상한 일이라는 뜻으로 볼 수 있다.
141 상서령 혹은 상서복야를 줄여서 한 말이다.

드디어 관계가 끊어졌고 귀양지에서 죽었다. 이전의 회계(會稽)내사 왕술(王述)을 양주(揚州)자사로 삼았다.

5   2월 을축일[142]에 환온이 보병과 기병 4만 명을 통솔하여 강릉(江陵, 호북성 강릉현)을 출발하였는데, 수군은 양양(襄陽, 호북성 양번시)에서 균구(均口, 호북성 균현 단간에서 한강으로 들어가는 입구)로 들어가서 남향(南鄕, 하남성 석천현)에 도착하였고, 보병은 석천(淅川, 하남성 석천현)에서부터 무관(武關, 섬서성 상낙현의 서남쪽)을 향하며 사마훈(司馬勳)에게 명령을 내려서 자오도(子午道)로 나가서 진(秦)을 정벌하게 하였다.[143]

6   연의 위(衛)장군 모용각(慕容恪)이 노구(魯口, 하북성 요양현)를 포위하여 3월에 이를 뽑아버렸다. 여호(呂護)[144]가 야왕(野王, 하남성 심양현)으로 달아나고 동생을 파견하여 표문을 받들고 가서 연에 사죄하니 연은 여호를 하내(河內)태수로 삼았다.

7   요양(姚襄)이 사자를 파견하여 연에 항복하였다.

8   연왕 모용준은 모용평(慕容評)을 진남(鎭南)장군으로 삼고, 도독

---

142 2월 1일이 기묘일이므로 2월에는 을축일이 없다. 다만 乙丑이 己丑의 잘못이라면 이날은 2월 11일이다.

143 사마훈이 양주(梁州)자사이므로 양주에서 출발하라고 명령한 것이다.

144 자칭 안국왕이라 하는 사람이다.

진·옹익양강양형서연예십주제군사(都督秦·雍·益·梁·江·揚·荊·徐·兗·豫十州諸軍事)[145]로 삼고, 임시로 낙수(洛水)에 진수하게 하고, 모용강(慕容强)을 선봉도독으로 삼고, 독형서이주연회제군사(督荊·徐二州·緣淮諸軍事)[146]로 삼아 나아가서 하남을 점거하게 하였다.

---

145 진주(秦州)·익주·옹주·양주(梁州)·강주(江州)·양주(揚州)·형주·서주·연주·예주 등 10개 주(州)의 모든 군사에 관한 일을 감독하는 관직이다.

146 형주(荊州)와 서주(徐州) 두 주와 회하 근처 지역의 모든 군사에 관한 일을 감독하는 관직명이다.

환온의 북벌과 중지

9 환온의 별장이 상락(上洛, 섬서성 상현)을 공격하여 진(秦)의 형주 (荊州)자사 곽경(郭敬)을 붙잡고 청니(靑泥, 섬서성 남전현 동남쪽)로 진 격하여 그곳을 깨뜨렸다. 사마훈(司馬勳)이 진(秦)의 서부 변경 지역을 노략질하고 양(涼)의 진주(秦州)자사 왕탁(王擢)이 진창(陳昌)을 공격 하여서 환온에게 호응하였다.

진(秦)의 주군 부건(苻健)이 태자 부장(苻萇)·승상 부웅·회남왕(淮南 王) 부생(苻生)·평창왕 부청(苻菁)·북평왕(北平王) 부석(苻碩)을 파견 하여 무리 5만 명을 거느리고 요유(嶢柳, 섬서성 남전현 남쪽)에 진을 치 고 환온을 막았다.

여름, 4월 기해일(22일)에 환온과 진(秦)나라의 병사들이 남전(藍田, 섬서성 남전현)에서 싸웠다. 진(秦)나라의 회남왕 부생이 혼자서 말을 타고 진지로 달려들어 십여 번을 들락날락하니 진(晉)의 장사(將士)들 을 죽이거나 다치게 한 것이 아주 많았다. 환온이 무리들을 독려하여 힘써 싸우게 하니 진(秦)의 병사들이 대패하고, 장군 환충(桓沖)이 또 진(秦)의 승상 부웅을 백록원(白鹿原, 남전현의 서쪽)에서 패배시켰다. 환충은 환온의 동생이다.

　환온이 이리저리 다니며 싸우면서 전진하였는데, 임인일(25일)에는 진격하여 파상(灞上, 장안의 동쪽)까지 이르렀다. 진(秦)의 태자 부장(苻萇) 등이 물러나서 성남(城南)에 주둔하고, 진(秦)의 주군 부건과 노약자 6천 명이 장안의 작은 성을 굳게 지키게 하고, 정예의 병사 3만 명을 모두 발동하고 대사마 뇌약아(雷弱兒) 등을 파견하여 부장과 군사를 합쳐서 환온을 막게 하였다.

　삼보(三輔)지역의 군과 현들이 모두 와서 항복하였다. 환온이 그곳에 사는 주민들을 위무하고 안심하고 자기 직업에 복귀하게 하였다. 백성들은 다투어 쇠고기와 술을 가지고 환영하며 위로하고 남자와 여자들이 길을 끼고서 이 모습을 보았는데, 늙은 사람들 가운데는 눈물을 흘리면서 말하는 사람이 있었다.

　"계획하지도 않았는데 오늘 다시 관군(官軍)을 보는구나!"[147]

　진(秦)의 승상 부웅이 기병 7천 명을 인솔하고 사마훈을 자오곡(子午谷)에서 습격하여 이들을 격파하니 사마훈이 물러나서 여왜보(女媧堡, 섬서성 진령 북쪽 기슭 호현 또는 주지현 근처)에 주둔하였다.

10　무신일[148]에 연의 주군 모용준이 무군(撫軍)장군 모용군(慕容軍)을 양양왕(襄陽王)에 책봉하고, 좌(左)장군 모용팽(慕容彭)을 무창왕(武昌王)으로 삼았다. 위(衛)장군 모용각(慕容恪)을 대사마·시중·대도독·녹상서사로 삼고 태원왕(太原王)에 책봉하고, 진남장군 모용평(慕

---

147 관군이란 진(晉)의 군대를 말한다. 이 말 뒤에는 진(秦)의 군대는 도적패라는 의미가 담겨 있다.

148 4월 1일은 무인일이므로 4월 중에는 무신일이 없다.

容評)을 사도·표기(驃騎)장군으로 삼아 상용왕(上庸王)에 책봉하고, 안동(安東)장군 모용패(慕容覇)를 오(吳)왕으로 삼고, 좌현왕 모용우(慕容友)를 범양왕(范陽王)으로 삼고, 산기(散騎)상시 모용려(慕容厲)를 하비왕(下邳王)으로 삼고, 산기상시 모용의(慕容宜)를 여강왕(廬江王)으로 삼고, 영북(寧北)장군 모용도(慕容度)를 낙랑왕(樂浪王)으로 삼고, 또 동생 모용환(慕容桓)을 의도왕(宜都王)으로 삼고, 모용체(慕容逮)를 임하왕(臨賀王)으로 삼고, 모용휘(慕容徽)를 하간왕(河間王)으로 삼고, 모용룡(慕容龍)을 역양왕(歷陽王)으로 삼고, 모용납(慕容納)을 북해왕(北海王)으로 삼고, 모용수(慕容秀)를 난릉왕(蘭陵王)으로 삼고, 모용악(慕容嶽)을 안풍왕(安豐王)으로 삼고, 모용덕(慕容德)을 양공(梁公)으로 삼고, 모용묵(慕容默)을 시안공(始安公)으로 삼고, 모용루(慕容僂)를 남강공(南康公)으로 삼고, 아들 모용함(慕容咸)[149]을 낙안왕(樂安王)으로 삼고, 모용량(慕容亮)을 발해왕(勃海王)으로 삼고, 모용온(慕容溫)을 대방왕(帶方王)으로 삼고, 모용섭(慕容涉)을 어양왕(漁陽王)으로 삼고, 모용위(慕容暐)를 중산왕(中山王)으로 삼고, 상서령 양무(陽鶩)를 사공으로 삼고, 여전히 수(守)상서령[150]의 업무를 수행하게 하였다.

  기주(冀州)자사인 오왕(吳王) 모용패(慕容覇)에게 명령하여 치소(治所)를 옮겨서 신도(信都)로 하게 하였다.[151] 애초에, 연왕 모용황(慕容皝)은 모용패의 재주를 기특하게 생각하였고, 그러므로 그를 패(霸)라

---

149 모용함은 모용장(慕容臧)으로 써야 옳을 것이다.

150 수(守)직이다. 이는 대행하는 직책으로 관직명이다.

151 1년 전에 모용패는 상산(常山)에 치소를 두었다.

고 짓고 장차 세자로 삼으려고 하였는데, 여러 신하들이 간하였으므로 중지하였지만, 그러나 총애와 대우는 오히려 세자보다 더하였다.

이로 말미암아서 모용준(慕容儁)[152]은 이를 싫어하였는데 그가 일찍이 말에서 떨어져서 치아를 부러뜨렸으므로 이름을 바꾸어 결[153]이라고 하였고, 조금 있다가 그것이 참위서(讖緯書)에 나오는 글에 해당하였으므로 이름을 바꾸어 수(垂)라고 하였으며, 시중으로 옮기고 녹유대사(錄留臺事)[154]로 삼아 용성(龍城, 요녕서 조양시)으로 옮겨서 진수하게 하였다. 모용수(慕容垂)는 동북지역의 화합을 가져왔으므로 모용준은 더욱 그를 싫어하여 다시 불러 돌아오게 하였다.

11   5월에 강서(江西)[155]의 유민 곽창(郭敞) 등이 진류(陳留)[156]내사 유사(劉仕)를 붙잡아가지고 요양(姚襄)에게 항복하였다. 건강(동진의 도읍인 남경)에서는 벌벌 떨면서 두려워하여 이부상서 주민(周閔)을 중군(中軍)장군으로 삼아 중당(中堂)[157]에 주둔하게 하고, 예주자사 사

---

152 연왕 모용준의 준자가 어느 기록에는 雋으로 나와 있고 어느 기록에는 儁으로 나와 있다.

153 결자는 缺자에서 缶 대신에 垂가 들어간 글자인데, 호삼성은 傾雪의 翻이라고 하였으므로 결로 읽는 것이다.

154 연은 처음에 용성을 도읍으로 하였다가 계로 옮겼으므로 전의 도읍인 용성에서의 업무를 처리하는 기관을 유대(留臺)라고 하는데, 이 유대의 업무를 총괄하는 직책이 녹유대사인 것이다.

155 장강의 서부지역으로 안휘성 전초현에서 호북성 황간현 사이를 말한다.

156 이 시기는 혼란의 시기이므로 지역의 변화도 많아서 이때 진류는 초군(안휘성 박현)에 있었다.

157 조정에서 정사를 논의하는 곳이다.

상(謝尙)이 역양(歷陽, 안휘성 화현)에서부터 돌아와서 경사를 호위하고 장강의 수비를 굳게 하였다.

12 왕탁[158]이 진창(陳昌, 섬서성 보홍시)을 뽑아버리고 진(秦)의 부풍(扶風)내사 모난(毛難)을 죽였다.

13 북해(北海, 산동성 창락현) 사람 왕맹(王猛)은 젊어서 공부하기를 좋아하였고, 걸림 없이 살면서도 큰 뜻을 갖고 있었으며, 소소한 업무를 좋아하지 않았으므로 사람들이 모두 그를 가벼이 생각하였다. 왕맹은 태연자약하면서 화음산(華陰山)에 숨어살았다.

환온이 입관(入關)[159]했다는 소식을 듣고, 갈포(褐袍)옷을 입고 그에게 갔는데, 이를 잡으면서 당시에 해야 할 일들을 이야기하는데 옆에 아무도 없는 것처럼 하였다. 환온이 이를 기이하게 생각하여 물었다.

"내가 천자의 명령을 받들고 장차 정예의 군사 10만 명을 거느리고 백성들을 위하여 잔적(殘賊)을 없애려고 하는데 삼진(三秦, 섬서성)에 사는 호걸 가운데 도착한 사람이 아직 없으니 왜 그러하오?"

왕맹이 말하였다.

"공(公)은 수천 리를 멀다고 하지 않고 깊숙이 적(敵)들의 지역으로 들어왔고, 지금 장안이 지척에 있는데 파수(灞水)를 건너지 못하고, 백성들은 아직 공의 마음을 모르고 있으니 그것이 오지 않는 까닭이오."

환온이 잠자코 응답을 하지 않다가 천천히 말하였다.

---

158 전량의 진주자사이다.

159 함곡관을 넘어왔다는 말이다. 함곡관을 넘으면 장안에 이를 수 있다.

"강동(江東)에는 경(卿)에 비할 사람이 없구려."

마침내 왕맹을 군모좨주(軍謀祭酒)[160]로 임용했다.

환온과 진(秦)의 승상 부웅이 백록원(白鹿原)에서 싸웠는데, 환온의 군사가 불리하여 죽은 사람이 1만여 명이었다. 애초에, 환온은 진(秦)의 보리로 양식을 삼으려고 생각하였는데, 벌써 진인(秦人)들이 보리를 모두 베어서 들을 깨끗하게 치워놓고[161] 그들을 기다리니 환온의 군사들은 식량이 결핍하였다. 6월 정축일(1일)에 관중(關中)의 3천여 호를 이사시키고 돌아왔다. 왕맹을 고관독호(高官督護)[162]로 삼고 함께 돌아오려고 하였으나 왕맹이 사양하고 가지 않았다.

호연독(呼延毒)이 무리 1만 명을 인솔하고 환온을 좇아서 돌아왔다. 진(秦)의 태자 부장(苻萇) 등이 환온을 따라가며 이들을 치니, 동관(潼關, 섬서성 동관현)에 도착할 즈음에 환온의 군사들이 여러 번 패배하여 잃어버리고 도망한 사람이 1만 명을 헤아렸다.

환온이 파상(灞上, 섬서성 남전현)에 주둔하니 순양(順陽, 하남성 석천현 동쪽)태수 설진(薛珍)이 환온에게 지름길로 장안을 압박해 가라고 권고하였는데, 환온이 좇지 않았다. 설진이 일부의 군사를 가지고 홀로 건넜는데 자못 수확한 바가 있었다. 환온이 물러나게 되어 마침내 돌아왔는데 여러 사람들에게 드러내놓고 이야기를 하면서 스스로 그가 용감하였음을 자랑하고 환온이 신중하게 행동하였음을 허물로 치니, 환

---

160 군사 계획에 관한 업무를 맡아보는 책임자이다.

161 진인(秦人)들이 청야작전을 한 것이다.

162 독호는 큰 군영의 지휘관인데 여기에 고관이라는 말을 덧붙였다. 이는 명예를 높이는 의미를 가진 것이다.

온이 그를 죽였다.

14 진(秦)의 승상 부웅이 사마훈과 왕탁¹⁶³을 진창에서 쳤는데, 사마훈은 한중(漢中, 섬서성 한중시)으로 달아나고, 왕탁은 약양(略陽, 감숙성 진안현)으로 도망하였다.

15 진(秦)나라는 광록대부 조구(趙俱)를 낙양자사로 삼고 의양(宜陽, 하남성 의양현)에서 진수하게 하였다.

16 진(秦)의 동해경왕(東海敬王)¹⁶⁴ 부웅(苻雄)이 교병(喬秉)을 옹(雍, 섬서성 봉상현)에서 공격하였지만, 병신일(20일)에 죽었다. 진(秦)의 주군 부건이 곡을 하다가 피를 토하며 말하였다.

"하늘이 내가 사해를 평정하는 것을 바라지 않는단 말인가? 어찌하여 나의 원재(元才)¹⁶⁵를 빨리 빼앗아 가는가?"

위왕(魏王)으로 추증(追贈)하고 진(晉)의 안평헌왕(安平獻王)¹⁶⁶의 옛 사례에 의거하여 장례를 치렀다.

부웅은 천명을 보좌하는데 으뜸가는 공로를 세웠고, 권력이 인주(人主)와 비슷하였으며 겸손하고 공손하여 두루 아낌을 받았으며 법도를

---

163 사마훈은 동진의 양주(梁州)자사이고, 왕탁은 전량(前涼)의 진주(秦州)자사로 이들은 함께 전진세력을 막고 있었다.

164 부웅은 동해왕인데 그가 죽자 시호를 경왕으로 하였기 때문에 이를 합하여 쓴 것이다.

165 원재는 부웅의 자이다.

166 진(晉)나라의 기초를 닦은 사마의의 동생 사마부(司馬孚)이다.

준수하여 받들었으므로 부건이 그를 중시하여서 항상 말하였다.

"원재는 나에게는 주공(周公)이다."

아들 부견(苻堅)이 작위를 이어받았다. 부견은 성격이 아주 효성스러웠고, 어려서부터 뜻과 도량을 갖고 있었으며, 많은 공부를 하고 재능도 많았으며 영웅호걸들과 교제를 하여 여파루(呂婆樓)·강왕(強汪)·약양(略陽)의 양평로(梁平老)는 모두 그와 잘 지냈다.

17   연의 낙릉(樂陵)태수 모용구(慕容鉤)는 모용한(慕容翰)의 아들인데 청주(青州)자사 주독(朱禿)과 함께 염차(厭次, 산동성 양신현 동남쪽)를 다스렸다. 모용구가 스스로 종실(宗室)임을 믿고 매번 주독을 능욕하고 모욕하였다. 주독이 분함을 이기지 못하고, 가을, 7월에 모용구를 습격하여 죽이고 남쪽에 있는 단감(段龕)[167]에게로 달아났다.

18   진(秦)의 태자 부장(苻萇)이 교병을 옹(雍)에서 공격하여 8월에 그의 목을 베니 관중이 모두 평정되었다. 진(秦)의 주군 부건이 환온을 막은 공로로 상(賞)을 주었는데, 뇌약아(雷弱兒)를 승상으로 삼고, 모귀(毛貴)를 태부로 삼고, 어준(魚遵)을 태위로 삼고, 회남왕 부생(苻生)을 중군(中軍)대장군으로 삼고, 평창왕 부청(苻菁)을 사공으로 삼았다. 부건은 정사를 돌보는데 부지런하였고 자주 공경들을 초청하여 치도(治道)를 자문하고 토론하였으며 조인(趙人)들의 가혹하고 사치한 뒤를 이어받았지만 바꾸어 관대하고 간편하게 하고 절약하고 검소하며, 유사(儒士)들을 높이고 예로 대하니 이로 말미암아서 진인(秦人)들이

---

167 동진의 제왕(齊王)이다. 익도(산동성 익도현)에 있었다.

이를 기뻐하였다.

19 연에서는 군사들을 대규모로 징발하였는데, 조서를 발표한 날을 이용하여 이를 '병술거(丙戌擧)'**168**라고 불렀다.

20 9월에 환온이 진(秦)을 정벌하는 일에서 돌아오니 황제가 시중과 황문을 파견하여 양양(襄陽, 호북성 번양시)에서 환온을 위로하였다.

21 어떤 사람이 연의 황문시랑 송빈(宋斌) 등이 염지(冉智)**169**를 받들어서 주군으로 삼고 반란을 일으킬 모의를 한다고 고발하여서 모두가 죽었다. 송빈은 송촉(宋燭)**170**의 아들이다.

22 진(秦)의 태자 부장(苻萇)이 환온을 막으면서 떠도는 화살에 맞았는데, 겨울, 10월에 죽으니 시호를 헌애(獻哀)라고 하였다.

23 연왕 모용준이 용성(龍城)으로 갔다.

24 환온이 입관(入關)하면서 왕탁(王擢)**171**이 사자를 파견하여 양왕

---

168 조서를 내린 날이 병술일이었으므로 그 조서의 명칭을 '병술거'라고 한 것이며, 병술일은 8월 11일이다.

169 옛날 위(염민)의 태자였던 사람이다.

170 송촉에 관한 일은 성제 함강 4년(338년)에 있었고,《자치통감》권96에 보인다.

171 전량(前涼)의 진주자사이다.

(涼王) 장조(張祚)에게 고하기를 환온은 용병을 잘하며 그 뜻을 헤아리기도 어렵다고 하였다. 장조는 두렵고 또한 왕탁이 자기를 배반할까[172] 두려워서 사람을 파견하여 그를 찔렀다.

일이 누설되니 장조는 더욱 두려워서 크게 군사를 발동하여 동쪽으로 정벌을 떠난다고 겉으로 말하고 실제로는 서쪽으로 가서 돈황(敦煌, 감숙성 돈황현)을 보호하려고 하였는데, 마침 환온이 돌아가자 중지하였다.

이미 그렇게 하고서 진주(秦州)자사 우패(牛霸) 등을 파견하여 병사 3천 명을 인솔하고 왕탁을 공격하게 하여 그를 격파하였다. 11월에 왕탁이 무리를 인솔하고 진(秦)에 항복하니, 진(秦)에서는 왕탁을 상서로 삼고, 상장군 담철(啖鐵)을 진주(秦州)자사로 삼았다.

25   진(秦)왕 부건의 숙부인 무도왕(武都王) 부안(苻安)이 진(晉)에서 돌아오다가,[173] 요양(姚襄)에게 포로가 되었는데, 낙주(洛州)자사로 삼았다. 12월에 부안이 도망하여 진(秦)으로 돌아오니, 부건이 부안을 대사마·표기(驃騎)대장군·병주(幷州)자사로 삼아 포판(蒲阪, 산서성 영제현)을 진수하게 하였다.

26   이 해에 진(秦)에 대기근이 들어서 쌀 1되의 값이 포(布) 1필(匹)이었다.＊

---

172 환온에게 설득당할 수도 있기 때문이었다.

173 목제 영화 6년(350년)에 부홍이 죽은 뒤에 파견되었다.

목제 영화 11년(乙卯, 355년)[1]

1   봄, 정월에 옛 구지공(仇池公)인 양의(楊毅)의 동생 양송노(楊宋奴)가 고모의 아들 양식왕(梁式王)을 시켜서 양초(楊初)[2]를 찔러 죽이게 하였는데, 양초의 아들 양국(楊國)이 양식왕과 양송노를 죽이고 스스로 구지공이 되었다. 환온이 표문을 올려서 양국을 진북(鎮北)장군·진주(秦州)자사로 삼아달라고 하였다.

2   2월에 진(秦)에 황충이 크게 나타나서 모든 풀 가운데 남은 것이 없게 되니 소나 말도 서로 털을 씹어 먹었다.

3   여름, 4월에 연의 모용준(慕容儁)이 화룡(和龍, 용성, 요녕성 조양

─────────────────

1   전량 위왕 화평 2년(建興 43년), 태시 원년, 대왕(탁발십익건) 건국 18년, 전연 경소제 원새 4년, 제왕(段龕) 6년, 전진 경명제 시황 5년, 수광 원년, 안국왕 여호 4년, 이엄 영화 11년이다.

2   구지는 감숙성 서화현에 있고 직위는 저왕(氐王)이다.

현)에서 계(薊)로 돌아왔다.[3] 이보다 먼저 유주(幽州)·기주(冀州) 사람들은 모용준이 동쪽으로 옮겨감으로써 서로 놀라고 소란스러워져서 있는 곳에서 주둔하며 단결하였다.

여러 신하들이 이를 토벌하게 해달라고 하니 모용준이 말하였다.

"여러 소인들이 짐(朕)이 동쪽으로 순회하였던 연고로 현혹되어 어지러웠을 뿐이고,[4] 지금 짐이 이미 왔으니 조금 있으면 마땅히 스스로 안정될 것이니 토벌하기에는 충분하지 않다."

4   난릉(蘭陵, 치소, 산동성 조장시 동남쪽)태수 손흑(孫黑)·제북(濟北, 치소, 산동성 장청현)태수 고주(高柱)·건흥(建興, 산서성 양성현 서북쪽)태수 고분(高盆), 그리고 진(秦)의 하내(河內, 하남성 심양현)태수 왕회(王會)·여양(黎陽, 하남성 준현)태수 한고(韓高)는 모두 군(郡)을 가지고 연에 항복하였다.

5   진(秦)의 회남왕(淮南王) 부생(苻生)은 눈이 하나가 없었고, 성격이 거칠고 난폭하였다. 그의 할아버지 부홍(苻洪)이 일찍이 이를 가지고 농담으로 말하였다.

"내가 듣기로는 외눈박이 아이는 한쪽 눈으로 눈물을 흘린다는데 믿어도 되는가?"

부생이 화가 나서 패도를 끄집어내어 스스로 찔러 피를 내며 말하였다.

---

3 연의 주군이 용성으로 간 것은 목제 영화 10년(354년)의 일로,《자치통감》권99에 실려 있다.

4 모용준이 동쪽으로 가 있으면 백성들을 강제로 그곳으로 옮길 것이기 때문이다.

"이것도 역시 한 줄기의 눈물이오."

부홍이 크게 놀라서 그를 회초리로 때렸다.

부생이 말하였다.

"성격상 칼이나 창은 참겠지만 회초리로 맞는 것은 감당하지 못하겠습니다."

부홍이 그의 아버지 부건에게 말하였다.

"이 아이는 미친 듯이 패역(悖逆)하니 의당 일찍이 그를 없애야 한다. 그렇지 않으면 반드시 집안을 파괴할 것이다."

부건이 장차 그를 죽이려고 하였는데, 부건의 동생 부옹이 제지하며 말하였다.

"어린아이는 자라면 응당 스스로 고칠 것인데, 어찌 급하게 이리 하려고 하십니까?"

자라자 힘으로는 1천 균(鈞)을 들고, 손으로는 맹수와 격투하였으며, 달리면 달리는 말을 따라잡았고, 치면서 찌르고 말을 달리며 활을 쏘는 것이 한 시대에 으뜸이었다.

헌애(獻哀)태자가 죽자[5] 강후(強后)는 어린 아들인 진왕(晉王) 부유(苻柳)를 세우려고 하였는데, 진(秦)의 주군 부건이 참위서(讖緯書)에 나오는 글귀 가운데 '삼양오안(三羊五眼)'[6]이란 말이 있기 때문에 마침내 부생을 태자로 삼았다. 사공이자 평창왕인 부청(苻菁)을 태위로 삼고, 상서령 왕타(王墮)를 사공으로 삼으며, 사예교위 양릉(梁楞)을 상

---

5 진(秦)나라의 태자인 부장(苻萇)으로 지난해에 죽었고 그 시호가 헌애이다.

6 양 세 마리에 눈 다섯이라는 말로, 양이 세 마리이면 눈이 여섯이어야 하는데, 눈이 다섯이라면 세 사람 가운데 한 사람은 눈이 하나라는 말인데, 그에 해당하는 사람은 부생이다.

서령으로 삼았다.

6   요양(姚襄)[7]이 거느린 부하들 대부분이 요양에게 북쪽으로 돌아
가라고 권고하자 요양이 이를 좇았다. 5월에 요양이 관군(冠軍)장군 고
계(高季)를 외황(外黃, 하남성 민권현 서북쪽)에서 공격하였는데, 마침 고
계가 죽으니 요양이 나아가서 허창을 점거하였다.

7   6월 병자일(6일)에 진(秦)의 주군 부건이 병들어 누웠다. 경진일
(10일)에 평창공 부청(苻菁)이 군사를 챙겨서 동궁으로 들어가서 장차
태자 부생을 죽이고 자립(自立)하려고 하였다. 그때 부생이 서궁[8]에서
병환을 돌보고 있었는데 부청은 부건이 이미 죽은 것으로 여기고 동액
문(東掖門)을 공격하였다.

부건이 변고가 있다는 보고를 받고 단문(端門)에 올라가서 군사를
벌려놓고 스스로를 보위하였다. 무리들이 부건을 보고 당황하고 두려
워서 모두 무기를 버리고 도망하며 흩어졌다. 부건이 부청을 잡아 그의
죄를 헤아리고 죽였으며 나머지 사람들에게는 죄를 묻지 않았다.

임오일(12일)에 대사마·무도왕(武都王)인 부안(苻安)으로 안팎의 모
든 군사에 관한 일을 감독[9]하도록 하였다. 갑신일(14일)에 부건이 태사
어준(魚遵)·승상 뇌약아(雷弱兒)·태부 모귀(毛貴)·사공 왕타(王墮)·상

---

7 지난해에 연에 항복하였다.

8 동궁에는 황태자가 살고, 서궁에는 황제가 살고 있었다.

9 관직명은 도독중외제군사이다. 부웅이 죽고 나서 부건이 부청을 도독중외제
   군사로 하였는데, 부청이 반역하다 죽었으므로 부안으로 이를 대신하게 한
   것이다.

서령 양릉(梁楞)·좌복야 양안(梁安)·우복야 단순(段純)·이부상서 신뢰 (辛牢) 등을 오라고 하여 유조(遺詔)[10]를 받고 정치를 보필하게 하였다.

부건이 태자 부생에게 말하였다.

"6이(夷)의 우두머리와 대신으로 권력을 잡은 사람이 만약에 네 명령을 좇지 않으면 의당 점차 그들을 제거해야 한다."

신 사마광이 말씀드립니다.

고명(顧命)대신[11]은 후계자를 보도하게 하기 위한 것이며, 그를 위하여 우익(羽翼)[12]이 되게 하려는 것입니다. 그를 위하여 우익이 되라 하고 그것을 잘라버리도록 가르쳤으니 망하지 않을 수가 있겠습니까? 그가 충성스럽지 않음을 알았다면 일을 맡기지 않으면 될 뿐인데, 대권을 맡겨놓고 또 좇아서 그를 시기한다면 혼란을 불러오지 않는 경우는 적습니다.

8 을유일(15일)에 부건이 죽었다.[13] 시호를 경명(景明)황제라고 하고 묘호를 고조(高祖)라고 하였다. 병술일(16일)에 태자 부생이 즉위하고 크게 사면하고 기원을 수광(壽光)이라고 고쳤다.

여러 신하들이 상주문을 올렸다.

"해를 넘기지 않고 기원을 고치는 것은 예의에 맞지 아니합니다."[14]

---

10 제왕이 유서로 남긴 조서이다.

11 유조(遺詔)를 받은 대신들을 말한다.

12 날개라는 뜻으로 도움을 주는 사람이다.

13 이때 부건의 나이가 39세였다.

14 고례(古禮)에 의하면 군주가 죽고 나서 세자가 즉위하였다고 하여도 군주가

부생이 화가 나서 이 의론을 주관한 사람을 끝까지 추궁하여 우복야 단순(段純)을 찾아내어 죽였다.

9   가을, 7월에 이부상서 주민(周閔)을 좌복야로 삼았다.

10   어떤 사람이 회계왕 사마욱(司馬昱)에게 알렸다.

"무릉왕(武陵王)[15]의 집안에서 무기를 크게 수리하고 있으니, 장차 비상(非常)한 일을 하려고 모의하는 것입니다."

사마욱이 태상 왕표지(王彪之)에게 알리니 왕표지가 말하였다.

"무릉왕의 뜻은 말을 달리며 사냥하는데 다 쓸 것일 뿐인데, 이것을 조용하게 하여서 다른 논의를 안정시키고, 다시는 말썽이 되게 하지 말기를 깊이 원합니다."

사마욱이 이를 훌륭하다고 하였다.

11   진(秦)의 주군 부생(苻生)이 어머니 강(强)씨를 높여서 황태후라고 하고, 비(妃) 양(梁)씨를 황후로 세웠다. 양씨는 양안(梁安)[16]의 딸이다. 그가 총애하는 신하 태자문대부(太子門大夫)[17]인 남안(南安, 감숙성 농서현 위수의 동쪽) 사람 조소(趙韶)를 우복야로 삼고, 태자사인(太

___

죽은 그 해를 넘기고 나서야 새로운 군주의 연호를 사용하도록 되어 있다. 이는 전 군주를 존경하는 뜻에서 그렇게 한 것이다. 그런데 부생은 즉위하자마자 바로 연호를 바꾸었으니 예법에 안 맞는 것이다.

15 사마희(司馬晞)이다.

16 진의 좌복야이다.

17 관직명인데, 태자소부에 속하며 동궁의 문을 관리한다.

子舍人) 조회(趙誨)를 중(中)호군으로 삼으며, 저작랑 동영(董榮)을 상서로 삼았다.

12   양(涼)왕 장조(張祚)가 음란하고 포학하며 무도(無道)하여 아래위 사람들이 원망하고 분하게 생각하였다. 장조가 하주(河州, 치소, 감숙성 임하현)자사 장관(張瓘)이 강한 것을 싫어하여 장액(張掖, 감숙성 장액현)태수 색부(索孚)를 파견하여 장관을 대신하여 부한(枹罕, 감숙성 임하현)을 지키게 하고, 장관에게 배반한 호족(胡族)을 토벌하게 하며 또 그의 장수 역췌(易揣)와 장령(張玲)을 파견하여 보병과 기병 1만3천 명을 인솔하고 가서 장관을 습격하게 하였다.

장액 사람 왕난(王鸞)이 그 술수를 알고 장조에게 말하였다.

"이 군사들이 나가면 반드시 돌아오지 않을 것인데, 우리 양(涼)은 장차 위험하게 될 것입니다."

아울러 장조가 세 가지 부도(不道)한 짓을 하였다고 진술하였다. 장조가 크게 화가 나서 왕난이 요사스러운 말을 하였다고 하여 목을 베어서 돌렸다.

왕난이 형벌을 받게 될 때 말하였다.

"내가 죽으면 군사들은 밖에서 패배할 것이고, 왕은 안에서 죽는 일이 반드시 나타난다."

장조가 그의 가족을 다 죽였다. 장관이 이 말을 듣고 색부의 목을 베고 군사를 일으켜서 장조를 치면서 격문을 주와 군에 전하며, 장조를 폐위시켜 후(侯)의 자격으로 집에 가 있게 하고, 다시 양녕후(涼寧侯) 장요령(張曜靈)[18]을 세우자고 하였다.

역췌와 장령의 군사가 비로소 황하를 건넜는데, 장관이 그를 격파하였다. 역훼 등이 홀로 말을 타고 달아나서 돌아오는데, 장관의 군대가 그 뒤를 밟아 오니 고장(姑臧, 감숙성 무위현, 凉 나라의 도읍지)이 떨고 두려워하였다. 교기(驍騎)장군인 돈황(敦煌, 감숙성 돈황현) 사람 송혼(宋混)의 형 송수(宋脩)가 장조와 틈이 있어서 화를 입을까 두려워하였다.

8월에 송혼이 그의 동생 송징(宋澄)과 서쪽으로 달아났는데, 무리 1만여 명을 합하여 장관에 호응하고 돌아서서 고장을 향하였다. 장조가 양추호(楊秋胡)를 파견하여 장요령을 동원(東苑)에서 데려다가 그의 허리를 부러뜨려 살해하여 모래구덩이에 매장하고, 시호를 애공(哀公)이라고 하였다.

13   진(秦)의 주군 부생이 위(衛)의 대장군 부황미(苻黃眉)를 광평왕(廣平王)으로 삼고, 전(前)장군 부비(苻飛)를 신흥왕(新興王)으로 삼았는데 모두 평소에 잘 지냈다. 대사마인 무도왕(武都王) 부안(苻安)을 징소하여 태위의 업무를 관장[19]하게 하였다. 진왕(晉王) 부류(苻柳)를 정동(征東)대장군·병주목(幷州牧)으로 삼아서 포판(蒲阪, 산서성 영제현)을 진수하게 하였고, 위왕(魏王) 부수(苻廋)를 진동(鎭東)대장군·예주목(豫州牧)으로 삼아 섬성(陝城, 하남성 섬현)에서 진수하게 하였다.

중서감(中書監) 호문(胡文)·중서령 왕어(王魚)가 부생(苻生)에게 말하였다.

"최근에 패성(孛星)이 대각성(大角星)[20]에 나타났고, 형혹성(熒惑星)

---

18 목제 영화 9년(353년)에 장요령을 장조가 쫓아냈는데, 그 내용은 《자치통감》 권99에 실려 있다.

19 영직(領職)으로 관직명은 영(領)태위이다.

이 동정(東井)²¹의 자리로 들어갔습니다. 대각성은 황제의 별자리이며, 동정의 별자리는 우리 진(秦)에 해당되는 자리인데, 점을 쳐보면 3년을 넘지 않아서 나라에 대상(大喪)이 있을 것이고 대신들이 살육될 것이니, 바라건대 폐하께서는 덕을 쌓으셔서 이를 물리치십시오."

부생이 말하였다.

"황후와 짐이 천하 사람들에게 군림한 것이 대상(大喪)으로 반응하는 것이오. 모(毛) 태부·양(梁) 거기장군·양(梁) 복야가 유조를 받아서 정치를 보좌하니 대신(大臣)에 반응하는 것일 것이오."

9월에 부생이 양후(梁后)와 모귀·양릉·양안을 죽였다. 모귀는 황후의 외삼촌이다.

우복야 조소(趙韶)와 중(中)호군 조회(趙誨)는 모두 낙주(洛州)자사 조구(趙俱)²²의 사촌동생이었는데, 부생에게 총애를 받아서 마침내 조구로 상서령을 삼았다. 조구가 병이 있다고 하여 굳게 사양하며 조소와 조회에게 말하였다.

"너희들이 다시 조종(祖宗)을 돌아보지 않으니, 집안을 멸망시킬 일을 하려는 것이구나! 모귀와 양씨 등이 무슨 죄가 있다고 그들을 죽였느냐? 내가 무슨 공로를 세워야 그것을 대신하겠는가? 너희들이 스스로 잘할 수 있어야 하는데, 나는 그것으로 죽어야겠다."

드디어 걱정을 하다가 죽었다.

---

20 북쪽에 빛나는 별이다. 고대의 성상학(星象學)에서 대각성은 천왕(天王)의 자리라고 인식하였다.

21 별자리이다. 8개의 별로 되어 있는데 쌍자좌에 속한다.

22 조구가 의양에서 진수한 사건은 목제 영화 10년(354년)의 일로, 《자치통감》 권99에 실려 있다.

전진의 번국이 된 전량

14　양(涼)의 송혼(宋混)이 무시(武始, 감숙성 임조현)에 있는 큰못[23]에
진을 치고 있다가 부요령을 위하여 애도의 뜻을 발표하였다. 윤달(윤
9월)에 송혼의 군사가 고장(姑臧, 감숙성 무위현, 양의 도읍지)에 이르니
양왕(涼王) 장조(張祚)가 장관(張瓘)의 동생 장거(張琚)와 아들 장숭(張
嵩)을 잡아서 장차 그들을 죽이려고 하였다.

장거와 장숭이 이 소식을 듣고 저잣거리에서 사람 수백 명을 모집하
여 큰소리치며 말하였다.

"장조가 무도(無道)하여서 나의 형이 이끄는 대군이 이미 성의 동쪽
에 도착하였으니, 감히 손을 들어 올리는 사람은 삼족을 죽일 것이다."

드디어 서쪽 문을 열고서 송혼의 병사를 받아들였다.

영군(領軍)장군 조장(趙長) 등이 죄받을 것을 두려워하여[24] 전각으
로 들어가 장중화(張重華)의 어머니 마(馬)씨를 불러서 전각으로 나오
게 하여 양무후(涼武侯) 장현정(張玄靚)을 세워 주군으로 삼았다. 역췌

23　도수(洮水)일 가능성이 있다.

24　조장은 장조를 세우자고 요청하였었다.

(易摣) 등이 군사를 이끌고 전각으로 들어가 조장 등을 잡아서 죽였다.

장조가 칼을 잡고 전각위로 올라가서 크게 소리쳐 주위 사람들을 질책하며 힘써 싸우게 하였다. 장조는 평소 많은 사람들의 마음을 잃어서 그를 위하여 싸우려는 사람이 없었고, 드디어 병사들에게 살해되었다.

송혼 등이 그의 머리를 효수(梟首)하여 안팎에 선포하여 보여주고 시체를 길 왼쪽에 내버려두니, 성 안에서는 모두 만세를 불렀다. 서인(庶人)의 예(禮)로 장사를 지내고 그의 두 아들도 함께 죽었다. 송혼과 장거가 장현정을 올려서 대장군·양주목·서평공(西平公)으로 삼고, 경내에 있는 사람들을 사면하고 다시 건흥 43년[25]이라고 불렀다. 이때 장현정이 겨우 일곱 살이었다.

장관이 고장(姑臧)에 도착하여 장현정을 추대하여 양왕(涼王)으로 삼고 스스로 사지절·도독중외제군사·상서령·양주목·장액군공(張掖郡公)이 되었고, 송혼을 상서복야로 삼았다. 농서(隴西, 감숙성 농서현) 사람 이엄(李儼)이 군을 점거하고 장관의 명령을 받아들이지 않고 강동(江東)의 연호[26]를 사용하니 많은 사람들이 그에게 귀부하였다.

장관이 그의 장수 우패(牛霸)를 파견하여 이를 토벌하는데 아직 도착하지 않았는데 서평(西平, 청해성 서녕시) 사람 위침(衛緂)이 또한 군을 점거하고 반란을 일으키니 우패의 군사들이 무너져서 도망하여 돌아왔다. 장관이 그의 동생 장거를 파견하여 위침을 공격하여 패배시켰

---

25 양에서는 진(晉 ; 서진)을 정통왕조로 보고 그 맨 마지막 연호를 계속 사용하였는데, 장조가 건흥 연호를 연화 10년(354년)에 화평(和平) 원년으로 바꾸었으며, 그 내용은 《자치통감》 권99에 보인다. 건흥이란 연호는 서진 민제의 연호로 건흥 원년이 313년이므로 이 해는 건흥 43년이 된다.

26 동진에서 현재 사용하는 연호를 말한다.

다. 주천(酒泉, 감숙성 주천현)태수 마기(馬基)가 군사를 일으켜서 위침에 호응하니 장관이 사마인 장요(張姚)와 왕국(王國)을 파견하여 그를 공격하여 목을 베었다.

15   겨울, 10월에 예주(豫州)자사 사상(謝尙)을 독병기유삼주(督幷·冀·幽三州)²⁷로 하고 수춘(壽春)에서 진수하게 하였다.

16   진북(鎭北)장군 단감(段龕)²⁸이 연의 주군 모용준(慕容儁)에게 편지를 보내서 중표(中表)²⁹의 관계를 들먹이며 그가 칭제(稱帝)한 것을 비난하였다. 모용준이 화가 나서 11월에 태원왕(太原王) 모용각(慕容恪)을 대도독·무군(撫軍)장군으로 삼고, 양무(陽鶩)를 부이관(副貳官)으로 삼아 단감을 치게 하였다.

17   진(秦)은 신뢰(辛牢)를 수(守)상서령³⁰으로 삼고, 조소(趙韶)를

---

27 원문은 '督幷冀幽三州'로 되어 있다. 다른 예로 보아 관직명인 督幷冀幽三州諸軍事를 줄여서 쓴 것으로 볼 수 있다. 이는 병주·기주·유주 세 주의 모든 군사적인 업무를 총감독하는 직책인 것인데, 이때 북방에 있는 청주·기주·병주·유주는 모두 교주(僑州)이다.

28 동진으로부터 진북장군의 칭호를 받고 스스로 제왕(齊王)이라고 하였던 사람으로 이때 광고(廣固, 산동성 익도현)에 주둔하고 있었다.

29 중표는 사촌 간을 말한다. 고모의 자녀와는 외표(外表)이며, 이모의 자녀와는 내표(內表)인데, 모용준의 어머니는 단감의 고모이므로 단감과 모용준은 바로 내외종(內外從), 즉 중표의 사이이다.

30 수직(守職) 즉 대리직이므로 상서령의 업무를 대신하는 직책이다. 보통은 임시로 일을 맡기거나, 본직을 주기 전에 주는 관직이다.

좌(左)복야로 삼고, 상서 동영(董榮)을 우(右)복야로 삼고, 중(中)호군 조회(趙誨)를 사예교위로 삼았다.

18 12월에 고구려왕 고쇠(高釗)가 사신을 파견하여 연에 가서 인질을 보내고 공물을 바치면서 그의 어머니를 보내달라고 청하였다.[31] 연의 주군 모용준이 이를 허락하고 전중(殿中)장군 조감(刁龕)을 파견하여 고쇠의 어머니 주(周)씨를 호송하여 그의 나라로 돌아가게 하고, 고쇠를 정동(征東)대장군·영주(營州)자사로 삼고 낙랑공(樂浪公)으로 봉하였으며, 왕이라는 직함은 옛날과 같이 쓰게 하였다.

19 상당(上黨, 산서성 장치현) 사람 풍앙(馮鴦)이 연의태수 단강(段剛)을 축출하고 안민성(安民城, 산서성 양원현 북쪽)을 점거하고 스스로 태수라고 하며 사신을 보내와서 항복하였다.

20 진(秦)의 승상 뇌약아(雷弱兒)는 성격이 강직하여 조소(趙韶)와 동영(董榮)이 정치를 어지럽히자 매번 조회에서 공개적으로 말을 하고 그들을 항상 절치부심(切齒腐心)하며 보았다. 조소와 동영이 그를 몰래 진의 주군 부생에게 참소하니, 부생 뇌약아와 그의 아들 아홉 명과 손자 27명을 죽였다. 이에 여러 강족(羌族)들은 모두 마음이 떠났다.[32] 부생은 비록 양음(諒陰)[33] 기간이었지만 놀고 마시고 스스로 하던

---

31 동진 성제 함강 8년(342년)에 포로로 잡혀 왔는데, 이 사건은《자치통감》권 97에 실려 있다.

32 뇌약아는 남안(감숙성 농서형 동북쪽)에 사는 강족의 우두머리였다.

대로 행동하고, 활을 당기고 칼을 꺼내놓고 조현하는 신하들을 접견하면서 사람을 해칠 수 있는 도구인 채찍, 쇠사슬, 톱, 착고를 좌우에 갖추어 두었다. 즉위하고 얼마 되지 않아서 후비와 공경(公卿) 이하 노복에 이르기까지 무릇 500여 명을 죽이는데, 정강이를 자르고, 갈비뼈를 부러뜨리고, 목을 톱으로 썰고, 창자를 긁어내는 일이 종종 있었다.

21 연의 주군 모용준은 단감(段龕)이 바야흐로 강성하기 때문에 태원왕 모용각에게 말하였다.

"만약에 단감이 군사를 파견하여 황하에서 막아 물을 건널 수 없다면 곧바로 여호(呂護)³⁴를 잡아서 돌아오라."

모용각이 경무장한 군사를 나누어 파견하여 먼저 황하에 이르게 하고 배를 갖추어놓고 단감의 생각이 나가고자 하는 방향을 살펴보았다.

단감의 동생 단비(段羆)는 날래고 용감하며 지모(智謀)를 갖고 있었는데 단감에게 말하였다.

"모용각은 용병을 잘하는 사람인데다가 그 위에 무리도 많으니 만약에 그들이 황하를 건너겠다는 것을 들어주면 전진하여 성 아래까지 이를 것이며, 그때에는 비록 항복하게 해달라고 빌어도 그렇게 될 수 없을까 걱정입니다. 청컨대 형님께서 굳게 지키시고, 저 단비는 정예의 군사를 거느리고 황하에서 막겠는데, 다행히 싸워서 이기고 형님이 많은 무리를 인술하고 뒤를 이어주시면 반드시 큰 공로를 세울 것입니다. 만약에 이기지 못하면 일찍 항복하는 것 같지 못하니 오히려 천호후(千

---

33 복상기간을 말한다.

34 여호는 안국왕으로, 이때 야왕을 점거하고 있었다.

戶侯)라도 잃지 마십시오."

단감이 좋지 않았다. 단비가 굳게 계속하여 청하자 단감이 화가 나서 그를 죽였다.

목제 영화 12년(丙辰, 356년)[35]

1   봄, 정월에 연의 태원왕 모용각이 군사를 이끌고 황하를 건넜는데, 광고(廣固)에 100여 리 정도 못 미친 지점에서 단감이 무리 3만 명을 인솔하고 맞아서 싸웠다. 병신일(30일)에 모용각이 단감을 치수(淄水)에서 대파하고 그의 동생 단흠(段欽)을 사로잡고 우(右)장사 원범(袁範) 등의 목을 베었다.

제왕(齊王)의 왕우(王友)[36]인 벽려울(辟閭蔚)이 상처를 입었는데, 모용각은 그가 현명하다는 소식을 듣고 사람을 보내어 그를 찾게 하였더니, 벽려울은 이미 죽었고 사졸 가운데 항복한 사람이 수천 명이었다. 단감이 벗어나서 도망하여 성으로 돌아가서 굳게 지키자 모용각이 진군하여 그곳을 포위하였다.

2   진(秦)의 사공 왕타(王墮)는 성격이 강하고 엄격하였는데, 우복야

---

35 전량 충왕 건흥 44년, 태시 2년, 대왕(탁발십익건) 건국 19년, 전연 경소제 원새 5년, 제왕(段龕) 7년, 전진 려왕 수광 2년, 안국왕 여호 5년이다.

36 단감이 스스로 제왕이라고 칭하고 왕우라는 관직을 두었다, 당시에는 왕국에 사·우·문학(師·友·文學) 등을 각기 한 명씩 두었는데, 이들은 왕이 처리하는 군사·정치·문화에 관한 업무를 도왔다.

동영(董榮)과 시중 강국(强國)이 모두 아첨하고 총애를 받아서 올라왔
으므로 왕타는 그들을 마치 원수처럼 싫어하여 매번 조현할 때마다 동
영이 아직 일찍이 그와 더불어 말을 한 일이 없었다.

어떤 사람이 왕타에게 말하였다.

"동(董)군은 귀하고 총애를 받는 것이 비할 데가 없는데, 공께서는
의당 조금 뜻을 내리시고 그를 접촉하야 합니다."

왕타가 말하였다.

"동룡(董龍)[37]이 얼마나 개나 닭 같은 놈인데 나라의 선비가 그와
더불어 말을 하란 말이오!"

마침 하늘의 변고가 일어나자 동영과 강국이 진의 주군 부생에게 말
하였다.

"오늘 하늘이 견책을 아주 심하게 하니 의당 귀한 신하로 이에 대응
하게 해야 합니다."

부생이 말하였다.

"귀한 신하란 오직 대사마와 사공일 뿐이오."

동영이 말하였다.

"대사마는 나라의 지친(至親)인데[38] 죽일 수는 없습니다."

마침내 왕타를 죽였다.

장차 형을 집행하려고 하는데, 동영이 그에게 말하였다.

"오늘도 다시 감히 나 동룡을 닭이나 개에 비교하겠느냐?"

왕타는 눈을 부릅뜨고 그를 질책하였다. 낙주(洛州)자사 두욱(杜郁)

---

37 동영의 자가 용(龍)이다.

38 이때 대사마는 무도왕 부안인데 주군인 부생의 숙부였다.

은 왕타의 생질인데, 좌복야 조소(趙韶)가 그를 미워하여서 부생에게 참소하길 진(晉)에 두 마음을 품었다고 하니 그를 죽였다.

임술일[39]에 부생이 태극전에서 여러 신하들에게 연회를 베풀었는데, 상서령 신뢰(辛牢)가 주감(酒監)[40]이 되어 술자리가 한창 무르익자 부생이 화를 내며 말하였다.

"어찌하여 억지로 사람들에게 술을 먹이지 않아서 오히려 앉아만 있는 사람이 있단 말이냐?"

활을 당겨 신뢰를 쏘아서 죽였다. 여러 신하들이 두려워하여 감히 술에 취하지 않을 수가 없었고 엎어지고 쓰러져서 관(冠)을 잃어버리니 부생이 마침내 즐거워하였다.

3   흉노의 대인(大人) 유무환(劉務桓)이 죽고 그의 동생 유알두(劉閼頭)를 세우고 장차 대(代)에 대하여 두 마음을 품으려 하였다. 2월에 대왕(代王) 탁발십익건(拓跋什翼犍)이 군사를 이끌고 서쪽으로 가서 순시하다가 황하까지 갔더니, 유알두가 두려워서 항복을 받아달라고 청하였다.

4   연의 태원왕 모용각(慕容恪)이 단감(段龕)[41]에게 속하였던 여러 성들을 불러서 위무하였다. 기축일[42]에 단감이 서명하여 임명한 서주

---

39 정월 1일은 정묘일이므로 정월 중에는 임술일이 없다. 만약 壬戌이 壬辰의 잘못이라면 이날은 26일이다.

40 술자리를 지휘하는 사람이다.

41 자칭 제(齊)나라 왕이다.

자사인 양도공(陽度公) 왕등(王騰)이 무리를 들어서 항복하니, 모용각이 왕등에게 옛날의 직위를 가지고 양도(陽度, 산동성 기남현 남쪽)로 돌아가서 주둔하게 하였다.

5   진(秦)의 정동(征東)대장군인 진왕(晉王) 부류(苻柳)가 참군 염부(閻負)와 양수(梁殊)를 파견하여 양(涼)에 사신으로 가게 하였고, 편지를 써서 양왕(涼王) 장현정(張玄靚)에게 유세하였다.

염부와 양수가 고장(姑臧, 前涼의 도읍지, 감숙성 무위현)에 도착하니 장관(張瓘)[43]이 그들을 보고 말하였다.

"나는 진(晉)의 신하이고, 신하에게는 경계 지역 밖에서 교제할 수 있는 방법은 없는데,[44] 두 분께서는 어찌하여 오시느라 고생을 하셨습니까?"

염부와 양수가 말하였다.

"우리 진왕(晉王)[45]과 그대는 이웃하고 있는 번국(藩國)이어서[46] 비록 산과 강이 막고 떨어뜨려놓았어도 바람이 통하고 길로 만나고 있

---

42 2월 1일은 정유일이므로 2월에는 기축일이 없다. 己丑이 乙丑의 잘못이라면 이날은 29일이다.

43 전량(前涼)의 도독중외제군사이다. 즉 중앙과 지방의 모든 군사에 관한 일을 총감독하는 자리에 있는 사람이다.

44 직접 동진과 교섭하라는 말이며, 따라서 전진과는 회담을 하지 않겠다는 뜻이다.

45 동진을 가리키는 것이 아니고 전진의 진왕인 부류(苻柳)를 말한다.

46 진왕 부류는 당시에 포판(蒲阪)에서 진수하고 있었으므로 전량과는 바로 이웃하고 있지는 않다.

으니, 그러므로 와서 수호(修好)하고자 하는데 그대는 어찌하여 이상하다고 하시오?"

장관이 말하였다.

"나는 충성을 다하여 진(晉)를 섬긴 것이 지금까지 6세(世)[47]입니다. 만약에 부정동(符征東)[48]장군과 사신을 교환한다면 이는 위로는 먼저 돌아가신 주군의 뜻을 어기는 것이고, 아래로는 병사와 백성들의 절개를 파괴하는 것이니, 그것이 가능하겠습니까?"

염부와 양수가 말하였다.

"진(晉) 황실은 쇠미하여져서 천명(天命)을 잃은 지가 진실로 이미 오래되었으니, 이리하여서 양(涼)의 두 왕이 북쪽으로 얼굴을 돌려 두 조(趙)를 섬겼던 것[49]은 오직 기회를 아는 것이었습니다. 지금 우리 위대한 진(秦)은 위엄과 덕망이 바야흐로 왕성하여 양왕(涼王)이 만약에 황하의 오른쪽에서 스스로 황제가 된다면 우리 진(秦)의 대적이 되지 아니하니 작은 나라가 큰 나라를 섬기려고 한다면 어디 진(晉)을 버리고 우리 진(秦)을 섬기는 것만큼 복록(福祿)을 오래 보존하겠습니까?"

장관이 말하였다.

"중주(中州)[50] 사람들은 식언(食言)을 좋아하여 전에 석(石)씨의 사

---

47 전량의 장씨들은 장궤(張軌)·장식(張寔)·장무(張茂)·장준(張駿)·장중화(張重華)·장요령(張曜靈)·장조(張祚)가 왕위에 있었으므로 7세인 것이다. 그러나 지금 왕인 장조를 치지 않으면 6세이다.

48 전진의 정동장군인 부류(符柳)를 말한다.

49 장무는 전조에게 칭번(稱藩)하였고, 장준은 후조에게 칭번하였다.

50 중주는 중원지역을 말하는데, 이 시기에 중원지역은 전진이 점거하고 있었으므로 전진을 가리키는 말이다.

자가 탄 수레가 돌아갔는데 무장한 기병이 이미 도착해 있었으니[51] 내가 감히 믿지 못하겠습니다."

염부와 양수가 말하였다.

"옛날부터 제왕(帝王)은 중주(中州)에 살았지만 정치와 교화의 방법은 각기 달랐는데, 조(趙)는 간사(奸詐)하고 속였으나 우리 진(秦)은 신의(信義)를 두텁게 하고 있으니 어찌 한 가지로 이들을 취급하십니까? 장선(張先)과 양초(楊初)[52]는 모두 군사를 막고 복종하지 아니하였는데, 먼저 돌아가신 황제께서 그들을 토벌하여 사로잡았지만 그들의 죄과를 사면하시고 총애하여 관작을 주었으니 진실로 석(石)씨와 비교할 것은 아닐 것이오."

장관이 말하였다.

"반드시 그대의 말과 같다면 진(秦)의 위엄과 덕망에 대적할 것이 없을 것인데, 어찌하여 먼저 강남(江南)지역[53]을 빼앗지 아니하시며, 그렇게 되면 천하가 모두 진(秦)나라의 소유가 될 것인데, 정동장군께서 어찌하여 천명을 욕되게 하십니까?"

염부와 양수가 말하였다.

"강남지역은 문신(文身)을 하는 습관[54]을 갖고 있어서 도(道)가 죽어서 먼저 반란을 일으키고, 교화가 융성하게 된 다음에야 복종합니다.

---

51 목제 영화 2년(346년)에 전량의 장중화 때 후조가 침략한 일이다.

52 목제 영화 6년(350년)에 전진의 군사가 장선을 붙잡았고, 양초를 격퇴하였는데, 이 사건은《자치통감》권98에 실려 있다.

53 동진을 말한다.

54 중원지역과는 아주 다른 풍습을 갖고 있다는 말이다.

우리 주상[55]께서는 강남지역은 반드시 군사적으로 복종시켜야 한다고 하고, 황하의 오른쪽 지역은 의(義)를 가지고 품어줄 수 있다고 하였으니, 그러므로 행인(行人)[56]을 보내어 먼저 크게 수호(修好)하는 방법을 설명하는 것입니다. 만약에 그대가 천명의 내용을 알지 못한다면 강남은 수년간의 운명을 연장할 수 있을 것이지만 황하의 오른쪽은 아마도 그대의 영토가 되지 않을 것입니다."

장관이 말하였다.

"우리는 세 개[57]의 주를 점거하고 있고, 갑옷을 입은 병사가 10만 명이며 서쪽으로는 총령(蔥嶺)이 감싸고 있고, 동쪽으로는 대하(大河)로 막고 있으며, 다른 사람을 정벌하여도 오히려 여유가 있는데, 하물며 스스로를 지키는데 있어서 어찌 진(秦)나라를 두려워하겠소?"

염부와 양수가 말하였다.

"귀주(貴州)의 산하가 견고하다 하여도 효산(殽山)과 함곡관(函谷關)과 비교하면 어떠하오? 백성들과 물자가 풍요롭다고는 하나 진주(秦州)와 옹주(雍州)와 비교하면 어떠하오? 두홍(杜洪)과 장거(張琚)가 조(趙)를 밑천으로 삼고, 군사는 강하고 재물이 풍부한 것을 바탕으로 관중(關中)지역을 주머니에 넣고 사해(四海)를 석권하려는 뜻을 가졌었는데, 먼저 돌아가신 황제의 군사의 깃발이 서쪽을 가리키게 되자 얼음이 녹고 구름이 흩어지듯 한 것[58]이 순월(旬月) 사이에 이루어져서

---

55 전진의 부생을 말한다.

56 황하의 오른쪽 지역이란 전량이 있는 지역을 말하므로 전량을 지칭하는 것이고, 행인(行人)은 사절(使節)을 말한다.

57 양주(涼州)·하주(河州)·사주(沙州)를 말한다.

주인이 바뀌는 것도 느끼지 못하였습니다.

우리 주상[59]께서는 만약 그대가 사는 주(州)가 복종하지 않을 것 같으면 불같이 화를 내고 활을 쏠 수 있는 사람 1백만 명이 북을 치면서 서쪽으로 향하게 할 것인데, 잘 모르겠지만 그대가 사는 주(州)에서 장차 어떻게 그것을 상대하려고 하시오?”

장관이 웃으며 말하였다.

“이 일은 왕[60]께서 결정하실 것이지 내가 알 바는 아니오.”

염부와 양수가 말하였다.

“양왕(凉王)께서는 비록 뛰어나고 일찍 숙성하였지만, 그러나 연세가 아직 어리시어 그대가 이윤(伊尹)과 곽광(霍光) 같은 책임을 지고 있으니 국가의 안위는 그대의 한 번 움직임에 달려 있을 뿐이오.”

장관이 두려워서 마침내 장현정의 명령을 받아서 사자를 파견하여 진(秦)나라에 번신(藩臣)을 칭하니, 진(秦)에서는 장현정에게 불리던 관작을 그대로 주었다.

---

58 두홍과 장거가 실패하였던 일은 목제 영화 6년(350년)에 있었고, 그 내용은
《자치통감》 권98에 실려 있다.

59 전진의 부생을 말한다.

60 전량(前凉)의 장현정을 말하는 것으로 이때 8살이었다.

6 장군 유도(劉度)[61]가 진(秦)의 청주(青州)자사 왕랑(王朗)을 노지(盧氏, 하남성 노지현)에서 공격하였다. 연(燕)의 장군 모여장경(慕輿長卿)이 지관(軹關, 하남성 제원현 서북쪽)에 들어가서 진(秦)의 유주(幽州)자사 강철(强哲)을 배지보(裴氏堡, 산서성 원곡현 혹은 강현 일대)에서 공격하였다.

진(秦)의 주군 부생(苻生)이 전(前)장군인 신흥왕(新興王) 부비(苻飛)를 파견하여 유도를 막게 하고 건절(建節)장군 등강(鄧羌)이 모여장경을 막게 하였다. 부비가 아직 도착하지도 않았는데, 유도가 물러갔다. 등강이 모여장경과 싸워서 그를 대파하고 모여장경과 갑수(甲首) 2천여 명을 붙잡았다.

7 환온(桓溫)[62]이 도읍을 낙양으로 옮기고 원릉(園陵)을 수리하고

---

61 동진의 장군이다. 직명 앞에 나라 이름이 없는 것은 모두 동진 사람이다. 이 책은 동진의 연호를 중심으로 쓰고 있기 때문에 동진을 정통왕조로 인정한 셈이다.

62 동진의 대장군이다.

복구하자고 청하였는데, 주장(奏章)을 10여 개나 올렸으나 허락하지 않았다. 환온을 정토(征討)대도독으로 임명하여 독사기이주제군사(督司·冀二州諸軍事)⁶³로 하게 하여서 요양(姚襄)을 토벌하게 하였다.

8   3월에 진(秦)의 주군 부생이 삼보(三輔)의 백성들을 발동하여 위교(渭橋)를 만들게 하였는데, 금자(金紫)광록대부 정굉(程肱)이 간하며 농사에 방해가 된다고 하자, 부생이 그를 죽였다.

9   여름, 4월에 장안(長安)에 큰바람이 불어서 집을 들어내고, 나무를 뽑아버렸다. 진(秦)의 궁궐 안에서도 놀라고 소란스러워서 어떤 사람이 도적떼가 왔다고 말하니 궁궐 문을 낮에도 닫아걸었는데 5일이 지나서야 마침내 그쳤다. 진(秦)의 주군 부생이 도적이라고 알린 사람을 찾아내어 그의 가슴을 도려냈다.

좌(左)광록대부 강평(強平)이 간하였다.

"하늘이 재이(災異)를 내리시니, 폐하께서는 마땅히 백성을 사랑하고 귀신을 섬기며 형벌을 느슨하게 하고, 덕을 숭상하면서 이에 대응하여야 마침내 그치게 할 수 있습니다."

부생이 화가 나서 그의 정수리를 뚫어서 그를 죽였다.

위(衛)장군인 광평왕(廣平王) 부황미(苻黃眉)·전(前)장군인 신홍왕 부비(苻飛)·건절(建節)장군 등강(鄧羌)은 강평이 태후의 동생이기 때문에 머리를 조아리며 굳게 간하였는데, 부생이 듣지 않고 부황미를 내보내어 좌풍익(左馮翊)으로 삼고, 부비를 우부풍(右扶風)으로 삼으며,

---

63 사주(司州)와 기주(冀州) 두 주의 모든 군사적인 일을 감독하는 관직명이다.

등강을 행함양(行咸陽)태수[64]로 삼았지만, 오히려 그들이 날래고 용감한 것을 아꼈으므로 모두 죽이지는 않았다. 5월에 태후 강씨가 걱정하고 한스러워 하다가 죽으니, 시호를 명덕(明德)이라고 하였다.

10   요양(姚襄)이 허창(許昌, 하남성 허창시)에서부터 와서 낙양(洛陽)에서 주성(周成)을 공격하였다.[65]

11   6월에 진(秦)의 주군 부생(苻生)이 조서를 내려서 말하였다.

"짐이 황천(皇天)의 명령을 받아서 만방에 군림(君臨)하였는데, 황통을 잇고 나서 어떤 좋지 않은 일이 있었기에 비방하는 소리가 천하 사람들을 가득히 부채질하는가? 사람을 죽인 것이 1천 명에 지나지 않는데 이를 잔학(殘虐)하다고 하는가! 길에 다니는 사람이 어깨를 나란히 하고 있으니, 아직은 드물지는 않다.[66] 바야흐로 마땅히 엄하고 끝까지 간 형벌을 내려야 할 것이니 다시 짐을 어떻게 할 것인가?"

지난 봄 이래로 동관(潼關, 섬서성 동관현)의 서쪽에서 장안에 이르기까지 호랑이와 승냥이가 해치고 있는데, 낮에도 길에서 줄을 이어 나타나고 밤에는 집을 부수어버리지만 6축(畜)을 먹지 않고 전적으로 사람을 잡아먹기에 힘써서 무릇 700여 명을 죽였다. 백성들이 농사짓고 뽕

---

64 행직(行職)이다. 이는 대리직을 말하므로, 함양태수 대리라는 말이다.

65 요양과 주성이 모두 동진을 배반하였으며, 주성이 낙양에 주둔한 것은 목제 영화 10년(354년)이고, 그 내용은 《자치통감》 권99에 실려 있다.

66 부생을 비난하는 말 가운데 사람을 많이 죽여서 인구가 적어졌다는 내용도 있었으므로 그렇다면 길에 다니는 사람이 적어야 할 터인데, 그 말은 맞지 않는다는 뜻이다.

나무 키우는 것을 폐하고 서로 모여서 읍에 살았지만 해를 당하는 일이 그치지 않았다.

　가을, 7월에 진(秦)의 여러 신하들이 재앙을 물리치는 제사를 지내자고 주청(奏請)하니 부생이 말하였다.

　"들짐승들은 배가 고프면 사람을 잡아먹고, 배가 부르면 마땅히 스스로 그칠 것인데 어찌 제사를 지내는 일이 있겠소? 또한 하늘이 어찌 백성들을 아끼지 않겠소? 바로 죄를 범한 사람이 많기 때문에 짐을 도와서 그들을 죽이는 것뿐이오."

12　　병자일(12일)에 연의 헌회(獻懷)태자 모용엽(慕容曄)이 죽었다.

13　　요양(姚襄)이 낙양을 공격하는데, 달을 넘겨도 이기지 못하였다. 장사(長史) 왕량(王亮)이 간하였다.

　"밝으신 공의 영명(英名)하심이 세상을 덮었고, 군사는 강하고, 백성들은 귀부하고 있습니다. 지금 굳은 성 아래에 군사를 머물게 하니 힘은 꺾이고 위엄은 좌절되어 혹 다른 도적이 그 틈을 타게 되면 이는 위험하고 망하게 되는 길입니다."

　요양이 좇지 않았다.

　환온(桓溫)이 강릉(江陵, 호북성 강릉현)에서부터 북벌(北伐)하는데, 독호 고무(高武)를 파견하여 노양(魯陽, 하남성 노산현)을 점거하고, 보국(輔國)장군 대시(戴施)가 황하에 주둔하며, 스스로 많은 군사를 인솔하고 계속하여 전진하였다.

　요속(僚屬)들과 더불어 평승루(平乘樓)에 올라서 중원을 바라보고 탄식하며 말하였다.

"드디어 신주(神州) 땅을 침몰 당하게 하고, 백 년 동안에 빈터가 되었으니, 왕이보(王夷甫)[67] 같은 여러 사람들이 그 책임을 지지 않을 수 없겠구나!"

기실(記室)인 진군(陳郡, 하남성 진류현) 사람 원굉(袁宏)이 말하였다.

"운수(運數)에는 일어날 때도 있고 쓰러질 때도 있으니 어찌 반드시 그 여러 사람들의 허물이겠습니까?"

환온이 얼굴빛을 바꾸면서 말하였다.

"옛날에 유경승(劉景升)이 1천 근이나 나가는 큰 소를 갖고 있었는데, 꼴과 콩을 보통 소보다 열 배를 더 먹었지만, 무거운 짐을 지고 먼 길을 갈 때에는 일찍이 한 마리의 말라빠진 암소만도 못하여서 위(魏) 무제(武帝)가 형주(荊州)에 들어가자 잡아서 군사들에게 먹였던 것이오.[68]"

8월, 기해일(6일)에 환온이 이수(伊水)에 도착하자 요양이 포위망을 풀고 그를 막았는데, 정예의 병사들을 이수의 북쪽에 있는 숲속에 숨겨 놓고 사신을 파견하여 환온에게 말하였다.

"친히 왕의 군사를 인술하시고 오심을 받게 되어 저 요양은 지금 몸소 명령에 귀의하고자 하니, 바라건대 3군(軍)을 조금 물리셔서 마땅히 길 왼쪽에서 절하게 해 주십시오."

---

67 평승루(平乘樓)는 큰 배에 높이 설치된 망루이다. 이때 환온은 배를 타고 갔고, 신주(神州)란 신성한 땅이라는 의미인데, 이때 중원지역을 신주라고 불렀으며, 왕이보(王夷甫)는 왕연(王衍)을 말한다. 왕연이 청담을 숭상하여 실제적인 일을 하지 않았기 때문에 이적들이 중국을 어지럽혔다는 말이다.

68 유경승(劉景升)은 후한 말년의 유표(劉表)이고, 위(魏) 무제(武帝)는 조조를 말하며, 당시 형주의 치소는 호북성 양양현에 두었고, 환온이 원굉을 1천 근 되는 소에 비유한 것이다.

환온이 말하였다.

"내가 중원을 회복하고 산릉(山陵)[69]에 경의를 표하고자 하니 그대의 일과는 상관없소. 오고 싶은 사람이 바로 앞으로 와서 가까운 곳에서 만나 보면 되지 다른 사람을 번거롭게 할 것이 없소."

요양이 물을 막고 싸우는데 환온이 진을 만들어서 전진하며 친히 갑옷을 입고 싸움을 독려하니, 요양의 무리가 대패하였고 죽은 사람이 수천 명이었다.

요양이 휘하에 있는 사람들 수천 명을 인솔하고 말을 달려 낙양의 북산(北山)으로 갔고, 그날 밤 백성들 중 처자를 버리고 요양을 좇아서 온 사람이 5천여 명이었다. 요양은 용감하고 다른 사람을 아껴주었으므로 비록 전투에서는 여러 차례 패배하였지만 백성들이 요양이 있는 곳을 알기만 하면 번번이 노인을 부축하고 어린아이를 안고서 말을 달려 그곳으로 갔다.

환온의 군대에서 요양이 상처가 병이 되어 이미 죽었다는 말이 유포되었는데, 허창(許昌)과 낙양(洛陽)의 남자와 여자들 가운데 환온에게 잡힌 사람들은 북쪽을 바라보고 눈물을 흘리지 않는 사람이 없었다. 요양이 서쪽으로 달아나자, 환온이 그를 좇았으나 따라잡지 못하였다.

홍농(弘農, 하남성 영보현 동북쪽) 사람 양량(楊亮)이 요양이 있는 곳에서 도망 나왔는데, 환온이 요양의 사람됨을 묻자 양량이 말하였다.

"요양의 정신이 맑고 그릇이 크기로는 손책(孫策)과 비슷하고, 영웅적인 무예는 그를 넘습니다."

주성(周成)이 무리를 인솔하고 나와서 항복하니 환온이 옛 태극전

---

69 진 제왕들의 능묘를 말한다.

(太極殿) 앞에 주둔하였다가 벌써 이사하여 금용성(金墉城)에 주둔하였다. 기축일[70]에 여러 능묘(陵墓)를 배알하고 훼손된 곳이 있는 것을 수리하고 각각의 능령(陵令)[71]을 두었다. 표문을 올려서 진서(鎭西)장군 사상(謝尙)을 도독사주제군사(都督司州諸軍事)[72]로 하고 낙양(洛陽)에서 진수하게 하였다.

사상이 아직 도착하지 않았으므로 영천(潁川, 하남성 우현)태수 모목지(毛穆之)와 독호 진오(陳午)·하남(河南)태수 대시(戴施)에게 2천 명을 가지고 머무르면서 낙양을 지키게 하고 산릉(山陵)을 보호하며 항복한 백성 3천여 집을 장강과 한수(漢水) 사이로 옮기고 주성을 잡아서 돌아왔다.

요양이 평양(平陽, 산서성 임분시)으로 달아났는데, 진(秦)의 병주(幷州)자사 윤적(尹赤)이 다시 무리를 가지고 요양에게 항복하니 요양이 드디어 양릉(襄陵)을 점거하였다. 진(秦)의 대장군 장평(張平)이 그를 치니[73] 요양이 장평에게 패배하여 마침내 장평과 더불어 형제가 되기로 하고 각기 군사 활동을 중지하였다.

---

70 8월 1일이 갑오일이므로 8월 중에는 기축일이 없다. 다음 기사에 9월분이 나오지 않으므로 만일에 기축 앞에 9월이 누락된 것이라면 이날은 9월 26일이다.

71 한대에는 능읍을 만들면 그 읍에는 각기 령(令)을 두었는데, 그 후에 이것으로 인하여 여러 능에는 각기 능령을 두었으며 이는 태상에 소속하였다.

72 사주(司州)의 모든 군사적인 일을 감독하는 관직명이다.

73 요양에게 항복하였다가 목제 영화 8년(352년)에 윤적이 요양을 배반하였으며 이 사건은 《자치통감》 권99에 실려 있다. 장평(張平)이 진(秦)에 항복한 것은 영화 7년(351년)의 일이고, 진에서는 그에게 대장군의 직책을 주었다.

14   단감(段龕)**74**이 그의 부속인 단온(段蘊)을 파견하여 와서 구원해 주기를 요구하자, 조서를 내려서 서주(徐州)자사 순선(荀羨)에게 군사를 거느리고 단온을 좇아서 구원하게 하였다. 순선이 낭야(琅邪, 산동성 제성현)에 도착하여 연(燕)의 군사가 강한 것을 꺼려서 감히 나가지 않았다. 왕등(王騰)이 견성(鄄城, 산동성 견성현 북쪽에 있는 옛날 성)을 침략하자 순선이 나아가서 양도(陽都, 산동성 기남현 남쪽)를 공격하였는데, 마침 장맛비가 내려서 성이 무너지니 왕등을 잡아서 목을 베었다.

15   겨울, 10월 초하루 계사일에 일식이 있었다.

16   진(秦)의 주군 부생(苻生)이 밤중에 대추를 너무 많이 먹어서 아침에 병이 났는데, 태의령 정연(程延)을 불러서 그를 진찰하게 하였더니 정연이 말하였다.

 "폐하께서는 다른 질병은 없고 대추를 너무 많이 먹었을 뿐입니다."

 부생이 화가 나서 말하였다.

 "너는 성인도 아니면서 어찌 내가 대추 먹은 것을 아느냐?"

 드디어 그의 목을 베었다.

---

74 제(齊)나라 왕을 자칭한 사람이다.

연의 모용각

17　연의 대사마 모용각(慕容恪)이 단감을 광고(廣固, 산동성 익도현 서북쪽)에서 포위하자 제장들이 그를 급하게 치라고 하니 모용각이 말하였다.

"군사를 사용하는 형세에는 마땅히 천천히 해야 할 경우가 있고, 마땅히 급하게 해야 할 경우가 있으니 잘 살펴보지 않으면 안 된다. 만약에 저들과 우리의 형세가 대적할만하고, 밖으로 강력하게 원조하는 세력을 갖고 있고, 안으로 배반할 지도 모르는 걱정거리를 갖고 있다면 그들을 공격하는 것을 급하게 하지 않으면 안 된다.

만약에 우리가 강하고 저들이 약하면서도 밖에는 아무도 원조할 것이 없다면 힘으로 충분히 그들을 제압할 수 있는 경우에는 마땅히 고삐를 잡아당기며 그들을 지켜서 그들이 죽기를 기다리는 것이니, 병법에서 '열 배라면 포위하고 다섯 배라면 공격한다.'는 것[75]은 바로 이러한 것을 말한다.

---

75 《손자병법》에 나오는 말이다. 병력이 적의 열 배가 되면 적을 포위하고, 적의 다섯 배가 되면 공격한다는 말이다.

단감의 군사는 아직도 많고 마음이 흐트러지지는 않았고, 제남(濟南)의 전투[76]에서는 날카롭지 않은 것은 아니었으나, 다만 단감이 이들을 사용하는데 전술을 갖지 못하여 패배를 가져왔을 뿐이었다. 지금 굳건한 성에 의지하여 막고 있으며, 위아래 사람들이 힘을 합하고 있으니, 우리가 모든 정예의 군사를 다 써서 그들을 공격한다면 날짜를 세면서 뽑아버릴 수 있겠지만 그러나 우리 병사를 많이 죽이게 되는 것은 분명하다.

중원에서 일을 해온 다음부터 군사들은 잠시도 쉬지 못하여 내가 매번 이 문제를 생각하면서 밤에 잠을 잊고 있는데, 어떻게 가볍게 그들이 죽을 때까지 사용할 수 있겠는가? 요점은 그들을 빼앗는데 있는 것이지, 반드시 공로를 세우는 일을 급하게 찾을 필요는 없다."

제장들이 모두 말하였다.

"거기까지는 생각이 미치지 못하였습니다."

군대 안에서 이 소식을 듣고 사람마다 모두 기쁨을 느꼈다. 이에 울타리를 높이고 참호를 깊게 파놓고 이곳을 지키니 제인(齊人)들이 양식을 다투듯 운반하여 연의 군사들에게 갖다가 먹였다.

단감이 농성(籠城)하며 스스로 지켰는데, 나무하는 길도 끊어버리니 성 안에서는 사람들이 서로 잡아먹었다. 단감이 무리들을 모아 나와서 싸우자 모용각이 포위망 속에서 그들을 격파하였고, 먼저 기병을 나누어 여러 성문에 주둔하게 하였다.[77] 단감이 몸소 스스로 부딪쳐서 겨

---

76 제수(濟水)의 남쪽이라는 말이다. 여기서는 치수(淄水)에서의 전투를 말한다. 치수가 제수의 남쪽에 있기 때문에 대체적으로 말한 것이다.

77 단감의 군사는 성 밖으로 나왔지만 그것은 모용각의 포위망 안이었다. 단감의 군사가 나오자 모용각이 기병들을 성 안으로 다시 들어가지 못하게 하려

우 성 안으로 들어갈 수 있었지만 나머지 병사들은 모두 죽었다.

이에 성 안에서는 기세가 저상(沮喪)하여 굳은 뜻을 가질 수가 없었다. 11월 병자일(14일)에 단감이 면박(面縛)[78]하고 나와서 항복하였고, 아울러 주독(朱禿)[79]까지 잡아서 계(薊)로 호송하였다.

모용각이 새롭게 백성이 된 사람들을 위무하고 편안하게 하여 제(齊)지역을 모두 평정하고, 선비족(鮮卑族)·호족(胡族)·갈족(羯族) 3천여 호를 계로 옮겼다. 연왕 모용준이 주독에게 다섯 가지 형벌[80]을 모두 주었고, 단감을 복순(伏順)장군으로 삼았다. 모용각이 모용진(慕容塵)을 남겨두어 광고를 진수하게 하고, 상서좌승(尙書左丞) 국은(鞠殷)을 동래(東萊, 산동성 황현의 동쪽)태수로 삼고, 장무(章武, 하북성 대성현)태수 선우량(鮮于亮)을 제군(齊郡, 산동성 치박시 동북쪽 임치진)태수로 삼고서 마침내 돌아왔다.

국은은 국팽(鞠彭)의 아들이다. 국팽은 그때 연(燕)나라의 대장추(大長秋)[81]였는데, 편지를 써서 국은에게 경계하여 말하였다.

"왕미(王彌)와 조억(曹嶷)에게는 반드시 자손이 있을 것이니,[82] 너

고 성문을 지키게 한 것이다.

78 적군에게 항복하는 형식이다. 스스로 묶여서 나오는 것이다.

79 목제 영화 10년(354년)에 주독은 모용구(慕容鉤)를 살해하고 반란하여 단감에게 도망하였는데 이 사건은《자치통감》권99에 실려 있다.

80 첫째 얼굴에 묵으로 글씨를 쓰는 것, 둘째 코를 베는 것, 셋째 팔다리를 자르는 것, 넷째 채찍으로 때려죽이는 것, 다섯째 목을 베고 젓을 담그는 것이다.

81 황후궁의 총관리 책임자를 말한다.

82 국팽이 조억의 압력을 받아서 모용외(慕容廆)에게 항복했던 사건은 원제 태흥 원년(318년)의 일로, 38년 전의 일이다.

는 불러서 잘 위무하고 옛날의 원한을 찾아내 오랜 화란이 될 근원을 만들지 마라."

국은이 이들을 찾아서 왕미의 조카 왕립(王立)과 조억의 손자 조암(曹巖)을 산속에서 찾아내고 그들을 청하여 만나보고 깊이 정의(情意)를 나누며 관계를 맺고, 국팽이 다시 사자를 파견하여 거마와 의복을 주니 그 군의 백성들이 이로 말미암아서 크게 화합하였다.[83]

순선은 단감이 이미 패배하였다는 소식을 듣고, 물러나 하비(下邳, 강소성 수녕현 북쪽)로 돌아오면서 장군 제갈유(諸葛攸)와 고평(高平, 산동성 거야현 남쪽)태수 유장(劉莊)이 3천 명을 거느리고 머무르면서 낭야를 지키게 하였고, 참군인 초국(譙國, 안휘성 박현) 사람 대둔(戴遯) 등이 2천 명을 거느리고 태산을 지키게 하였다. 연의 장수 모용난(慕容蘭)이 변성(汴城, 산동성 사수현의 동남쪽)에 주둔하였는데, 순선이 공격하여 그의 목을 베었다.

18   조서를 내려서 겸사공·산기상시 차관(車灌) 등을 파견하여 지절(持節)을 가지고 낙양(洛陽)에 가서 다섯 능묘(陵墓)[84]를 수리하게 하였다. 12월 경술일(19일)에 황제가 여러 신하들과 더불어 모두 시마(緦麻)로 된 복장을 입고 태극전(太極殿)에 3일 동안 나가 있었다.[85]

---

83 국팽이 동래에서 연으로 귀부한 것이 원제 대흥 2년((319년)의 일이고, 그 내용은 《자치통감》 권91에 실려 있다.

84 사마의·사마사·사마소·사마염·사마충의 능묘를 말한다.

85 시마는 소복, 즉 상복으로 제전(祭奠)을 드렸다는 말이다.

19 　사주(司州)도독 사상(謝尙)이 병으로 인해서 가지 못하여 단양윤 (丹陽尹) 왕호지(王胡之)로 그를 대신하게 하였다. 왕호지는 왕이(王 廙)의 아들이다.

20 　이 해에 구지공(仇池公) 양국(楊國)의 당숙인 양준(楊俊)이 양국 을 살해하고 자립하니 양준을 구지공으로 삼았다. 양국의 아들 양안(楊 安)이 진(秦)으로 달아났다.

목제 승평 원년(丁巳, 357년)[86]

1 　봄, 정월 초하루 임술일에 황제가 원복(元服)[87]을 입고, 태후는 조서를 내려서 정치를 돌려주고 크게 사면하고 기원을 고쳤으며, 태후 는 숭덕궁(崇德宮)으로 옮겨서 살았다.

2 　연의 주군 모용준이 유주(幽州)자사 을일(乙逸)을 징소하여 좌 (左)광록대부로 삼았다. 을일 부부가 함께 녹거(鹿車)[88]를 타고 왔고, 그의 아들 을장(乙璋)이 수십 기병이 따르게 하였고, 복식(服食)도 대 단히 화려하였는데, 길에서 영접하였다. 을일이 크게 화를 내고 수레의

---

86 전량 충왕 건흥 45년, 태시 3년, 대왕(탁발십익건) 건국 20년, 전연 경소제 원새 　　6년(광수 원년), 전진 려왕 수광 3년, 선소제 영흥 원년, 안국왕 여호 6년이다.

87 황제 사마담(司馬聃)은 이 해에 14세가 되었다. 원은 머리를 말하므로 원복은 　　관례를 말한다.

88 작은 수레이다.

문을 닫고 그와 더불어 말을 하지 않다가 성(城)에 도착하여 그를 심하게 책망하였으나 을장은 오히려 개전(改悛)하지 않았다.

을일은 항상 그가 실패할까 걱정을 하였으나 을장은 다시 승진하게 되어 중서령과 어사중승을 거쳤다. 을일이 마침내 한탄하며 말하였다.

"내가 어렸을 때 스스로 수신(修身)하고 자기를 이기고 도(道)를 지켰으므로 겨우 죄를 면할 수가 있었다. 을장은 절검(節儉)하는 태도를 갖지 않고 오로지 사치하고 방종하였는데, 더욱 청현(淸顯)한 자리에 있게 되었으니, 이는 어찌하다가 을장이 행운을 얻은 것뿐이지만 실제로는 이 시대는 쇠퇴하였다는 것이다."

3 2월 계축일(23일)에 연의 주군 모용준이 그의 아들 모용위(慕容暐)를 태자로 세우고, 크게 사면하고, 기원을 광수(光壽)로 고쳤다.

4 태백성(太白星)이 동정(東井)으로 들어갔다. 진(秦)의 유사(有司)가 상주문을 올렸다.

"태백성은 벌을 주는 별이고, 동정은 우리 진(秦)에 해당하는 별자리이니, 반드시 폭동을 일으키는 군사가 경사(京師)에서 일어날 것입니다."

진(秦)의 주군 부생이 말하였다.

"태백성이 동정으로 들어갔으니 스스로 말라버릴 것인데,[89] 무엇이 괴이한가?"

---

89 동정(東井)은 별자리인데, 동쪽 우물이라는 뜻을 가지고 있기 때문에 이와 같이 말한 것이다.

5   요양(姚襄)이 장차 관중(關中)[90]을 도모하려고 하여서, 여름, 4월에 스스로 북굴(北屈, 산서성 길현의 동북쪽)에서 나가서 행성(杏城, 섬서성 황릉현 서남쪽)에 주둔하고, 보국(輔國)장군 요난(姚蘭)을 파견하여 부성(敷城, 섬서성 낙천현의 동남쪽 녹성)에서 토지를 약취(略取)하게 하고, 요무(曜武)장군 요익생(姚益生)과 좌(左)장군 왕흠로(王欽盧)가 각기 군사를 거느리고 여러 강족(羌族)과 호족(胡族)을 불러서 받아들였다. 요난은 요양의 사촌형이고, 요익생은 요양의 형이다.

강족과 호족, 그리고 진(秦)의 백성들 가운데 그에게 귀부한 사람이 5만여 호였다. 진(秦)의 장군 부비룡(苻飛龍)이 요난을 쳐서 그를 사로잡았다. 요양이 군사를 이끌고 나아가서 황락(黃落, 섬서성 동천시 서남쪽의 황보진)을 점거하니 진(秦)의 주군 부생이 위(衛)대장군인 광평왕(廣平王) 부황미(苻黃眉)·평북(平北)장군 부도(苻道)·용상(龍驤)장군인 동해왕(東海王) 부견(苻堅)[91]·건절(建節)장군 등강(鄧羌)을 파견하여 보병과 기병 1만5천 명을 거느리고 그들을 막게 하였다. 요양이 성벽을 굳게 하고서 싸우지 않았다.

등강이 부황미에게 말하였다.

"요양은 환온과 장평(張平)에게 패배하여 날카로운 기세를 잃었습니다. 그러나 그 사람됨은 강하고 사나워서 만약에 북을 울리며 함성을 지르고 깃발을 휘날리며 직접 그들의 보루를 압박하면 저들은 반드시 화가 나서 나올 것이니, 한 번 싸워서 사로잡을 수 있습니다."

5월에 등강이 기병 3천 명을 인솔하고 그들 보루의 문에 압박을 가

---

90 진(秦)나라를 말한다. 전진(前秦)은 관중지역을 차지하고 있다.

91 부웅(苻雄)의 아들이다.

하면서 진을 쳤더니 요양이 화가 나서 모든 무리들이 나와서 싸웠다.

등강이 겉으로 이기지 못하는 척 하면서 달아나자 요양이 그들을 추격하여 삼원(三原, 섬서성 삼원현)에까지 도착하였는데, 등강이 기병들을 돌려서 그들을 치고 부황미 등이 많은 무리를 가지고 계속하여 도착하여 요양의 군사는 대패하였다. 요양이 탄 좋은 말을 여미과(驪眉騧)[92]라고 하는데, 이 말이 넘어지자 진(秦)의 군사들이 그를 잡아서 목을 베었더니, 동생 요장(姚萇)이 그 무리를 인솔하고 항복하였다. 요양은 그의 아버지 요익중(姚弋仲)의 영구(靈柩)를 군대에 싣고 다녔는데, 진(秦)의 주군 부생이 왕(王)의 예로 요익중을 고반(孤磐, 감숙성 기현의 경계 지역)에 장사지내고, 또한 공(公)의 예로 요양을 장사지냈다.

부황미 등이 장안으로 돌아왔는데, 부생이 상을 내리지 않고, 자주 무리들 앞에서 부황미를 모욕하였다. 부황미가 화가 나서 부생을 죽이기로 꾀하였다가 일이 발각되어 잡혀 죽었는데, 이 일이 왕공(王公)의 친척들에게 연루되어 죽은 사람이 아주 많았다.

6   무인일(19일)에 연의 주군 모용준이 무군(撫軍)장군 모용수(慕容垂)·중군(中軍)장군 모용건(慕容虔)·호군(護軍)장군 평희(平熙)를 파견하여 보병과 기병 8만 명을 거느리고 요새의 북쪽에서 칙륵(敕勒)[93]을 공격하게 하여 이들을 대파하였는데, 포로로 잡거나 목을 벤 사람이 10여만 명이었고, 획득한 말이 13만 필이었으며, 소와 양도 억만(億

---

92 騧는 호삼성이 '古瓜의 翻'으로 보았기 때문에 '왜'를 '과'라고 하였다. 이 말은 검은 입술과 누런 털을 가진 말이다.

93 북방민족의 이름이다. 철륵(鐵勒)이라고도 불리는데, 그 조상은 흉노였고 후에 돌궐족에게 병탄되었다.

萬)⁹⁴ 두(頭)였다.

7   흉노의 선우 하뢰두(賀賴頭)가 부락민 3만5천 명을 인솔하고 연에 항복하니, 연인(燕人)들이 이들을 대군(代郡, 하북성 울현)의 평서성(平舒城, 산서성 영구현)에 두었다.

---

94 대단히 많았다는 표현이다.

진 부견의 등장

8   진(秦)의 주군 부생이 꿈에 큰 물고기가 창포풀[蒲]⁹⁵을 먹는 것을 보았고, 또 장안에 요언(謠言)이 나돌았다.

"동해의 큰 물고기가 용이 되었는데, 남자는 모두 왕이 되고, 여자는 공(公)이 되었다."

부생이 마침내 태사(太師)·녹상서사·광녕공(廣寧公) 어준(魚遵)⁹⁶과 그의 아들 일곱 명과 열 명의 손자를 죽였다.

금자(金紫)광록대부 우이(牛夷)가 화를 당할까 두려워서 형주(荊州)로 가기를⁹⁷ 청구하였으나, 부생이 허락하지 않고 중군(中軍)장군으로 삼고서 그를 불러서 보고 놀리며 말하였다.

---

95 부씨는 원래 포가(蒲家)에서 출발하였는데 꿈에 물고기가 포(蒲)를 먹었다는 것은 이상한 것이라고 할 수 있다. 부씨의 선조는 처음에 무도(武都)에 있었는데, 성이 없었다. 당시에 그 집에 있는 연못에 포초(蒲草)가 있어서 성을 포씨(蒲氏)로 하였다가 후에 비기에 의거하여 부(符)로 고쳤다.

96 물고기가 창포풀을 먹었으므로 물고기를 상징하는 어(魚)씨가 포(蒲)와 관련된 부(符)씨를 잡아먹은 것으로 해석하고 그를 죽인 것이다.

97 형주자사로 가겠다고 청한 것이다.

"소의 성품[98]은 느리지만 진중하여 멍에를 잘 메니 비록 말 같은 발을 갖고 있지는 않지만 100석을 지고 움직이지요."

우이가 말하였다.

"비록 큰 수레를 끌지만 아직 깎아지른 절벽을 지나본 일이 없으니, 바라건대 시험 삼아 무거운 짐을 지워보시면 마침내 공훈과 업적을 알 것입니다."

부생이 웃으면서 말하였다.

"그 얼마나 통쾌한 일이오. 공은 지고 있는 것이 가볍다고 싫어하시오? 짐이 장차 어공(魚公)[99]의 작위를 공에게 주겠소."

우이는 두려워 돌아가서 자살하였다.

부생이 술을 마시면 밤낮이 없었고 혹은 한 달 내내 나오지를 않았다. 사건을 상주하여도 보지 않고, 왕왕 잠재워 내버려두거나 혹은 술이 취한 상태에서 일을 결정하고, 주위 사람이 이 때문에 간사해져서 상을 주고 벌을 주는데 기준이 없었다. 어떤 경우에는 신시(申時)나 유시(酉時)[100]에 이르러서야 마침내 나와서 조정 일을 살피는데, 술 취한 김에 사람을 죽이는 일이 많았다.

그 자신이 애꾸눈이어서 '손상됨, 모자람, 치우침, 한 짝, 적음, 없음, 갖추지 못함' 같은 말을 꺼렸는데, 잘못하여 이러한 말을 하였다가 죽은 사람이 수를 헤아릴 수 없었다. 산 채로 소·양·노새·말의 껍질을 벗

---

98 우이의 성에 소를 뜻하는 우(牛)자가 들어가므로 우이를 보고 소에 관한 농담을 한 것이다.

99 어준을 말한다.

100 신시는 오후 4시이고, 유시는 오후 6시이다.

겼고, 닭·돼지·거위·오리의 털을 뜨거운 물로 튀겨 깃을 뽑아서 이것들을 전각의 앞에 내버려두어 수십 마리가 무리를 만들게 하였다. 혹은 사람의 얼굴 가죽을 벗기고 그에게 노래하고 춤을 추게 하고서는 가서 보고서 즐거워하였다.

일찍이 좌우 사람들에게 물었다.

"내가 천하에 군림하면서부터 너희들이 밖에서 들은 것이 무엇이냐?"

어떤 사람은 대답하였다.

"성스럽고 밝으신 분이 세상을 다스리며 상을 주는 것과 벌을 주는 것이 분명하고 정당하여 천하 사람들이 오직 태평가를 부를 뿐입니다."

화를 내며 말하였다.

"네가 나에게 아부하는구나!"

끌어내어 목을 베었다.

다른 날 또 물었더니 어떤 사람이 대답하였다.

"폐하께서 형벌을 내리시는 것이 조금 지나치다고 합니다."

또 화를 내며 말하였다.

"너는 나를 비방하는구나!"

역시 그의 목을 베었다. 공훈을 세운 옛날 사람들과 친척들이 목이 베어져서 거의 다하였고, 여러 신하들이 하루를 보존할 수 있는 것이 마치 십 년을 넘기는 것과 같았다.

동해왕(東海王) 부견(苻堅)은 본디 당시 사람들의 칭찬을 받았으며 옛날 요양(姚襄)의 참군이었던 설찬(薛讚)과 권익(權翼)과 더불어 잘 지냈다. 설찬과 권익이 비밀리에 부견에게 유세하였다.

"주상께서는 시기하고 잔인하며 포학하여 안팎의 인심이 떠났으니,

바야흐로 지금 우리 진(秦)의 제사를 주관할 사람이 전하가 아니면 누구이겠습니까? 바라건대 일찍 계책을 세우셔서 다른 성을 가진 사람이 이를 얻게 하지 마십시오."

부견이 상서 여파루(呂婆樓)에게 물었더니 여파루가 말하였다.

"저는 도환(刀環) 위에 올려 있는 사람일 뿐입니다.[101] 큰일을 처리하기에는 부족합니다. 저의 마을에 왕맹(王猛)이라는 사람이 있는데, 그 사람은 꾀를 내는 것과 전략을 세우는 것이 세상에 나오기 힘든 사람이니 전하께서 의당 그를 청하셔서 자문하십시오."

부견이 여파루를 통하여 왕맹을 불렀는데, 한 번 보자마자 마치 옛날부터 아는 친구와 같았으며, 말을 하다가 당시 해야 할 일에 이르렀는데, 부견이 크게 기뻐하여 스스로 마치 유현덕(劉玄德)이 제갈공명(諸葛孔明)을 만난 것 같다고 생각하였다.

6월에 태사령 강권(康權)이 진(秦)의 주군 부생에게 말하였다.

"어제 밤에 세 개의 달이 함께 나타났으며 패성(孛星)이 태미(太微)의 별자리로 들어가서 동정(東井)에 이어져 있었고, 지난 달 상순부터 음침한 구름이 끼고 비가 내리지 않는 것이 지금까지 이르고 있으니, 장차 아랫사람이 윗사람을 도모하는 화가 있을 것입니다.[102]"

부생이 화가 나 요사스러운 말이라고 하면서 그를 박살(撲殺)하였다.

---

101 위진시대에 대체적으로 도환(刀環)으로 살인을 하였으므로, 이 말은 부생에게 죽을 것이라는 뜻으로 한 말이다. 다른 해석은 도환은 칼의 고리라는 말로 칼이란 예리한 칼날을 사용하는 것이며, 칼 고리 위로는 사용할 곳이 없다는 말로 여파루가 자기는 무용지물이라는 뜻으로 한 말이라고 한다.

102 《홍범오행전》에 이와 같은 내용이 있으며, 전한시대에 하후승이 이미 폐제인 유하에게 이와 같은 말을 한 일이 있다.

특진이자 영어사중승(領御史中丞)인 양평로(梁平老) 등이 부견에게 말하였다.

"주상께서 덕을 잃어서 위아래 사람들이 근심어린 소리를 하고, 사람들은 다른 뜻을 품고 있으며, 연과 진(晉) 두 쪽에서는 틈새를 보면서 움직이고 있으니, 아마도 화난(禍難)이 발생할 날에 국가와 집안이 함께 망할까 걱정입니다. 이는 전하의 일이니 의당 일찍 도모하십시오."

부견이 마음속으로 그러하다고 하였지만 부생이 민첩하고 용감하여 아직은 감히 발동하지를 못하였다.

부생이 밤중에 시비(侍婢)를 마주하고 말하였다.

"아법(阿法)¹⁰³은 형제이지만 역시 믿을 수 없으니 날이 밝으면 마땅히 그를 제거해야겠다."

비녀(婢女)가 부견과 그의 형인 청하왕(淸河王) 부법(苻法)에게 알렸다. 부법과 양평로와 특진·광록대부인 강왕(强汪)이 장사 수백 명을 인솔하고 몰래 운용문(雲龍門)¹⁰⁴으로 들어가고, 부견은 여파루와 휘하의 300명을 인솔하고 북을 울리며 뒤를 이어서 전진하였더니 숙위(宿衛)하던 장사(將士)들이 모두 무기를 버리고 부견에게로 귀부하였다.

부생은 오히려 술에 취하여 자고 있다가 부견의 군사들이 도착하니 부생이 놀라서 주위 사람들에게 물었다.

"이들은 무슨 사람들인가?"

좌우에서 말하였다.

"도적들입니다."

---

103 아(阿)는 애칭으로 이름 앞에 붙이는 말이다. 따라서 이는 부법을 호칭한다.
104 위 명제가 낙양에 세운 낙양궁의 정남쪽에 있는 문이다.

부생이 말하였다.

"어찌하여 절을 하지 않는가?"

부견의 군사들이 모두 웃었다.

부생이 또 큰소리로 말하였다.

"어찌하여 빨리 절하지 않는가? 절하지 않는 놈은 목을 벨 것이다."

부견의 군사들이 부생을 끌어다가 별실에 처넣었다가 폐위시켜서 월왕(越王)으로 삼았다가 곧 죽이고[105] 시호를 여왕(厲王)이라고 하였다.

부견이 왕위를 부법에게 양보하니 부법이 말하였다.

"네가 적자(嫡子)인 후계자이고,[106] 또한 똑똑하니 마땅히 즉위하여야 한다."

부견이 말하였다.

"형님이 나이가 많으시니 의당 즉위하여야 합니다."

부견의 어머니 구(苟)씨가 울면서 여러 신하들에게 말하였다.

"사직의 일은 중요하고 어린 아이는 스스로 할 수 없다는 것을 알고 있으니 다른 날에 후회함이 있을 것이고, 실수한다면 여러분에게 있는 것입니다."

여러 신하들이 모두 머리를 조아리며 부견을 세우도록 청하였다.

부견이 마침내 황제라는 칭호를 떼어버리고 대진천왕(大秦天王)이라고 칭하면서 태극전에서 즉위하고,[107] 부생이 총애하는 신하인 중

---

105 이때 부생의 나이는 22세였다.

106 부견의 어머니 구(苟)씨는 부웅(苻雄)의 원비(元妃)이므로 이와 같이 말한 것이다.

107 부견의 나이는 이때 20세였다.

서감(中書監) 동영(董榮)과 좌(左)복야 조소(趙韶) 등 20여 명을 주살하였다. 크게 사면하고 기원을 영흥(永興)이라고 고쳤다.

아버지 부웅(苻雄)을 문환(文桓)황제라고 추존하고, 어머니 구(苟)씨를 황태후라고 하였고, 비(妃) 구(苟)씨를 황후로 하고, 세자 부굉(苻宏)을 황태자라고 하고, 청하왕(淸河王) 부법(苻法)을 도독중외제군사[108]·승상·녹상서사·동해공(東海公)으로 하고, 여러 왕들의 작위는 모두 강등시켜서 공(公)으로 하였다.

종조(從祖)인 우(右)광록대부·영안공(永安公) 부후(苻侯)를 태위로 삼고, 진공(晉公) 부류(苻柳)를 거기(車騎)대장군·상서령으로 삼았다. 동생 부융(苻融)을 양평공(陽平公)으로 삼고, 부쌍(苻雙)을 하남공(河南公)으로 삼고, 아들 부비(苻丕)를 장낙공(長樂公)으로 삼고, 부휘(苻暉)를 평원공(平原公)으로 삼고, 부희(苻熙)를 광평공(廣平公)으로 삼으며, 부예(苻叡)를 거록공(鉅鹿公)으로 삼았다.

한양(漢陽, 감숙성 감곡현) 사람 이위(李威)를 좌(左)복야로 삼고,[109] 양평로(梁平老)를 우(右)복야로 삼고, 강왕(強汪)을 영군(領軍)장군으로 삼고, 여파루(呂婆樓)를 사예(司隷)교위로 삼고, 왕맹(王猛)을 중서시랑으로 삼았다.

부융은 문학(文學)을 좋아하고, 명석한 변별력이 다른 사람을 뛰어넘어서 귀로 들은 것은 바로 외웠고, 눈으로 스친 것이면 잊지를 않았으며, 힘은 백 명의 장부를 대적할만하였고, 말을 타고 활쏘기와 칼 쓰기를 잘하여서 어려서부터 칭찬을 받아서 부견이 그를 아끼고 중히 여

---

108 안팎의 모든 군사에 관한 일을 감독하는 직책이다.

109 이위는 부견의 어머니의 총애를 받아서 발탁된 것이다.

겨서 항상 그와 더불어 국가의 일을 논의하였다.

부융은 안팎의 일을 종합하고, 형벌정책은 닦아 분명히 하며, 재주 있는 사람을 천거하여 멈추어 있는 사람을 들어 올렸으므로 보탬이 되는 일이 아주 많았다. 부비 역시 문무(文武) 재간을 갖고 있었고, 백성들을 다스리고 옥사를 처결하는 것이 부융의 다음이었다.

이위(李威)는 구(苟)태후 고모의 아들이었는데, 평소 위왕(魏王) 부융(苻雄)과 벗으로 잘 지냈으므로 부생이 여러 번 부견을 죽이려고 하였지만 이위의 군영(軍營)의 도움에 의지하여 죽음을 면할 수가 있었다. 이위는 구(苟)태후에게 아낌을 받으니 부견이 그를 마치 아버지처럼 섬겼다.

이위는 왕맹이 현명하다는 것을 알고 항상 부견에게 국가의 일을 그에게 맡기라고 권고하였다. 부견이 왕맹에게 말하였다.

"이공(李公)이 그대를 아는 것이 마치 포숙아(鮑叔牙)가 관중(管仲)을 아는 것[110]과 같소."

---

110 관중은 춘추시대 제나라의 재상으로 제나라가 패권을 갖도록 한 사람이다. 그와 포숙아는 절친한 친구였는데, 이에 관한 관중의 말이 전해진다. 관중이 젊어서 포숙아와 장사를 하였는데, 재산을 나눌 때 자기가 많이 가졌으나 포숙아는 관중이 탐심이 있다고 보지 않았다. 왜냐하면 관중이 가난한 것을 알았기 때문이었다. 또 관중이 포숙아와 어떤 일을 도모하였는데, 다시 어렵게 되었지만 포숙아는 관중을 어리석다고 여기지 않았다. 왜냐하면 그 시기가 불리하였기 때문이라고 생각한 것이다. 또 관중이 세 번 벼슬에 나아갔고 세 번 쫓겨났지만 포숙아는 관중이 못났다고 생각지 않았는데, 관중이 적절한 시기를 만나지 못했기 때문이라는 것이었다. 또 세 번 싸우다가 세 번 다 패배하였지만 포숙아는 관중을 겁쟁이라고 생각하지 않았는데, 관중이 노모를 모시고 있었기 때문이라고 하였다. 공자(公子) 규(糾)가 패하였고, 소홀(召忽)이 그를 죽였고 관중이 유폐되는 욕을 당하였지만 포숙아는 관중이 수치를 모른다고 하지 않았다. 왜냐하면 관중은 작은 절개를 꺾는 것은 부끄러운 것

왕맹이 형님으로 그를 섬겼다.

9   연의 주군 모용준(慕容儁)이 단감(段龕)¹¹¹을 죽이고 그의 무리 3천여 명을 땅에 묻어버렸다.

10   가을, 7월에 진(秦)의 대장군인 기주목(冀州牧) 장평(張平)이 사신을 보내 항복을 받아달라고 청하여서 병주(幷州)자사에 임명하였다.¹¹²

11   8월 정미일(19일)에 황후에 하(何)씨를 세웠다. 황후는 옛 산기시랑이던 여강(廬江) 사람 하준(何準)의 딸이다. 예의는 함강(咸康)의 경우처럼 하여 축하를 하지 않았다.¹¹³

12   진왕(秦王) 부견이 권익(權翼)을 급사황문시랑(給事黃門侍郎)으로 삼고, 설찬(薛讚)을 중서시랑(中書侍郎)으로 삼으며, 왕맹과 나란히 기밀사항을 관장하게 하였다. 9월에 태사 어준(魚遵) 등의 관직을 추가하여 회복시키고 예에 따라서 다시 장사지냈으며, 자손으로 남아 있는 사람은 모두 재능에 따라서 발탁하여 서용하였다.

이 아니고 공명(功名)이 천하에 드날리지 못할 것을 부끄러워한다는 것을 알았기 때문이다.

111 제왕을 자처한 사람이다.

112 장평은 원래 후조의 병주자사였으며, 이 내용은 목제 영화 7년(351년)에 있다.

113 성제 함강 2년(336년)에 두후를 세웠는데 그 예와 같이 한 것이다.

13　장평(張平)[114]이 신흥(新興, 산서성 흔현)·안문(鴈門, 산서성 대현의 서남쪽 고성)·서하(西河, 산서성 이석현)·태원(太原, 산서성 태원시)·상당(上黨, 산서성 장치시)·상군(上郡, 섬서성 유림의 동남쪽)의 땅을 점거하여 300여 곳에 성벽과 보루를 쌓고, 이족(夷族)과 하족(夏族) 10여만 호에 정(征)과 진(鎭)[115]을 임명하고 연과 진(秦)을 대등한 나라로 되고자 하였다.

　겨울, 10월에 장평이 진(秦)의 경계 지역을 침략하여[116] 노략질하니, 진(秦)의 왕 부견이 진공(晉公) 부류(苻柳)를 도독병기주(都督幷·冀州) 제군사[117]로 삼고, 병주목(幷州牧)을 덧붙여주고 포판(蒲阪)에서 진수하며 이들을 막게 하였다.

14　11월 계유일(17일)에 연의 주군 모용준이 계(薊, 북경의 서남쪽 ; 원래의 도읍지)에서부터 업(鄴, 하북성 임장현)으로 도읍을 옮겼다.

15　진(秦)의 태후 구(苟)씨가 선명대(宣明臺)를 유람하였는데, 동해왕(東海王) 부법(苻法)의 집 문에 거마(車馬)가 많이 있는 것을 보고 끝내는 진왕 부견에게 불리하게 될까 걱정하여 마침내 이위와 더불어 모

---

114 석씨가 실패하고 장평은 두 번 연과 진에 귀부했다가 진(晉)에 항복하고 그가 강하게 된 것을 믿고 연과 진과 대등관계가 되려고 한 것이다.

115 보통으로는 각 지역별 군사책임자를 두었는데, 4진과 4정을 두고 장군을 두었다.

116 장평은 연·진과 대등관계를 선언하고, 진(秦)에 쿠데타의 난국이 있음을 알고 공격한 것이다. 그러나 이 때문에 장평이 멸망한다.

117 병주(幷州)와 기주(冀州)의 모든 군사적인 일을 감독하는 관직명이다.

의하여 부법에게 죽음을 내렸다.

부견이 부법과 동당(東堂)에서 영결(永訣)하는데, 통곡을 하면서 피를 쏟았고, 시호를 헌애공(獻哀公)이라고 하고, 그의 아들 부양(苻陽)을 책봉하여 동해공으로 삼고, 부부(苻敷)를 청하공(淸河公)으로 삼았다.

16 12월 을사일(19일)에 연의 주군 모용준이 업(鄴)에 있는 궁궐로 들어가서 크게 사면하였다. 다시 동작대(銅雀臺)를 지었다.[118]

17 태상 왕표지(王彪之)를 좌(左)복야로 삼았다.

18 진왕(秦王) 부견이 상서(尙書)에 갔는데, 문서가 잘 처리되지 않았으므로 좌승(左丞) 정탁(程卓)의 관직을 면직시키고 왕맹으로 그를 대신하게 하였다. 부견은 특이한 재주를 가진 사람을 천거하고, 폐지되다시피 한 직책을 다시 손보았으며, 농사와 잠사(蠶事)에 힘쓰게 하고, 곤궁하고 가난한 사람들을 구휼하며, 백신(百神)에게 예의를 차리고 학교를 세웠으며, 절의(節義)있는 사람을 표창하고, 후사가 끊어진 집안을 잇도록 하니 진민(秦民)들이 크게 기뻐하였다.

---

118 위 무제(조조)가 업에서 건국하고 동작대를 지었는데, 석씨가 이를 증축, 수리하였지만 병란으로 파괴되었다. 그 후 모용씨가 업에 도읍하고 이를 복구하여 옛날과 같게 하였다.

연 모용준의 조치

목제 승평 2년(戊午, 358년)[119]

1   봄, 정월에 사도 사마욱(司馬昱)이 머리를 조아리면서 정치를 돌려주었는데,[120] 황제가 허락하지 않았다.

2   처음에, 풍앙(馮鴦)이 이미 상당(上黨, 산서성 장치현)을 가지고 와서 항복했는데,[121] 또 장평(張平)에게 붙었다가[122] 또 스스로 연에 귀부하였고, 이미 그렇게 하고서 다시 연을 배반하였다. 2월에 연의 사도인 상용왕(上庸王) 모용평(慕容評)이 이를 토벌하였으나 이기지 못하였다.

---

119 전량 충왕 건흥 46년, 태시 4년, 대왕(탁발십익건) 건국 21년, 전연 경소제 광수 2년, 전진 선소제 영흥 2년, 안국왕 여호 7년이다.

120 이 해에 황제 사마담이 15세가 되었으므로 직접 정치를 할 수 있다고 생각하고 황제가 직접 정치를 하도록 한 것이다.

121 위의 목제 영화 11년(355년)의 일이다.

122 목제 승평 원년(357년)의 일이다.

3   진왕(秦王) 부견이 스스로 거느리고 장평을 토벌하는데, 등강(鄧
羌)을 전봉독호(前鋒督護)로 삼아 기병 5천 명을 인솔하고 분수(汾水)
연안에 진을 치게 하자, 장평이 양자 장자(張蚝)에게 이를 막게 하였다.
장자는 힘이 세고, 민첩하여 소 한 마리를 끌면서도 오히려 달릴 수 있
었으며 성이 높거나 낮은 것에 상관없이 모두 뛰어 넘을 수 있었다. 등
강과 서로 대치하기를 10여 일 하여도 서로 이길 수가 없었다.

 3월에 부견이 동벽(銅壁, 산서성 태원시의 서남쪽)에 도착하자 장평이
무리를 다 모아가지고 나아가서 싸웠는데, 장자가 단 한 필의 말을 타
고 큰 소리를 지르면서 진(秦)의 진지를 4~5차례나 출입하니 부견이
사람을 모집하여 그를 산 채로 잡아오게 하였는데, 응양(鷹揚)장군 여
광(呂光)이 장자를 찔러서 맞추었고, 등강이 장자를 잡아서 바치니, 장
평의 무리들이 크게 무너졌다. 장평이 두려워서 항복을 받아달라고 청
하였다.

 부견이 장평을 우(右)장군에 제수하고 장자를 호분(虎賁)중랑장으
로 삼았다. 장자의 본래 성은 궁(弓)이고 상당(上黨, 산서성 장치시) 사람
이었는데, 부견이 총애하고 대우하는 것이 아주 두터워서 항상 옆에다
두었다. 진인(秦人)들은 등광과 장자는 모두 1만 명을 대적한다고 칭찬
하였다. 여광은 여파루(呂婆樓)의 아들이다. 부견은 장평에 소속하였
던 백성 3천여 호를 장안으로 옮겼다.

4   갑술일(20일)에 연(燕)의 주군 모용준이 영군(領軍)장군 모여근
(慕輿根)을 파견하여 군사를 거느리고 사도 모용평을 도와서 풍앙(馮
鴦)을 공격하게 하였다. 모여근이 그를 급히 공격하고자 하였더니 모
용평이 말하였다.

"풍앙의 성벽은 굳으니 그들을 느슨하게 하는 것만 못합니다."

모여근이 말하였다.

"그렇지 않습니다. 공께서 성 밑에 도착하여 한 달을 지냈는데도 아직 일찍이 교전을 하지 않았습니다. 도적[123]들은 국가의 힘이 여기에서 그친다고 생각하면서 드디어 서로 굳게 단결하여 만에 하나라도 다행한 일이 있기를 바랍니다. 지금 모여근의 군사가 처음 이르러서 형편과 기세가 바야흐로 떨치고 있으므로 도적들의 무리들은 두렵고 무서워하여서 모두 떠나갈 마음을 갖고 있고 계책과 생각도 아직 확정되지 않았으니, 이를 좇아서 공격하면 이기지 못할 것이 없습니다."

드디어 그들을 급히 공격하였다.

풍앙과 그의 무리들은 과연 서로 시기하다가 풍앙이 야왕(野王, 하남성 심양현)으로 달아나서 여호(呂護)[124]에게 의지하니 그의 무리들이 다 항복하였다.

5   여름, 4월에 진왕(秦王) 부견이 옹(雍,섬서성 풍상현)에 가서 오치(五時)[125]에 제사를 지내고, 6월에 하동(河東, 산성성 하현)에 가서 후토(后土)[126]에 제사를 지냈다.

---

123 풍앙을 일컫는 말이다.

124 안국왕을 말한다. 목제 영화 8년(352년)을 참고하시라.

125 다섯 신을 말한다. 그 이름은 청제(靑帝)·백제(白帝)·황제(黃帝)·적제(赤帝)·흑제(黑帝)이며, 전한시대에 정해놓고 제사를 지냈다.

126 토지신을 말한다. 이것도 전한시대에 만들어졌다.

6 　가을, 8월에 예주(豫州)자사 사혁(謝奕)이 죽었다. 사혁은 사안(謝安)의 형이다. 사도 사마욱이 건무(建武)장군 환운(桓雲)으로 그를 대신하게 하였다. 환운은 환온(桓溫)의 동생이다.

복야 왕표지(王彪之)를 방문하였더니 왕표지가 말하였다.

"환운은 재주가 없는 것은 아니지만 그러나 환온이 그 상류지역[127]에 있기 때문에 이미 천하의 반을 분할한 셈인데, 그의 동생을 다시 그 서쪽 울타리에 해당하는 지역에 두게 되어 군사에 관한 권한이 한 집안으로 모였으니, 뿌리를 깊게 하고 가지를 굳게 하는 마땅한 조치가 아닙니다. 인재란 미리 헤아릴 수는 없는 것이고, 다만 마땅히 전하와는 다른 짓을 할 사람에게 주어서는 안 될 뿐입니다."

사마욱이 고개를 끄덕이며 말하였다.

"그대의 말이 옳소."

임신일(21일)에 오흥(吳興, 절강성 호주시)태수 사만(謝萬)을 서(西)중랑장·감사예기병사주제군사(監司·豫·冀·幷四州諸軍事)[128]·예주자사로 삼았다.

왕희지(王羲之)[129]와 환온에게 쪽지 편지를 보내어 말하였다.

"사만의 재주는 현재의 사람들 가운데 경세(經世)에 통달한 사람이니 그를 낭묘(廊廟)[130]에 있게 한다면 진실로 뒤에 가서 뛰어날 것인

---

127 양자강의 상류지역을 말한다.

128 사주(司州)·예주(豫州)·기주(冀州)·병주(幷州) 네 주의 모든 군사에 관한 일을 감독하는 관직명이다. 이때 사만이 감독하게 된 지역은 원래 중국 본래의 해당 지역이 아니다. 동진 왕조를 따라서 남하한 교민(僑民)들이 거주하는 지역을 말한다.

129 동진의 우군장군이다.

데, 지금 그를 굽혀서 거친 곳에 따라다니게 하면 재주를 어기는 것이고, 임무를 바꾸어주는데 가까운 일입니다."

또 사만에게 편지를 보내어 말하였다.

"그대가 힘써 앞으로 가서 무엇이나 귀찮아하지 않는 풍도를 가지고 구부려 여러 가지 소소한 일을 함께 하게 되었으니 진실로 뜻한 것이라고 하기 어렵군요. 그러나 이른바 관통하는 견식을 가졌다 함은 바로 마땅히 일을 좇아서 감추어진 일을 처리할 뿐입니다. 바라건대 그대는 매번 사졸처럼 아래 있는 사람들과 더불어 좋은 일과 고생스러운 일을 함께한다면 대단히 좋겠습니다."

사만은 이를 채용할 수 없었다.

서주(徐州)와 연주(兗州) 두 주의 자사 순선(荀羨)이 병에 걸려 어사중승(御史中丞) 치담(郗曇)을 군사(軍司)로 삼았다. 치담은 치감(郗鑒)의 아들이다.

7   9월 경진일[131]에 진왕(秦王) 부견이 장안으로 돌아와서 태위 부후(苻侯)를 수(守)상서령[132]으로 삼았다. 이때 진(秦)에 큰 가뭄이 들었는데, 부견은 음식의 수를 줄이고, 음악을 철폐하고, 후비(后妃) 이하의 모든 사람들에게 명령을 내려서 나환(羅紈)[133]을 없애라고 하고, 산

---

130 조정을 말한다.

131 9월 1일이 임오일이므로 9월 중에는 경진일이 없다. 다만 庚辰이 庚戌의 잘못이라면 이날은 29일이다.

132 수직(守職)이다. 이는 상위 직급을 가진 자가 하위 직급의 직책을 겸임하는 것이다. 부후는 영안공이다.

133 수를 놓은 비단이다.

택(山澤)에서 나는 이로운 것을 개발[134]하고, 공사(公私) 간에 이를 공유하라고 하고, 군사 활동을 쉽게 하며, 백성들을 휴양하게 하니, 가뭄이 들었으나 재앙이 되지는 아니하였다.

왕맹(王猛)이 날로 가까워져서 일을 전횡하니 종친과 공훈을 세운 옛 사람들이 대부분 그를 질투하였는데, 특진·고장후(姑臧侯) 번세(樊世)가 본래 저족(氐族)의 호족이어서 진(秦)의 주군 부건(苻健)을 도와 관중(關中, 섬서성 중부지역)을 평정하였기에 왕맹에게 말하였다.

"우리들은 밭을 갈고 그대는 이를 먹는군요."

왕맹이 말하였다.

"그대에게 밭을 갈게 할 뿐만 아니라 또한 장차 그대에게 밥을 짓게 하겠소."

번세가 크게 화가 나서 말하였다.

"네 머리를 장안의 성의 문에 걸어놓아야겠는데, 그렇지 않는다면 나는 세상에 살지 않겠소."

왕맹이 부건에게 보고하니 부건이 말하였다.

"반드시 이 늙은 저족(氐族)을 죽여야겠고, 그런 다음에야 백관들이 정숙해지겠다."

마침 번세가 들어와서 일에 관하여 말을 하였는데, 왕맹과 부건의 앞에서 논쟁을 하다가 번세가 일어나서 왕맹을 치려고 하니 부건이 화가 나서 그의 목을 베었다. 이에 여러 신하들이 왕맹을 보면 모두 숨도 못 쉬었다.

---

134 대체적으로 산이나 강에서 물고기를 잡거나 산림에서 사냥을 하는 일이 금지되어 있었는데 이것을 해제한 것이다.

8   조(趙)가 망하면서¹³⁵ 그 장수 장평(張平)·이력(李歷)·고창(高
昌)이 모두 사자를 보내어 연에 항복하였는데, 그렇게 하고서 진(晉)에
항복하였다가 또 진(秦)에 항복하고, 각기 작위를 받고 중립을 지키며
스스로를 굳게 하고자 하였다.¹³⁶

연의 주군 모용준이 사도 모용평(慕容評)에게 장평을 병주(幷州, 산
서성)에서 토벌하게 하고, 사공 양무(陽鶩)가 동연(東燕, 하남성 연진현
동북쪽)에서 고창을 토벌하게 하였으며, 낙안왕(樂安王) 모용장(慕容
臧)이 복(濮, 산동성 견성현)에서 이력을 토벌하게 하였다. 양무가 고창
의 별장을 여양(黎陽, 하남성 준현)에서 공격하였지만 뽑아버리지 못하
였다.

이력이 형양(滎陽, 하남성 형양현)으로 달아났지만 그의 무리들은 모
두 항복하였다. 병주에 있는 성벽과 보루가 100여 개인데 연에 항복하
니 모용준이 우복야 열관(悅綰)을 병주자사로 삼아서 이들을 위무하였
다. 장평이 서명하여 임명한 정서(征西)장군 제갈양(諸葛驤) 등이 성벽
과 보루 138개를 인솔하고 연에 항복하니 모용준이 모두에게 그들의
관작(官爵)을 회복시켜 주었다. 장평이 무리 3천 명을 인솔하고 평양
(平陽, 산서성 임분시)으로 달아났다가 다시 연에 항복을 받아달라고 청
하였다.

---

135 후조가 멸망한 것은 목제 영화 7년(351년)이었고 그 내용은 《자치통감》 권
    99에 실려 있다.

136 이력과 고창은 처음에 진(晉)에 항복하였고, 자영이 진(秦)에 항복한 것이 영
    화 7년(351년)이었다. 영화 8년(352년)에 이력과 고창이 진(秦)에 항복하였고,
    이 해에 또 장평과 함께 연(燕)에 항복하였고, 부생이 죽은 다음에 장평이 또
    진(晉)에 항복하고 각기 작위를 받았다.

9   겨울, 10월에 태산(泰山, 산동성 태안현)태수 제갈유(諸葛攸)[137]가 연의 동군(東郡, 하남성 복양현의 서남쪽)을 공격하고 무양(武陽, 산동성 신현 서남쪽)에 들어가니, 연의 주군 모용준이 대사마 모용각(慕容恪)을 파견하여 양무와 낙안왕이 모용장의 군사를 통합하여 그들을 쳤다. 제갈유가 패배하여 달아나서 태산으로 돌아가니 모용각이 드디어 황하를 건너 하남지역에서 땅을 경략하고 태수와 재상을 나누어 두었다.

10   연의 주군 모용준이 진(秦)과 진(晉)를 경영하려고 12월에 주(州)와 군(郡)에게 현재 있는 정남(丁男)을 조사하게 하고, 1호에 1명의 정남을 남겨두고 나머지는 모두 징발하여 병사로 만들고, 보병 졸병 1백50만 명을 채워서 오는 봄을 기다려서 낙양에 대대적으로 모이게 하려고 하였다.

　무읍(武邑, 하북성 무읍현) 사람 유귀(劉貴)가 편지를 올려서 지극하게 사정을 말하였다.

　"백성들은 시들고 지쳐 있으며 군사를 징발하는 것이 법에 맞지 않으니[138] 반드시 토붕(土崩)하는 변고가 닥칠 것입니다."

　모용준이 그를 훌륭하다고 하여 마침내 3정(丁)과 5정(丁)인 집에서만 병사를 징발하도록 명령을 바꾸고, 그 기일도 넓게 하여 오는 겨울

---

137 동진의 태산태수이다. 관직 앞에 국명이 없으면 동진의 기년으로 기록하고 있으므로 동진 사람이다.

138 법에는 호당(戶當) 1명의 정남(丁男)만을 남겨두고 모두 징발하여 병사를 만들지 못하게 되어 있다. 그러므로 호당 3정인 경우에 1명을, 5정인 경우에 2명을 징집하도록 되어 있는 것이다. 이 법은 성제 함강 8년(342년)에 만들었고, 그 내용은《자치통감》권97에 실려 있다.

에 업(鄴)에 모이게 하였다.

그때 연에서는 조발(調發)하는 일이 자주 있어서 관사(官司)에서 각기 사자를 파견하니 길이 번잡스럽게 되어 군과 현에서는 이를 고생스러워하였다. 태위·영(領)중서감[139] 봉혁(封奕)이 청하였다.

"지금부터 군사적으로 기한이 대단히 급한 경우가 아니면 사자를 보낼 수 없으며, 나머지 부세를 징발하는 것은 모두 주와 군에서 책임지고 하게 하고, 그 많은 관청에서 파견하여 밖에서 감독하고 독촉하는 사람들을 모두 거두어 돌아오게 하십시오."

모용준이 이 말을 좇았다.

11 연의 태산(泰山, 산동성 태안현)태수인 가견(賈堅)[140]이 산치(山茌, 산동성 장청현 동남쪽)에 주둔하였는데, 순선(荀羨)[141]이 군사를 이끌고 이를 공격하였고, 가견이 거느린 사람이 겨우 700여 명으로 순선의 군사가 가견보다 열 배였다.

가견이 장차 나아가서 싸우려고 하자, 제장들이 모두 말하였다.

"무리의 수가 적으니 굳게 지키는 것만 못합니다."

가견이 말하였다.

"굳게 지킨다고 하여도 죽음을 면하기 어려우므로 싸우는 것만 못하다."

---

139 중서대에서는 법률을 만드는 일을 담당하며, 장관은 중서령이고 부이관은 중서감이다. 영직(領職)이므로 겸임한 것이다.

140 연 사람이다. 이에 관하여서는 목제 영화 6년(350년)을 참고하시라.

141 동진의 서주와 연주 두 주의 자사이다.

드디어 나아가서 싸우는데, 몸소 사졸들보다 앞서 나아가서 순선의 병사 1천여 명을 죽이고 다시 성으로 돌아왔다.

순선이 나아가서 이들을 공격하니 가견이 감탄하며 말하였다.

"내가 머리를 묶기 시작한 이래로 공명(功名)을 세우는데 뜻을 두었지만, 매번 궁색하고 액운에 처하였으니 어찌 운명이 아니겠는가? 굴욕을 받으면서 사는 것은 절개를 지키고 죽는 것만 못하다."

마침내 장사(將士)들에게 말하였다.

"지금 위험하고 곤란하고 아무런 세워놓은 계획도 없으니 경(卿) 등은 도망갈 수 있을 것이지만 나는 장차 머물러 있다가 죽으리라."

장사(將士)들이 모두 눈물을 흘리면서 말하였다.

"부군(府君)께서 나가시지 않는다면 무리들 역시 모두 죽을 뿐입니다."

마침내 가견을 부축하여 말에 올라타게 하였다. 가견이 말하였다.

"내가 만약 도망가려고 한다면 반드시 서로 보내주지 못할 것이다. 지금 마땅히 경들을 위하여 결투하겠으니, 만약 형세로 보아 지탱할 수 없다면 경(卿) 등은 재빨리 도망하고 다시는 나를 고려하지 마라."

마침내 문을 열고 곧장 나아갔다.

순선의 군사가 사방에서 몰려드니 가견이 말을 다리 위에 세워놓고 좌우로 그들을 쏘니, 모두 활시위 소리를 따라서 쓰러졌다. 순선의 군사들은 숫자가 많아서 해자 아래에서 다리를 찍어내니 가견의 사람과 말이 모두 빠지게 하여 그를 산 채로 잡고, 드디어 산치(山荏)를 뽑아버렸다.

순선이 가견에게 말하였다.

"그대는 아버지와 할아버지 때부터 진(晉)의 신하였는데 어찌하여

근본을 배반하고 항복하지 않았는가?"

가견이 말하였다.

"진(晉)이 스스로 중화(中華)지역[142]을 버렸으니, 내가 배반한 것이 아니오. 백성들이 이미 주인을 갖지 못하자 강한 사람이 있으면 운명을 의탁하였던 것이오. 이미 다른 사람을 섬기게 되었는데, 어찌 절개를 바꿀 수 있단 말이오? 나는 속수(束脩)[143]하여 자립하고 조(趙)와 연(燕)나라를 거치면서 아직도 뜻을 바꾼 일이 없는데,[144] 그대는 어찌하여 바쁘게 항복하라고 말을 하시오?"

순선이 다시 그를 책망하니 가견이 화가 나서 말하였다.

"이 녀석이! 아녀자가 내공(乃公)을 다스리려 하는군![145]"

순선이 화가 나서 잡아서 빗속에 내버려두었고, 며칠 만에 가견이 분하고 원통해 하다가 죽었다.

연의 청주(靑州)자사 모용진(慕容塵)이 사마 열명(悅明)을 파견하여 태산(泰山)을 구원하게 하여 순선의 군사가 대패하니 연이 다시 산치를 빼앗았다. 연의 주군 모용준이 가견의 아들 가활(賈活)을 임성(任城, 산동성 미산현 서북쪽)태수로 삼았다.

---

142 중원지역을 말한다.

143 열 마리의 물고기를 말하는데, 고대에 상하 간 또는 친구 간에 예의로 보내는 일종의 예물이다. 공자는 학생을 가르칠 때 속수를 받았는데, 이 이후로 스승에게 보내는 돈을 말하게 되었다. 여기서는 공부하기 시작한 것을 말한다.

144 가견이 연(燕)에 항복하지 않은 것은 영화 7년(351년)의 일로, 《자치통감》 권 98에 실려 있다.

145 내공은 임금이 신하에게 자기를 가리켜 부르는 말이거나 아버지가 아들에게 자기를 가리켜 부르는 호칭인데, 가견이 자기 자신을 내공이라 하고 순선을 아녀자라고 한 것이다.

순선이 병이 위독하여 불려서 돌아갔고, 치담(郗曇)을 북(北)중랑장·도독서연청기유오주제군사(都督徐·兗·靑·冀·幽五州諸軍事)[146]·서연이주자사(徐·兗 二州刺史)로 삼고, 하비(下邳, 강소성 수녕현 서북쪽)에서 진수하게 하였다.

---

146 서주(徐州)·연주(兗州)·청주(靑州)·기주(冀州)·유주(幽州) 다섯 주의 모든 군사적인 일을 감독하는 관직명이다.

모용준의 후계 구도

12　연의 오왕(吳王) 모용수(慕容垂)가 단말배(段末柸)의 딸과 결혼하여 아들 모용령(慕容令)과 모용보(慕容寶)를 낳았다. 단씨는 재주가 많고, 성정이 매웠고, 스스로 귀한 성(姓)이라[147]고 생각하여서 가족혼후(可足渾后)[148]를 높여 섬기지 아니하니 가족혼후가 그에게 이를 악물었다.

연의 주군 모용준이 평소 모용수를 불쾌하게 생각하고 있었는데,[149] 중상시 열호(涅皓)가 뜻에 맞추어 단씨와 오국(吳國)의 전서령(典書令)인 요동(遼東, 요령성 요양시) 사람 고필(高弼)이 무고(巫蠱)했다고 고발하고, 이 사건을 모용수에게 연결하여 더럽히고자 하니, 모용준이 단씨와 고필을 대장추(大長秋)[150]인 정위에게로 내려보내어 고문하여 조

---

147 원래 단씨는 황가인 모용씨와 같은 지위를 갖고 있었다.

148 현 황제인 모용준의 황후이다.

149 이러한 사례는 영화 10년(354년)에 있었고, 그 내용은 《자치통감》 권99에 보인다.

150 전서령(典書令)은 왕부의 문서를 관리하는 책임자이고, 대장추(大長秋)는 황후궁을 총관리하는 책임자이므로 단씨를 처리할 수 있다.

사하게 하였으나 단씨와 고필의 뜻과 기세가 확실하여 끝내 얽어맬 말을 찾지 못하였다.

고문해서 다스리는 것이 날로 급해지니, 모용수가 이를 민망하게 생각하여 사사로이 사람을 시켜서 단씨에게 말하였다.

"사람이 한 번 태어나서 한 번 죽는 것이 당연한데, 어찌 매섭고 독한 것을 이처럼 감내한다는 말이오? 끌어들여 자복하는 것만 못하오."

단씨가 탄식하며 말하였다.

"내가 어찌 죽는 것을 애석해 한단 말입니까? 만약에 스스로를 악하게 반역했다고 무고(誣告)한다면 위로는 조종(祖宗)에게 욕을 먹이는 것이고, 아래로는 왕(王)[151]에게 누가 되는 것이어서 진실로 그리하지 않는 것입니다."

말하고 대답하는 것이 더욱 분명하니, 그러므로 모용수가 화를 면하였으나, 단씨는 결국 옥중에서 죽었다.

모용수를 내보내어 평주(平州, 요동성과 한반도의 북부)자사로 삼아, 요동에서 진수하게 하였다. 모용수가 단씨의 여동생을 계실(繼室)로 삼았는데, 가족혼씨가 그를 내쫓고, 그의 여동생 장안군(長安君)[152]을 모용수의 처로 삼게 하니, 모용수가 좋아하지 않자 이로 말미암아서 더욱 그를 미워하였다.

13   흉노 유알두(劉閼頭)의 부락이 대부분 배반하였다가[153] 두려워서

---

151 모용수가 오왕이므로 모용수를 말한다.

152 황후인 가족혼씨의 동생의 작위 이름이다. 여자이기 때문에 군이라는 작위가 수여된 것이며 이름은 소가족혼(小可足渾)이다.

동쪽으로 도망하는데, 얼음을 타고 황하를 건너다가 반쯤 건넜을 때 얼음이 녹아서 뒤에 오던 무리들이 모두 유실물기(劉悉勿祈)에게로 돌아갔고, 유알두는 대(代, 하북성 울현)로 달아났다. 유실물기는 유무환(劉務桓)의 아들이다.[154]

목제 승평 3년(己未, 359년)[155]

1   봄, 2월에 연의 주군 모용준이 아들 모용홍(慕容泓)을 세워서 제북왕(濟北王)으로 삼고, 모용충(慕容沖)을 중산왕(中山王)으로 삼았다.

2   연인(燕人)이 단근(段勤)을 죽이니 단근의 동생 단사(段思)가 도망해 왔다.[156]

3   연의 주군 모용준이 포지(蒲池, 도읍인 鄴 안에 있는 연못)에서 여러 신하들에게 연회를 베풀었는데, 이야기를 하다가 주(周)의 태자 희진

---

153 이 사건은 목제 영화 12년(356년)에 있었다.

154 유실물기(劉悉勿祈)는 흉노족의 다른 부락의 우두머리이고, 유알두는 유무환의 동생인데, 유무환이 죽은 것은 목제 영화 12년(356년)이며, 그 내용은 《자치통감》 권 99에 실려 있다.

155 전량 충왕 건흥 47년, 태시 5년, 대왕(탁발십익건) 건국 22년, 전연 경소제 광수 3년, 전진 선소제 영흥 3년(甘露 원년), 안국왕 여호 8년이다.

156 단근에 관한 사건은 목제 열화 8년(352년)에 있었고, 이는 동진으로 도망해 왔다는 말이다.

(姬晉)[157]에까지 미치자 참지 못하고 눈물을 흘리며 말하였다.

"재주 있는 아들은 얻기 어려운 법이다. 경선(景先)이 죽고 나서부터 나의 빈발(鬢髮)[158]은 반쯤 희게 되었다. 경(卿) 등은 경선이 어떠하였는지 말해 보시오."

사도부의 좌(左)장사 이적(李績)이 대답하였다.

"헌회(獻懷)태자[159]께서 동궁에 계실 때 신은 중서자(中庶子)였었는데, 태자의 뜻과 업적은 감히 알지 못합니다. 태자의 큰 덕(德)은 여덟 가지가 있습니다. 지극히 효성스러운 것이 첫 번째이고, 총명하고 민첩한 것이 두 번째이며, 침착하고 의연한 것이 세 번째이며, 아부하는 것을 미워하고 곧은 말을 좋아하는 것이 네 번째이며, 공부하기를 좋아 하는 것이 다섯 번째이며, 재주가 많은 것이 여섯 번째이고, 겸손하고 공손한 것이 일곱 번째이며, 베풀기를 좋아한 것이 여덟 번째입니다."

모용준이 말하였다.

"경이 그를 칭찬한 것이 비록 지나치기는 하지만 그러나 이 아이가 살아 있다면 나는 죽어도 걱정이 없을 것이오. 경무(景茂)[160]는 어떠하오?"

---

157 주(周)나라 영왕(靈王)의 태자인 희진(姬晉)이다. 어려서 총명하였으나 일찍 죽어서 그의 동생 희귀(姬貴)가 아버지의 뒤를 이었는데, 이 사람이 경왕(景王)이고, 재위 기간 중에 나라의 형편이 미약해졌다.

158 경선(景先)은 죽은 태자인 모용엽(慕容曄)의 자이고 빈발(鬢髮)의 빈은 턱수염이고, 발은 머리카락이다.

159 죽은 태자였던 모용엽의 시호이다.

160 현재 연 태자인 모용위의 자이다.

이때 태자 모용위(慕容暐)가 옆에서 모시고 있었는데, 이적이 말하였다.

"황태자께서는 지혜와 총명함을 타고 나셨으니, 비록 여덟 가지 덕을 가지고 있는 것은 이미 소문이 나 있으나, 두 가지 부족한 것을 아직 보충하지 않았으니, 사냥을 좋아하고, 사죽(絲竹)[161]을 즐기는 것인데, 이는 그것들을 깎아내리기 때문입니다."

모용준이 모용위를 돌아보며 말하였다.

"백양(伯陽)[162]의 말은 약석(藥石)[163]과 같은 혜택이 있는 것이니 너는 의당 이를 교훈으로 삼으라."

모용위는 아주 불평하였다.

모용준의 꿈에 조(趙)의 왕이었던 석호(石虎)가 그의 어깨를 물어뜯었는데, 마침내 석호의 묘를 파헤쳐서 시체를 찾아보았으나 찾지를 못하여 백금(百金)을 상으로 내걸고 이를 구매하였는데, 업(鄴)에 사는 여자 이토(李菟)가 그것을 알고 알려주어서 동명관(東明觀)[164]의 아래에서 시체를 찾았는데, 뻣뻣하게 되었으나 썩지는 않았다.[165]

모용준이 이것을 밟고 욕을 하면서 말하였다.

"죽은 야만인 놈아! 어찌 감히 살아 있는 천자를 두렵게 하느냐?"

그의 잔폭(殘暴)하였던 죄를 헤아리고 그것에 회초리를 치고 장수

---

161 사는 현악기이며 죽은 관악기이다. 따라서 음악을 지칭한다.

162 이적의 자이다.

163 약물을 가리키는 말이다. 약은 방약이고 석은 석침(돌침)이다.

164 업성((鄴城 ; 연의 도읍지, 하북성 임장현)의 동쪽에 있는 누각이다.

165 석호가 죽은 것은 목제 영화 5년(349년)이었으므로 10년 전의 일이었다.

(漳水)에 던져버리니 시체가 다리의 기둥에 걸려서 흘러가지 않았다.

진(秦)이 연을 멸망시키게 되자[166] 왕맹(王猛)이 그를 위하여 이토를 죽이고 그것을 거두어 장사지냈다.[167]

4 진(秦)의 평강호군(平羌護軍) 고리(高離)가 약양(略陽, 감숙성 진안현)을 점거하고 반란을 일으키니, 영안위공(永安威公) 부후(苻侯)[168]가 이를 토벌하였으나 이기지 못하고 죽었다. 여름, 4월에 교기(驍騎)장군 등강(鄧羌)과 진주(秦州)자사 담철(啖鐵)[169]이 이를 토벌하여 평정하였다.

5 흉노 유실물기(劉悉勿祈)가 죽자 동생 유위진(劉衛辰)이 그의 아들을 죽이고 그를 대신하였다.

6 5월에 진왕(秦王) 부견이 하동(河東, 산서성 하현)지역에 갔고, 6월에 크게 사면하고, 기원을 감로(甘露)라고 고쳤다.

7 양주목(涼州牧) 장관(張瓘)은 시기하고 가혹하며 포학하여서 오로지 애증(愛憎)을 가지고 상을 주거나 벌을 주었다. 낭중(郞中) 은순

---

166 향후 11년 뒤인 해서공 태화 5년(370년)의 일이다.

167 이 사건은 10년 전에 죽은 시체가 썩지 않았고 다시 11년이 지난 뒤에까지 남아 있었다고 하였으나 믿기 어렵다.

168 진(秦)의 부후는 영안공인데, 죽은 후에 위공이라는 시호를 받아서 이를 함께 쓴 것이다.

169 저족(氏族)이다.

(殷郇)이 그에게 간하니, 장관이 말하였다.

"호랑이는 난 지 3일이면 스스로 고기를 먹을 수 있으며, 사람이 가르치기를 기다리지 않는다."

이로 말미암아서 사람들의 마음이 그에게 붙지 아니하였다.

보국(輔國)장군 송혼(宋混)은 성품이 충성스러우나 굳었으므로 장관이 이를 꺼려서 송혼과 그의 동생 송징(宋澄)을 죽이고자 하여 양왕(涼王) 장현정(張玄靚)을 폐위시킨 것을 이용하여 그를 대신하고, 병사 수만 명을 징집하여 고장(姑臧, 양의 도읍지, 감숙성 무위현)으로 집합시켰다.

송혼이 이를 알고 송징과 더불어 장사(壯士) 양화(楊和) 등 40여 명의 기병을 인솔하고 남성(南城)을 습격하여 여러 군영에 선포하여 알렸다.

"장관이 역모하여 태후령[170]을 받아서 그를 주살하겠다."

잠깐 사이에 무리가 2천 명 모이니 장관이 무리를 인솔하고 나아가 싸웠지만 송혼이 이를 격파하였다.

장관의 휘하에 있던 현려(玄臚)가 송혼을 칼로 찔렀으나 갑옷을 뚫을 수가 없어서 송혼이 그를 잡았으며, 장관의 무리들이 모두 항복하였다. 장관과 그의 동생 장거(張琚)는 모두 자살하였고, 송혼은 그의 종족을 다 죽였다. 장현정은 송혼을 사지절(使持節)·도독중외제군사·표기(驃騎)대장군·주천군후(酒泉郡侯)로 삼아 장관을 대신하여 정치를 보필하게 하였다.

송혼이 마침내 장현정에게 양왕(涼王)의 호칭을 버리고 다시 양주목

---

170 태후인 마태후를 말한다.

(涼州牧)으로 부르기를 청하였다.[171] 송혼이 현려에게 말하였다.

"경(卿)이 방금 나를 칼로 찔렀으나 다행하게도 다치지를 않았고 이제 내가 정치를 보필하는데, 경은 그것이 두렵소?"

현려가 말하였다.

"이 현려는 장관의 은혜를 받았으니, 오직 절하(節下)[172]를 칼로 찌를 때 깊게 하지 못한 것을 한스럽게 생각할 뿐이니, 가만히 생각하여도 두려운 것은 없소."

송혼이 그를 의롭다고 생각하고, 심복(心腹)으로 삼았다.

8　고창(高昌)[173]이 연을 막을 수 없게 되자, 가을, 7월에 백마(白馬, 하남성 활현의 동쪽)에서 형양(滎陽, 하남성 형양현)으로 달아났다.

9　진왕(秦王) 부견이 하동(河東 산서성 하현)에서 돌아와 교기(驍騎) 장군 등강(鄧羌)을 어사중승으로 삼았다. 8월에 함양(咸陽, 섬서성 함양시)내사 왕맹(王猛)을 시중·중서령으로 삼아 경조윤(京兆尹)의 업무를 관장[174]하게 하였다. 특진(特進)·광록대부 강덕(強德)은 태후(太后)[175]의 동생인데, 술주정이 심하고 크게 횡포(橫暴)를 부리며 다른

---

171 전량은 원제 태흥 3년(320년) 장무(張茂)가 독립한 이후에 원제 영창 2년(323년) 후조(後趙)로부터 양왕(涼王)으로 책봉된 이후로 양왕으로 불리다가 이것을 포기하였다. 그러나 독립적인 지위는 변함이 없다.

172 고급 관리에 대한 존칭어이다.

173 조의 장수였던 사람으로 목제 승평 2년(538년)에 연을 배반하였다.

174 영직(領職)이며 관직명은 영경조윤이다. 이는 본래의 직책을 가지고 있으면서 다른 관직의 업무를 관장하는 관리 임용방법이다.

사람의 재화와 자녀를 노략질하니 백성들에게 걱정거리였다.

왕맹이 수레를 내려보내 강덕을 체포하고서 상주문을 올리고 회보가 아직 내려오지 않았는데, 이미 그의 시체를 저자에서 보여주니, 부견이 사자를 달리게 하여 그를 사면하였으나 미치지 못하였다.

등강과 같은 뜻을 가진 사람들이 악한 것을 미워하여 사건을 규명하였는데, 돌아보거나 거리끼는 것이 없어서 수십 일 사이에 권력 있는 호족과 귀한 친척들 가운데 죽고 형벌을 받고 면직된 사람이 20여 명이 되니, 조정에서는 놀라서 떨었고, 간사하고 교활한 사람들은 숨도 못 쉬었으며, 길에서는 떨어진 것을 줍지도 아니하였다. 부견이 감탄하며 말하였다.

"내가 비로소 오늘에야 천하에 법이 있다는 것을 알겠구나."

10　태산(泰山)태수 제갈유(諸葛攸)가 수륙(水陸)으로 군사 2만 명을 거느리고 연을 치는데, 석문(石門, 하남성 형양현 북쪽)으로 들어가서 하저(河渚, 황하 안에 있는 작은 섬)에 주둔하였다. 연의 상용왕(上庸王) 모용평(慕容評)과 장낙(長樂, 하북성 기현)태수 부안(傅顔)이 보병과 기병 5만 명을 인솔하고 제갈유와 동아(東阿, 산동성 양곡현 동북쪽 아성진)에서 싸웠는데, 제갈유의 군사가 대패하였다.

겨울, 10월에 사만(謝萬)[176]에게 조서를 내려서 하채(下蔡, 안휘성 봉태현)에 진을 치고, 치담(郗曇)은 고평(高平, 산동성 거야현 남쪽)에 진을 치고서 연을 치게 하였다. 사만이 호걸임을 자랑하고 오만하였지만 그

175 강태후는 진의 주군 부건(苻健)의 황후이다.
176 동진의 예주자사이다.

러나 시를 읊조리면서 스스로를 높이고 일찍이 무리들을 어루만지는 일이 없었다.

그의 형 사안(謝安)이 깊이 이를 걱정하여 사만에게 말하였다.

"너는 원수(元帥)이니 의당 자주 제장들을 접대하면서 그들의 마음을 기쁘게 해야 할 것인데, 어찌 이처럼 오만하고 이상한 짓을 하니 일을 처리할 수 있겠느냐?"

사만이 마침내 제장들을 불러 모아놓고 한 마디도 말하지 않고 바로 여의(如意)[177]를 가지고 사방에 앉아 있는 사람들을 가리키면서 말하였다.

"제장들은 강한 병졸(兵卒)들이군."

제장들은 그를 더욱 한스럽게 생각하였다.[178]

사안은 사만이 죽음을 면하지 못할 것을 염려하여 마침내 대수(隊帥)[179]에서부터 시작하여 그 아래로 친히 가서 후하게 대하고 부탁을 하지 않은 사람이 없었다. 이미 그리하였는데, 사만이 무리를 인솔하고 와수(渦水, 회하의 지류)와 영수(潁水)로 들어가서 낙양(洛陽)을 도왔다. 치담이 병이 나서 물러나서 팽성(彭城, 강소성 서주시)에 주둔하였다.

사만은 연의 군사가 강성하여서 그러므로 치담이 물러났다고 생각하고 곧바로 군사를 이끌고 돌아오니 무리들이 드디어 놀라서 무너졌다.[180] 사만이 낭패(狼狽)하여 말 한 마리를 타고 돌아왔는데, 군사(軍

---

177 등을 긁는 물건이다. 자루가 있고 자루 끝은 손가락처럼 되어 있어서 뜻대로 등을 긁을 수 있어서 그러한 이름이 붙여진 것이다.

178 장수들에게 병졸이라는 말을 사용하였기 때문이다.

179 한 부대의 우두머리이다.

士)들이 그가 실패한 기회를 이용하여 그를 도모하려고 하였지만 사안 때문에 중지하였다.

　이미 그리하고 도착하니 조서를 내려서 사만을 서인(庶人)으로 삼고, 치담의 호칭을 깎아내려서 건무(建武)장군으로 하였다. 이에 허창(許昌, 하남성 허창시)·영천(潁川, 하남성 우현)·초(譙, 안휘성 박현)·패(沛, 강소성 패현)의 여러 성들이 차례로 모두 연에 몰입되었다.

11　진왕(秦王) 부견이 왕맹을 이부(吏部)상서로 삼았다가 곧 태자첨사(太子詹事)로 승진시켰고, 11월에는 좌(左)복야로 삼고, 나머지 관직은 옛날 그대로 갖게 하였다.

12　12월에 무릉왕(武陵王) 사마희(司馬晞)의 아들 사마진(司馬瓘)[181]을 양왕(梁王)으로 삼았다.

13　큰 가뭄이 들었다.

14　신유일(17일)에 연의 주군 모용준이 병으로 눕자 대사마인 태원왕(太原王) 모용각(慕容恪)에게 말하였다.

---

180 병법에서 보면 군사를 진격시키는 것은 쉽지만 물리기는 어려운 것이라고 하였다. 그래서 훌륭한 장수는 군사를 물리려고 하면 반드시 방략을 세워놓은 다음에 물리는 데, 이는 적의 추격을 막는 것뿐만 아니고, 자기의 무리들이 놀라서 무너지는 것을 염려하기 때문이다.

181 瓘은 옥등 '봉'으로 되어 있는데, 호삼성 음주는 '여진동(與瓏同 ; 瓏과 같다)'이고, 음은 진(津)이라고 하였으므로 '진'으로 표기하였다.

"나의 병은 반드시 벗어나지 못할 것이다. 지금 두 방면이 아직 평정되지 않았고, 경무(景茂)[182]는 어리며 국가에는 많은 어려움이 있는데, 내가 송(宋) 선공(宣公)을 본받아서[183] 사직을 너에게 위촉하고자 하는데 어떠한가?"

모용각이 말하였다.

"태자가 비록 어리기는 하나 해로움을 이기고 치세를 이룰 군주입니다. 신이 실제 어떤 사람이라고 감히 정통에 끼어들겠습니까?"

모용준이 화가 나서 말하였다.

"형제 사이에 어찌 헛된 수식을 하는가?"

모용각이 말하였다.

"폐하께서 만약에 신이 천하를 짊어질 수 있는 적임자라고 하신다면 어찌하여 어린 주군을 보필할 수 없다고 하십니까?"

모용준이 기뻐서 말하였다.

"너는 능히 주공(周公)이 될 수 있을 것인데 내가 다시 무슨 걱정을 하겠는가? 이적(李績)은 청렴하고 방정하며 충성스럽고 밝은 사람이니 네가 그를 잘 대우하여 주거라."

오왕(吳王) 모용수(慕容垂)[184]를 불러서 업(鄴, 진의 도읍, 하북성 임장현)으로 돌아오게 하였다.

---

182 두 방면이란 진(秦, 전진)과 진(晉, 동진)을 말하고, 경무(景茂)는 태자 모용위를 말한다.

183 전국시대(기원전 729년)에 송나라의 13대 선공이 자기 아들을 버리고 동생에게 전위(傳位)하였는데, 이 사람이 14대 목공이다.

184 이때 요동(요녕성 요양시)에 주둔하고 있었는데 불러온 것이다.

15   진왕(秦王) 부견이 왕맹(王猛)을 보국(輔國)장군·사예(司隸)교위로 삼아서 궁중에서 숙위(宿衛)하게 하고, 복야·첨사·시중·중서령·영선(領選)[185]의 직책은 옛날처럼 그대로 갖게 하였다. 왕맹이 상소문을 올려서 사양하고, 이 기회를 이용하여 산기(散騎)상시인 양평공(陽平公) 부융(苻融)과 광록대부·산기상시인 서하(西河, 산서성 이석현) 사람 임군(任羣), 처사(處士)인 경조(京兆) 사람 주동(朱彤)을 자기 대신으로 추천하였다.

부견이 허락하지 않고 부융을 시중·중서감·좌복야로 삼고, 임군을 광록대부·영태자가령(領太子家令)[186]으로 삼으며, 주동을 상서시랑·영(領)태자서자로 삼았다. 왕맹은 그때 36세였고, 1년 중에 다섯 번을 승진하였으니,[187] 권력이 안팎에서 그에게 기울어졌는데, 사람들 가운데 그를 헐뜯는 자가 있으면 부견이 번번이 그에게 죄를 주니, 이에 여러 신하들은 감히 다시는 말을 하지 않았다.

좌복야 이위(李威)를 영호군(領護軍)으로 삼고, 우복야 양평로(梁平老)를 사지절(使持節)·도독북수제군사(都督北垂諸軍事)[188]·진북(鎭北)대장군으로 삼아 삭방(朔方)의 서부지역을 지키게 하고, 사마(司馬) 가옹(賈雍)을 운중(雲中)호군으로 삼아 운중의 남부지역을 지키게 하

---

185 관리를 인선하는 업무를 관장하는 직책이다.

186 태자가령은 태자의 관속으로 태자소부에 예속되어 형옥, 음식, 곡식, 재화를 관장하는 직책인데, 영은 다른 직책을 가지고 이 직책까지 관장하는 경우를 말한다.

187 ①상서좌승에서 함양내사로 ②시중 겸 중서령, 그리고 경조윤으로 ③이부상서로 ④태자첨사 겸 좌복야로 ⑤이번의 경우 등 다섯 번이다.

188 북수(北垂, 북방 변경)지역의 모든 군사적인 일을 감독하는 관직명이다.

였다.

16   연은 징집한 군(郡)과 봉국(封國)의 군사[189]들을 모두 업성에 모
이게 하였다.✱

---

189 지난해에 징집하였다가 연기하였었다.

권101

진기23

정족을 이룬 중국천하

```
┌─────────────────────────────────────────┐
│          연 모용준의 죽음과 모용각          │
└─────────────────────────────────────────┘
```

목제 승평 4년(庚申, 360년)¹

1   봄, 정월 계사일(20일)에 연의 주군 모용준이 업(鄴)에서 대열병
(大閱兵)을 하고 대사마 모용각·사공 양무(陽鶩)에게 이들을 거느리고
침략하여 들어오게 하려고 하였는데,² 마침 병이 위독하게 되어 이에
모용각과 양무 그리고 사도 모용평과 영군(領軍)장군 모여근(慕輿根)
등을 불러들여 유조(遺詔)를 받아서 정치를 보필하게 하였다. 갑오일
(21일)에 죽었다.

무자일(25일)에 태자 모용위(慕容暐)가 황제에 즉위하였다. 나이는
11살이었는데 크게 사면하고 기원을 건희(建熙)라고 고쳤다.

2   진왕(秦王) 부견이 사주(司州)와 예주(隸州)를 나누어 옹주(雍州)

---

1   전량 충왕 태시 6년(建興 48년), 대왕(탁발십익건) 건국 23년, 전연 경소제 광
    수 4년(建熙, 원년), 전진 선소제 감로 2년, 안국왕 여호 9년이다.

2   동진의 연호를 가지고 기년하였으므로 여기서는 동진을 공격하기로 한 것이다.

308 자치통감17 (권101)

를 설치하고 하남공(河南公) 부쌍(苻雙)을 도독옹하양삼주제군사(都督雍·河·涼三州諸軍事)[3]·정서(征西)대장군·옹주자사로 삼고, 조공(趙公)으로 봉작을 고쳐서 안정(安定, 감숙성 경천현)에서 진수하게 하였다. 그의 동생 부충(苻忠)을 하남공에 책봉하였다.

3   구지공(仇池公) 양준(楊俊)이 죽고, 아들 양세(楊世)가 뒤를 이었다.

4   2월에 연인(燕人)들이 가족혼후(可足渾后)를 높여서 황태후로 삼았다. 태원왕(太原王) 모용각을 태재(太宰)로 삼아 조정의 정치를 혼자서 총괄하게 하였다. 상용왕(上庸王) 모용평(慕容評)이 태부(太傅)가 되고, 양무(陽鶩)가 태보(太保)가 되었으며, 모여근(慕輿根)이 태사(太師)가 되어 조정의 정치를 보필하는 일에 참여하게 하였다.

　모여근은 성품이 곧고 강하고, 스스로 전 조정에서 공훈을 세운 옛 사람이라는 것[4]을 믿고 마음으로 모용각에게 복종하지 않고 거동이 오만하였다.

　이때 태후 가족혼씨는 자못 밖의 일에 간여하였는데, 모여근이 난을 일으키려 하여 마침내 모용각에게 말하였다.

　"지금 주상(主上)이 어리고, 모후(母后)가 정치에 간여하니 전하께서는 의당 의외에 일어날 변고를 막아야 하고, 스스로 보전하도록 생각하셔야 합니다. 또한 전하를 안정시킨 것은 전하의 공로입니다. 형님이

3　옹주·하주·양주(涼州) 세 주의 모든 군사적인 일을 감독하는 관직명이다.

4　이때 나이가 많았다.

죽으면 동생이 잇는 것은 옛날이나 오늘날에 정해진 법도인데[5] 산릉 (山陵)의 작업[6]이 마치기를 기다려서 의당 주상을 폐위시켜 왕으로 삼고, 전하께서 스스로 높은 자리를 밟으시면 위대한 연의 무궁한 행복이라고 생각합니다."

모용각이 말하였다.

"공께서는 술에 취하였습니까? 어찌 말하는 것이 패역합니까? 나와 공이 먼저 돌아가신 황제의 유조(遺詔)를 받았는데, 어찌하여 갑자기 이러한 논의를 말합니까?"

모여근이 부끄러워하며 사과하고 물러났다.

모용각이 오왕 모용수에게 알리니 모용수가 모용각에게 그를 죽이라고 권고하였다. 모용각이 말하였다.

"지금은 새로이 대상(大喪)[7]을 당하였고, 두 이웃 나라가 틈새를 보고 있는데, 재보(宰輔)들이 서로 죽인다면 아마도 먼 곳이나 가까운 곳에 사는 사람들의 희망을 어그러뜨리는 것이니 또한 이것을 참아야 할 것입니다."

비서감(秘書監) 황보진(皇甫眞)이 모용각에게 말하였다.

"모여근은 본래 용열한 녀석인데 먼저 돌아가신 황제의 두터운 은혜를 지나치게 입어서 끄집어내어 고명(顧命)을 받는데 참여하게 되었습니다. 소인들은 알지 못하여 국가의 슬픈 일이 있은 이래로 교만함이

---

5 형의 뒤를 동생이 잇는 제도는 은제(殷制)이며, 주제(周制)는 아니다. 그러나 이들이 북방족이고, 북방족은 일반적으로 형제상속제를 갖고 있으므로 이때 일반적으로 형제상속제가 있었던 것으로 볼 수 있다.

6 모용준의 능묘를 만드는 작업을 말한다.

7 모용준의 죽음을 말한다.

아주 날로 심하여지니 장차 화란을 일으킬 것입니다. 밝으신 공께서 주공(周公)의 자리에 계시면서 사직을 위하여 깊이 도모하시고 일찍 그를 처리하십시오."

모용각이 듣지 않았다.

모여근이 또 가족혼씨와 연의 주군 모용위에게 말하였다.

"태재와 태부가 장차 불궤(不軌)한 짓을 꾀하고 있으니, 신이 청컨대 금병(禁兵)을 인솔하고 그들을 죽이게 해 주십시오."

가족혼씨가 이를 좇으려고 하자 모용위가 말하였다.

"두 공(公)은 나라[8]의 가깝고 현명한 분이어서 먼저 돌아가신 황제께서 뽑으셔서 고아(孤兒)와 과부를 의탁했으니 반드시 이러한 일을 하지 않을 것인데, 어찌 태사[9]가 난을 일으키려는 것이 아님을 알겠습니까?"

마침내 중지하였다.

모여근이 또 동토(東土)[10]를 사모하는 생각에 가족혼씨와 모용위에게 말하였다.

"지금 천하는 쓸쓸하고 외부의 침략이 하나가 아니어서 나라에는 큰 걱정거리가 깊으니 동쪽으로 돌아가느니만 못합니다."

모용각이 이 소식을 듣고, 마침내 태부 모용평과 더불어 모의하고 비밀리에 모여근의 죄상을 상주하고, 우위(右衛)장군 부안(傅顏)에게

---

8 두 공이란 태재 모용각과 태부 모용평을 말하며, 나라는 조정 또는 황제 자신을 말하는 것이다.

9 고아는 황제에 오른 모용위이고, 과부는 그의 어머니 가족혼씨이며, 태사란 모여근이다.

10 연의 원래 도읍지인 용성(龍城, 현 도읍지인 업의 동북쪽)을 가리킨다.

바로 내성(內省)으로 들어가서 모여근과 그의 처자와 떼거지를 나란히 죽이게 하였다.

크게 사면하였다. 이때 새로이 대상(大喪)을 만났고, 주살한 것이 낭자(狼藉)하게 되니 안팎이 흉흉하였지만 태재 모용각의 움직임은 평소와 같아서 사람들은 그가 걱정스런 기색을 갖고 있는 것을 보지 못하였으며, 출입할 때에는 매번 한 사람이 걸어서 좇았다. 어떤 사람이 의당 스스로 엄하게 경비해야 할 것이라고 말하자 모용각이 말하였다.

"사람의 마음이 바야흐로 두려워하고 있는데, 마땅히 평안하고 진중하게 해야 할 것이지 어찌 다시 스스로 놀라서 시끄럽게 하면 무리들이 무엇을 바라볼 것이겠는가?"

이로 말미암아서 인심이 조금씩 안정되어 갔다.

모용각은 비록 큰 임무를 종합하고 있지만 조정에서의 예의는 조심조심하고 엄격하고 부지런하여 매사에 반드시 사도 모용평과 논의하고 일찍이 자기가 전적으로 결정하지 않았다. 마음을 비우고 선비들을 대우하고 훌륭한 길을 자문하고 재주를 헤아려서 임무를 주어 사람들이 지위를 뛰어 넘는 일을 하지 않았고, 관속과 조신(朝臣)들 가운데 혹은 과실이 있어도 그 상황을 드러내지 않고, 마땅한 방법에 따라서 다른 자리에 서임하여 원래의 신분을 잃지 않게 하고 오직 이것으로 견책을 할 뿐이었으니, 당시 사람들은 크게 부끄럽게 생각하여 감히 범법을 하는 일이 없었다.

어떤 사람이 작은 허물을 짓고 스스로 서로가 나무라서 말하였다.

"너는 다시 재공(宰公)[11]에게 관직을 옮겨달라고 하고 싶으냐?"

---

11 태재 모용각을 높여 부른 말이다.

조정[12]에서는 처음에 연의 주군 모용준이 죽었다는 소식을 듣고 모두 중원지역을 도모해볼 수 있을 것으로 생각하였다. 환온이 말하였다.

"모용각이 아직도 살아 있으니, 걱정거리가 바야흐로 커졌을 뿐이오."

3월 기묘일(6일)에 연의 주군 모용준을 용릉(龍陵, 요녕성 조양현)에 장사지내고 시호를 경소황제(景昭皇帝)라고 하고 묘호를 열조(烈祖)라고 하였다. 징발하였던 군과 봉국의 병사들이 연의 조정에 어려운 일이 많아서 서로 놀라고 움직여서 왕왕 제멋대로 흩어져서 돌아가니, 업(鄴)의 남쪽에는 길이 끊어지고 메워졌다.

태재 모용각이 오왕 모용수를 사지절·정남(征南)장군·도독하남제군사[13]·연주목(兗州牧)·형주(荊州)자사로 삼아 양국(梁國)의 여대(蠡臺, 하남성 상구시 남쪽 옛날의 수양성)에서 진수하게 하고, 손희(孫希)를 병주(幷州)자사로 삼고, 부안(傅顔)을 호군(護軍)장군으로 삼아 기병 2만 명을 인솔하고 황하 남쪽에서 군사 활동을 보여주도록 하여 회수에 이르렀다가 돌아오게 하니, 경내(境內)가 마침내 안정되었다.[14] 손희는 손영(孫泳)[15]의 동생이다.

5   흉노 유위진(劉衛辰)이 사자를 보내어 진(秦)에 항복하고 내지(內

---

12 동진 조정을 말한다.

13 황하 남부의 모든 군사적인 일을 감독하는 관직명이다.

14 모용각은 국가에 큰 걱정거리가 있게 되자 많은 사람들이 마음으로 위태롭고 의심하는 마음을 갖자 군사 활동하는 것으로 처방하였던 것이다.

15 손영은 일찍이 조선현령(朝鮮縣令)을 지냈고, 조(趙)를 막은 사실은 성제 함강 4년(338년)이며, 그 내용은《자치통감》권96에 보인다.

地)에 농지를 달라고 요구하면서 봄에 왔다가 가을에 돌아가겠다고 하니 진왕(秦王) 부견이 이를 허락하였다. 여름, 4월에 운중호군(雲中護軍) 가옹(賈雍)이 사마(司馬) 서윤(徐贇)을 파견하여 기병을 인솔하고 그를 습격하게 하여 대대적으로 붙잡아서 돌아왔다.

부견이 화를 내며 말하였다.

"짐이 바야흐로 은혜와 믿음으로 융적(戎狄)들을 회유하고자 하는데 네가 작은 이익을 탐하여 이를 실패하게 하니 어찌할 것인가?"

가옹을 내좇아서 백의(白衣)를 입고 자기 직책을 관장하게 하였고,[16] 사자를 파견하여 획득하였던 것들을 돌려보내며 그들을 위무하였다. 유위진은 이에 요새 안쪽으로 들어와 살면서 공헌(貢獻)을 계속 보내왔다.

여름, 6월에 대왕(代王) 탁발십익건(拓跋什翼犍)의 비(妃) 모용씨(慕容氏)[17]가 죽었다. 가을, 7월에 유위진이 대(代, 내몽고의 화림격이)에 가서 장사에 참석하고 이 기회를 이용하여 혼인을 요구하니 탁발십익건이 딸을 그에게 처로 삼게 하였다.

6   8월 초하루 신축일에 일식이 있었는데, 개기식(皆旣食)이었다.

7   사안(謝安)은 어려서 고명(高名)하여 앞뒤로 징소하거나 벽소를 받았지만 모두 나아가지 않고, 회계(會稽, 절강성 소흥시)에 살면서 산이

---

16 관작의 직위를 빼앗아서 관복을 입지 못하고 다만 직책만을 수행하게 하는 벌칙이다.

17 성제 함강 8년(342년)에 탁발씨에게 모용씨를 시집보냈다.

나 물가로 다니거나 문적(文籍)을 읽으며 스스로 즐겼다.

비록 포의(布衣)[18]였지만 그때 사람들은 모두 공보(公輔)[19]가 될 것으로 그에게 기대하고 사대부들이 와서는 서로 말하였다.

"안석(安石)[20]이 나아가지 않으면 창생(蒼生)들을 어떻게 해야 하겠소?"

사안은 동산(東山, 절강성 상우현 서남쪽)에 놀러갈 때마다 항상 기녀(妓女)를 데리고 갔다.

사도 사마욱(司馬昱)이 이 소식을 듣고 말하였다.

"안석이 이미 다른 사람들과 같이 즐기고 있으니, 반드시 다른 사람과 더불어 걱정을 할 것이므로 그를 부르면 반드시 올 것이다."

사안의 처는 유담(劉惔)의 누이 동생인데 집안이 귀하고 번성하지만 사안만이 홀로 조용히 물러나 있는 것을 보고는 말하였다.

"장부가 이와 같지는 않아야지요."

사안이 코를 틀어막고는 말하였다.

"아마도 면하지 못할 것이오."[21]

그의 동생 사만이 쫓겨나자[22] 사안이 비로소 벼슬에 나갈 뜻을 가졌는데, 그때 나이가 이미 40여 세였다. 정서(征西)대장군 환온(桓溫)이

---

18 아무런 벼슬을 하지 않은 평민을 말한다.

19 정치를 공적으로 보필하는 자리를 말하므로 결국 재상을 의미한다.

20 사안의 자이다.

21 말의 내용은 관직을 안 갖고 싶어도 그렇게 되지 않을 것이라는 뜻이지만, 사안이 실제로 좋은 집안 배경을 통하여 일시에 고급 직위로 올라갔으며, 이때 관직에 나갈 생각을 갖게 된 것을 말한다.

22 목제 승평 3년(359년)의 일이다.

초청하여 사마(司馬)로 삼으니 사안이 마침내 부름에 나아갔고, 환온이 크게 기뻐하며 깊이 예의를 차려서 그를 중하게 여겼다.

8   겨울, 10월에 오환족(烏桓族)의 독고부(獨孤部)와 선비족(鮮卑族)의 몰혁간(沒奕干)이 각기 무리 수만 명을 인솔하고 진(秦)에 항복하니, 진왕(秦王) 부견이 그들을 요새의 남쪽에 두었다.

양평공(陽平公) 부융(苻融)이 간하였다.

"융적(戎狄)들은 사람 얼굴을 하였으나 짐승 같은 마음을 가져서 인의(仁義)를 알지 못합니다. 그들이 고개를 조아리고 안으로 귀부한 것은 실제 땅의 이로움을 탐낸 것이지 덕(德)을 마음속에 품은 것이 아니며, 감히 변경을 침범하지 못하는 것은 실제 군사적인 위엄을 꺼리는 것이지 은혜에 감사하는 것이 아닙니다.

지금 그들을 요새 안쪽에 두어서 백성들과 섞여 살게 하면 저들은 군현(郡縣)의 허실을 엿보다가 반드시 변경의 근심거리를 만들 것이니 그들을 요새 밖으로 옮겨서 미연에 방지하는 것만 못합니다."

부견이 이 말을 좇았다.

9   11월에 환온을 남군공(南郡公)에 책봉하고, 환온의 동생 환충(桓沖)은 풍현공성(豊城縣公)이 되었으며, 아들 환제(桓濟)는 임하현공(臨賀縣公)이 되었다.

10   연의 태재 모용각이 이적(李績)을 우(右)복야로 삼고자 하였는데, 연의 주군 모용위가 이를 허락하지 않았다. 모용각이 여러 번 청하자 모용위가 말하였다.

"만 가지나 되는 기밀사항을 모두 숙부에게 위임하였으니, 백양(伯陽)[23] 한 사람은 저 모용위가 홀로 처리하게 해 주십시오."

내보내서 장무(章武, 하북성 대성현)태수로 삼으니 걱정을 하다가 죽었다.

---

23 백양은 이적의 자이다. 연의 주군 모용위가 이적에 대하여 불평하였던 것은 승평 3년(359년)의 일이며, 그 내용은《자치통감》권100에 실려 있다.

후사가 없이 죽은 목제

목제 승평 5년(辛酉, 361년)²⁴

1   봄, 정월 무술일(1일)에 크게 사면하였다.

2   유위진(劉衛辰)²⁵이 진(秦)의 변방에 사는 백성들 50여 명을 약취(掠取)하여 노비로 삼아서 진(秦)에 바쳤다. 진왕(秦王) 부견이 이를 책망하고 약취한 사람들을 돌려보냈다. 유위진이 이로부터 진(秦)을 배반하고 오직 대(代, 내몽골 허린거리)에만 붙었다.

3   동안간백(東安簡伯) 치담(郗曇)²⁶이 죽었다. 2월에 동양(東陽, 절강성 금화시)태수 범왕(范汪)을 도독서연기청유오주제군사(都督徐兗冀

---

24 전량 충왕 태시 7년(建興 49년), 대왕(탁발십익건) 건국 24년, 전연 유제 건희 2년, 전진 선소제 감로 3년, 안국왕 여호 10년이다.

25 흉노부락의 우두머리이다.

26 치담은 동진의 서주와 연주 두 주의 자사였으며, 동안백의 작위(백작)를 갖고 있었는데, 그가 죽자 시호를 간백으로 하여서 이를 합쳐 쓴 것이다.

靑幽五州諸軍事)²⁷로 하고 서연이주(徐·燕二州)자사를 겸하게 하였다.

4   평양(平陽, 산서성 임분시)²⁸ 사람이 군(郡)을 들어서 연에 항복하였다. 연은 건위(建威)장군 단강(段剛)을 태수로 삼고, 독호(督護) 한포(韓苞)를 파견하여 군사를 거느리고 함께 평양(平陽)을 지키게 하였다.

5   방사(方士) 정진(丁進)이 연의 주군 모용위에게서 총애를 받았는데, 태재 모용각에게 아껴주기를 구하려고 모용각에게 태부 모용평을 죽이도록 유세하니, 모용각이 크게 화가 나서 그를 잡아 목을 베도록 상주문을 올렸다.

6   고창(高昌)이 죽었는데,²⁹ 연의 하내(河內, 하남성 심양현)태수 여호(呂護)가 그의 무리들을 병합하고 사자를 파견해 와서 항복하자 여호를 기주(冀州)자사에 임명하였다. 여호가 진(晉)의 군사를 끌어들여서 업(鄴)을 습격하려고 하였다. 3월에 연의 태재 모용각이 군사 5만 명을 거느리고 관군(冠軍)장군 황보진(皇甫眞)이 군사 1만 명을 거느리고 함께 그를 토벌하였다. 연의 군사가 야왕(野王, 하남성 심양현)에 도착하니, 여호가 농성(籠城)하며 스스로 지켰다. 호군(護軍)장군 부안(傅顔)이 그들을 급습하여 많은 비용을 절약하자고 하였다.

---

27 서주(徐州)·연주(兗州)·기주(冀州)·청주(青州)·유주(幽州) 다섯 주의 모든 군사적인 일을 감독하는 관직명이다.

28 이때 평양은 진(秦)나라 우장군 장평(張平)의 관할 지역이었다.

29 목제 승평 3년(359년)에 형양으로 도망하였었다.

모용각이 말하였다.

"늙은 도적은 변고를 많이 경험하였는데, 그가 수비하는 것을 보니 쉽게 공격해서는 안 될 것이고 사졸들을 많이 죽일 것이다. 근래에 여양(黎陽)을 공격하면서[30] 정예의 군사를 많이 죽였지만 결국에는 뽑아버리지도 못하였으며 스스로 곤욕스러움만을 갖게 되었다.

여호는 안으로는 저축한 것이 없고 밖으로는 구원해줄 세력이 없으니 우리가 해자를 깊이 파고 보루를 높게 쌓아놓고 앉아서 지키며 병사들을 쉬게 하고 길러주면서 그의 무리들을 이간시킨다면 우리들에게는 수고롭지 않지만 도적들의 형세는 날로 위축되어 불과 100일이면 그들을 빼앗는 것은 분명한데, 어찌 사졸들을 많이 죽이면서 아침저녁 사이에 공로를 세우려고 하는가?"

마침내 긴 포위망을 쌓고 그들을 지켰다.

7   여름, 4월에 환온(桓溫)[31]이 그의 동생 황문랑 환활(桓豁)을 도독면중칠군제군사(都督沔中七郡諸軍事)[32]로 하고, 신야(新野, 하남성 신야현)와 의성(義城, 하남성 양번시) 두 군의 태수를 겸하게 하니 군사를 거느리고 허창(許昌, 하남성 허창시)을 빼앗고 연의 장수 모용진(慕容塵)[33]을 격파하였다.

---

30 목제 승평 2년(358년)에 양무가 고창을 공격하였다가 이기지 못하였다.

31 동진의 정서대장군이다.

32 면수(沔水)에 있는 일곱 군의 모든 군사에 관한 일을 감독하는 관직명인데, 면중 7군이란 위흥·신성·상용·양양·의성·경릉·강하이다.

33 연의 청주자사이다.

8   양(涼)의 표기(驃騎)대장군 송혼(宋混)이 병이 심하여 장현정(張玄靚)[34]이 그의 할머니 마(馬)씨와 함께 가서 그를 살피면서 말하였다.

"장군이 만일 불행해지면 과부와 고아는 장차 어디에 의탁해야 합니까? 송임종(宋林宗)으로 장군을 계승하게 하고자 하는데 되겠습니까?"

송혼이 말하였다.

"신의 아들 송임종은 어리고 나약하여서 큰 임무를 감당하지 못합니다. 전하께서 만약에 신의 집안을 버리시지 않으신다면 신의 동생 송징(宋澄)이 정치하는 일은 신보다 낫지만 다만 그는 좀 느리고 기회를 포착하는 일에서 적당하지 않을 뿐입니다. 전하께서 그를 편달하고 독려하여 부리신다면 가능할 것입니다."

송혼이 송징과 여러 아들에게 경계하여 말하였다.

"우리 집안은 국가의 큰 은혜를 받았으니 마땅히 죽음으로써 보답해야 하고, 세력과 지위를 믿고 다른 사람에게 교만해서는 안 된다."

또한 조정의 신하들을 보고 모두에게 충성과 곧음으로 일할 것을 경계하였다. 죽자 길을 가는 사람들이 그를 위하여 눈물을 뿌렸다. 장현정이 송징을 영군(領軍)장군으로 삼아서 정치를 보필하게 하였다.

9   5월 정사일(22일)에 황제가 붕어하였는데[35] 후사가 없었다. 황태후가 영을 내려 말하였다.

"낭야왕(琅邪王) 사마비(司馬丕)가 중흥한 이후의 정통(正統)이고,[36]

───────

34 그동안 양왕(涼王)이라고 하였다가 2년 전에 이를 취소하였는데 금년에 12살이다.

35 사마담(司馬聃)으로 이때 나이는 19세였다.

대의와 성망(聲望), 인정과 지위에서 비교할 사람이 없으니, 그가 왕으로서 대통을 받들게 하시오."

이에 백관들이 법가(法駕)를 준비하여 낭야왕의 저택에서 영접하였다.

경신일(25일)에 황제의 자리에 올라서 크게 사면하였다. 임술일(27일)에 동해왕 사마혁(司馬奕)[37]을 낭야왕으로 바꾸어 책봉하였다. 가을, 7월 무오일(23일)에 목제(穆帝)를 영평릉(永平陵)에 장사지내고 묘호(廟號)를 효종(孝宗)이라고 하였다.

10 연인(燕人)이 야왕(野王, 하남성 심양현)을 포위하고 몇 달이 지났는데, 여호(呂護)가 그의 장수 장흥(張興)을 파견하여 나가 싸우게 하니 부안(傅顏)이 쳐서 그의 목을 베자 성 안에서는 날로 어려워졌다.

황보진(皇甫眞)[38]이 부장(部將)들에게 경계하며 말하였다.

"여호의 세력이 궁색하면 달려서 돌진할 것인데 반드시 빈틈을 선택하여 그들을 투입할 것이며, 내가 거느린 사졸들은 대부분 파리하고 병기와 갑옷도 뛰어나지 않으니 의당 깊이 이를 위하여 대비하게 하라."

마침내 방패를 많이 만들게 하고 친히 밤에 다니는 사람들을 살폈다.

여호가 먹을 것이 다 없어지자 과연 밤중에 정예의 병사를 모두 내

---

36 사마비는 9대 성제 사마연의 적자인데, 사마연이 죽은 다음 해인 성제 함강 8년(서기 342년)에 아들에게 전하지 않고 동생에게 전위하였다.

37 법가(法駕)는 황실의 2급 의장(儀仗)에 해당하는 것이고 사마혁(司馬奕)은 사마비의 동생이다.

38 여호(呂護)는 안국왕이고, 부안(傅顏)은 연의 호군장군이며, 황보진(皇甫眞)은 연의 관군(冠軍)장군이다.

어 황보진이 거느린 부대로 달려가서 포위를 돌파하려고 하였는데, 나갈 수가 없었고, 태재 모용각이 병사를 인솔하고 그들을 치니 여호의 무리들이 죽거나 다쳐서 거의 다 없어졌고, 처자를 버리고 형양으로 달아났다.

모용각이 남아서 항복한 백성들을 위무하고 그들에게 먹을 것을 공급해 주며 사인(士人)과 장수들을 업(鄴)으로 옮기고 그 나머지는 각기 즐기는 바를 좇아가도록 하고, 여호의 참군인 광평(廣平, 하북성 홍택현 동남쪽) 사람 양침(梁琛)을 중서저작랑(中書著作郎)으로 삼았다.

11 9월 무신일(14일)에 비(妃) 왕(王)씨를 황후로 삼았다. 황후는 왕몽(王濛)의 딸이다. 목제의 하황후는 목황후로 불리고 영안궁(永安宮)에 살았다.

12 양(涼)의 우(右)사마 장옹(張邕)이 송징(宋澄)이 정치를 오로지하는 것을 싫어하여 군사를 일으켜서 송징을 공격하여 죽이고, 아울러 그의 족속을 없앴다. 장현정이 장옹을 중호군(中護軍)으로 삼고, 숙부 장천석(張天錫)을 중령군(中領軍)으로 삼아서 같이 정치를 보필하게 하였다.

13 장평(張平)³⁹이 연의 평양(平陽, 산서성 임분시)을 습격하여 단강(段剛)과 한포(韓苞)를 죽이고, 또 안문(鴈門, 산서성 대현 서남쪽의 옛 성)을 공격하여 태수 선남(單男)을 죽였다. 이미 그렇게 하고서 진(秦)의

---

39 3년 전에 연에 항복하였던 사람이다.

공격을 받자 장평이 다시 연에 사죄하고 구원해달라고 요구하였다. 연인(燕人)들은 장평이 반복하였으므로[40] 구원해 주지 않자 장평은 드디어 진(秦)에 멸망되었다.

14 을해일[41]에 진(秦)은 크게 사면하였다.

15 서연이주(徐·克二州)자사 범왕(范汪)은 평소에 환온[42]에게 미움을 받았는데, 환온이 장차 북벌을 하려고 하면서 범왕에게 명령을 내려 무리를 인솔하고 양국(梁國, 하남성 상구시)으로 나가게 하였다. 겨울, 10월에 기회를 놓쳤다는 죄에 걸려서 면직되어 서인이 되고, 드디어 쫓겨나서 집에서 죽었다.

아들 범녕(范寧)이 유학을 좋아하였고, 성품이 질박하고 곧아서 항상 '왕필(王弼)·하안(何晏)[43]의 죄는 걸·주(桀·紂)[44]보다 깊다'고 말하였다.

어떤 사람이 그들을 깎아내린 것이 대단히 지나치다고 여기니 범녕

---

40 장평은 원래 후조 병주도독이었는데 목제 영화 7년(351년)에 진(秦)나라에 투항하였고, 그 다음 해에 연에 투항하였으며, 목제 승평 원년(357년)에 동진에 투항하였고, 그 다음 해에 다시 진(秦)나라에 투항하였다가 그 해에 다시 연에 투항하였다.

41 9월 1일은 을미일이므로 9월에는 을해일이 없다. 만약에 乙亥가 己亥의 잘못이라면 이날은 5일이다.

42 동진의 정서대장군이다.

43 왕필(226년~249년)과 하안(190년~249년)은 위진시대의 현학자이다.

44 걸은 하나라의 마지막 임금이고, 주는 은나라의 마지막 임금으로 나라를 망친 대표적인 군주로 알려졌다.

이 말하였다.

"왕필과 하안은 전적(典籍)에 나오는 글을 멸시하여 버렸고, 인(仁)과 의(義)를 그윽이 가라앉게 하였으며, 들뜬 말을 하여 후생(後生)들에게 파급시켜버려서 진신(搢紳)의 무리들로 하여금 돌아서서 갈 길을 바꾸게 하여 예악(禮樂)을 붕괴시키기에 이르고, 중원이 기울어져 전복하게 하였으며, 그 남겨 놓은 풍속은 오늘에 이르러서 걱정거리가 되었습니다.

걸(桀)과 주(紂)는 설사 한 시기에 포학했다고 하지만 바로 자기 자신을 죽이고 나라를 엎어놓은 것이 후세에 감계(鑑戒)가 되게 하였으니, 어찌 백성들이 보고 듣는 것을 돌이킬 수가 있겠습니까? 그러므로 나는 한 시대의 화(禍)는 가볍지만, 몇 대를 거친 걱정거리는 무겁다고 생각합니다. 스스로를 죽이는 악함은 작지만 대중을 미혹한 죄는 큰 것입니다."

16 여호(呂護)가 다시 배반하여 연으로 달아나니, 연인(燕人)들이 그를 용서해 주고 광주(廣州)자사[45]로 삼았다.

---

45 여호는 얼마 전에 형양으로 도망하였었으며, 사실상 연에는 광주라는 곳은 없었으니, 자사라는 명칭만 준 것이다.

동진 환온의 북벌 계획

17   양(涼)의 장옹(張邕)이 교만하고 자랑하고 음란하고 방종하고 사사로이 패거리를 만들어 권력을 오로지하며 형벌을 내려 죽인 사람이 많게 되자 그 나라 사람들이 이를 근심하였다.

장천석(張天錫)[46]이 친하게 지내는 돈황(敦煌, 감숙성 돈황현) 사람 유숙(劉肅)이 장천석에게 말하였다.

"국가의 일이 평정(平靜)되지 않을 것 같습니다."

장천석이 말하였다.

"왜 그런 말을 하는가?"

유숙이 말하였다.

"지금 호군(護軍)이 출입하는 것은 흡사 장녕(長寧)[47]과 같습니다."

장천석이 놀라서 말하였다.

"나도 본래 그를 의심하였지만 아직은 감히 입 밖에 내지 못하였다.

---

46 장옹(張邕)은 전량의 우사마이고, 장천석(張天錫)은 전량의 2대 왕인 장준의 아들이고, 3대 왕인 장중화의 동생이다.

47 호군(護軍)은 권력을 잡고 있는 장옹을 말하며, 장녕(長寧)은 장녕후 장조(張祚)이다.

계책을 장차 어떻게 내야 하겠는가?"

유숙이 말하였다.

"바로 그를 제거해야 할 뿐입니다."

장천석이 말하였다.

"어디에서 그렇게 할 사람을 찾을까?"

유숙이 말하였다.

"저 유숙이 바로 그 사람입니다."

유숙은 그때에 20살이 아직 안 되었다. 장천석이 말하였다.

"너는 나이가 어리니 다시 그 일을 도울 사람을 찾아라."

유숙이 말하였다.

"조백구(趙白駒)와 저 유숙 두 사람이면 충분합니다."

11월에 장천석과 장옹이 함께 입조(入朝)하였는데, 유숙과 조백구가 장천석을 좇아가서 유숙이 도끼로 쳤으나 맞지 않았고, 조백구가 그 뒤를 이었으나 또한 이기지 못하였으며, 두 사람과 장천석은 모두 궁중으로 들어가고, 장옹이 빠져서 달아나 갑옷 입은 병사 300여 명을 인솔하고 궁궐문을 공격하였다.

장천석이 지붕 위에 올라가서 큰 소리로 외쳤다.

"장옹이 흉악무도하고 이미 송(宋)씨를 없애고 또 우리 집안을 기울여 엎으려 한다. 너희 장사(將士)들은 대대로 양(涼)의 신하들인데 어찌 차마 무기를 들고 향해 올 수 있느냐? 지금 잡아야 될 사람은 장옹에 그칠 뿐이고, 다른 사람에게는 물을 것이 없다."

이에 장옹의 군사들이 모두 흩어져서 달아나니, 장옹이 스스로 목숨을 끊었고, 그의 가족 무리들은 다 없애게 되었다.

장현정이 장천석을 사지절(使持節)·관군(冠軍)대장군·도독중외제

군사로 삼고 정치를 보필하게 하였다.[48] 12월에 비로소 건흥(建興)
49년을 고치고 승평(升平)연호를 받들어 사용하였다.[49] 조서를 내려
서 장현정을 대도독·독농우제군사(督隴右諸軍事)[50]·양주(涼州)자사·
호강(護羌)교위·서평공(西平公)으로 삼았다.

18 연에서 크게 사면하였다.

19 진왕(秦王) 부견이 목백(牧伯)과 수재(守宰)들에게 명령을 내려서
각기 효제(孝悌)·염직(廉直)·문학(文學)·정사(政事)를 천거하게 하고,
그에 천거된 사람을 살펴보아 알맞은 사람을 찾게 되면 그에게 상을
주고, 그에 걸맞지 않은 사람이면 죄를 주었다.

이로 말미암아서 사람들이 감히 망령되게 천거하지 못하고, 청탁하
는 일도 없어졌으며, 선비들이 모두 스스로 부지런하였는데, 비록 종실
과 외척이라고 하여도 재능이 없는 사람은 모두 버려서 채용하지 않았
다. 이때 안팎의 관료들은 대부분 자기 직책에 맞게 일하였고, 농지는
개간되어서 창고에는 가득 찼고, 도적들은 숨을 죽였다.

---

48 전량에서는 장중화가 죽은 후에 장조, 장관, 송혼, 송징 그리고 장옹, 장석천
  이 이어서 도멸(屠滅)되니, 점차 쇠퇴하게 되었다.

49 건흥은 서진의 마지막 황제인 민제의 연호인데, 전량에서는 그동안 동진정권
  을 인정하지 않는다는 의미에서 서진의 마지막 황제인 민제(6대 사마업)의 연
  호인 건흥을 사용하다가(이 해는 서진 민제 건흥 연호로 치면 49년), 이제 와서
  동진을 인정한다는 의미에서 동진의 연호인 승평을 사용하여 동진의 번국임
  을 선언한 것이다.

50 농우(隴右, 감숙성)지역의 모든 군사를 감독하는 관직명이다.

20 이 해에 귀의후(歸義侯) 이세(李勢)가 죽었다.[51]

애제 융화 원년(壬戌, 362년)[52]

1 봄, 정월 임자일(20일)에 크게 사면하고 기원을 고쳤다.

2 갑인일(22일)에 전조(田租)를 감해 주어 1무(畝)에 2승(升)씩만 받게 하였다.[53]

3 연의 예주자사 손흥(孫興)이 낙양을 공격하게 해달라고 청하며 말하였다.

"진(晉)의 장수 진우(陳祐)의 못 쓰게 된 졸병 1천여 명이 고립된 성을 홀로 지키고 있으니 빼앗는다고 하기에도 부족합니다."

연인(燕人)들이 그의 말을 좇아서 녕남(寧南)장군 여호(呂護)[54]를 파견하여 하음(河陰, 낙양의 동북쪽)에 주둔시켰다.

---

51 목제 영화 3년(347년)에 항복하였다가 15년 만에 죽었다.

52 전량 충왕 태시 8년(隆和 원년), 대왕(탁발십익건) 건국 25년, 전연 유제 건희 3년, 전진 선소제 감로 4년, 안국왕 여호 11년이다.

53 성제 함화 5년(330년)에 처음으로 백성들의 전지를 헤아려서 1무에서 10분의 1을 받기로 하였는데, 대체적으로 1무당 세로 내는 쌀은 3승(升)이었다. 이것을 2승으로 감해준 것이다.

54 안국왕이었다가 지난해에 연에 항복하였다.

4 2월 신미일(10일)에 오국(吳國)내사 유희(庾希)를 북(北)중랑장 서연이주자사(徐·兗二州刺史)로 삼아 하비(下邳, 강소성 수녕현 서북쪽)에서 진수하게 하고, 용상(龍驤)장군 원진(袁眞)을 서(西)중랑장·감호예사병기사주제군사(監護豫·司·幷·冀四州諸軍事)[55]·예주자사로 임명하여 여남(汝南, 하남성 여남현)에서 진수하게 하였으며, 나란히 가절(假節)을 주었다. 유희는 유빙(庾冰)[56]의 아들이다.

5 병자일(15일)에 황제의 어머니 주귀인(周貴人)을 황태비(皇太妃)로 모시고 의례와 복장은 태후에 걸맞게 하였다.

6 연의 여호(呂護)가 낙양을 공격하였다. 3월 을유일[57]에 하남(河南)태수 대시(戴施)가 완(宛, 하남성 남양시)으로 달아났고,[58] 진우(陳祐)가 급한 상황을 보고하였다. 5월 정사일(27일)에 환온(桓溫)이 유희와 경릉(竟陵, 호북성 종상현)태수 등하(鄧遐)를 파견하여 수군(水軍) 3천 명을 거느리고 가서 진우를 도와 낙양을 지키게 하였다. 등하는 등악(鄧嶽)[59]의 아들이다.

---

55 예주(豫州)·사주(司州)·병주(幷州)·기주(冀州) 네 주의 모든 군사에 관한 일을 감호(監護)하는 관직명이다. 이 부분에서 호삼성은 유희와 원진에게 모두 가절을 준 것으로 보아 두 사람의 직임도 같아야 할 것으로 보고, 따라서 유희에게도 감호(監護)의 직임이 있었을 것으로 보고 역사가가 이를 제대로 쓰지 못한 것으로 생각하였다.

56 성제 함강 연간에 권력을 잡았던 사람이다.

57 3월 1일이 임진일이므로 3월에는 을유일이 없다. 그러나 乙酉가 己酉의 잘못이라면 이날은 18일이다.

58 영화 12년(356년)에 환온이 대시를 낙양에 남겨두어 지키도록 하였다.

환온이 상소문을 올려서 낙양으로 도읍을 옮기고, 영가(永嘉) 연간의 혼란이 생겼을 때부터 강표(江表)[60]지역으로 흘러온 사람들을 모두 북쪽으로 이사시켜서 하남(河南)지역을 충실하게 하자고 청하였다. 조정에서는 환온을 두려워하여 감히 다른 의견을 내지 못하였으나 북쪽지역은 쓸쓸하고 사람들의 마음은 의심하고 두려워하였으므로 비록 나란히 안 된다는 것을 알았지만 감히 먼저 간(諫)하지 못하였다.

산기(散騎)상시·영(領)저작랑 손작(孫綽)이 상소문을 올렸다.

"옛날에 중종(中宗)[61]께서 용비(龍飛)하신 것[62]은 하늘과 사람들이 믿고 따르게 했을 뿐만 아니라 실제로 만 리나 되는 장강(長江)을 그어 놓고 이를 지킨 것에 의뢰하였습니다. 지금 상란(喪亂)이 일어난 이후로 60여 년이 되어 황하와 낙수의 터전은 중원을 포함하여 쓸쓸합니다.

병사와 백성들이 강표로 옮겨 흘러온 지 이미 몇 세대가 지났으며, 산 사람은 늙은 아들과 다 자란 손자이고, 죽은 사람은 무덤만 줄을 이루었으니 비록 북풍(北風)에 대한 생각이 평소 마음에 느끼고 있지만 눈앞에 닥친 애달픔은 실제로 절박합니다.

만약에 도읍을 옮기는 마차를 돌리는 날에는 중흥(中興)하였던 다섯 능묘(陵墓)[63]는 바로 다시 멀고 먼 땅에 있게 됩니다. 태산(泰山)과 같

---

59 왕돈의 부하 장수였다. 왕돈이 실패한 후에 귀부하였다.

60 강동지역, 즉 동진지역을 말한다.

61 원제, 즉 사마예를 말한다.

62 황제가 즉위하는 것을 용비라고 표현한다.

63 동진이 진(晉)나라를 중흥한 이후에 있었던 다섯 능묘를 말한다. 원제 건평릉, 명제 무평릉, 성제 홍평릉, 강제 숭평릉, 목제 영평릉이다.

은 안정됨은 이미 이치로 보아서 보장하기 어려우며, 나아가고 나아가는 생각은 어찌 성스러운 마음을 얽어매지 않겠습니까?

환온이 지금 이번에 거론한 것은 진실로 처음과 끝을 크게 본 것이며, 국가를 위한 원대한 도모이지만 그러나 백성들이 놀라고 다 같이 위험하고 두려움을 품고 있으니 어찌 옛날에 살던 곳으로 돌아가는 기쁨에 대하여 죽음으로 달려가는 걱정이 더 다급하지 않겠습니까?

왜 그러합니까? 강외(江外)에 뿌리를 박은 지 수십 년인데, 하루아침에 갑자기 그것을 뽑아버리고 궁색하고 거친 땅으로 내모는 것이고, 들고 지고 만 리를 가면서 험한 곳을 넘고 깊은 곳에 배를 띄우고 분묘(墳墓)를 떠나고 생업을 버리며 전택(田宅)은 다시 살 수 없고, 배나 수레는 좇아서 얻을 수 없으니 안락한 나라를 버리고 어지러움이 익힌 땅에 가는 것이며, 장차 길에서 엎어지고 넘어지며, 강과 개울에서 바람을 맞아 물에 빠져야 겨우 도달하는 것입니다. 이러한 것은 어진 사람이 마땅히 슬프고 가련하게 생각해야 할 것이고, 국가는 의당 깊이 생각해야 할 것입니다.

신의 어리석은 계책으로는 또한 마땅히 위엄과 명성과 자질과 실력을 가진 장수를 파견하여 먼저 낙양에서 진수하고, 양(梁, 하남성 상구시)과 허(許, 하남성 허창시)를 청소하여 평정하고, 황하의 남쪽을 깨끗하게 하나로 하여야 합니다.

조운하는 길을 이미 열어놓고, 개간하여 쌓아놓은 것이 이미 풍부하고, 시랑(豺狼)[64]이 멀리 숨어버리고, 중하(中夏)가 소강(小康)상태에 들어가게 하고, 그런 다음에 천천히 옮기는 문제를 논의할 수 있을 뿐

---

64 이민족을 깎아내려서 시랑, 즉 승냥이와 이리에 비유하여 표현한 것이다.

입니다. 어찌 백 번이라도 이길 좋은 이치를 버리고 천하를 들어서 한 번에 던지려고 하십니까?"

손작은 손초(孫楚)의 손자이다. 젊어서 고상한 것을 사모하였고 일찍이 '수초부(遂初賦)'[65]를 지어서 뜻을 드러냈다.

환온이 손작의 표문을 보고 기뻐하지 않으며 말하였다.

"홍공(興公)에게 뜻을 전하건대 왜 그대는 수초부를 찾지 아니하고 다른 사람이 처리하는 국가에 관한 일을 알려고 하는가?"[66]

그때 조정에서는 근심하고 두려워서 장차 시중을 파견하여 환온을 중지시키려고 하는데, 양주(揚州)자사 왕술(王述)이 말하였다.

"환온은 헛된 명성을 가지고 조정을 위협할 뿐이고 일을 실제로 벌이지는 않을 것이니, 다만 그를 좇기만 하면 스스로 갈 곳이 없어집니다."

마침내 환온에게 조서를 내렸다.

"지난 날 상란(喪亂)에 처해 있을 때부터 홀연히 5기(紀)[67]를 지내왔는데, 융적(戎狄)들이 거칠고 횡포하여 계속 흉악한 흔적을 이어갔으니, 돌이켜 말하고 서쪽을 생각해 보면 한탄스러움이 가슴에 꽉 차오고 있소. 몸소[68] 3군을 인솔하고 더러운 것을 깨끗하게 씻고 중기(中畿)[69]를 깨끗하게 하여 옛 도읍을 수복하고자 하는 것을 잘 알고 있소.

---

65 부(賦)의 이름이다. 내용은 은둔적인 것이다.

66 홍공은 손작의 자이며, 그의 할아버지 손초가 무제 때 벼슬을 한 사람이다. 환온이 손작에게 은둔하는 사람이 왜 참견하느냐 하는 뜻으로 말한 것이다.

67 1기는 12년이다. 따라서 5기는 60년이며 이는 동진이 중흥한 지 60년이 되는 시점이라는 말이다.

68 환온을 가리킨다.

69 왕기(王畿)와 같은 말이다.《주례》의 9기(畿)에는 왕기는 천 리이고, 그 외에 후

무릇 몸을 밖에 두어 나라를 위해 바칠 사람이 아니면 누가 이와 같이 할 수 있겠소? 모든 필요한 처분을 맡기니 높이 계산하시오. 다만 황하와 낙양의 터전은 경영할 곳이 넓은데, 경영을 바로 시작하였으니, 수고하고 품어주어야 할 것이오."

일은 결국 시행되지 않았다.

환온이 또 낙양의 종거(鍾虡)[70]를 옮기는 것을 논의하였다. 왕술이 말하였다.

"영가(永嘉) 연간에 겨루지 못하여 잠시 강좌(江左)에 도읍하였지만, 바야흐로 마땅히 구우(區宇)를 깨끗이 평정하고 옛 서울로 개선해야 할 것입니다. 만약에 그것이 되지 않으면 의당 원릉(園陵)[71]을 고쳐서 옮겨야지 먼저 종거를 옮기는 일을 해서는 안 됩니다."

환온이 마침내 중지하였다.

조정에서는 교주(交州)와 광주(廣州)가 멀어서 환온에게 도독병사 기주삼주(都督幷·司·冀三州)[72]로 고쳐서 임명하니 환온이 표문을 올려서 사양하고 받지 않았다.

(侯)·전(甸)·남(男)·채(采)·위(衛)·만(蠻)·이(夷)·진(鎭)·번(蕃)은 모두 5백 리씩이라고 말하고 있다. 왕기는 9기 가운데 있으므로 중기라고 한 것이다.

70 종을 달아매는 나무로 만든 얼개이다.

71 황제의 무덤을 말하며, 여기서는 서진시대의 능묘를 가리킨다.

72 병주(幷州)·사주(司州)·주(冀州) 세 주의 일을 감독하는 관직명이다. 이때 환온은 형(荊)·사(司)·옹(雍)·익(益)·양(梁)·영(寧)·교(交)·광(廣)의 8주를 감독하고 있었다.

7 　진왕(秦王) 부견이 친히 태학(太學)에 나아가서 여러 학생들에게 경의(經義)를 시험치고서 박사들과 더불어 강론하였는데, 이로부터 매월 한 번씩 갔다.

8 　6월 갑술일(15일)에 연(燕)의 정동(征東)장군부 참군(參軍)인 유발(劉拔)이 정동장군·기주자사·범양왕(范陽王) 모용우(慕容友)를 신도(信都, 하북성 기현)에서 칼로 찔러 죽였다.

9 　가을, 7월에 여호(呂護)가 물러나서 소평진(小平津)을 지키다가 떠도는 화살에 맞아서 죽었다. 연의 장수 단숭(段崇)이 군사를 거두어 북쪽으로 건너가서 야왕(野王, 하남성 심양현)에 주둔하였다. 등하(鄧遐)[73]가 나아가서 신성(新城, 낙양 남쪽)에 주둔하고, 8월에 서(西)중랑장 원진(袁眞)이 나아가서 여남(汝南, 하남성 여남현)에 주둔하고, 쌀

---

73 여호(呂護)는 연의 영남장군으로 낙양을 공격하였던 사람이고, 단숭(段崇)은 연의 장수이며, 등하(鄧遐)는 동진의 장수이다.

5만 곡(斛)을 운반하여 낙양(洛陽)에 공급하였다.

10 　겨울, 11월에 대왕(代王) 탁발십익건(拓跋什翼犍)이 딸을 연에 바치니 연인(燕人)들 역시 딸을 그들에게 처로 삼게 하였다.[74]

11 　12월 초하루 무오일에 일식이 있었다.

12 　유희(庾希)[75]가 하비(下邳, 강소성 수녕현)에서부터 물러나서 산양(山陽, 강소성 회안현)에 주둔하고, 원진(袁眞)이 여남(汝南)에서 물러나서 수양(壽陽, 안휘성 수현)에 주둔하였다.

애제 흥녕 원년(癸亥, 363년)[76]

1 　봄, 2월 기해일[77]에 크게 사면하고 기원을 고쳤다.

2 　3월 임인일(17일)에 황태비(皇太妃) 주(周)씨가 낭야(琅邪)의 왕부(王府)에서 죽었다. 계묘일(18일)에 황제가 낭야왕부로 가서 장례를

---

74 대국과 연의 황실이 혼인관계를 맺은 것이다.

75 동진의 서주와 연주 두 주의 자사이다.

76 전량 충왕 태시 9년(太淸 원년), 대왕(탁발십익건) 건국 26년, 전연 유제 건희 4년, 전진(前秦) 선소제 감로 5년이다.

77 2월 1일은 정사일이므로 2월에는 기해일이 없다. 만약에 己亥가 乙亥의 잘못이라면 이날은 19일이다.

치르고, 사도인 회계왕(會稽王) 사마욱(司馬昱)에게 조서를 내려서 안팎의 모든 업무를 총괄하게 하였다.

　황제가 태비를 위하여 3년 복상을 입고자 하였으나, 복야(僕射) 강반(江虨)이 계문(啓文)을 올렸다.

　"예법에는 마땅히 시마(緦麻)의 복을 입어야 한다고 되어 있습니다."

　또 기년복(朞年服)으로 내려서 입고자 하였다. 강반이 말하였다.

　"사사로운 정을 눌러 굽히는 것이 조고(祖考)를 존중하는 것입니다."[78]

　마침내 시마의 복을 입었다.

3　여름, 4월에 연의 녕동(寧東)장군 모용충(慕容忠)이 형양(滎陽, 하남성 형양현)태수 유원(劉遠)을 공격하니 유원이 노양(魯陽, 하남성 노양현)으로 달아났다.

4　5월에 정서(征西)대장군 환온에게 시중·대사마·도독내외제군·녹상서사를 덧붙여주고 가황월(假黃鉞)[79]로 하였다. 환온이 무군(撫軍)장군부의 사마(司馬) 왕탄지(王坦之)를 장사(長史)로 삼았다. 왕탄

78　시마(緦麻)는 상복 가운데 하나이다. 상복을 가는 마포로 만드는데 이 경우에는 석 달 동안 상복을 입는 것이고, 기년복(朞年服)은 상복을 1년간 입는 것을 말한다. 이 문제는 애제의 생모인 황태비 주씨가 죽었지만 애제는 대종(大宗)을 이었으므로 아들의 신분을 떠난 것이어서 아들로서의 상복을 입을 수 없다는 것이다.

79　도독내외제군은 안팎의 모든 군사를 감독하는 직책이고 가황월(假黃鉞)의 황월은 황제가 주살할 때 사용하는 도끼인데 신하가 이 권한을 사용할 수 있도록 임시로 주는 것이다.

지는 왕술(王述)의 아들이다. 또 정서(征西)장군부의 연리(掾吏)인 치초(郗超)를 참군으로 삼고, 왕순(王珣)을 주부(主簿)로 삼고, 모든 일은 반드시 이 두 사람과 모의하였다.

정서장군부에서는 이 때문에 말하였다.

"수염 참군에 키 작은 주부[80]만이 공(公)을 즐겁게 할 수 있고 공을 화나게 할 수 있다."

환온의 기개는 고매(高邁)하여 추천하는 일이 아주 적었는데, 치초와 더불어 말하면서 항상 스스로 헤아릴 수 없다고 생각하여 몸을 기울여서 그를 대우하였고, 치초도 또한 깊이 스스로 연결하며 받아들였다.

왕순은 왕도의 손자이고 사현(謝玄)과 더불어 모두 황온의 연리(掾吏)가 되었는데, 환온이 이들을 모두 중히 여겼다. 그리고 말하였다.

"사(謝) 연리는 나이가 40이 되면 반드시 모기(旄旗)를 가지고 부절(符節)을 갖게 될 것이고, 왕(王) 연리는 마땅히 흑두공(黑頭公)[81] 노릇을 할 것이니 모두 쉽게 볼 수 있는 재주가 아니다."

사현은 사혁(謝奕)[82]의 아들이다.

---

80 참군 치초(郗超)는 수염이 많았고, 주부(主簿) 왕순(王珣)은 키가 작았던 탓에 두 사람을 가리켜서 한 말이다.

81 모기(旄旗)는 장군이 갖는 깃발이므로 장군이 될 것이라는 뜻이고, 흑두공(黑頭公)이란 머리가 검을 때 삼공에 오르는 것을 말하므로 왕순은 젊어서 삼공에 오를 사람이라는 뜻이다.

82 사혁은 사안의 형으로 승평 2년(358년)에 죽었으며, 이 내용은 《자치통감》 권100에 실려 있다.

5   서(西)중랑장 원진(袁眞)을 도독사기병삼주제군사(都督司·冀·幷
三州諸軍事)로 삼고, 북(北)중랑장 유희(庚希)를 도독청주제군사(都督
靑州諸軍事)[83]로 삼았다.

6   계묘일(19일)에 연인(燕人)들이 밀성(密城, 하남성 밀현의 동남쪽)
을 뽑아버리니 유원이 강릉(江陵, 호북성 강릉현)으로 달아났다.

7   가을, 8월에 각수(角宿)와 강수(亢宿)[84]에 패성(孛星)이 나타났
다.

8   장현정(張玄靚)[85]의 할머니 마씨(馬氏)가 죽으니 서모 곽씨(郭
氏)를 높여서 태비(太妃)로 하였다. 곽씨는 장천석(張天錫)이 정치를
오로지하니 대신 장흠(張欽) 등과 더불어 그를 주살하기로 모의하였다
가 일이 누설되어 장흠 등이 모두 죽었다.

  장현정이 두려워서 자리를 장천석에게 양보하였고, 장천석이 받지
않았다. 우(右)장군 유숙(劉肅) 등이 장천석에게 자립(自立)할 것을 권
고하였다. 윤월(윤8월)에 장천석이 유숙 등을 시켜서 밤중에 병사를 인

---

83 도독사기병삼주제군사는 사주(司州)·기주(冀州)·병주(幷州) 세 주의 모든 군
    사적인 일을 감독하는 관직이고, 도독청주제군사는 청주(靑州)의 모든 군사
    적인 일을 감독하는 관직명이다.

84 각수와 강수는 모두 별자리이다. 모두 28수(宿) 가운데 하나이다. 이들은 각
    기 지상의 지역과 연결하여 생각하는데, 각수는 정주(鄭州)지역이고, 강수는
    연주(兗州)에 해당하는 별자리이다.

85 양(凉)의 왕이다.

솔하고 궁궐로 들어가서 장현정을 시해하고, 갑자기 죽었다고 선언하고 시호를 충공(沖公)이라고 하였다.

장천석이 스스로 사지절(使持節)·대도독·대장군·양주목(涼州牧)·서평공(西平公)이라고 불렀는데, 이때 나이가 18세였다. 어머니 유미인(劉美人)을 높여서 태비(太妃)라고 하였다. 사마(司馬) 윤건(綸騫)을 파견하여 장주문(章奏文)을 받들고 건강(建康, 남경, 동진의 도읍)에 가서 명령을 내려주기를 청하게 하고, 아울러 어사 유귀(俞歸)[86]를 호송하여 동쪽으로 돌아오게 하였다.

9   계해일[87]에 크게 사면하였다.

10   겨울, 10월에 연의 진남(鎭南)장군 모용진(慕容塵)이 진류(陳留, 하남성 진류현)태수 원피(袁披)를 장평(長平, 하남성 서황현 동북쪽)에서 공격하였는데, 여남(汝南, 하남성 여남현)태수 주빈(朱斌)이 빈틈을 타고서 허창(許昌, 하남성 허창시)을 습격하여 이겼다.

11   대왕(代王) 탁발십익건(拓跋什翼犍)이 고차(高車)부락[88]을 공격

---

86 목제 연화 3년(347년)에 유귀가 동진의 사자로 갔다가 양(涼)에 붙잡혀 있었으므로 17년간 양에 있었던 셈이다.

87 통감필법으로 보아 계해일은 윤8월 계해일이어야 하지만 윤8월 1일이 계미일이므로 윤8월에는 계해일이 없다. 그러나《진서(晉書)》〈애제기〉에는 9월로 되어 있고, 또 다음 기사가 10월 기사이므로 계해 앞에 '9월'이 누락된 것으로 보아야 하고, 그렇다면 이날은 9월 11일이다.

88 칙륵족(敕勒族)의 별칭이다. 이들이 사용하는 차바퀴가 높고 커서 이러한 이름이 붙여졌고, 후에는 돌궐족에게 병탄되었다.

하여 그들을 대파하고 포로 1만여 명을 잡고 말·소·양 1백만 마리를 노획하였다.

12 정로(征虜)장군 환충(桓沖)을 강주(江州)자사로 삼았다. 11월에 요양(姚襄)의 옛 장수 장준(張駿)이 강주독호 조비(趙毗)[89]를 죽이고 그의 무리를 인솔하고 북쪽으로 가서 반란하였는데, 환충이 이를 토벌하여 죽였다.

---

89 환온이 요양을 격파할 때 요양의 부장인 장준과 양응 등이 포로로 잡혀서 심양에 억류되어 있었다.

동진의 토단법과 연의 모용각

애제 흥녕 2년(甲子, 364년)[90]

1   봄, 정월 병진일(6일)에 연에서 대사면령을 내렸다.

2   2월에 연의 태부(太傅) 모용평(慕容平)과 용상(龍驤)장군 이홍(李洪)이 황하의 남쪽에서 영토를 경략하였다.

3   3월 초하루 경술일에 호구(戶口)를 크게 조사하여 있는 곳에서 토단(土斷)하게[91] 하고, 그 법률제도를 엄하게 하니 이를 경술제(庚戌制)[92]라고 불렀다.

---

90 전량 도공 태청 2년, 대왕(탁발십익건) 건국 27년, 전연 유제 건희 5년, 전진 선소제 감로 6년이다.

91 북방에서 내려온 교민들이 갖고 있던 옛 호적을 버리고 현재 거주하는 곳을 새로운 호적지로 만드는 조치이다.

92 제(制)는 황제의 명(命)이므로 경술일에 발표된 황제의 명이라는 말이다.

4 황제가 방사(方士)들의 말을 믿고 곡식 먹는 것을 끊고 약을 먹으면서 오래 살기를 구하였다. 시중 고숭(高崧)이 간하였다.

"이것은 만승(萬乘)[93]께서 마땅히 하실 것이 아니니, 폐하께서 하시는 이 일은 실제로 일식과 월식과 같은 것[94]입니다."

듣지 않았다.

신미일(22일)에 황제가 먹은 약의 부작용이 드러나서 친히 만기(萬機)를 살필 수가 없게 되고, 저(褚)태후가 다시 조정에 나와서 섭정(攝政)하였다.[95]

5 여름, 4월 갑진일(25일)에 연의 이홍(李洪)[96]이 허창(許昌, 하남성 허창시)과 여남(汝南, 하남성 여남현)을 공격하여 진(晉)의 병사를 현호(懸瓠, 여남군의 치소, 여남현)에서 패배시키니, 영천(潁川, 하남성 우현)태수 이복(李福)이 싸우다 죽었고, 여남태수 주빈(朱斌)이 수춘(壽春, 안휘성 수현)으로 달아났고, 진군(陳郡, 하남성 진류현)태수 주보(朱輔)가

---

93 황제를 말한다. 주대의 법에 의하면 만승은 1만 대의 전차를 가질 수 있는 사람이므로 주나라 왕만이 가질 수 있고, 제후는 1천 대를 가질 수 있어서 제후를 가리킬 때 천승이라고 했다.

94 《논어》에서 자공이 한 말로, 군자의 허물은 일식과 월식과 같다고 한 말을 인용한 것이다. 이는 세상 사람이면 누구나 보게 되어 있다는 말이다.

95 만기란 제왕이 관여해야 할 일을 말하는 것이므로 이것도 황제를 가리키는 말이다. 목제는 어려서 황제의 자리를 이어받아서 저태후가 칭제하였는데, 지난 승평 원년(357년)에 관례를 치르자 태후가 황제에게 정치를 돌려주었지만 다시 병이 들어서 친정(親政)이 불가능하자 태후가 다시 조정에 임석하여 정치를 처리한 것이다.

96 연의 용상장군이다.

물러나서 팽성(彭城, 강소성 서주시)을 지켰다.

대사마 환온이 서(西)중랑장 원진(袁眞) 등을 파견하여 이들을 막게 하고, 환온이 군사를 인솔하고 합비(合肥, 안휘성 합비시)에 주둔하였다. 연인(燕人)들은 드디어 허창·여남·진군을 뽑아버리고 1만여 호를 유주(幽州)와 기주(冀州) 두 주로 옮기고, 진남(鎭南)장군 모용진(慕容塵)을 파견하여 허창에 주둔하게 하였다.

6   5월 무진일(20일)에 양주(揚州)자사 왕술(王述)을 상서령으로 삼았다. 대사마 환온에게 양주목(揚州牧)·녹상서사를 덧붙여주었다. 임신일(24일)에 시중에게 환온을 불러서 들어와 조정의 정치에 참여하게 하였는데, 환온이 사양하고 들어오지 않았다.

왕술은 직책을 받을 때마다 헛되게 사양하지 아니하고 그가 사양한 것은 반드시 받지 않았다. 상서령이 되기에 이르자 아들 왕탄지(王坦之)가 왕술에게 말하였다.

"고사(故事)에 의하여 마땅히 사양하셔야지요."

왕술이 말하였다.

"너는 내가 감당하지 못할 것이라고 생각하는 것이냐?"

왕탄지가 말하였다.

"아닙니다. 다만 사양할 수 있다면 스스로 아름답게 하는 일일 뿐입니다."

왕술이 말하였다.

"이미 그 일을 감당한다고 했는데, 어찌 다시 사양한단 말이냐! 다른 사람들은 네가 나보다 낫다고 말하지만 반드시 미치지 못할 것이다."

7   6월에 진왕(秦王) 부견이 대홍려(大鴻臚)를 파견하여 장천석[97]을 대장군·양주목(涼州牧)·서평공에 임명하였다.

8   가을, 7월 정묘일(20일)에 조서를 내려서 다시 대사마 환온을 징소하여 들어와서 조현(朝見)하게 하였다. 8월에 환온이 자기(赭圻, 안휘성 번창현)에 도착하니 상서 차관(車灌)에게 조서를 내려서 그를 중지시키게 하자 환온이 드디어 자기에 성을 쌓고 거주하며 굳게 내록(內錄)[98]을 사양하고, 멀리 양주목(揚州牧)의 일을 관장[99]하였다.

9   진(秦)의 여남공(汝南公) 부등(苻騰)이 모반하였다가 잡혀 죽었다. 부등은 진(秦)의 주군이었던 부생(苻生)의 동생이다. 이때 부생의 동생인 진공(晉公) 부류(苻柳) 등은 오히려 다섯 명이나 있었는데, 왕맹(王猛)이 부견에게 말하였다.

"다섯 공자(公子)[100]를 제거하지 않으면 끝내 반드시 걱정거리가 될 것입니다."

부견이 좇지 않았다.

10   연의 시중 모여룡(慕輿龍)이 용성(龍城, 요녕성 조양현)에 가서 종

---

97 양(涼)에서 쿠데타로 왕권을 잡은 사람이다.

98 조정 안에서의 업무 관장, 즉 녹상서사를 말한다.

99 보통은 영직(領職)을 말하는데 여기서는 멀리 떨어져 있는 곳의 직책을 관장한다는 의미에서 요령(遙領)양주목이라고 하였다.

100 부생의 형제는 회남공 부유(淮南公 苻幼), 진공 부류(晉公 苻柳), 위공 부수(魏公 苻廋), 연공 부무(燕公 苻武), 여남공 부등인데, 부등이 이때 죽었다.

묘와 남아있는 백관들을 모두 옮겨서 업(鄴)으로 오게 하였다.

11   연의 태재 모용각(慕容恪)이 낙양을 빼앗는데, 먼저 사람을 파견하여 토착민들을 불러 받아들이니 멀고 가까운 곳에 있는 여러 보루에 있던 사람들이 모두 그에게 귀부하자, 마침내 사마 열희(悅希)에게 맹진(盟津, 부평진이라고도 하는데, 하남성 맹현 서남쪽의 황하에 있는 나루)에 진을 치게 하니, 예주(豫州)자사 손흥(孫興)이 성고(成皋, 하남성 형양현 사수진의 서쪽)에 진을 쳤다.

처음에 심충(沈充)의 아들 심경(沈勁)은 그의 아버지가 반역하는 혼란 속에서 죽었으므로[101] 마음속에서 공로를 세워서 옛날의 치욕을 씻으려고 하였는데, 나이가 30여 살이었지만 형벌을 받은 집안이어서 벼슬을 할 수 없었다. 오흥(吳興, 절강성 호주시)태수 왕호지(王胡之)가 사주(司州)자사가 되자 상소문을 올려서 심경의 재주와 행동을 칭찬하고 금고를 풀어주어서 그의 주부(州府)의 일에 참여하게 해달라고 청하였더니 조정에서 이를 허락하였다. 마침 왕호지가 병이 들어서 실행되지 않았다.

연이 낙양을 압박하게 되자 관군(冠軍)장군 진우(陳祐)가 이곳을 지키는데 무리는 불과 2천 명이었다. 심경이 스스로 표문을 올려 진우에게 배속되어 힘을 다하겠다고 하자 조서를 내려서 심경을 관군장군 장사(長史)에 보임하고 스스로 장사(壯士)들을 모집하게 하니 1천여 명을 얻어서 나아갔다.

---

101 명제 태녕 2년(324년)에 심충이 왕돈과 같은 무리로 군사가 패배한 뒤에 피살되었으며, 이 내용은《자치통감》권93에 실려 있다.

심경은 여러 번 적은 숫자를 가지고 연의 많은 무리를 공격하여 그들을 꺾어놓고 깨뜨렸다. 그러나 낙양에 식량이 떨어지고 원조가 끊어지자 진우는 스스로 지킬 수 없을 것이라고 가늠하고서 마침내 허창(許昌, 하남성 허창시)을 구원해준다는 명목을 가지고 9月에 심경을 남겨두어 500명을 가지고 낙양을 지키게 하고서 무리를 인솔하고 동쪽으로 갔다.

심경이 기뻐하며 말하였다.

"나는 마음속으로 목숨을 다 바치려고 하였는데, 지금에야 그 때를 얻었다."

진우는 허창이 이미 함몰되었다는 소식을 듣고 드디어 신성(新城, 섬서성 안강현)으로 달아났다. 연의 열희는 군사를 인솔하고 하남의 여러 성들을 경략하여 그것들을 전부 탈취하였다.

12   진왕(秦王) 부견이 공국(公國)[102]에 명령을 내려서 각기 삼경(三卿)[103]을 두게 하고, 아울러 나머지 관리도 모두 스스로 채용하고 벽소(辟召)하는 것을 들어주었지만 다만 낭중령만을 파견하였다.[104]

부유한 장사꾼 조철(趙撤) 등이 수레와 복장에서 참람하고 사치하여 여러 공작(公爵)들이 경쟁적으로 이끌어 경(卿)으로 삼으려고 하였는데, 황문시랑인 안정(安定, 감숙성 경천현) 사람 정헌(程憲)이 그를 처리

---

102 진(晉)의 경우 봉국은 왕이 갖도록 되어 있지만, 진(秦)에서는 공(公)이 봉국을 갖도록 되어 있다.

103 진(晉)에서는 왕국에 낭중령·중위·대농 등 3경을 두었는데, 진(秦)이 이것을 모방한 것이다.

104 결국 3경 가운데 2경만을 공국에서 벽소하게 한 것이다.

하게 해달라고 청하였다.

부견이 조서를 내려서 말하였다.

"본래 여러 공작들에게 뛰어난 유자(儒者)를 선발하여 초빙하게 한 것인데, 외람(猥濫)됨이 더욱 이와 같게 되었다. 의당 유사에게 미루어 조사하게 하여 벽소한 사람 가운데 그 직에 적당하지 않은 사람은 모두 작위를 내려서 열후(列侯)로 삼을 것이고, 지금부터 봉국의 관리는 모두 전형(銓衡)에게 이를 맡긴다. 스스로 명사(命士) 이상의 사람이 아니면 수레나 말을 탈 수 없고, 경사에서 100리 안에서는 공상인(工商人)들과 조예(皂隷)[105]는 금은(金銀)과 금수(錦繡)를 착용할 수 없으며, 이를 범하는 자는 기시(棄市)한다."

이에 평양(平陽)·평창(平昌)·구강(九江)·진류(陳留)·안락(安樂)의 다섯 공작(公爵)의 작위를 모두 깎아내려서 열후(列侯)로 삼았다.

애제 흥녕 3년(乙丑, 365년)[106]

1   봄, 정월 경신일(16일)에 황후 왕(王)씨[107]가 붕어하였다.

---

105 전형(銓衡)은 이부상서를 말하며, 명사(命士)란 고대에 작명(爵命)을 받은 인사를 말하며, 《한서》《왕망전》의 에는 '녹질이 100석인 사람의 이름을 바꾸어 서사(庶士)라고 하고, 300석을 하사(下士)라 하며 400석을 중사(中士)라 하고 500석을 명사(命士)라하고 600석을 원사(元士)라 한다.'고 한 기록이 있다. 여기서는 조정에서 임명한 사인(士人), 즉 정부관리이고, 조예(皂隷)란 노예 또는 차역(差役)이나 지위가 낮은 평민이다.

106 전량 도공 태청 3년, 대왕(탁발십익건) 건국 28년, 전연 유제 건희 6년, 전진 선소제 감로 7년(建元 원년)이다.

2   유위진(劉衛辰)[108]이 다시 대국(代國)에서 반란을 일으키니 대왕 (代王) 탁발십익건(拓跋什翼犍)이 동쪽으로 가서 황하를 건너 그들을 쳐서 달아나게 하였다.

탁발십익건은 성품이 넓고 두터워서 낭중령(郞中令) 허겸(許謙)이 비단 두 필을 훔쳤는데, 탁발십익건이 이를 알고도 숨기고 좌(左)장사 연봉(燕鳳)에게 말하였다.

"내가 차마 허겸의 얼굴을 보지 못하겠으니, 만약에 허겸이 부끄러워 자살이라도 한다면 이는 내가 재물을 가지고 선비를 죽인 것이 된다."

일찍이 서부지역에서 반란을 일으킨 사람들을 토벌하다가 떠도는 화살에 눈을 맞았는데 그리고 나서 그 활을 쏜 사람을 잡자 여러 신하 들이 그를 찢어서 젓 담그려고 하였다. 탁발십익건이 말하였다.

"저 사람들은 각기 그의 주인을 위하여 싸웠을 뿐이니 무슨 죄가 있 는가?"

드디어 그를 풀어주었다.

3   대사마 환온이 고숙(姑孰, 안휘성 당도현)으로 이동하여 진수(鎭 守)하였다. 2월 을미일(21일)에 그의 동생인 우(右)장군 환활(桓豁)을 감형주양주지의성옹주지경조제군사(監荊州·揚州之義城·雍州之京兆諸 軍事)로 삼아 영(領)형주자사로 하였고, 강주(江州)자사 환충(桓沖)에 게 감강주급형예팔군제군사(監江州及荊·豫八郡諸軍事)[109]를 덧붙여

---

107 사마비의 처인 왕복지(王穆之)이다.

108 애제 승평 5년(361년)에 유위진이 대국에 항복하였다.

109 감형주양주지의성옹주지경조제군사(監荊州·揚州之義城·雍州之京兆諸軍事)

주고 나란히 가절(假節)을 주었다.

사도 사마욱(司馬昱)이 진우(陳祐)가 낙양을 포기하였다는 소식을 듣고 대사마 환온을 열주(洌洲, 안휘성 당도현에 있는 장강의 작은 섬)에서 만나서 함께 정벌하여 토벌하자고 의논하였다. 병신일(22일)에 황제가 서당(西堂, 태극전의 서쪽)에서 붕어하여[110] 이 일은 드디어 묵혀지게 되었다.

황제는 후사가 없어서 정유일(23일)에 황태후가 조서를 내려서 낭야왕(琅邪王) 사마혁(司馬奕)으로 대통을 계승하게 하였다. 백관들이 낭야(琅邪)의 저택에서 받들어 영접하였으며 이날로 황제의 자리에 올랐고 크게 사면하였다.

4   진(秦)에서는 크게 사면하고 기원을 건원(建元)이라고 고쳤다.

5   연의 태재 모용각과 오왕(吳王) 모용수(慕容垂)가 함께 낙양을 공격하였다. 모용각이 제장들에게 말하였다.

"경(卿) 등은 항상 내가 공격하지 않는 것을 걱정하여 왔는데, 지금 낙양성은 높지만 군사들이 약하여 쉽게 이길 수 있으니, 다시는 두렵거나 나약하여 게으르지 마라."

는 형주, 양주의 의성(義城), 옹주의 경조(京兆)의 모든 군사적인 일을 감독하는 직책이고 감강주급형예팔군제군사(監江州及荊·豫八郡諸軍事)는 강주와 형주, 예주의 여덟 군(郡)의 모든 군사에 관한 일을 관독하는 직책이다. 여덟 군이란 환충이 최초에 관장하였던 서양군과 초군 그리고 지금 덧붙여준 형주의 강하, 수군, 예주의 여남, 서양, 신채, 영천 등 여섯을 합한 것이다.

110 이때 황제의 나이는 25세였다.

드디어 이를 공격하였다.

3월에 이를 이기고 양무(揚武)장군 심경(沈勁)을 붙잡았다. 심경은 정신과 기개가 태연자약하여 모용각이 그를 용서하려 하였다. 중군(中軍)장군 모여건(慕輿虔)이 말하였다.

"심경은 비록 기이한 사람이긴 하지만 그의 뜻과 도량을 살펴보면 끝내 다른 사람에게 사용되지 않을 것인데, 지금 그를 용서하여주면 반드시 후에 걱정거리가 될 것입니다."

드디어 그를 죽였다.

모용각이 땅을 경략하여 효곡(崤谷, 효산의 동쪽 골짜기)과 면지(澠池, 하남성 면지현)에까지 이르니 관중(關中)에서는 크게 떨었고, 진왕(秦王) 부견이 스스로 군사를 거느리고 섬성(陝城. 하남성 삼문협시 서쪽)에 주둔하고서 이를 대비하였다.

연인(燕人)들은 좌(左)중랑장 모용축(慕容筑)을 낙주(洛州)자사로 삼아 금용(金墉, 낙양의 서북쪽)에서 진수하게 하고, 오왕(吳王) 모용수(慕容垂)를 도독형양낙서연예옹익량진십주제군사(都督荊·揚·洛·徐·兗·豫·雍·益·涼·秦十州諸軍事)[111]·정남(征南)대장군·형주목으로 삼아 군사 1만 명을 배속시키고 노양(魯陽, 하남성 노산현)에서 진수하게 하였다.

태재 모용각이 업(鄴)으로 돌아와서 부하관료들에게 말하였다.

"내가 전에 광고(廣固, 산동성 익도군)를 평정하고서 벽여울(辟閭蔚)을 구원할 수 없었고,[112] 지금 낙양을 평정하고 심경(沈勁)을 죽게 하였

---

111 형주·양주(揚州)·낙주·서주·연주·예주·옹주·익주·양주(涼州)·진주(秦州) 열 주(州)의 모든 군사적인 일을 감독하는 관직명이다.

는데, 비록 모두가 본래의 마음은 아니었지만 그러나 내 자신이 원수(元帥)였으니, 실로 사해(四海) 사람들에게 부끄럽다."

조정에서는 심경의 충성을 가상히 여겨서 동양(東陽, 절강성 금화시) 태수를 증직하였다.

❖ 신 사마광이 말씀드립니다.

심경은 능력 있는 아들이라고 말할 수 있습니다. 아버지의 악함을 부끄럽게 생각하여 죽음에 이르면서 이를 씻어서 흉역(凶逆)한 가족을 고쳐서 충성스럽고 의로운 집안으로 만들었습니다. 《역(易)》에서 말하기를 '아버지의 허물을 없애는데 자기의 영예를 사용한다.'하였고, 〈채중(蔡仲)의 명(命)〉[113]에 이르기를 '네가 오히려 앞사람들의 허물을 덮는 것은 오직 충성과 효성뿐이다.'라고 하였는데, 그것은 이를 말하는 것입니다.

6   태재 모용각이 장수가 되었는데, 위엄을 가지고 일을 하지 않고 전적으로 은혜를 베풀고 믿는 방법을 사용하면서 사졸들을 위무하고 대요를 종합하기에 힘썼고, 가혹한 명령을 내리지 않고 사람들에게 편안할 수 있게 하였다.

---

112 목제 연화 12년(356년)의 사건이고, 그 내용은 《자치통감》 권100에 실려 있다.

113 《역(易)》에서 '아버지의 허물을 없애는데 자기의 영예를 사용한다.'는 것은 《주역(易)》의 고괘(蠱卦)의 65, 즉 밑에서 위로 다섯 번째인 음효의 효사이다. 〈채중(蔡仲)의 명(命)〉의 '네가 앞 사람들의 허물을 덮는 것은 오직 충성과 효성뿐이다.'는 말은 《상서》에 있다.

평시 군영에 관대함과 자유스러움을 주어서 흡사 범접할 수 있는 것 같았지만 그러나 경비는 엄격하고 자세하여 적이 이르러도 가까이 올 수가 없었으니, 그러므로 일찍이 패배한 일이 없었다.

각국의 충돌과 타협

7 임신일(29일)에 애제(哀帝)와 정황후(靜皇后)[114]를 안평릉(安平陵)에 장사지냈다.

8 여름, 4월 임신일(9일)에 연의 태위 무평광공(武平匡公) 봉혁(封奕)이 죽었다. 사공 양무(陽鶩)를 태위로 삼고, 시중·광록대부 황보진(皇甫眞)을 사공으로 삼아서 영(領)중서감(中書監)으로 삼았다. 양무는 네 조정[115]을 섬겼는데 나이가 많고 성망(聲望)을 중히 받아서 태재 모용각 이하 모든 사람들이 그에게 절을 하였다.

그러나 양무는 겸손하고 공손하며 부지런하고 후덕한 것이 젊을 시절보다 지나쳤는데, 자손들에게 경계하고 단속하여 비록 붉은 비단옷을 입었다고 할지라도 감히 그 법도를 어기는 사람이 없었다.

---

114 사마비의 처인 왕황후이다. 《진서》에는 정(靖)황후로 되어 있다.

115 봉혁(封奕)은 살아서 무평공이었는데 죽은 후에 시호를 광공으로 한 것이고, 영(領)중서감(中書監)은 영직(領職)으로 다른 직책을 가지고 이 직책을 관장하는 관리임용법이며, 양무가 섬긴 네 조정은 모용외·모용황·모용준·모용위이다.

9   6월 무자일(16일)에 익주(益州)자사인 건성양공(建城襄公) 주무(周撫)가 죽었다. 주무는 익주에서 30여 년[116] 있었는데, 아주 위엄을 가지고 은혜를 베풀었다. 조서를 내려서 그의 아들 건위(犍爲, 사천성 팽산현)태수 주초(周楚)로 그를 대신하게 하였다.

10   가을, 7월 기유일(7일)에 회계왕(會稽王) 사마욱(司馬昱)을 옮겨서 다시 낭야왕(琅邪王)으로 삼았다.

11   임자일(10일)에 비(妃) 유씨(庾氏)를 황후로 삼았는데 황후는 유빙(庾冰)의 딸이다.

12   갑신일[117]에 낭야왕 사마욱의 아들 사마창명(司馬昌明)을 회계왕으로 삼으니, 사마욱이 굳게 사양하면서 오히려 회계왕이라고 스스로 말하였다.[118]

---

116 주무는 건성공이었는데, 죽자 시호를 양공이라 한 것이며, 목제 영화 3년(347년)에 환온이 촉을 평정하고 주무를 남겨두어 이곳을 진무하게 하였으므로 이때까지는 겨우 19년이다. 대개 진(晉)이 아직 촉을 얻기 전에 익주자사를 파동에 설치하였는데, 주무는 여기에서 자사가 되었고, 환온이 촉에서 승리하고 나서 주무는 마침내 익주자사가 되어 팽모에서 진수하였다. 여기서 30년이라 함은 이 기간을 전부 합친 것이다.

117 7월 1일은 계묘일이므로 7월에는 갑신일이 없다. 다만 《건강실록》에 의하면 이 사건은 기유일(7일)조에 실려 있다.

118 동진의 7대 황제인 사마예가 낭야왕의 신분으로 황제에 등극하였고, 그 후로 낭야왕이라는 칭호는 드디어 만왕의 왕이 되었다. 일단 황제의 세계가 중단되고 태자가 없을 때에는 바로 낭야왕이 대통을 잇게 되어서 혼란이 없게 되었다. 이러한 점을 감안하여 사마욱이 감히 낭야왕의 칭호를 사용하지 못

13   흉노의 우현왕(右賢王) 조곡(曹轂)과 좌현왕(左賢王) 유위진(劉衛辰)이 모두 진(秦)을 배반하였다. 조곡이 무리 2만 명을 인솔하고 행성(杏城, 섬서성 황릉현 서남쪽의 옛날읍)을 침략하니 진왕(秦王) 부견이 스스로 군사를 거느리고 이를 토벌하고, 위(衛)대장군 이위(李威)와 좌복야(左僕射) 왕맹(王猛)에게 태자 부굉(苻宏)을 보좌하여 장안(長安)에서 유수(留守)하게 하였다.

8월에 부견이 조곡을 공격하여 이들을 깨뜨리고 조곡의 동생 조활(曹活)의 목을 베니 조곡이 항복을 받아달라고 청하자 그들 가운데 호족(豪族)과 걸출한 사람 6천여 호를 장안으로 옮겼다. 건절(建節)장군 등강(鄧羌)이 유위진을 토벌하여 이를 목근산(木根山, 河套)에서 사로잡았다.

9월에 부견이 삭방(朔方, 내몽고 항금기 서북쪽 황하의 남쪽)에 가서 여러 호족(胡族)들을 순무(巡撫)하였다. 겨울, 10월에 정북(征北)장군인 회남공(淮南公) 부유(苻幼)[119]가 행성(杏城)의 무리를 인솔하고 빈틈을 타고서 장안을 습격하니 이위(李威)가 이를 목 베었다.

14   선비족(鮮卑族) 독발추근(禿髮椎斤)이 죽었는데, 나이가 110세이고 아들 독발사복건(禿髮思復鞬)이 대신 그의 무리를 통솔하였다. 독발추근은 독발수기능(禿髮樹機能)의 사촌동생 독발무환(禿髮務丸)의 손자[120]이다.

한다고 생각하고 회계왕의 칭호를 사용하려 한 것이다.

119 진의 주군 부생의 동생이다.

120 진 무제 태시 6년(270년)에 독발수기능이 군사를 일으켜서 양주(涼州)를 어

15   양주(梁州)자사 사마훈(司馬勳)이 정치를 하는데 대단히 포학하고, 치중(治中)과 별가(別駕) 그리고 주의 호우(豪右)들이 말하는 가운데 자기의 뜻에 거스른 사람은 즉각 그 자리에서 목을 베어 효시(梟示)하거나 혹은 친히 활로 쏘아서 죽였다.

   항상 촉(蜀)을 점거할 뜻을 갖고 있었지만 주무(周撫)를 꺼려서 감히 발동하지 못하였다. 주무가 죽자 사마훈이 드디어 군사를 일으켜서 반란하였는데, 별가(別駕) 옹단(雍端)과 서융(西戎)사마 외수(隗粹)가 간절하게 간하였더니 사마훈이 이들을 모두 죽이고 스스로 양익이주목(梁·益二州牧)·성도왕(成都王)이라고 불렀다.

   11월에 사마훈이 군사를 이끌고 검각(劍閣, 사천성 검각현)으로 들어가서 부(涪, 사천성 삼태현)를 공격하니, 서이(西夷)교위 관구위(毌丘暐)가 성을 버리고 달아났다. 을묘일(15일)에 익주자사 주초(周楚)를 성도에서 포위하였다. 대사마 환온(桓溫)이 표문을 올려서 응양(鷹揚)장군이자 강하(江夏, 호북성 운몽현)의 재상인 의양(義陽, 하남성 신양시) 사람 주서(朱序)를 정토(征討)도호로 삼아서 그를 구원하게 하였다.

16   진왕(秦王) 부견이 장안으로 돌아와서 이위(李威)를 수태위(守太尉)[121]로 삼고 시중을 덧붙여주었다. 조곡(曹轂)을 안문공(鴈門公)으로 삼고, 유위진(劉衛眞)을 하양공(夏陽公)으로 삼고, 각기 그들의 부락을 통솔하게 하였다.

   지럽힌 일이 있는데 《진서》〈무제기〉에 실려 있다.
121 수직(守職)이다. 임시 대리 태위를 말한다.

17 12월 무술일(29일)에 상서(尙書) 왕표지(王彪之)를 복야(僕射)로 삼았다.

해서공 태화 원년(丙寅, 366년)[122]

1 봄, 3월에 형주(荊州)자사 환활(桓豁)이 독호 환비(桓羆)에게 남정(南鄭, 섬서성 남정현)을 공격하게 하여 사마훈을 토벌하였다.

2 연의 태재인 대사마 모용각과 태부(太傅)인 사도 모용평이 머리를 조아려서 정치를 돌려보내고, 장수(章綬)[123]를 바치고 개인저택으로 돌아가게 해달라고 청하였지만[124] 연의 주군 모용위(慕容暐)가 허락하지 않았다.

3 여름, 5월 무인일(12일)에 황후 유(庾)씨가 붕어하였다.

4 주서(朱序)와 주초(周楚)[125]가 사마훈(司馬勳)을 쳐서 이를 깨뜨리고 사마훈과 그의 무리들을 사로잡아서 대사마 환온에게 호송하였는

---

122 전량 도공 태청 4년, 대왕(탁발십익건) 건국 29년, 전연 유제 건희 7년, 전진 선소제 건원 2년이다.

123 받았던 인수를 말한다.

124 연의 주군 모용위가 이 해에 17세가 되었으므로 주군이 직접 정치를 하도록 조치한 것이다.

125 주서는 강하태수이고, 주초는 익주자사이다.

데 환온이 이들을 모두 목 베고, 그 머리를 건강(建康, 남경)으로 보냈다.

5   대왕(代王) 탁발십익건이 좌장사 연봉(燕鳳)을 파견하여 진(秦)에
공물(貢物)을 가지고 들어갔다.

6   가을, 7월 계유일(8일)에 효(孝)황후[126]를 경평릉(敬平陵)에 장사
지냈다.

7   진(秦)의 보국(輔國)장군 왕맹(王猛)과 전(前)장군 양안(楊安)과
양무(揚武)장군 요장(姚萇) 등이 무리 2만 명을 인솔하여 형주를 침략
하여 남향군(南鄕郡, 하남성 석천현)을 공격하였는데, 형주자사 환활(桓
豁)이 이를 구원하여 8월에 신야(新野, 하남성 신야현)에 진을 쳤다. 진
(秦)의 군사들이 안양(安陽, 하남성 정양현 서남쪽)의 백성 1만여 호(戶)
를 약취(掠取)하여서 돌아갔다.

8   9월 갑오일(29일)에 양주(梁州)와 익주 두 주에 곡사(曲赦)[127]를
시행하였다.

9   겨울, 10월에 사도 사마욱(司馬昱)에게 승상·녹상서사를 덧붙여
주었고, 조회에 나와서 종종걸음을 하지 않으며, 절할 때에도 이름을

---

126 황후 유시의 시호가 효이다.

127 특수 상황으로 인하여 사면을 하는 것이다. 국부적인 지역에만 사면을 하는
    경우가 대부분이다. 여기서는 사마훈의 반란을 평정하였으므로 그 지역에 대
    한 사면을 시행한 것이다.

대지 않고, 칼을 차고 전각에 오르게 하였다.

10   장천석(張天錫)이 사자를 파견하여 진(秦)의 경계에 와서 진(秦)과의 단절을 알렸다.[128]

11   연(燕)의 무군(撫軍)장군인 하비왕(下邳王) 모용려(慕容厲)가 연주(兗州)를 침입하여 노(魯, 산동성 곡부현)와 고평(高平, 산동성 거야현)의 몇몇 군(郡)을 뽑아버리고 태수와 재상을 두고 돌아왔다.

12   처음에, 농서(隴西, 감숙성 농서현) 사람 이엄(李儼)[129]이 군을 가지고 진(秦)에 항복하였는데, 그렇게 하고서 다시 장천석(張天錫)과 왕래를 하였다. 12월에 강(羌)족 염기(斂岐)가 약양(略陽, 감숙성 진안현)에 있는 4천 가구를 가지고 진(秦)을 배반하고 이엄에게 칭신(稱臣)하니, 이엄이 여기에서 주목(州牧)과 태수를 두고 진(秦)·양(涼)과 관계를 끊었다.

13   남양(南陽)의 독호 조억(趙億)이 완성(宛城, 하남성 남양시)을 점거하고 연에 항복하니, 태수 환담(桓澹)이 달아나서 신야(新野)를 지켰으며 연인(燕人)이 남(南)중랑장 조반(趙盤)을 파견하여 노양(魯陽, 하남성 노산현)에서부터 와서 완(宛)을 지켰다.

---

128 장천석은 양왕(涼王)이고, 전량은 목제 영화 12년(356년) 이후로 전진의 번국이었는데, 이를 파기한 것이다.

129 이엄이 농서를 점거한 일은 목제 영화 11년(355년)에 시작되었고, 내용은《자치통감》권100에 실려 있다.

14 서연이주(徐·兗二州)자사 유희(庾希)[130]가 황후의 친족이기 때문에 형제들이 귀하게 되고 드러났는데 대사마 환온이 이를 꺼렸다.

해서공 태화 2년(丁卯, 367년)[131]

1 봄, 정월에 유희가 노(魯)와 고평(高平)을 구원해 주지 못하였다는 죄에 걸려서 관직에서 면직되었다.

2 2월에 연의 무군(撫軍)장군이며 하비왕(下邳王)인 모용려(慕容厲)와 진북(鎭北)장군이며 의도왕(宜都王)인 모용환(慕容桓)이 칙륵(敕勒)[132]을 습격하였다.

3 진(秦)의 보국(輔國)장군인 왕맹과 농서(隴西)태수 강형(姜衡), 그리고 남안(南安, 감숙성 농서현의 동북쪽)태수 소강(邵羌), 양무(揚武)장군 요장(姚萇) 등이 무리 1만7천 명을 인솔하고 염기(斂岐)를 토벌하였다.
   3월에 장천석이 전(前)장군 양휼(楊恤)을 파견하여 금성(金城, 감숙성 난주시)을 향하게 하였고, 정동(征東)장군 상거(常據)는 좌남(左南, 청해성 민화현 서북쪽 황하의 북쪽 언덕)을 향하게 하였으며, 유격(游擊)장

---

130 동진의 서주·연주, 두 주의 자사이다.

131 전량 도공 태청 5년, 대왕(탁발십익건) 건국 30년, 전연 유제 건희 8년, 전진 선소제 건원 3년이다.

132 고차(高車)부락이다.

군 장통(張統)은 백토(白土, 청해성 화융회족 자치현 동남쪽)를 향하게 하고, 장천석은 스스로 3만 명을 인솔하고 창송(倉松, 감숙성 무위현 동쪽)에 주둔하고서 이엄을 토벌하였다.

염기(斂岐)부락은 먼저 요익중(姚弋仲)에게 소속되었으므로, 요장(姚萇)이 왔다는 소식을 듣고 모두 항복하였다. 왕맹이 드디어 약양(略陽)에서 싸워 이기니 염기(斂岐)가 백마(白馬, 감숙성 성현)로 달아났다. 진(秦)의 왕 부견이 요장을 농동(隴東, 섬서성 농현)태수로 삼았다.

4   여름, 4월에 연의 모용진(慕容塵)이 경릉(竟陵, 호북성 종상현)을 침략하였는데, 태수 나숭(羅崇)이 이를 격파하였다.

5   장천석이 이엄의 대하(大夏, 감숙성 관하현 서북쪽)와 무시(武始, 감숙성 임조현) 두 군(郡)을 공격하여 떨어뜨렸다. 상거(常據)는 이엄의 군사를 규곡(葵谷, 감숙성 영정현)에서 패배시키고, 장천석은 나아가서 좌남에 주둔하였다. 이엄이 두려워하여 물러나서 부한(枹罕, 감숙성 임하현 서남쪽)을 지키면서 그의 조카 이순(李純)을 파견하여 진(秦)에 사죄하고 또 구원해 주기를 청하였다. 진왕(秦王) 부견이 전(前)장군 양안(楊安)과 건위(建威)장군 왕무(王撫)에게 기병 2만 명을 인솔하고 왕맹과 만나서 이엄을 구원하게 하였다.

왕맹이 소강(邵羌)을 파견하여 염기(斂岐)를 쫓게 하고, 왕무는 후화(侯和)를 지키며, 강형(姜衡)은 백석(白石, 감숙성 성현)을 지키고, 왕맹과 양안이 부한을 구원하였다. 장천석이 양흘(楊遹)을 파견하여 부한의 동쪽에서 맞아 싸우니 왕맹이 그들을 대파하고 포로와 목을 벤 것이 7천여 급이고, 장천석과 성 아래에서 대치하였다.

소강이 염기를 백마에서 붙잡아서 이를 호송하였다. 왕맹이 장천석에게 편지를 보내어 말하였다.

"나는 조서를 받들어서 이엄을 구원하며, 양주(涼州)[133]와는 싸우려 하지 않으니, 지금 깊은 성벽과 높은 보루에서 다음에 내릴 조서를 듣고 있습니다. 날짜를 보내는 것이 오래 지속되면 아마도 양쪽[134]이 모두 피폐하게 될 것이니 좋은 계산법은 아닙니다. 만약에 장군께서 물러나신다면 나는 이엄을 잡아서 동쪽으로 갈 것이며, 장군이 백성들을 옮겨서 서쪽으로 돌아가시면 또한 좋지 않겠습니까?"

장천석이 제장들에게 말하였다.

"왕맹의 편지가 이와 같고 나는 본래 반란세력을 정벌하는 것이었지 진(秦)과 싸우러 온 것이 아니다."

드디어 군사를 인솔하고 돌아갔다.

이엄은 오히려 진(秦)의 군사를 받아들이지 아니하는데, 왕맹이 흰옷을 입고 수레를 탔는데 따르는 사람은 수십 명이었으며 이엄에게 만나보자고 청하였다. 이엄이 문을 열고 그를 들어오게 하며 아직 대비를 하지 않고 있는데, 장사들이 계속하여 들어와서 드디어 이엄을 붙잡았다. 입충(立忠)장군[135] 팽월(彭越)을 평서(平西)장군·양주(涼州)자사로 삼고, 부한에서 진수하게 하였다.

장천석이 서쪽으로 돌아가면서 이엄의 장수 하순(賀肫)이 이엄에게

---

133 장천석이 양왕(涼王)이고, 양주의 지배자이므로 여기서 양주라 함은 장천석을 가리키는 말이다.

134 진(秦)과 양(涼)을 말한다.

135 부(苻)씨의 진(秦)에서 처음으로 만든 관직이다.

유세하였다.

"밝으신 공(公)의 귀신같은 무력과 장사들의 날래고 사나움을 가지고 어찌 다른 사람에게 손을 묶입니까? 왕맹의 외로운 군사는 멀리서 와서 사졸들이 피폐하고 또 우리가 구원을 청하였기 때문에 반드시 방비를 하지 않을 것이니, 만약에 그들이 태만한 틈을 타고서 이를 친다면 뜻을 얻을 수 있습니다."

이엄이 말하였다.

"다른 사람에게 구원해 주기를 구하여 어려움을 면하려고 하였다가 어려움을 면하고 나자 이를 친다면 천하의 사람들이 나를 무엇이라고 말하겠소? 굳게 지키면서 그들을 지치게 하여서 저들이 장차 스스로 물러가게 하는 것만 못하오."

왕맹이 이엄에게 바로 나와서 영접하지 않았음을 책망하니 이엄이 하순이 모의한 것을 알려주자, 왕맹이 하순의 목을 베고 이엄을 데리고 돌아갔다. 장안에 이르니 부견이 이엄을 광록훈으로 삼고, 귀안후(歸安侯)의 작위를 내렸다.

연 모용각의 죽음과 진의 위기

6   연의 태원환왕(太原桓王)[136] 모용각(慕容恪)이 연의 주군 모용위(慕容暐)에게 말하였다.

"오왕(吳王) 모용수(慕容垂)가 가진 장상(將相)의 재주는 신보다 열 배나 되고, 먼저 돌아가신 황제께서 장유(長幼)의 순서에 따랐던 연고로 신이 그보다 먼저 될 수가 있었습니다. 신이 죽은 다음에 바라건대 폐하께서 나라를 들어서 오왕에게 의견을 들으십시오."

5월 임진일[137]에 모용각의 병이 위독하여 모용위가 친히 가서 그를 보았고, 이후의 일에 대하여 물었다.

모용각이 말하였다.

"신이 듣건대, 은혜를 보답하는 길은 현명한 사람을 천거하는 것보다 큰 것이 없으니, 현명한 사람은 비록 판축(版築)을 하는데 있더라도 오히려 재상을 삼을 수 있는 것인데,[138] 하물며 아주 가까운 친척의 경

---

136 모용각은 태원왕이지만 죽은 다음에 시호를 환왕이라고 하였다.

137 5월 1일은 임술일이므로 5월에는 임진일이 없다.

138 은나라의 고종은 성을 쌓는 사람 가운데서 부열(傅說)을 찾아내서 재상을

우이겠습니까?

오왕은 문무의 재주를 다 갖추어서 관중이나 소하의 다음 가는 사람이니 폐하께서 만약에 큰 정치를 맡기신다면 국가는 안전할 수 있겠고, 그렇지 않으면 진(秦)과 진(晉)이 반드시 틈을 보고 계책을 만들 것입니다."

말을 끝내고 죽었다.

진왕(秦王) 부견은 모용각이 죽었다는 소식을 듣고, 몰래 연을 도모할 계책을 세우고, 그것이 가능할지를 살펴보려고 하여 흉노의 조곡(曹轂)[139]에게 명령을 내려서 사신을 연에 보내 조공(朝貢)을 바치게 하고, 서융주부(西戎主簿) 곽변(郭辯)을 부사로 삼게 하였다. 연의 사공인 황보진(皇甫眞)의 형 황보전(皇甫腆)과 조카 황보분(皇甫奮)과 황보복(皇甫覆)은 모두 진(秦)에서 벼슬을 하고 있었고, 황보전은 산기(散騎)상시였다.

곽변이 연에 도착하여 공경들을 두루 돌아보고 모용진에게 말하였다.

"저는 본래 진(秦) 사람인데, 집안이 진(秦)에게 죽임을 당했으니, 그런고로 목숨을 조왕(曹王)[140]에게 맡겼는데, 그대의 형님이신 상시와 황보분·황보복 형제분과는 함께 평소에 서로 잘 아는 사이입니다."

황보진이 화가 나서 말하였다.

"신은 경계 지역 밖의 사람과 사귄 일이 없는데, 이러한 말이 어찌 나에게까지 미쳤단 말이오. 그대는 간인(奸人) 같으며, 인연을 가지고 부

시켰다.

139 흉노의 우현왕으로 지난해에 진(秦)나라에 항복하였다.

140 조곡을 말한다.

탁하려는 일이 없는가?"

모용위에게 말하고, 끝까지 그를 다스릴 것을 청하였으나 모용평이 허락하지 않았다.

곽변이 돌아와서 부견에게 말하였다.

"연 조정의 정치를 보면 기강이 없으니 실로 도모해볼 수 있습니다. 기회를 보고 변화를 아는 사람은 오직 황보진뿐입니다."

부견이 말하였다.

"여섯 주(州)[141]의 무리를 가지고서 어찌 지혜로운 선비 한 사람도 갖지 않을 수가 있겠는가?"

조곡(曹轂)이 얼마 후에 죽으니 진(秦)은 그의 부락을 나누어 둘로 만들고, 두 아들에게 이를 통할하게 하고 동조(東曹)와 서조(西曹)라고 하였다.

7   형주자사 환활(桓豁)과 경릉(竟陵, 호북성 종상현)태수 나숭(羅崇)이 완(宛, 하남성 남양시)을 공격하여 뽑아버리자, 조억(趙億)은 달아나고,[142] 조반(趙盤)은 물러나서 노양(魯陽)으로 돌아갔다. 환활이 추격하여 조반을 치성(雉城, 하남성 남소현 동남쪽)에서 공격하여 사로잡고 병사들을 머물러 있게 하여 완(宛)을 지키게 하고 돌아왔다.

8   가을, 7월에 연의 하비왕 모용려(慕容厲) 등이 칙륵(敕勒)을 격파하고 말과 소 수만 마리를 노획하였다.

---

141 이때 연이 갖고 있는 6주는 유주·병주·기주·사주·연주·예주이다.

142 지난해인 해서공 태화 원년(366년)의 일이다.

애초에, 모용려의 군사가 대(代)지역을 지나가다가 그들의 제전(稊
田)[143]을 침범하였는데, 대왕(代王) 탁발십익건(拓跋什翼犍)이 화가 났
다. 연의 평북(平北)장군인 무강공(武強公) 모용니(慕容泥)가 유주(幽
州)지역의 군사를 가지고 운중(雲中, 내몽고 탁극탁시)지역에서 둔수(屯
戍)하였다. 8월에 탁발십익건이 운중을 공격하니 모용니가 성을 버리고
도망하고 진위(振威)장군 모여하신(慕輿賀辛)이 싸우다 죽었다.

9 9월에 회계(會稽, 절강성 소흥시)내사 치음(郗愔)을 도독서연청유
양주지진릉제군사·서연이주자사[144]로 삼아서 경구(京口, 강소성 진강
시)에서 진수하게 하였다.

10 진(秦)의 회남공(淮南公) 부유(苻幼)가 반란을 일으키면서[145] 정
동(征東)대장군·병주목(幷州牧)·진공(晉公) 부류(苻柳)와 정서(征西)
대장군·진주(秦州)자사·조공(趙公) 부쌍(苻雙)이 모두 그와 더불어 연
락하며 모의하였는데, 진왕(秦王) 부견은 부쌍의 친동생으로 아주 가
까운 사이이고, 부류는 부건(苻健)[146]이 아끼는 아들이어서 이를 숨기

---

143 북방에서 나는 1년생 풀이다. 남방에서는 칠(桼)을 제(稊)라고 부르지만 북
   방에서는 날씨가 추워서 오곡이 나지 않고 오직 칠(桼)만이 나므로 이를 제전
   이라고 한다

144 도독서연청유양주지진릉제군사는 서주·연주·청주·유주·양주(揚州)의 진
   릉(晉陵, 강소성 진강시)지역의 모든 군사적인 일을 감독하는 관직명이고, 서연
   이주자사는 서주와 연주 두 주의 자사를 겸직한 것을 말한다.

145 애제 홍녕 3년(365년)의 일이다.

146 연의 첫째 황제이다.

고 묻지 않았다.

부류와 부쌍이 다시 진동(鎭東)장군·낙주(洛州)자사·위공(魏公) 부수(苻廋)와 안서(安西)장군·옹주(雍州)자사·연공(燕公) 부무(苻武)[147]와 더불어 난을 일으키기로 모의하였는데, 진동장군부의 주부(主簿)인 남안(南安) 사람 요조(姚眺)가 간하였다.

"밝으신 공(公)께서 주공(周公)과 소공(邵公)처럼 친한 관계로 한 방면의 책임지는 직책을 받았으니, 국가에 어려움이 있으면 당연히 힘을 다하여 그것을 제거해야 하는데, 하물며 스스로 난을 만든단 말입니까?"

부수는 듣지 않았다. 부견이 이 소식을 듣고 부류 등을 불러서 장안으로 오게 하였다.

겨울, 10월에 부류가 포판(蒲阪, 산성성 영제현)을 점거하고, 부쌍이 상규(上邽, 감숙성 천수시)를 점거하며, 부수가 섬성(陝城, 하남성 섬현)을 점거하였으며, 부무가 안정(安定, 감숙성 경천현)을 점거하고, 모두 군사를 일으켜서 반란하였다.

부견이 사자를 파견하여 그들에게 타일렀다.

"내가 경(卿) 등에게 대우하면서 은혜도 또한 지극하였는데, 어찌하여 고생하며 반란을 일으키는가? 지금 중지하면 불러들이지 않겠으니 경은 의당 군사 활동을 철수하고 각기 그 자리를 정하여 모든 것은 옛날처럼 하시오."

각각 설리(齧梨)[148]하여 신표로 삼았으나 모두 따르지 않았다.

---

147 부생의 동생이다.

147 배(梨)를 깨문다는 말이다. 배는 입으로 쉽게 깨물 수가 있음에 친척이 내부

11 대왕 탁발십익건이 유위진(劉衛辰)[149]을 치는데, 황하의 얼음이 아직 다 얼지 않아서 탁발십익건은 갈대로 거칠고 굵은 끈을 만들어서 흘러가는 것을 막으라고 명령하였다. 잠깐 동안에 얼음이 합쳐지기는 했으나 오히려 아직 단단하게 굳지는 않아서 마침내 그 위에 갈대를 흩어놓으니, 얼음과 풀이 서로 엉켜서 마치 부교(浮橋)와 같은 것이 되어 대(代)의 군사들이 이것을 타고서 건넜다.

유위진이 뜻하지 않게 군사들이 갑자기 닥치니 종족들과 더불어 서쪽으로 도망하고, 탁발십익건은 그 부락에 사는 사람 열에 6~7명을 잡아가지고 돌아왔다. 유위진은 진(秦)으로 도망하고, 진왕(秦王) 부견은 유위진을 삭방(朔方, 하투)으로 돌려보내고, 군사를 파견하여 이를 지켰다.

12 12월 갑자일[150]에 연의 태위 건녕경공(建寧敬公)[151]인 양무(陽鶩)가 죽었다. 사공 황보진(皇甫眞)을 시중·태위로 삼고, 광록대부 이홍(李洪)을 사공으로 삼았다.

적으로 알력이 생긴 것을 비유한 것이다. 친척이 내홍(內訌)을 일으키면 국력이 취약해져서 장차 적에게 이용된다는 의미가 있다. 그러므로 배를 깨물어서 사자에게 주어서 신임의 뜻, 다시 말하면 맹세한다는 이미를 담고 있다. 이것은 중국인들의 습관이다.

149 흉노의 좌현왕이다.

150 12월 1일이 무자일이므로 12월에는 갑자일이 없다. 만약에 甲子가 甲午의 잘못이라면 이날은 12월 7일이다.

151 양무는 건녕공이었는데 죽은 후에 시호를 경공이라고 하였으므로 이를 합쳐서 쓴 것이다. 시법에서 전법을 합쳐서 잘 지키는 것과 밤낮으로 경계하는 경우에 '경'이라는 시호를 준다고 되어 있다.

해서공 태화 3년(戊辰, 368년)[152]

1　봄, 정월에 진왕(秦王) 부견이 후(後)장군 양성세(楊成世)와 좌(左)장군 모숭(毛崇)을 파견하여 상규와 안정을 나누어 토벌하게 하였고, 보국(輔國)장군 왕맹(王猛)과 건절(建節)장군 등강(鄧羌)이 포판을 공격하고, 전(前)장군 양안(楊安)과 광무(廣武)장군 장자(張蚝)가 섬성(陝城)을 공격하였다.

부견은 포판과 섬성에 있는 군사들이 모두 성에서 30리 떨어진 곳에서 벽을 쌓고 싸우지 말고 진주(秦州)와 옹주(雍州)가 다 평정되기를 기다렸다가 그 다음에 힘을 합쳐서 그것을 빼앗으라고 명령하였다.

2　애초에, 연의 태재 모용각이 병이 들었는데, 연의 주군 모용위(慕容暐)가 어리고 약하고[153] 정치가 자기의 수중에 있지 않게 되면 태부 모용평(慕容評)이 시기심이 많아서 대사마의 책임이 적임자에게 맡겨지지 않을 것을 두려워하여 모용위의 형인 낙안왕(樂安王) 모용장(慕容臧)에게 말하였다.

"지금 남쪽으로는 진(晉)을 남겨 두었고, 서쪽으로는 강한 진(秦)이 있는데, 이 두 나라는 항상 나아가서 빼앗을 뜻을 축적하고 있으니, 우리에게 틈새가 없도록 돌아보아야 할 뿐이오.

무릇 국가의 흥망(興亡)과 쇠퇴(衰退)는 보필하는 재상에게 달려 있

---

152 전량 도공 태청 6년, 대왕(탁발십익건) 건국 31년, 전연 유제 건희 9년, 전진 선소제 건원 4년이다.

153 이때 19세였다.

소. 대사마는 6군(軍)을 전체적으로 통제하는 것이므로 그에 적당하지 않은 사람에게 맡길 수는 없으니, 내가 죽은 다음에 친소(親疎)를 가지고 말한다면 마땅히 그대와 모용충(慕容沖)이오. 그대들은 비록 재주와 식견이 밝고 민첩하다 하여도 그러나 나이가 어리니 많은 어려움을 아직은 감당하지 못할 것이오.

오왕(吳王)은 천부적 자질이 뛰어났고, 지략도 세상 사람들을 뛰어넘으니 그대들이 만약에 대사마를 미루어서 그에게 줄 수만 있다면 반드시 사해(四海)를 하나로 만들 수 있을 것인데, 하물며 외구(外寇)야 꺼린다고 하기에도 부족할 것이고, 신중하여 이익을 무릅쓰고 해가 됨을 잊고서 국가를 마음속에 두지 않는 일이 없어야 하오."

또 태부 모용평에게도 말하였다.

모용각이 죽자 모용평은 그 말을 채용하지 않았다. 2월에 거기장군인 중산왕(中山王) 모용충을 대사마로 삼았다. 모용충은 모용위의 동생이다. 형주자사인 오왕 모용수(慕容垂)를 시중·거기장군·의동삼사로 삼았다.

3   진(秦)의 위공(魏公) 부수(苻廋)가 섬성(陝城, 하남성 섬현)을 가지고 연에 항복하며 군사를 청하여 맞이하여줄 것을 요청하였더니 진인(秦人)들이 크게 두려워하고 군사를 많이 가지고 화음(華陰, 섬서성 화음현)을 지켰다.

연의 위윤(魏尹)인 범양왕(范陽王) 모용덕(慕容德)이 상소문을 올렸다.

"먼저 돌아가신 황제께서 하늘의 뜻에 호응하고 천명(天命)을 받아서 뜻을 세워서 6합(合)[154]을 평정하려 하였고, 폐하께서는 대통을 이으셨으니 마땅히 이 뜻을 계승하여 완성해야 할 것입니다.

지금 부(苻)씨는 골육 간에 어그러지고 흩어져서 나라가 나뉘어 다섯 개[155]가 되었고, 정성을 던져서 구원해 주기를 청하니, 앞뒤로 찾아들게 되면 이는 하늘이 진(秦)을 우리 연에게 내려준 것입니다. 하늘이 주는데도 갖지 않으면 도리어 재앙을 받는 것이니, 오(吳)와 월(越)의 일[156]로 충분히 볼 수 있습니다.

의당 황보진에게 명령을 내려서 병주(幷州)와 기주(冀州)의 무리를 지름길로 포판에 가게 하고, 오왕 모용수(慕容垂)는 허창과 낙양의 군사를 이끌고 달려가서 부수(苻廋)의 포위를 풀어주고, 태부는 경사(京師)의 호려(虎旅)[157]를 모아 두 개의 부대로 만들어서 뒤를 잇게 하며, 격문을 삼보(三輔)지역에 전하여 화가 되는 일과 복이 되는 일을 보여주며 명확하게 상금을 내걸어놓으면 저들은 반드시 바람을 바라보고서도 호응할 것이며 혼일(渾壹)[158]되는 시기도 여기에 있습니다."

그때 연인(燕人)들 대부분이 섬(陝)[159]을 구원하고 이어서 관중(關中, 섬서성 중부)을 도모하자고 청하는 사람이 많으니, 태부 모용평이 말

---

154 위윤(魏尹)은 업(鄴)의 행정책임자를 말하며 먼저 돌아가신 황제란 모용준이다. 6합(合)은 동서남북과 상하를 합하여 여섯이므로 결국은 천하를 말한다.

155 장안의 부견, 포판의 부류, 상규의 부쌍, 섬성의 부수, 안정의 부무이다.

156 기원전 496년에 오왕 부차가 월왕 구천을 패배시켰다. 그러나 그는 대신인 오원이 월나라를 없애서 후환을 끊자는 건의를 받아들이지 않고 화의하였다. 기원전 473년에 월나라가 국력이 강성해지자 반대로 오나라를 멸망시켰다.

157 금위군을 말한다.

158 천하통일을 말한다.

159 진(秦)의 부수가 자기 나라에 반란을 일으키고 갇혀 있는 곳이다.

하였다.

"진(秦)은 큰 나라인데, 지금 비록 어려움이 있다고 하여도 아직은 쉽게 도모해볼 수 없다. 조정이 비록 밝다고 하여도 아직은 먼저 돌아가신 황제 같지는 아니하고, 우리들의 지략은 또한 태재(太宰)[160]에 비할 것이 못된다. 다만 관문을 닫아걸고 경계를 보존하면 충분하고, 진(秦)을 평정하는 것은 나의 일이 아니다."

위공(魏公) 부수(苻廋)가 오왕 모용수(慕容垂)와 황보진에게 쪽지 편지를 보내어 말하였다.

"부견과 왕맹은 모두 걸출한 사람인데, 모의하여 연에게 걱정거리가 된 지 오래 되었고, 지금 기회를 타고서 이를 빼앗지 않으면 아마도 다른 날에는 연의 군신(君臣)들이 장차 용동(甬東)의 후회[161]가 있을까 걱정입니다."

모용수(慕容垂)가 황보진에게 말하였다.

"바야흐로 지금 다른 사람을 위한 걱정거리는 진(秦)에 있는데, 주상의 춘추가 어리시고 태부의 아는 정도를 보면 어찌 부견과 왕맹을 대적할 수 있겠습니까?"

황보진이 말하였다.

"그러나 우리가 비록 그것을 알아서 말한다고 하여도 채용하지 않으니 어찌합니까?"

---

160 죽은 모용각을 말한다.

161 기원전 473년에 월왕 구천이 오나라를 멸망시킨 다음에 오왕 부차를 용동으로 방축하려고 하자, 부차가 탄식하며 자살하였다.

4 3월 초하루 정사일에 일식이 있었다.

5 계해일(7일)에 크게 사면하였다.

6 진(秦)의 양성세(楊成世)가 조공(趙公) 부쌍의 장수인 구흥(苟興)에게 패배하였고, 모숭(毛嵩)도 역시 연공(燕公) 부무에게 패하여서 도망하여 돌아왔다. 진왕(秦王) 부견이 다시 무위(武衛)장군 왕감(王鑒)과 영삭(寧朔)장군 여광(呂光)과 장군인 풍익(馮翊) 사람 적녹(翟僖) 등을 파견하여 무리 3만 명을 인솔하여 이들을 토벌하게 하였다.

여름, 4월에 부쌍과 부무가 이긴 기세를 타고 유미(楡眉, 섬서성 대협현)에 이르렀는데, 구흥을 선봉으로 삼았다. 왕감이 빨리 싸우려고 하니 여광이 말하였다.

"구흥은 새롭게 뜻을 얻어서 기세가 바야흐로 날카로우니 의당 진중한 태도를 가지고 그를 기다려야 합니다. 저들은 식량이 다하면 반드시 물러갈 것이고 물러날 때 그들을 치면 해결 못할 것이 없습니다."

20일 만에 구흥이 물러났다.

여광이 말하였다.

"구흥을 칠 수 있습니다."

드디어 그들을 추격하니 구흥이 패배하고, 그를 이용하여 부상과 부무를 쳐서 대파하고 참수한 것과 붙잡은 것이 1만5천 급(級)이 되니, 부무는 안정을 버리고 부상과 더불어 모두 상규로 달아나고, 왕감 등이 나아가서 이들을 공격하였다.

진공(晉公) 부류(苻柳)가 자주 나와서 도전하였으나, 왕맹이 응하지 않았다. 부류는 왕맹이 그를 두려워하는 것으로 생각하고, 5월에 그의 세자 부량(苻良)을 남겨두어 포판을 지키게 하고, 무리 2만 명을 인솔하고 서쪽으로 가서 장안으로 달려갔다.

포판에서 100여 리 떨어진 곳에서 등강(鄧羌)이 정예의 기병 7천 명을 인솔하고 밤에 습격하여 그들을 패배시켰다. 부류가 군사를 인솔하여 돌아오는데, 왕맹이 이들을 받아쳐서 그의 무리를 거의 다 포로로 잡았다. 부류가 수백 명의 기병과 함께 성으로 들어가니 왕맹과 등강이 나아가서 그를 공격하였다.

가을, 7월에 왕감 등이 상규를 함락시키고 부쌍과 부무의 목을 베었으며 그의 처자는 용서해 주었다. 좌위(左衛)장군 부아(苻雅)를 진주(秦州)자사로 삼았다. 8월에 장락공(長樂公) 부비(苻丕)를 옹주(雍州)자사로 삼았다.

9월에 왕맹 등이 포판을 뽑아버리고 진공 부류와 그의 처자의 목을 베었다. 왕맹이 포판에 주둔하고서 등광과 왕감 등을 파견하여 함께 섬성을 공격하게 하였다.

7   연의 왕공(王公)과 귀한 친척들은 대부분 백성들을 점유하여 음호(蔭戶)[162]로 삼으니 나라의 호구 수는 개인 집보다 적었고 창고는 텅 비어서 쓸 것이 부족하였다.

상서좌복야인 광신공(廣信公) 열관(悅綰)이 말하였다.

"지금 세 방면[163]에서 솥발처럼 대치하고 있으면서 각기 탄병(吞倂)

---

162 개인이 소유하여 국가의 호적에 편입시키지 않은 호구를 말하는데, 이들은 국가에 세금과 부역을 바치지 않고 개인에게 바쳤다.

163 이때 중국에는 진(晉)·진(秦)·연(燕)·양(涼) 등 네 나라가 병존하여 있었지만 열관은 양(涼)이 경쟁의 대상에 든다고 생각하지 않은 것 같다.

할 마음을 갖고 있습니다. 국가의 정치와 법률이 세워지지 않고 호족과 귀족들이 방자하게 전횡하여 민호(民戶)가 다 없어지기에 이르렀으니, 운수해서 들여올 것이 없게 되고, 관리에게는 늘 주어야 하는 봉록이 끊기고, 전투할 병사들에게도 보급품이 끊기며, 관리들은 곡식과 옷감을 빌어서 스스로 부담을 하고 있습니다. 이미 이웃하고 있는 적에게 들리지 않게 하는 것이 또한 정치를 잘 하기 위한 것이 아니니 의당 모든 여러 음호를 잘라서 철회시켜서 모두 군이나 현으로 돌려주어야 합니다."

연의 주군 모용위가 이를 좇았고 열관에게 그 일을 처리하게 하니 간사하게 감춘 것을 꼬집어 들추어내고, 감히 가리고 숨기는 일이 없어서 찾아낸 호구가 20만이 되자 온 조정 사람들이 원망하고 화를 냈다. 열관은 이미 병이 있었는데, 스스로 힘껏 호적(戶籍)을 대조하여보게 되니 병이 마침내 빨라졌다. 겨울, 11월에 죽었다.

8   12월 진(秦)의 왕맹(王猛) 등이 섬성을 뽑아버리고 위공(魏公) 부수(苻廋)를 잡아서 장안으로 호송하였다. 진왕(秦王) 부견이 그가 반란을 일으킨 까닭을 물으니 대답하였다.

"신은 본래 반란할 마음이 없었고, 다만 동생과 형들이 여러 번 계속 반역하여 난을 일으킬 모의를 하여 신은 함께 죽을 것이 두려웠고, 그러므로 반란을 꾀하게 된 것 뿐입니다."

부견이 눈물을 흘리며 말하였다.

"너는 평소 어른스러운 사람이었으니 진실로 너의 마음이 아니었음을 알고 또한 고조(高祖)[164]에게도 후사가 없을 수 없는 것이다."

---

164 진(秦)의 1대 제왕인 부건(苻健)을 말한다.

마침내 부수에게 죽음을 내리고 그의 일곱 아들을 용서하고 장자로 위공(魏公)이란 작위를 이어받게 하였고, 나머지 아들에게도 모두 현공(縣公)으로 책봉하여 월려왕(越厲王)[165]과 여러 동생 가운데 후사가 없는 사람들을 잇게 하였다.

구(苟)태후가 말하였다.

"부수와 부쌍이 모두 반란을 일으켰는데, 부쌍에게만 후사를 둘 수 없게 하였으니, 어찌된 것이오?"

부견이 말하였다.

"천하라는 것은 고조의 천하이니 고조의 아들은 후사가 없을 수 없습니다. 중군(仲羣)[166]의 경우에 있어서는 태후를 고려하지 아니하고 종묘를 위태하게 할 모의를 하였으니, 천하의 법은 사사로울 수 없습니다."

범양공(范陽公) 부억(苻抑)을 정동(征東)대장군·병주(幷州)자사로 삼고 포판(蒲阪)에서 진수하게 하고, 등강(鄧羌)을 건무(建武)장군·낙주(洛州)자사로 삼아 섬성(陝城)에서 진수하게 하였다. 요조(姚眺)를 발탁하여 급군(汲郡)태수로 삼았다.

9   대사마 환온(桓溫)에게 특수한 예우를 하도록 덧붙여주어서 그의 자리는 여러 열후(列侯)와 왕(王)의 위에 있게 하였다.

---

165 월려왕은 천왕에서 쫓겨나서 월왕이 되었다가 죽은 부생을 말하며, 죽은 후의 시호가 여왕(厲王)이어서 이를 함께 쓴 것이다.

166 부쌍의 자이다.

10   이 해에 구지공(仇池公) 양세(楊世)를 진주(秦州)자사로 삼고, 양
세의 동생 양통(楊統)을 무도(武都)태수로 삼았다. 양세는 또 진(秦)에
도 칭신(稱臣)[167]을 하니, 진(秦)은 양세를 남진주(南秦州)자사로 삼았
다.＊

---

167 자기 스스로 상대방에게 신하가 되겠다고 하는 것을 말한다.

진기24

전연의 멸망

해서공 태화 4년(己巳, 369년)¹

1   봄, 3월에 대사마 환온(桓溫)이 서연이주(徐·兗二州)자사 치음(郗
愔)과 강주(江州)자사 환충(桓沖) 그리고 예주(豫州)자사 원진(袁眞)
등과 더불어 연을 정벌하게 해달라고 청하였다.

애초에, 치음이 북부(北府)²에 있을 때 환온이 항상 말하였다.

"경구(京口, 절강성 진강시)의 술은 마실 수 있지만 군사는 쓸 수 없
다."

깊이 환음이 그곳에 살기를 원하지 않았는데, 치음이 일의 기미(機
微)를 파악하는데 어두워서 마침내 환온에게 쪽지 편지를 보내 함께
왕실을 돕고자 하며 자기가 감독하는 부대를 황하지역으로 내보내게

---

1   전량 도왕 태청 7년, 대왕(탁발십익건) 건국 32년, 전연 유제 건희 10년, 전진
    선소제 건원 5년이다.

2   동진의 도읍지는 건강(建康)이고 경구(京口)는 북부(北府)이고, 역양(歷陽)은
    서부(西府)이며, 고숙(姑孰)은 남부(南府)인데, 북부의 군사는 동진의 군사 가
    운데 가장 정예의 부대이다.

해달라고 청하였다.

환음의 아들 환초(桓超)가 환온의 참군(參軍)이었는데, 이 편지를 얻어서 보고는 마디마디 찢어버리고, 마침내 다시 환음의 쪽지 편지를 만들어 스스로 장수의 재질이 없어서 군대를 감당할 수 없고, 늙고 병들었으니 한가한 자리에서 스스로 몸이나 추스르기를 빌고, 환온에게 자기가 통솔하는 부대를 관장하도록 권고하였다.

환온이 쪽지 편지를 받아 보고 크게 기뻐하여 바로 환음을 관군(冠軍)장군·회계(會稽, 절강성 소흥시)내사로 옮겼다. 환온이 스스로 서연이주(徐·兗二州)자사의 업무를 관장하였다. 여름, 4월 경술일(1일)에 환온이 보병과 기병 5만 명을 인솔하고 고숙(姑孰, 안휘성 당도현)을 출발하였다.

2 갑자일(15일)에 연의 주군 모용위(慕容暐)[3]가 황후로 가족혼씨(可足渾氏)를 세웠는데, 태후의 사촌동생이자 상서령인 예장공(豫章公) 가족혼익(可足渾翼)의 딸이었다.

3 대사마 환온(桓溫)이 연주에서부터 연을 정벌하였다. 치초(郗超)가 말하였다.

"길은 멀고 변수(汴水)[4] 또한 얕아서 아마도 조운(漕運)하는 일이 원활하게 연결되기가 어려울까 걱정입니다."

---

3 이 해에 19세였다.

4 하천의 이름으로, 변량이라고도 한다. 형양현의 동북쪽에서 황하와 만나는 데 위진시대의 중요한 조운수로이다.

환온이 좇지 않았다.

6월 신축일[5]에 환온이 금향(金鄕, 산동성 가상현 남쪽)에 도착하였는데, 가뭄이 들어서 물길이 끊기자 환온이 관군(冠軍)장군 모호생(毛虎生)에게 거야(鉅野, 산동성 거야현)의 300리 길을 뚫어서 문수(汶水)의 물을 끌어들여 청수(淸水)[6]와 만나도록 하였다. 모호생은 모보(毛寶)의 아들이다.

환온이 수군을 인솔하고 청수에서부터 황하로 들어가는데, 배가 수백 리 이어져 있었다. 치초가 말하였다.

"청수에서 황하로 들어가면 관통하여 운행하는 것이 어려우니 만약에 도적들이 싸우지 않고 운반하는 길도 또 끊어지면 적(敵)의 것을 밑천으로 삼아야 하지만 다시 얻기 어렵게 될 것이니 이는 위험한 길입니다. 모든 현재하는 무리를 다 동원하여 곧바로 업성(鄴城)으로 달려가서 저들이 공(公)의 위엄 있는 명성을 듣되 반드시 풍문만 듣고서도 도망하고 붕괴될 것이고, 북쪽 요(遼)와 갈(碣)[7]로 도망하게 하는 것만 못합니다.

만약 나와서 싸우게 할 수가 있다면 일은 바로 결정 날 것입니다. 만약 업(鄴)에 성을 쌓고 이곳을 지키면 마땅히 이 시기는 한 여름이어서 공력(功力)을 세우기는 어려워도 백성들이 들에 퍼져있으므로 모두 우리 정부를 위하여 존재하게 될 것이니, 역수(易水) 이남에서는 반드시

어깨를 들이밀고 명령을 내려달라고 청할 것입니다.

다만 밝으신 공(公)께서 이러한 계책이 경솔한 것이어서 승패를 반드시 예측하기 어렵다고 여길까 걱정인데, 신중한 태도를 지키시려고 하신다면 군사를 황하와 제수(濟水)에 머물게 하고 조운(漕運)을 통제하면서 물자가 충분히 저축될 때까지 기다렸다가 오는 여름에 마침내 군사를 내보내는데, 비록 늦은 것 같지만 그러나 성공을 기대할 수 있을 뿐입니다.

이 두 가지 계책을 버리고 계속하여 군사를 북상시키시면 나아간다 하여도 속도가 빠르지 않게 되고, 물러난다 하여도 반드시 어렵게 될 것입니다. 도적들이 이러한 형세를 이용하여 시간을 늘어뜨리면 점차 가을과 겨울이 닥치고 물길은 더욱 어렵고 지체될 것입니다. 또 북쪽은 일찍 추어져서 3군(軍) 가운데 가죽옷을 입은 사람이 적어서 그때에는 걱정거리가 먹을 것이 없는 것뿐만이 아닐까 두렵습니다.”

환온이 또 좇지 않았다.

환온이 건위(建威)장군 단현(檀玄)을 파견하여 호륙(湖陸, 산동성 어태현 동남쪽)을 공격하여 이를 뽑아버리고 연의 녕동(寧東)장군 모용충(慕容忠)을 잡았다. 연의 주군 모용위가 하비왕(下邳王) 모용려(慕容厲)를 정토(征討)대도독으로 삼아 보병과 기병 2만 명을 인솔하고 황허(黃墟, 하남성 개봉시 동쪽)에서 맞아 싸우게 하였는데, 모용려의 군대가 대패하여 혼자서 말을 타고 도망하여왔다.

고평(高平, 산동성 거야현)태수 서번(徐翻)이 군을 들어가지고 항복하여왔다. 선봉에 섰던 등하(鄧遐)와 주서(朱序)가 연의 장수 부안(傅顔)을 임저(林渚, 하남성 신정현 동남쪽)에서 패배시켰다. 모용위가 다시 낙안왕(樂安王) 모용장(慕容臧)을 파견하여서 모든 군사를 통합하여 환

온을 막게 하였는데, 모용장이 대항할 수 없게 되자 마침내 산기(散騎)
상시 이봉(李鳳)을 파견하여 진(秦)에게 구원해줄 것을 요청하였다.

가을, 7월에 환온이 무양(武陽, 산동성 신현의 서남쪽)에 주둔하니 연
의 옛 연주(兗州)자사였던 손원(孫元)이 그의 친족무리들을 인솔하고
군사를 일으켜서 환온에게 호응하였고, 환온이 방두(枋頭, 하남성 준현
동남쪽 기문 나루)에 도착하였다. 모용위와 태부 모용평(慕容評)이 크게
두려워하여 화룡(和龍)으로 달아날 모의를 하였다.

오왕(吳王) 모용수(慕容垂)가 말하였다.

"신이 청컨대 이들을 치게 하여주시고, 만약에 그리하고서도 이기지
못하면 달아나도 늦지 않습니다."

모용위가 마침내 모용수를 낙안왕 모용장 대신에 사지절(使持節)·
남토(南討)대도독으로 삼아 정남(征南)장군인 범양왕(范陽王) 모용덕
(慕容德) 등의 무리 5만 명을 거느리고서 환온을 막았다.

모용수가 표문을 올려서 사도부 좌장사 신윤(申胤), 황문시랑 봉부
(封孚), 상서랑 실라등(悉羅騰)이 모두 종군하도록 하였다. 신윤은 신종
(申鍾)의 아들이고, 봉부는 봉방(封放)[8]의 아들이다.

모용위는 또한 산기시랑 악숭(樂嵩)을 파견하여 진(秦)에 구원해달
라고 청하였고, 호뢰관(虎牢關, 하남성 형양현 서북쪽 사주진) 서쪽 땅을
뇌물로 줄 것을 허락하였다. 진왕(秦王) 부견이 여러 신하들을 불러서
동당(東堂)에서 논의하게 하였더니 모두가 말하였다.

"옛날에 환온이 우리를 치면서 파상(灞上, 장안의 동쪽)에까지 이르렀

---

8 신종에 관하여서는 성제 함화 9년(334년), 봉방에 관하여선 목제 영화 7년
   (351년)을 참고하는데 그 내용은 각기 《자치통감》 권95와 권99에 실려 있다.

지만 연에서는 우리를 구원하지 않았습니다.[9] 지금 환온이 연을 정벌하는데, 우리가 왜 구원해 주어야 합니까? 또한 연은 우리에게 칭번(稱藩)[10]을 하지 않고 있는데 우리가 왜 그들을 구원해야 합니까?"

왕맹(王猛)이 비밀리에 부견에게 말하였다.

"연은 비록 강하고 크지만 모용평은 환온의 적수가 되지 못합니다. 만약에 환온이 효산(崤山)의 동쪽을 다 들어내고 나아가서 낙읍(洛邑)에 주둔하고서 유주(幽州)와 기주(冀州)의 군사를 다 거둬들이고 병주(幷州)와 예주(豫州)의 곡식을 끌어들이고서 효산(崤山)과 면지(澠池, 하남성 면지현)에서 군사를 넘본다면 폐하의 큰 사업은 떠나버립니다. 지금 연과 더불어 군사를 합쳐서 환온을 물리치는 것만 못한데, 환온이 물러가면 연 역시 병들었으니 그런 다음에 우리는 그들의 지친 틈을 이어받아서 빼앗는다면 역시 훌륭하지 않겠습니까?"

부견이 이 말을 좇았다.

8월에 장군 구지(苟池)와 낙주(洛州)자사 등광(鄧光)을 파견하여 보병과 기병 2만 명을 인솔하고 연을 구원하게 하였는데, 낙양에서 나아가서 영천(潁川, 하남성 우현)에 진을 치고 또 산기시랑 강무(姜撫)를 파견하여 연에 사신을 보내어 회보하였다. 왕맹을 상서령으로 삼았다.

태자태부 봉부(封孚)가 신윤(申胤)에게 물었다.

"환온의 무리는 강하고 병사들은 정돈되어 있으니, 물의 흐름을 타고 곧장 나아가면, 지금 대군(大軍)이 헛되이 높은 언덕에서 배회하고

---

9   이 사건은 목제 영화 10년(354년)에 있었고, 그 내용은 《자치통감》 권99에 실려 있다.

10 스스로 번국 즉, 울타리가 되는 국가라고 하는 것을 말한다.

있으며, 병사들이 접전을 하지 않아서 이겨 없앨 이치를 발견해내지 못하니 일이 장차 어찌 될 것입니까?"

신윤이 말하였다.

"환온은 지금의 명성과 형세가 마치 할 수 있을 것 같지만 그러나 내가 이들을 살펴보면 반드시 성공하지 못할 것입니다. 왜 그러냐 하면 진(晉) 왕실은 쇠약해 있고, 환온이 오로지 그 나라를 통제하고 있어서 진(晉)의 조신(朝臣)들이 아직은 반드시 모두 그와 더불어 같은 마음은 아닙니다. 그러므로 환온이 뜻을 얻는다는 것은 무리들이 원하는 것이 아니며, 반드시 장차 어그러지고 막혀서 그 일을 실패하게 할 것입니다. 또 환온은 교만하며 많다는 것을 믿고 변화에 대응하는 것을 겁먹고 있습니다.

큰 무리들이 깊이 들어오면 좋은 기회를 탈 수 있게 되는데 도리어 중류지역에서 소요하면서 이익이 있는 곳으로 나아가려고 하지 않고 오랫동안 유지하기를 바라고, 앉아서 모든 승리를 얻고자 하고 있으니, 만약에 양식과 보급이 중간에 걸려있게 되면 정세는 꿀리게 되어 반드시 싸우지 않고도 스스로 패배할 것이니 이는 자연의 이치입니다."

환온이 연의 항복한 사람인 단사(段思)를 향도(嚮導)로 삼았는데, 실라등이 환온과 더불어 싸워서 단사를 산 채로 잡았고, 환온이 옛날 조(趙)의 장수였던 이술(李述)에게 조(趙)와 위(魏)지역[11]을 경략하게 하고 실라등은 또 호분(虎賁)중랑장 염간진(染干津)과 더불어 그를 쳐서 목을 베니, 환온의 군사들이 기세를 빼앗겼다.

애초에, 환온이 예주(豫州)자사 원진(袁眞)에게 초(譙)와 양(梁)을

---

11 옛날에 조가 있던 하북성과 옛날에 위가 있었던 하남성 중북부를 말한다.

공격하고 석문(石門)을 열어서 수운(水運)이 통하게 하라고 하였지만, 원진이 초와 양을 이겼어도 석문을 열 수 없었고, 수운의 길이 막혔다.

9월에 연의 범양왕(范陽王) 모용덕(慕容德)이 기병 1만 명을 인솔하고 난대(蘭臺)시어사 유당(劉當)이 기병 5천 명을 인솔하고 석문(石門)에 주둔하고, 예주(豫州)자사 이규(李邽)가 주(州)의 병사 5천 명을 인솔하고 환온의 양곡 운반로를 끊었다. 유당은 유패(劉佩)[12]의 아들이다.

모용덕이 장군 모용주(慕容宙)에게 기병 1천 명을 거느리고 선봉에 서게 하였는데, 진(晉)나라의 병사와 만나자 모용주가 말하였다.

"진인(晉人)들은 가볍고 급해서 적을 함정에 넣는 데는 겁을 먹고 있으며 물러난 것을 타는 데는 용감하니, 의당 미끼를 만들어서 그들을 낚아야 할 것이다."

마침내 200기병에게 도전을 하게 하고, 나머지 기병들을 나누어 세 곳에 매복을 시켰다. 도전하는 사람들이 접전을 하지도 않았는데 달아나자, 진(晉)의 병사들이 그들을 쫓았고, 모용주가 매복했던 사람들을 인솔하고 이들을 치니 진(晉)의 병사들 가운데 죽은 사람이 아주 많았다.

환온이 싸웠으나 자주 불리하게 되고, 양식을 저축한 것도 다시 떨어지게 되고 또한 진(秦)의 병사가 장차 도착할 것이라는 소식을 듣고, 병신일(19일)에 배를 불사르고, 치중(輜重)과 갑옷과 무기를 버리고 육로로 도망하여 돌아왔다. 모호생(毛虎生)을 독동연등사군제군사로 삼고, 동연태수의 업무를 관장[13]하게 하였다.

---

12 모용외시절의 연 장수였다.

환온이 동연에서부터 창원(倉垣, 하남성 개봉시의 서북쪽)으로 나와 우물을 파서 물을 마시면서 700여 리를 갔다.[14] 연의 제장들이 다투어 그들을 뒤쫓으려고 하니, 오왕 모용수(慕容垂)가 말하였다.

"옳지 않다. 환온이 처음 물러났으니 황당하고 두려워서 반드시 엄하게 경비하며 대비할 것이고, 정예의 병사를 뽑아서 후미(後尾)를 위하여 막을 것이니, 이들을 쳐도 반드시 뜻을 얻지 못하고 그들을 느슨하게 해두느니만 못하다. 저들은 우리가 아직 도착하지 않은 것을 다행으로 생각하고 반드시 밤낮으로 빨리 달려갈 것이니, 그 병사들의 힘이 다하고 기운이 쇠잔하기를 기다렸다가 그렇게 된 다음에 그들을 치면 이기지 못할 것이 없다."

마침내 8천 기병을 인솔하고 그들의 뒤를 천천히 밟았다.

환온은 밤낮으로 길을 달려갔다. 며칠이 지나서 모용수가 제장들에게 말하였다.

"환온을 칠 수 있다."

마침내 급하게 그들을 뒤쫓으니, 환온을 양읍(襄邑, 하남성 수현)에서 따라잡았다. 범양왕 모용덕이 먼저 센 기병 4천 명을 양읍의 동쪽에 있는 시내에 매복시켜놓고 모용수와 더불어 환온을 협격(挾擊)하여 그들을 대파하니 참수한 것이 3만여 급(級)이었다. 진(秦)의 구지(苟池)가 초(譙, 안휘성 박현)에서 환온을 맞아 쳐서 또 그들을 격파하니 죽은 사람이 다시 1만 명을 헤아렸다.

---

13 독동연등사군제군사는 동연(東燕, 하남성 연진현 동북쪽) 등 네 군의 모든 군사적인 일을 감독하는 관직명이고, 동연태수의 업무를 관장하는 이 직책은 영직이다.

14 연에서 상유(上游)지역에 독을 풀었을 것이다.

손원(孫元)이 드디어 무양(武陽, 산동성 신현 서남쪽에 잇는 조성)을 점거하고 연을 막으니 연의 좌위(左衛)장군 맹고(孟高)가 그를 토벌하여 사로잡았다.

겨울, 10월 기사일(22일)에 대사마 환온이 흩어진 병졸을 모아서 산양(山陽, 강소성 회안현)에 주둔하였다. 환온은 다치고 실패한 것을 깊이 부끄럽게 생각하였지만 마침내 그 죄를 원진(袁眞)에게 돌리고[15] 원진을 면직시켜 서인으로 삼으라고 상주문을 올리고 또한 관군(冠軍)장군 등하(鄧遐)의 관직을 면직시켰다.

원진은 환온이 자기를 무고한 것에 불복하여 환온의 죄상을 표문으로 올렸으나, 조정에서는 회보하지 아니하였다. 원진이 드디어 수춘(壽春, 안휘성 수현)을 점거하고 반란하여 연에 항복하면서 또 구원해 주기를 청하고, 또한 사자를 파견하여 진(秦)에도 보냈다. 환온은 모호생으로 회남(淮南)태수의 업무를 관장[16]하게 하여, 역양(歷陽, 안휘성 화현)을 지키게 하였다.

---

15 원진이 석문을 뚫지 못하고 군량의 운송을 원활하게 못한 책임이다.

16 영직(領職)이며 관직명은 영회남태수이다.

4   연과 진(秦)이 이미 우호관계를 맺어서 사자들이 자주 왕래하였다. 연의 산기시랑 학귀(郝珝)와 급사황문시랑 양침(梁琛)이 서로 뒤를 이으며 진(秦)에 갔다. 학귀와 왕맹(王猛)은 옛날부터 아는 사이여서 왕맹이 평배(平輩)로 접대하면서 동방(東方)[17]의 일에 관하여 물었다. 학귀는 연의 정치가 잘 갖추어져 있지 않았으나 진(秦)이 잘 다스려지고 있는 것을 보고, 속으로 스스로 왕맹에게 의탁하고자 하여 자못 그 알맹이를 누설하였다.

양침이 장안에 도착하니 진왕(秦王) 부견(符堅)이 바야흐로 만년(萬年, 섬서성 임동현)에서 수렵을 하고 있었는데, 양침을 불러보고자 하니 양침이 말하였다.

"진(秦)의 사신이 연에 도착하면 연의 군신들은 조복을 입고 예를 갖추고 궁정을 소제하고 그런 다음에 감히 접견을 합니다. 지금 진왕(秦王)께서는 들에서 보려고 하시니 사신은 감히 명령을 듣지 못하겠습니다."

---

17 연을 말한다. 연이 진(秦)나라의 동쪽에 있기 때문에 이렇게 부른 것이다.

상서랑 신경(辛勁)이 양침에게 말하였다.

"빈객이 경계 안으로 들어오면 오로지 주인이 그를 적당하게 대접하는 것인데, 그대는 어찌하여 그에 대한 예절을 오로지 만들려고 하시오? 또한 천자를 가리켜서 승여(乘輿)라고 하고, 가 있는 곳을 행재소(行在所)라고 하니, 어찌 늘 거주하는 곳이 있다는 말이오? 또한《춘추》에 역시 우례(遇禮)[18]라는 것이 있는데 어찌 할 수 없다고 하시오?"

양침이 말하였다.

"진(晉) 왕실은 기강이 없고, 영조(靈祚)[19]는 덕 있는 사람에게 돌아가는데, 우리 두 나라는 행운을 이어받아서 모두 밝은 명령을 받았습니다. 그러나 환온이 미친 듯이 우리 왕의 경략을 넘보니 연은 위태로워지고 진(秦)은 외로워져서 형세로 보아 독립하지 못하였으니 이리하여서 진(秦)의 주군께서 그때의 걱정거리를 같이 아끼시어 우호관계를 맺어 도와야 했습니다.

동조(東朝)의 군신[20]들이 목을 내밀고 서쪽을 바라보며 그가 강하지 아니하여 이웃의 걱정거리를 만들었다고 부끄럽게 생각하여 서쪽의 사자가 고생을 하면서 오면 공경함을 더하여 대우합니다. 지금 강한 도적은 이미 물러갔고, 교빙(交聘)은 바야흐로 개시되었으니, 의당 예의를 높이고 돈독하게 하여서 두 나라의 기쁨을 굳게 해야 할 것인데, 만약 사신을 홀대하고 거만하게 하면 이는 연을 낮추어 보는 것이니

---

18 춘추 은공 4년에 노(魯)나라의 은공(隱公)과 송공(宋公)이 청(淸)에서 만났다는 기록이 있다. 우례(遇禮)란 이렇게 미리 약속하지 않고서 만났을 경우, 즉 마치 도로에서 길을 가다가 우연히 만난 것처럼 예절을 생략하는 경우이다.

19 신령이 내려주는 복을 말한다.

20 연 조정을 말한다. 연은 진(秦)의 동쪽에 있기 때문이다.

어찌 우호관계를 닦겠다는 뜻이겠습니까?

무릇 천자는 사해를 집으로 삼고 있으므로 가는 것을 승여(乘輿)라고 하고, 머무는 것을 행재(行在)라고 합니다. 지금은 사해가 분열되어 있어 하늘의 빛이 나누어 빛나니 어찌 승여와 행재라는 말을 쓸 수 있겠습니까?[21] 예법에는 기약하지 않고 만나는 것을 우(遇)라고 하였는데, 대개 사건에 따라서 임시로 시행하는 것이어서 그 예가 간략한데, 어찌 평소에 받아들이며 더불어 하는 것이겠습니까? 저 객사(客使)[22]가 혼자 왔으므로 진실로 형세로 보아 주인에게 꺾이겠지만 그러나 진실로 예로써 아니 하면 역시 감히 좇지 않겠습니다."

부견이 마침내 행궁(行宮)을 만들고 백관들이 배석해서 자리를 잡고 그런 다음에 객(客)을 모시니, 연의 조정에서의 의식과 같이 하였다.

일이 끝나자 부견이 그와 더불어 사사롭게 연회를 열고 물었다.

"동조(東朝)에서 유명한 신하는 어떤 사람이오?"

양침이 말하였다.

"태부인 상용왕(上庸王) 모용평(慕容評)인데, 밝은 덕을 가진 아주 가까운 친척으로 왕실을 빛나게 보필하며, 거기(車騎)대장군인 오왕 모용수(慕容垂)는 큰 지략을 가진 것이 세상에서 으뜸이어서 부딪쳐 오는 것을 꺾고 모욕을 막으며, 그 나머지 사람들 가운데 혹은 문필로써 나아가고, 혹은 무예로써 쓰이고 있어서 관리들은 모두 자기의 직책을 수행하여 재야에는 남아있는 똑똑한 사람은 없습니다."

---

21 진(秦)나라는 전국을 통일한 왕조가 아니므로 황제의 용어인 승여나 행재라는 말을 쓸 수가 없다는 말이다.

22 손님으로 와 있는 사신이라는 뜻이다.

양침의 사촌형 양혁(梁奕)은 진(秦)의 상서랑인데, 부견이 전객(典客)[23]에게 양침을 양혁의 집에 묵게 하였다. 양침이 말하였다.

"옛날에 제갈근(諸葛瑾)이 오(吳)를 위하여 촉(蜀)을 빙문하였는데, 제갈량(諸葛亮)[24]과는 오직 공적인 조회(朝會) 석상에서 서로 만나 보았을 뿐 물러나서는 사사롭게 얼굴을 대하지 않았으니 나도 가만히 이를 사모합니다. 지금 저에게 바로 사사로이 그 집에 가라고 하신다면 감히 하지 못하는 바입니다."

마침내 그곳에서 묵지 아니하였다.

양혁이 자주 와서 머무르는 저택에 가서 양침과 더불어 생활하면서 간혹 양침에게 동국의 일을 물었다. 양침이 말하였다.

"지금 두 나라가 나누어 점거하고 있으며 형제가 똑같이 영광스러운 은총을 입고 있으니 그 본래의 마음을 논한다면 각기 있어야 할 곳이 있습니다. 저 양침이 동국의 아름다움을 말하고 싶지만 아마도 서국(西國)[25]에서 듣고자 하는 것이 아닐까 걱정이며, 그 나쁜 것을 말하려고 하니 사신의 입장에서 말해서는 안 되는 것입니다. 형님은 어찌하여 물으십니까?"

부견이 태자에게 양침을 초청하여 만나보게 하였다. 진인(秦人)들이 양침으로 하여금 태자에게 절하게 하려고 하여 먼저 이에 관하여 넌지시 말하였다.

---

23 손님을 관장하는 직책으로 사신에 관한 일을 관장하였다.

24 삼국시대에 제갈근과 제갈량은 형제간이지만 제갈근은 오나라에 있었고 제갈량은 촉한에 있었다.

25 진(秦)나라를 말한다. 진은 연의 서쪽에 있기 때문이다.

"이웃 나라의 군주는 마치 그 나라의 군주와 같은데, 이웃나라의 저군(儲君)[26] 또한 어떻게 다르겠소?"

양침이 말하였다.

"천자의 아들을 원사(元士)로 보는 것은 그가 천한 곳에서부터 귀한 곳으로 올라가게 하고자 함입니다.[27] 오히려 그 아버지의 신하를 신하로도 할 수 없는 것인데 하물며 다른 나라의 신하인 경우에야!

진실로 순수하게 경의를 표하는 것이 아니라면 예에는 가고 오는 것이 있으니, 마음속으로 어찌 공경함을 잊겠습니까마는 다만 내려 꿇게 하려다 번거롭게 될까 걱정할 뿐입니다."

마침내 끝내 절을 하지 않았다.

왕맹이 부견에게 양침을 머물러 있게 하라고 권고하였으나, 부견이 허락하지 않았다.

5   연의 주군 모용위가 대홍려 온통(溫統)을 파견하여 원진(袁眞)[28]을 사지절(使持節)·도독회남제군사[29]·정남(征南)대장군·양주(揚州) 자사로 삼았으며, 선성공(宣城公)으로 책봉하게 하였다. 온통은 회하를 건너지 못하고 죽었다.

---

26 황제의 뒤를 이을 사람을 말한다.

27 원사는 주대의 관직명인데, 지위는 작위를 가진 사람의 바로 밑이다. 의례 관례조를 보면, '천자의 원자는 사(士)와 같으니, 천하에는 나면서 귀한 사람은 없다.'고 하였다.

28 원진은 수춘(안휘성 수현)에 있었다.

29 회남지역의 모든 군사에 관한 일을 감독하는 관직명이다.

연의 오왕 모용수와 태부 모용평

6 오왕[30] 모용수(慕容垂)가 양읍(襄邑, 하남성 수현)에서부터 업(鄴, 하남성 임장현)으로 돌아오니 위엄과 명성을 더욱 떨쳤고 태부 모용평 (慕容評)이 그를 더욱 꺼렸다.

모용수가 상주문을 올렸다.

"모집하였던 장사(將士)들이 자기 몸을 잊고 공효를 세웠고, 장군 손 개(孫蓋) 등이 칼날에 부딪히면서 적진을 함락시켰으니, 응당 특별한 상을 받아야 합니다."

모용평이 모두 억눌러놓고 시행하지 않았다.

모용수가 자주 말을 하고, 모용평과는 조정에서 다투기도 하여서 원 망하는 틈이 더욱 깊어졌다. 태후 가족혼씨(可足渾氏)는 평소 모용수 를 싫어하여서[31] 그의 전공(戰功)을 훼손시키고 모용평과 더불어 비밀 리에 그를 주살하기로 모의하였다.

---

30 연은 이미 황제를 칭한 나라이므로 제후를 두었는데, 여기서 오왕이란 연의 오왕이다.

31 이에 관한 사건은 목제 승평 원년(357년)에 나타났고, 그 내용은 《자치통감》 권100에 보인다.

태재 모용각(慕容恪)의 아들 모용해(慕容楷)와 모용수의 장인 난건(蘭建)이 이를 알고 모용수에게 알렸다.

"먼저 일어나야 다른 사람을 제압하는데[32] 다만 모용평과 낙안왕(樂安王) 모용장(慕容臧)만을 제거하시면 나머지는 아무 일도 할 수 없을 것입니다."

모용수가 말하였다.

"피붙이 간에 서로 싸워 다치게 하는 것은 먼저 나라에서 혼란을 일으키는 것이니 내가 죽을 뿐이지 차마 하지 않겠소."

얼마 뒤에 두 사람이 또 알렸다.

"속뜻으로[33] 이미 결정하였으니, 일찍 일어나지 않으면 안 됩니다."

모용수가 말하였다.

"반드시 미봉(彌縫)할 수는 없으니, 내가 차라리 밖으로 그들을 피할 것이지 나머지는 논의할 것이 아니다."

모용수는 안으로 걱정을 하였지만 아직은 감히 여러 아들에게 알리지는 아니하였다. 세자 모용령(慕容令)이 청하며 말하였다.

"어르신께서 근자에 걱정거리를 가진 기색이신데, 어찌 주상께서는 어리시고, 태부께서는 똑똑한 사람을 질투하시니, 공로가 높고 기대를 받는 것이 중하여 더욱 시기 당하고 있는 때문이 아닙니까?"

모용수가 말하였다.

"그렇다. 내가 힘을 다하고 목숨을 다 바쳐서 강한 도적을 격파하였

---

32 병법에 나오는 말이다. 병법에는 먼저 일어나는 사람은 다른 사람을 제압하지만 뒤에 일어나는 사람은 다른 사람에게 제압된다는 내용이 있다.

33 태후인 가족혼의 속뜻을 말한다.

던 것은 본래 집안과 나라를 보전하고자 함이었는데, 어찌 공로를 이룩한 다음에 도리어 내 몸을 둘 곳조차 없을 것을 알았겠느냐? 너는 이미 내 마음을 알았으니, 나를 위하여 어떻게 꾀를 내야 하겠느냐?"

모용령이 말하였다.

"주상께서는 아둔하고 약하며, 일을 태부에게 위임하였는데, 어느 날 화가 발생하면 해기(駭機)[34]보다 빠를 것입니다. 지금 가족을 보호하고 자신을 온전히 하며 대의(大義)를 잃지 않으려면 용성(龍城, 요녕성 조양현)으로 도망하여 겸손한 말로 사죄하며 주상께서 살피실 때를 기다리는 것만 못하며, 만약에 주공(周公)이 동방에 살고 있다가 거의 깨닫고 느끼게 하여서 돌아올 수 있게 되는 것[35]처럼 된다면 이는 다행한 것 가운데 큰 것입니다.

만약에 그렇게 되지 않으면 안으로는 연과 대(代)를 무마하고 밖으로는 여러 이적들을 품에 안고서 비여(肥如, 호북성 노룡현)의 험준한 곳을 지키면서 스스로 보존하는 것이 또한 그 다음의 것입니다."

모용수가 말하였다.

"훌륭한 말이다."

11월 초하루 신해일에 모용수가 대륙(大陸, 하북성 융평현)에서 사냥

---

34 갑자기 발사되는 쇠뇌를 말하므로 갑자기 닥치는 재난을 말한다.

35 《상서》의 금등편에 나와 있는 이야기이다. 주(周)나라의 무왕이 병이 들자 그 동생인 주공이 하늘에 있는 조상들에게 자기가 무왕 대신 죽기를 청하는 기도를 하고 이를 금등에 넣어 두었다. 무왕이 죽고, 성왕이 뒤를 잇자 주공이 보필하면서 국내의 반란을 평정하려고 낙양에 가서 2년간 살았는데, 이때 주공이 어린 성왕에게 불리하게 할 것이라는 말이 있어서 성왕이 이를 의심하였다가 금등에 있는 기도문이 발견되어 오해가 풀리고 성왕은 주공을 맞이하여 돌아오게 하였다.

을 하게 해달라고 청하고, 그 기회에 미복(微服)을 입고 업(鄴)에서 나아가서 용성으로 달려가려고 하였는데, 한단(邯鄲, 하북성 한단시)에 도착하였을 때 어린 아들 모용린(慕容麟)이 평소 모용수의 총애를 받지 못하여 도망하여 돌아가서 상황을 고해바치니 모용수의 주위 사람들이 대부분 도망하고 배반하였다.

태부 모용평이 연의 주군 모용위에게 말하고 서평공(西平公) 모용강(慕容强)을 파견하여 정예의 기병을 인솔하고 그를 뒤쫓게 하여 범양(范陽, 하북성 탁현)에서 따라잡았지만 세자 모용령이 후방을 단절시키니 모용강이 감히 압박하지 못하였다.

마침 해가 저물자 모용령이 모용수에게 말하였다.

"본래 동도(東都)[36]를 보존하면서 스스로 온전하게 있고자 하였는데, 지금 일이 이미 누설되었으니, 모의한 대로는 진행할 수가 없으며, 진(秦)의 주군이 바야흐로 영웅호걸을 초빙하고 있으니, 가서 그에게 귀부하는 것만 못합니다."

모용수가 말하였다.

"금일의 계책은 이 방법을 버리고 어디로 갈 것인가?"

마침내 산기(散騎)를 풀어서 흔적을 없애고 남산(南山)을 옆으로 하며 다시 업(鄴)으로 돌아와서 조(趙)의 현원릉(顯原陵)[37]에 숨었다. 잠시 뒤에 수렵하는 사람 수백 기병이 사방에서 달려오니, 이에 대항하였으나 대적할 수 없자 도망하다 길을 잃었고 어찌 할 바를 몰랐다. 마침

---

36 동쪽에 있는 도읍지라는 말인데, 연은 현재 업을 도읍지로 하고 있으므로 전에 도읍이었던 용성이 업의 동쪽에 있으므로 용성을 동도라고 하였다.

37 석씨의 후조 3대왕인 석호의 가묘(假墓) 가운데 하나이다.

수렵하는 사람의 매가 바람을 일으키고 비상하니 많은 기병들이 흩어졌다. 모용수는 백마(白馬)를 잡아서 하늘에 제사를 지내고 또 좇는 사람들과 맹세를 하였다.

세자 모용령이 모용수에게 말하였다.

"태부는 현명한 사람을 시기하고 능력 있는 사람을 질투하니 일을 꾸민 이래로 사람들이 더욱 분노하고 한스럽게 생각합니다. 지금 업성(鄴城) 안에서는 어르신께서 계신 곳을 아는 사람이 없는데, 마치 어린아이가 어머니를 생각하는 것은 이적(夷狄)이나 화하족(華夏族)이나 같으므로 만약에 많은 사람들의 마음을 좇아서 아무런 방비가 없는 상태를 습격하면 붙잡는 것은 마치 손바닥을 뒤집는 것과 같을 뿐입니다.

일이 확정된 다음에 폐단을 고치고 능력 있는 사람을 간택하고 조정의 정치를 크게 광정(匡正)하여 주상을 보필하며 국가를 안전하게 보존한다면 공로 가운데 아주 큰 것입니다. 오늘 편리하게 되어 있음을 진실로 잃을 수 없으니 바라건대 기병 몇 명만 주시면 충분히 이 일을 처리할 수 있습니다."

모용수가 말하였다.

"만약에 너의 꾀와 같이 된다면 일이 성공했을 때 큰 복이 되겠지만 이루지 못하면 후회하여도 어찌 해볼 것인가? 서쪽으로 달아나서 만가지가 온전하게 할 수 있는 것만 못하다."

아들 모용마노(慕容馬奴)가 몰래 도망하여 돌아갈 꾀를 가지고 있었으므로 그를 죽이고 떠났다.

하양(河陽, 하남성 맹현)에 이르자 진리(津吏)[38]가 가지 못하게 금지

---

38 나루를 관장하는 관리를 말한다.

하니 그의 목을 베고 물을 건넜다. 드디어 낙양에서 단(段)부인, 세자 모용령, 모용령의 동생인 모용보(慕容寶)·모용농(慕容農)·모용륭(慕容隆), 형의 아들 모용해(慕容楷), 외삼촌, 난건(蘭建), 낭중령 고필(高弼)과 더불어 다 같이 진(秦)으로 달아났고, 왕비 가족혼씨를 업(鄴)에 남겨 두었다.[39] 을천(乙泉)의 수주(戍主)[40] 오귀(吳歸)가 뒤를 쫓아서 문향(閺鄉, 하남성 문향)에 도착하였는데 세자 모용령이 이를 쳐서 물리쳤다.

애초에, 진왕(秦王) 부견이 태재 모용각(慕容恪)이 죽었다는 소식을 듣고, 속으로 연을 도모할 뜻을 갖고 있었는데, 모용수의 위엄과 명성을 꺼려서 감히 발동하지 못하였다. 모용수가 도착하였다는 소식을 듣자 크게 기뻐하면서 교외에서 영접하고 손을 잡고 말하였다.

"하늘이 현명한 호걸을 내셨으니, 반드시 함께 큰 공로를 이룩해야 하는 것이며, 이것이 자연의 이치입니다. 마땅히 경과 더불어 천하를 같이 평정해야겠는데, 대종(岱宗, 태산)에 고하고 그런 다음에 경(卿)을 본래의 고장으로 돌아가게 하여 대대로 유주(幽州)에 책봉하여 경에게 나라를 떠났다 하여도 아들 된 사람으로서의 효도를 잃지 않게 하고, 짐(朕)에게 돌아왔다 하여도[41] 임금을 섬기는 충성심을 잃지 않게 할 것이니 또한 아름답지 아니합니까?"

모용수가 감사를 드리며 말하였다.

---

39 고필은 연의 봉국인 오(吳)의 낭중령을 말한다. 여기서 말하는 가족혼비란 가족혼태후의 여자 동생을 말하며 이에 관한 사건은 목제 승평 2년(358년)에 있었고, 그 내용은《자치통감》권100에 보인다.

40 을천은 하남성 낙녕의 동북쪽 낙하(洛河)의 북쪽 언덕에 있는 작은 보루이며 수주는 지역방위 책임자이다.

41 연을 떠나 진(秦)나라로 귀부해도 충효를 다할 수 있도록 배려한다는 말이다.

"기려(羈旅)[42] 중에 있는 신(臣)으로서는 죄를 면해 주시면 다행한 일인데, 본래의 고장에서 영광스럽게 하신다니 감히 바랄 것이 아닙니다."

부견이 다시 세자 모용령과 모용해의 재주를 아껴서 모두에게 후하게 예를 갖추고, 상으로 거만(鉅萬)을 내려주고, 매번 나아가서 알현할 때마다 눈길을 주어 그를 바라보았다.

관중(關中)의 병사와 백성들은 평소 모용수 부자(父子)의 명성을 들었으므로 모두가 그를 흠모하였다. 왕맹이 부견에게 말하였다.

"모용수 부자는 비유하자면 용과 호랑이 같은데, 길들일 수 있는 사람이 아니니 만약에 바람과 구름이 끼는 기회를 빌게 된다면 장차 다시는 제압할 수 없을 것이어서 일찍 그를 제거함만 못합니다."

부견이 말하였다.

"나는 바야흐로 영웅을 거둬들여서 사해를 깨끗이 하고자 하는데 어찌 그를 죽인단 말이오? 또한 그가 처음 왔을 때 내가 이미 정성으로 그를 받아들였으니, 필부(匹夫)라도 오히려 자기가 한 말을 버리는 것이 아닌데, 하물며 만승(萬乘)[43]의 경우에야?"

마침내 모용수를 관군(冠軍)장군으로 삼아 빈도후(賓徒侯)로 책봉하였고, 모용해를 적노(積弩)장군으로 삼았다.

연의 위윤(魏尹)인 범양왕 모용덕(慕容德)이 평소 모용수와 잘 지냈는데 거기(車騎)장군부의 종사중랑 고태(高泰)[44]와 함께 모두 연루되

---

42 여행 혹은 망명 중인 상태를 말한다.

43 황제를 말한다.

44 위윤은 업성(鄴城)의 행정책임자에 해당하는 직책이고, 고태는 모용수가 연에서 거기대장군이었으므로 모용수 휘하에 있었던 사람이다.

어 관직에서 면직되었다. 상서우승(尚書右丞) 신소(申紹)가 태부 모용평에게 말하였다.

"지금 오왕(吳王)이 나가서 달아났는데, 밖에 있는 사람들에게 소문이 자자하니 의당 왕(王)[45]에게 소속된 관료 가운데 똑똑한 사람을 징소하여 이를 높게 진급시키시면 대강이라도 비방을 없앨 수 있습니다."

모용평이 말하였다.

"누가 좋은 사람이오?"

신소가 말하였다.

"고태가 그들의 영수(領袖)입니다."

마침내 고태를 상서랑으로 삼았다. 고태는 고첨(高瞻)의 조카이고, 신소는 신윤(申胤)[46]의 아들이다.

진(秦)에서는 양침(梁琛)을 한 달 넘게 머물러 있게 하다가 마침내 돌아가게 하였다. 양침이 밤낮으로 나아가서[47] 업(鄴)에 도착할 때쯤에 오왕 모용수가 이미 진(秦)으로 도망하였다. 양침이 태부 모용평에게 말하였다.

"진인(秦人)들은 매일 같이 군려(軍旅)[48]를 살펴보고 섬(陝, 하남성

---

45 오왕 모용수를 말한다.

46 고첨에 관한 일은 원제 태흥 2년(319년),《자치통감》권91에 실려 있고, 신윤에 관한 일은 앞 7월조에 실려 있다.

47 원문에는 겸정(兼程)이라고 하였다. 보통 역과 역을 통하여 길을 가는 것을 정(程)이라고 하는데, 일반적으로 길을 가는 사람이 하루에 두 역을 가는 것을 정(程)이라고 하지만 하루에 가는 여정이 4역을 가면 이를 겸정(兼程)이라고 한다. 즉 보통의 속도보다 배로 빨리 가는 것이다.

48 군사 또는 군사훈련을 말한다.

섬현)의 동쪽에 양식을 많이 모아놓고 있으니, 저 양침이 이를 보건대 화의관계는 반드시 오래 갈 수 없습니다. 지금 오왕이 또 그곳으로 가서 귀부하였으니, 진(秦)은 반드시 우리 연을 넘보려는 꾀를 갖고 있을 것이므로 의당 일찍 이것을 대비해야 합니다."

모용평이 말하였다.

"진(秦)이 어찌하여 반란을 일으킨 우리의 신하를 받아들이고 화평한 우호관계를 파괴하겠소?"

양침이 말하였다.

"지금 두 나라[49]는 중원(中原)지역을 나누어 갖고 있어서 항상 서로 병탄하려는 뜻을 갖고 있지만 환온이 입구(入寇)하여 저들이 계책을 세워서 구원해준 것이지 우리 연을 아끼는 것은 아닙니다. 만약에 우리 연에 틈이 생기게 되면 저들이 어찌 그 본래 갖고 있었던 뜻을 잊겠습니까?"

모용평이 말하였다.

"진(秦)의 주군은 어떤 사람이오?"

양침이 말하였다.

"명석하고 단안을 잘 내립니다."

왕맹(王猛)에 관하여서도 물었더니, 말하였다.

"명성을 헛되이 얻은 것이 아닙니다."

모용평은 모두 그렇다고 생각하지 않았다.

양침이 또 연의 주군 모용위에게 보고하였더니 모용위도 역시 그렇다고 생각하지 않았다. 황보진(皇甫眞)[50]에게 말하였더니 황보진이 이

---

49 연과 진(秦)나라를 말한다.

를 깊이 걱정하고서 상소문을 올렸다.

"부견(苻堅)이 비록 빙문(聘問)[51]하는 일을 서로 보내고 있지만, 그러나 실제로는 우리 상국(上國)을 엿보려는 마음을 갖고 있으며, 덕스러움과 의로움을 사모하고 즐길 수 없으니 오래 된 맹약을 잊지 않는 것입니다.

전에 낙천(洛川)으로 군사를 냈으며,[52] 사자(使者)가 계속하여 도착하게 되니 우리나라의 험한 곳과 쉬운 곳 그리고 텅 빈 곳과 알찬 곳을 저들은 다 알고 있습니다. 지금 오왕 모용수가 또한 가서 그들을 좇으며 그들의 모의를 주동할 것이어서 오원(伍員)의 화(禍)[53]를 대비하지 않으면 안 됩니다. 낙양(洛陽)과 태원(太原, 산서성 태원시), 그리고 호관(壺關, 산서성 호관현)지역에는 모두 의당 장수를 선발하여 병사를 더 보태두셔서 미연에 방지하십시오."

모용위가 태부 모용평을 불러서 이를 모의하였더니 모용평이 말하였다.

"진(秦)은 나라가 적고 힘도 약하여 우리를 믿고 원조를 하였습니다. 또한 부견은 자못 정도를 잘 따르니 끝내 우리의 반란을 일으킨 신하의 말을 받아들여서 두 나라의 우호관계를 끊지는 않을 것입니다. 의당 가벼이 스스로 놀라 소란스럽게 하여서 입구(入寇)할 마음을 열어주어

---

50 연의 태위이다.

51 초청에 의해서 가는 사신을 말한다.

52 지난 8월에 구지와 등광이 연을 구원했던 때를 가리킨다.

53 춘추시대의 초나라 사람인데 그의 아버지가 간언하다가 죽자 오나라로 달아나서 오왕 합려를 위하여 군사 훈련을 시켜서 한 번에 초나라를 멸망시켰다.

서는 안 될 것입니다."

끝내 대비하지 않았다.

진(秦)은 황문랑(黃門郞) 석월(石越)을 파견하여 연에 사자로 가게 하였는데, 태부 모용평이 그에게 사치함을 보여주면서 연이 부유하고 번성함을 과시하였다. 고태와 태부참군인 하간(河間, 하북성 헌현의 동남쪽) 사람 유정(劉靜)이 모용평에게 말하였다.

"석월은 거짓말을 하면서 멀리 내다보고 있으며 우호관계를 요구하는 것이 아니고 마침내 우리의 틈을 보려는 것입니다. 의당 빛나는 무기를 그에게 보여주어서 그들의 꾀를 꺾도록 해야 합니다. 지금 사치한 것을 보여주면 더욱 그가 가벼이 여길 것입니다."

모용평이 좇지 않았다. 고태는 드디어 병이 들었다고 사과하고 돌아갔다.

이때 태후 가족혼씨는 국가의 정치를 침범하여 휘어잡고 있고, 태부 모용평은 탐욕스럽고 이익에 눈이 어두워 하는 일에 만족하지 않아서 뇌물이 위로 흘러 들어갔고, 관리는 재주를 가지고 천거되지 아니하여 많은 아랫사람들이 원망하고 분하게 생각하였다.

상서좌승 신소(申紹)가 상소문을 올렸다.

"태수와 재상[54]인 자들은 잘 다스리는 것의 근본입니다. 지금 태수와 재상들은 대부분 그에 적당한 사람이 아니어서 혹은 무신으로 졸병들의 행렬 속에서 나왔고, 혹 귀한 친척들은 나면서 비단 속에서 자랐으니, 이미 향곡(鄕曲)에서 선발되지 아니하고, 또한 더욱 조정의 직책

---

54 수재(守宰)라고 되어 있다. 수는 태수이지만 재는 봉국의 재상을 말하는 것으로 보인다. 경우에 따라서 현령으로 보는 사람도 있다.

을 맡은 일이 없습니다.

더욱이 출척(黜陟)하는데 법도가 없어서 탐욕스럽고 게으른 사람이 형벌을 받을까 두려워하는 일이 없고, 깨끗하고 수양을 한 사람이 격려하는 상을 받도록 권장되는 일이 없습니다. 이리하여서 백성들이 피곤하고 피폐하였고, 쳐들어온 도적들이 가득 차서 기강이 퇴폐하고 문란해졌으나 감독하고 기록하는 일이 없습니다.

또 관리들은 많아져서 전 시대를 뛰어 넘었고, 공사(公私) 간에 분쟁이 일어나서 번거롭고 시끄러움을 이기지 못합니다. 위대한 우리 연의 호구(戶口)는 수에서 두 도적들을 합친 정도이고, 활과 말이 튼튼하기로는 사방에서 당할 사람이 없지만 그러나 최근에 싸우면 여러 차례 패배하는 것은 모두 태수와 재상이 부세와 부역을 공평하지 않게 하고, 침탈하는 일을 그치지 않아서 가든지 머물든지 모두가 궁색해지게 되었음으로 말미암았으니, 아무도 목숨을 바치려 하지 않는 연고입니다.

후궁에 있는 여자는 4천여 명이고 심부름하는 노복들은 오히려 그 수에 포함되지 않으니 하루의 비용은 황금으로 1만금(萬金)에 해당하며, 병사와 백성들은 이런 기풍을 이어받아서 다투어 사치하고 낭비합니다.

저들 진(秦)과 오(吳)[55]는 한 귀퉁이에서 황제를 참칭(僭稱)[56]하고 있으나, 오히려 다스리는 곳을 조리 있게 통치하고 있으며, 겸병하겠다는 생각을 갖고 있지만 우리나라의 위아래 사람들은 되는대로 쫓다가

---

55 오나라가 아니고 오(吳)지역에 자리 잡고 있는 동진(東晉)을 말한다.

56 한 귀퉁이라는 표현은 동진을 의미하는 것이고, 참칭은 진(秦)나라를 가리키는 말이다. 참칭이란 불법적으로 황제의 칭호를 사용한다는 말이다.

날로 그 질서를 잃어가고 있는데, 우리가 잘 닦여지지 않는 것은 저들이 원하는 것입니다.

의당 태수와 재상을 잘 택하여 관직을 합치고 줄이며 병사들의 가족을 아껴주어서 공사(公私) 간에 둘 다 완수하게 하여 들뜨고 사치한 것을 줄이고 억누르며 쓸 것들을 아끼고, 상을 주는 것을 반드시 공로에 맞도록 하고 벌을 주는 것은 반드시 죄에 해당되는 만큼 하여야 합니다. 이와 같이 하면 환온과 왕맹[57]도 효수(梟首)할 수 있고, 두 곳을 다 빼앗을 수 있으니, 어찌 특히 경계 지역을 보호하고 백성을 편안하게 하는 것뿐이겠습니까?

또한 색두(索頭)의 탁발십익건(拓跋什翼犍)[58]이 피로하여 병들고 아둔하고 패역해졌으니 비록 공물을 올리는 것을 모자라게 하여도 걱정거리가 될 수 없으니 군사를 수고롭게 하여 멀리 가서 지킨다는 것은 손해는 있지만 이익은 없습니다. 병주(幷州)의 땅으로 옮겨서 서하(西河, 산서성)지역을 통제하고 남쪽으로 호관(壺關, 산서성 호관현)을 굳게 하며 북쪽으로 진양(晉陽, 산서성 태원시)을 중요시하는 것만 못하니, 서쪽[59]에서 침입해 오면 막고 지키며, 지나가면 뒷부분을 잘라낸다면 오히려 외로운 성을 지키거나 쓸모없는 땅을 지키는 것 보다 낫습니다.”

상소문이 올라갔으나, 살펴보지도 않았다.

---

57 환온은 동진의 대사마이고, 왕맹은 진(秦)나라의 맹장이다.

58 대왕(代王)인 탁발십익건을 말하는데 그 근거가 색두부락이기 때문에 이처럼 말한 것이다.

59 진(秦)나라를 말한다.

6 신축일(25일)에 승상 사마욱(司馬昱)과 대사마 환온이 도중(涂中, 도수유역 즉 안휘성 전초현)에서 회합하고 후에 거사할 것을 모의하였는데, 환온의 세자 환희(桓熙)를 예주(豫州)자사·가절(假節)로 하였다.[60]

7 애초에, 연인(燕人)들이 호뢰관(虎牢關)의 서쪽 땅을 잘라서 진(秦)에 뇌물로 주기로 허락하였는데, 진(晉)의 병사들이 이미 물러가자 연인(燕人)들이 이를 후회하고 진인(秦人)들에게 말하였다.

"행인(行人)[61]이 말을 잘못하였습니다. 나라를 갖거나 집안을 가진 사람은 재앙을 나누고 걱정거리를 구원하는 것이 이치 가운데 보통일입니다."

진왕(秦王) 부견이 크게 화가 나서 보국(輔國)장군 왕맹(王猛)과 건위(建威)장군 양성(梁成) 그리고 낙주(洛州)자사 등강(鄧羌)을 파견하여 보병과 기병 3만 명을 거느리고 연을 정벌하게 하였다. 12월에 나아

---

60 사건번호 6번이 중복되었는데, 원본에 사건번호 6번이 두 번 나와 있다.
61 사자(使者)를 말한다.

가서 낙양(洛陽)을 공격하였다.

8   대사마 환온이 서주와 연주의 백성들을 징발하여 광릉성(廣陵城, 강소성 양주시 북쪽)을 쌓고 그곳으로 옮겨서 진수(鎭守)하였다. 그때 정벌하는 부역을 빈번하게 벌였고, 그 위에 역질까지 돌아서 죽은 사람이 열 에 4~5명이었고, 백성들이 한탄하고 원망하였다.

비서감(秘書監) 손성(孫盛)이 《진춘추(晉春秋)》를 짓고 그때의 일을 사실대로 썼다. 대사마 환온이 이것을 보고 화가 나서 손성의 아들에게 말하였다.

"방두(枋頭)에서는 진실로 이로움을 잃었지만 어찌하여 마침내 그대 어르신이 말씀하신 것과 같은 정도에 이르렀겠소? 만약에 이 역사책이 끝내 돌아다니게 된다면 이로부터 그대 집안의 문을 닫는 일[62]이 생길 것이오."

그의 아들이 급히 절하고 사과하며 이를 고치기를 청하였다.

그때 손성이 늙어서 집에 있었는데, 성격이 분명하고 엄격하며 법도를 갖고 있어서 자손들이 비록 흰 머리카락이 듬성듬성 하여도 그들을 대하는 것이 더욱 엄격하였다. 이 상황에 이르자 여러 아들들이 마침내 함께 큰 소리로 울면서 머리를 조아리며 100명을 위하여 계책을 세우라고 청하였다. 손성은 크게 화를 내고 허락하지 않았지만 여러 아들들이 드디어 사사로이 그것을 고쳤다.

손성은 먼저 이미 별도의 책에다 써놓아서 이를 외국에 전하였다. 효무제(孝武帝)[63]가 다른 책을 사서 구하려고 하기에 이르러서 요동

---

62 멸문시키겠다는 말이다.

(遼東) 사람에게서 이를 얻게 되었는데, 현재에 있던 판본과 같지 않아서 드디어 두 종류가 남게 되었다.[64]

해서공 태화 5년(庚午, 370년)[65]

1   봄, 정월 기해일(24일)에 원진(袁眞)[66]이 양국(梁國, 하남성 상구시)내사인 패군(沛郡)[67] 사람 주헌(朱憲)과 그의 동생인 여남(汝南, 하남성 여남시)내사 주빈(朱斌)이 몰래 대사마 사마온(司馬溫)과 연락하였으므로 그들을 죽였다.

2   진(秦)의 왕맹(王猛)이 연의 형주(荊州)자사인 무위왕(武威王) 모용축(慕容筑)에게 편지를 보내어 말하였다.

  "국가는 지금 이미 성고(成皐, 하남성 형양현 서쪽의 호뢰관)의 험한 지역을 막고 맹진(盟津, 하남성 맹진현에 있는 황하나루)에 있는 길도 끊었으며, 대가(大駕)[68]의 호랑이 같은 1백만 대군은 지관(軹關, 하남성 제원

---

63 동진의 15대 황제인 사마창(司馬昌)으로 열종 효무제를 말한다.

64 환온이 권력자로서 위엄을 가지고 손성의 책을 고치도록 압박하였지만 끝내 그 사실을 없애지는 못하였다.

65 전량 도왕 태청 8년, 대왕(탁발십익건) 건국 33년, 전연 유제 건희 11년, 전진 선소제 건원 6년, 성왕 이홍 봉황 원년이다.

66 연에 투항한 예주자사이다.

67 원래는 치소가 안휘성 수계현 서북쪽에 있었는데, 삼국시대 위시대에 강소성 패현으로 옮겼다가 진(晉)나라 때 다시 원래의 지역으로 옮겼다.

현 서북쪽의 교통요지)에서부터 업도(鄴都)를 빼앗으니, 금용(金墉, 낙양 서북쪽의 요새)에 있는 궁색한 수비는 밖으로 구원해줄 세력이 없고, 성 아래에 있는 군사들은 장군이 본 바이고, 어찌 300명의 지친 병졸들이 지탱할 수 있겠소?"

모용축이 두려워하여 낙양을 가지고 항복하니 왕맹이 군사를 늘어 놓고 이를 받아들였다. 연의 위(衛)대장군인 낙안왕(樂安王) 모용장(慕容臧)이 신낙(新樂, 하남성 신향시)에 성을 쌓고 진(秦)의 군사를 석문(石門)에서 격파하고 진(秦)의 장수 양맹(楊猛)을 잡았다.

왕맹이 장안을 출발하면서 모용령(慕容令)에게 그의 군사적 업무에 참여하도록 청하여 향도(嚮導)로 삼았다. 장차 출발하려고 할 즈음 모용수(慕容垂)에게 가서 술을 마시다가 침착하게 모용수에게 말하였다.

"지금 멀리 가느라고 이별하게 되었는데, 무엇을 저에게 주겠습니까? 저에게 물건을 보면서 그 사람[69]을 생각하게 해 주십시오."

모용수가 패도(佩刀)를 풀어서 그에게 주었다. 왕맹이 낙양에 도착하자 모용수가 가까이 하는 금희(金熙)에게 뇌물을 주어 그에게 거짓으로 모용수의 사자가 되게 하여 모용령에게 말하게 하였다.

"우리 부자(父子)가 여기에 온 것은 죽음에서 달아나려는 것이었다. 지금 왕맹이 사람을 질투하기를 마치 원수처럼 하는데, 참소하고 헐뜯는 것이 날로 깊어지고 있으며, 진왕(秦王)이 비록 겉으로는 후하고 선하지만 그 마음을 알기 어렵다. 장부가 죽음에서 도망치려고 하다가 끝

---

68 황제가 타는 수레를 말하지만 여기서는 진(秦)의 황제인 부견을 말한다.

69 왕맹이 자기가 부리는 모용령의 아버지 모용수를 찾아갔으므로 여기서 사람이란 모용령의 아버지 모용수를 가리킨다.

내 면하지 못하면 장차 천하의 웃음거리가 될 것이다. 내가 듣건대 동조(東朝)에서는 최근에 다시 후회하여 깨달아서 주군과 태후[70]가 서로 책망하고 있다고 한다. 내가 이제 동쪽으로 돌아가는데 그러므로 사람을 보내어 너에게 알리는 것이며, 나는 이미 길을 나섰으니, 바로 속히 출발하라."

모용령이 이를 의심하고 주저주저하면서 종일 있다가 또 사실 자체를 살펴볼 수도 없었다.

마침내 옛날의 기병을 거느리고 거짓으로 사냥을 나간다고 하고서 드디어 석문에 있는 낙안왕 모용장에게로 달아났다. 왕맹이 표문을 올려 모용령이 반란한 상황을 알리니, 모용수가 두려워서 달아나다가 남전(藍田, 섬서성 남전현)에 이르러서 추격하는 기병들에게 잡혔다.

진왕(秦王) 부견이 불러들여 동당(東堂)에서 만나보고 그를 위로하며 말하였다.

"경의 집안과 나라가 화목을 잃어서 몸을 짐(朕)에게 위탁하였소. 그대의 현명한 아들은 마음속으로 근본을 잊지 못하여 오히려 고향을 품고 있으니, 역시 각자의 뜻이므로 깊이 허물로 하기에는 부족하오. 그러나 연은 장차 망할 것이어서 모용령이 살아남을 수 있는 것이 아닌데, 그 무리들이 호랑이 입으로 들어가는 것이 애석할 뿐이오. 또한 부자와 형제 사이에는 죄가 서로 연좌되지 않는 것이니 경은 어찌하여 지나치게 두려워하여 이처럼 낭패한단 말이오?"

그를 마치 옛날처럼 대우하였다. 연인(燕人)들이 모용령이 배반하였

---

70 동조란 모용수 부자가 떠나온 연을 말하는데, 지금 머물고 있는 진의 동쪽에 있으므로 동조라고 한 것이며, 주군과 태후란 연의 주군인 모용위와 가족혼 후를 말한다.

다가 다시 돌아왔는데 그의 아버지가 진(秦)의 후대를 받으니 모용령이 반간(反間)하는 것이라고 의심하여 그를 사성(沙城)으로 귀양 보냈는데, 용도(龍都, 요녕성 조양현)의 동북쪽으로 600리에 있었다.

❖ 신 사마광이 말씀드립니다.

"옛날에 주(周)에서 미자(微子)를 얻어서 상(商) 왕조의 천명을 개혁하였고,[71] 진(秦)은 유여(由余)를 얻고서 서융(西戎)의 패자(覇者)[72]가 되었으며, 오(吳)는 오원(伍員)을 얻고 나서 강한 초나라를 이겼고,[73] 한(漢)은 진평(陳平)을 얻은 다음에 항적(項籍)의 목을 베었으며,[74] 위(魏)는 허유(許攸)를 얻은 다음에 원소(袁紹)를 깨뜨렸으니,[75] 저들은 적국(敵國)의 재주 있는 신하지만 와서 자기를 위하여 이용하였으며, 나아가서 이것을 훌륭한 밑천으로 만들었습니다.

---

71 미자는 은(상, 商)나라 왕인 주(紂)의 형인 계(啓)인데, 주가 포학하여 제기를 들고 주나라로 도망하였다. 이로써 주 무왕이 은을 정벌하게 되었다.

72 서융의 사자인 유여가 진 목공 때 사신으로 왔다가 진에서 그를 잘 대접하여 결국 항복하게 만들고 이를 계기로 영토를 확장하고 서융에 패권을 행사하게 되었다.

73 초에서 오사(伍奢)를 죽이자 그 아들 오원(伍員)이 오나라로 도망하였고, 오 왕인 합려가 그의 계략을 이용하여 초나라를 정벌하였다.

74 유방의 통일 과정인 고제 2년에서 4년 사이에 있었던 일로, 그 내용은《자치통감》권9에 실려 있다.

75 이 일은 한 헌제 건안 5년(200년)에 있었던 일로,《자치통감》권63에 실려 있는데 조조가 허유를 얻고 나서 원소를 격파한 사건을 말한다.

왕맹은 모용수의 마음은 오래 되면 믿기 어렵다는 것을 알고, 다만 연이 아직 멸망되지 않았고, 모용수는 재주가 높고 공로가 왕성하며 죄를 지은 일이 없는데 의심을 받게 되어 궁색하고 어려워져서 진(秦)으로 귀부하였다는 것을 생각하지 않고, 아직은 다른 마음을 품지 않았는데 갑자기 시기하여 그를 죽이려고 하였으니, 이는 연을 도와서 무도(無道)한 짓을 하여 오려는 사람들의 문호를 막으려는 것이었으니, 어찌 그것이 옳단 말입니까?

그러므로 진왕(秦王) 부견이 그를 예로 대하여 연인(燕人)들의 희망을 거둬들이고, 그를 가까이하여 연인(燕人)들의 마음을 다하게 하였으며, 그를 총애하여 연의 무리들을 기울게 하고, 그를 믿어서 연인(燕人)들의 마음을 맺도록 하였으니 아직은 허물을 짓지 아니하였습니다.

왕맹이 어찌하여 모용수를 죽이는데 급급하여 마침내 시장에서 죽 파는 사람의 행동을 하여 마치 그의 총애를 질투하여 그를 참소하는 것처럼 하였으니, 어찌 훌륭한 덕을 지닌 군자가 마땅히 해야 할 것이었겠습니까?"

3   낙안왕(樂安王) 모용장(慕容臧)이 나아가서 형양(滎陽, 하남성 형양현)에 주둔하고, 왕맹이 건위(建威)장군 양성(梁成)과 낙주(洛州)자사 등강(鄧羌)을 파견하여 이를 쳐서 달아나게 하고 등강을 남겨두어 금용(金墉)을 진수하게 하여서, 보국(輔國)장군부의 사마인 환인(桓寅)을 홍농(弘農, 하남성 영보현)태수로 삼아서 등강을 대신하여 섬성(陝城, 하남성 섬현)을 지키게 하고 돌아왔다.

진왕(秦王) 부견이 왕맹을 사도·녹상서사로 삼고 평양군후(平陽郡

侯)에 책봉하였다. 왕맹이 굳게 사양하며 말하였다.

"지금 연과 오(吳)는 아직 평정되지 않았으며 전투하는 수레는 바야 흐로 안장을 얹어놓고 있는 상태인데, 처음으로 한 개의 성을 빼앗았다 하여 바로 삼사(三事)의 상[76]을 받는다면 만약에 두 도적들을 없애버 린다면 장차 무엇을 덧붙여주시렵니까?"

부견이 말하였다.

"만약에 잠시만 짐의 마음을 억누르려고 하지 않는다면 얼마나 경의 겸손하고 빛나는 아름다움을 드러내겠소? 이미 조서를 유사(有司)에 게 내려서 임시로 지키려는 것을 들어주었고, 봉작(封爵)은 공로에 대 한 보답이니 짐의 명령을 억지로라도 좇아주시오."

4   2월 계유일(28일)에 원진(袁眞)이 죽었다.[77] 진군(陳郡)태수 주보 (朱輔)가 원진의 아들 원근(袁瑾)을 세워서 건위(建威)장군·예주(豫州) 자사로 삼아 수춘(壽春)을 보위하게 하고, 그의 아들 주건지(朱乾之) 와 사마 찬량(爨亮)을 파견하여 업(鄴)에 가서 명령을 듣게 하였다. 연 인(燕人)들이 원근을 양주(揚州)자사로 삼고, 주보를 형주(荊州)자사로 삼았다.

5   3월에 진왕(秦王) 부견이 이부상서 권익(權翼)을 상서우복야로 삼았다. 여름, 4월에 다시 왕맹을 사도·녹상서사로 삼았는데, 왕맹이

---

76 삼사란 삼공을 말한다. 왕맹에게 재상, 녹상서사, 군후 등 세 직책을 상으로 준 것을 말한다.

77 해서공 태화 4년(369년)의 일이다.

굳게 사양하자 마침내 중지하였다.

6 연과 진(秦)이 모두 군사를 파견하여 원근(袁瑾)을 도와주니 대사마 환온[78]이 독호(督護) 축요(竺搖) 등을 파견하여 이를 막았다. 연의 군사들이 먼저 도착하니 축요 등이 이들과 더불어 무구(武丘, 하남성 침구현의 동남쪽)에서 싸워서 격파하였다. 남돈(南頓, 하남성 항성현 서남쪽) 태수 환석건(桓石虔)이 그 남쪽에 있는 성에서 이겼다. 환석건은 환온의 조카이다.

---

78 진의 대사마이다.

연을 정벌한 진

7   진왕(秦王) 부견이 다시 왕맹을 파견하여 진남(鎭南)장군 양안(楊
安) 등 열 명을 감독하여 보병과 기병 6만 명을 거느리고 연을 정벌하
게 하였다.

8   모용령(慕容令)이 스스로 끝내 죄를 면할 수 없다는 것을 헤아리
고서 비밀리에 군사를 일으키려고 모의하고, 사성(沙城, 요녕성 조양현
동북쪽)에 있는 죄를 받아 둔수(屯戍)하고 있는 병사 수천 명이 있었는
데, 모용령은 모두 이들을 두텁게 어루만져주었다.

5월 경오일[79]에 모용령이 아문(牙門) 맹규(孟嫣)를 죽였다. 성대(城
大)[80] 섭규(涉圭)가 두려워서 스스로 본을 보이게 해달라고 청하였다.
모용령이 그를 믿고 주위에 두었다. 드디어 죄를 받아 둔수하고 있는
병사를 인솔하고 동쪽으로 가서 위덕성(威德城)[81]을 습격하고 성랑(城

---

79 5월 1일은 갑술일이므로 5월에는 경오일이 없다. 만약에 庚午가 庚子의 잘못
이라면 이날은 27일이다.
80 성의 대인 즉 그 성에서 제일 높은 직위를 가진 사람이다. 즉 사성의 대인이다.

郎)⁸² 모용창(慕容昌)을 죽이고 성을 점거하고 부서를 정하여 일하게 하고 사람을 파견하여 동서의 여러 둔수하는 병사를 불러 모으니 기쁜 마음으로 모두 그에게 호응하였다.

진동(鎭東)장군인 발해왕(勃海王) 모용량(慕容亮)이 용성(龍城)을 진수하고 있는데, 모용령이 장치 그곳을 습격하려고 하자 그의 동생 모용린(慕容麟)이 모용량에게 알리고, 모용량이 성문을 닫고 막으며 지켰다.

계유일⁸³에 섭규가 모시고 있는 기회를 이용하여 곧바로 모용령을 치니, 모용령이 혼자서 말을 타고 달아나고, 그의 무리들이 모두 무너졌다. 섭규가 모용령을 설여택(薛黎澤)⁸⁴까지 추격하여 잡아서 죽이고, 용성에 가서 모용량에게 보고하였다. 모용량이 섭규를 죽이고, 모용령의 시체를 거두어서 장사지냈다.

9　6월 을묘일(12일)에 진왕(秦王) 부견이 왕맹을 파상(灞上, 장안의 동쪽)에서 보내며 말하였다.

"지금 경(卿)에게 관동(關東)지역에 대한 임무를 맡기니, 마땅히 먼저 호관(壺關)을 깨뜨리고 상당(上黨, 산서성 장치시)을 평정하고 멀리 달려가서 업(鄴)을 빼앗아야 하는데, 이른바 '빠른 뇌성(雷聲)은 귀에 오지도 못한다.'⁸⁵는 정도여야 한다.

---

81 내몽고지역의 어느 곳으로 추정된다.

82 성 안의 군사를 책임지는 직책이다.

83 5월 1일은 갑술일이므로 5월에는 계유일이 없다.

84 정확하지는 않으나 내몽고지역의 요하 근처로 보인다.

나는 마땅히 친히 1만 명의 무리를 감독하여 경을 이어서 밤중에라도 떠날 것이고, 배와 수레로 양식을 운반하는데 물길과 육로로 동시에 나아갈 것이니, 경은 후속하는 문제를 염려하지 마시오."

왕맹이 말하였다.

"신(臣)은 위엄과 신령함에 의지하고 받들어 계산해서 남아 있는 호족(胡族)들을 싹 쓸어버리는 것이 마치 바람으로 낙엽을 쓸 듯하겠으니, 바라건대 난여(鑾輿)[86]가 먼지와 안개를 뒤집어쓰는 번거로움을 무릅쓰지 마시고, 다만 바라건대 속히 관계부서에 칙령을 내리셔서 선비족을 둘 곳을 마련하게 하십시오."

부견이 크게 기뻐하였다.

10   가을, 7월 초하루 계유일에 일식이 있었다.

11   진(秦)의 왕맹이 호관을 공격하고 양안(楊安)은 진양(晉陽, 산서성 태원시)을 공격하였다. 8월에 연의 주군 모용위(慕容暐)가 태부인 상용왕(上庸王) 모용평(慕容評)에게 명령을 내려서 안팎의 정예 군사 30만 명[87]을 거느리고 진(秦)을 막게 하였다.

모용위는 진(秦)의 침입을 걱정하여 산기(散騎)시랑 이봉(李鳳)과 황문(黃門)시랑 양침(梁琛) 그리고 중서(中書)시랑 악숭(樂崇)을 불러

---

85 《회남자》에 나오는 말이다. 뇌성소리가 너무 빨라서 그 소리가 귀에 들어오기도 전에 뇌성을 내는 번개가 벼락을 친다는 말이다.

86 황제가 타는 수레로 황제라는 의미이다.

87 《재기(載記)》에는 40만이라고 되어 있지만 《진춘추》에는 30만으로 되어 있다.

서 물었다.

"진(秦)의 병사는 얼마나 되는가? 지금 많은 군사가 이미 출정하였으니, 진(秦)은 싸울 수 있을 것인가?"

이봉이 말하였다.

"진(秦)은 나라가 작고 군사도 약하여 왕사(王師)[88]의 적수가 되지 못하며, 경략(景略)[89]은 보통 정도의 재주를 가졌으며 또한 태부에게 비교할 것이 못되니 걱정거리가 못됩니다."

양침과 악숭은 말하였다.

"승패는 꾀에 달려 있지 많고 적은 것에 달려있지 아니합니다. 진(秦)이 멀리까지 와서 침입하니 어찌 싸우지 않으려고 하겠습니까? 또 우리는 마땅히 꾀를 써서 이길 것을 찾아야 하는데 어찌 싸우지 않기를 바랄 뿐입니까?"

모용위는 기뻐하지 않았다.

왕맹이 호관에서 이기고 상당태수인 안남왕(安南王) 모용월(慕容越)을 잡자 지나가는 군현에서는 모두 소문만 듣고도 항복하여 귀부하였다. 연인(燕人)들이 크게 놀랐다.

황문(黃門)시랑 봉부(封孚)가 사도부의 장사(長史) 신윤(申胤)에게 물었다.

"일이 장차 어떻게 되겠소?"

신윤이 탄식하며 말하였다.

"업(鄴)은 반드시 망할 것이고, 우리들이 지금과 같이 한다면 장래

---

88 왕의 군사, 여기에서는 연의 군사를 말한다.

89 왕맹의 자이다.

에는 진(秦)의 포로가 될 것이오. 그러나 월(越)이 세성(歲星)을 얻어서 오(吳)가 이를 정벌하다가 끝내 그 화를 받았습니다.[90] 지금의 복덕(福德)은 우리 연에 있으니, 진(秦)은 비록 뜻을 얻었지만 연이 다시 건설되는 것은 1기(紀)[91]에 지나지 않을 뿐이오."

12   대사마 환온이 광릉(廣陵, 강소성 양주시)에서 무리 2만 명을 인솔하고 원근(袁瑾)을 토벌하자, 양성(襄城, 하남성 양성현)태수 유파(劉波)를 회남(淮南)내사로 삼아 5천 명을 거느리고 석두(石頭)에 진을 치게 하였다. 유파는 유외(劉隗)의 손자이다.

계축일(11일)에 환온이 수춘(壽春)에서 원근을 패배시키고 드디어 이를 포위하였다. 연의 위(衛)장군 맹고(孟高)가 기병을 거느리고 원근을 구원하려고 하였지만 회북(淮北)에 이르러서 아직 물을 건너지 못하였는데 마침 진(秦)이 연을 정벌하자 연에서 맹고를 불러서 돌아가게 하였다.

13   광한(廣漢)의 요사(妖邪)스런 도적 이홍(李弘)이 거짓으로 한(漢)의 귀의후(歸義侯) 이세(李勢)[92]의 아들이라고 자칭하면서 무리 1만여

---

90 《좌전》에 나오는 것으로, 노 소공 32년(기원전 501년)에 오나라가 월나라를 공격하였는데, 이것이 오나라가 첫 번째로 월나라를 공격한 것이다. 사묵이 말하기를 '40년이 안 되어 월나라는 반드시 오를 소멸시킬 것이다. 왜냐하면 금년 하늘에 복성(福星)이 바로 월나라를 감싸고 있는데 오나라가 이를 침범하였으니 반드시 흉한 결과를 가져올 것이다.'라고 하였다.

91 1기는 12년이다.

92 성한, 즉 전촉의 마지막 군주이다.

명을 모아서 스스로 성왕(聖王)이라고 하고 연호를 봉황(鳳凰)이라고
하였다.

농서(隴西, 감숙성 농서현) 사람 이고(李高)가 성(成)의 주군인 이웅
(李雄)[93]의 아들이라고 사칭(詐稱)하면서 부성(涪城, 사천성 삼태현 서
북쪽)을 공격하여 깨뜨리고 양주(梁州)자사 양량(楊亮)을 쫓아냈다.
9월에 익주(益州)자사 주초(周楚)가 아들 주경(周瓊)을 파견하여 이고
를 토벌하게 하고, 또한 주경의 아들인 재동(梓潼, 사천성 재동현)태수
주효(周虎)에게 이홍을 토벌하게 하여 모두 이를 평정하였다.

---

93 성한, 즉 전촉을 세운 태종 무황제를 말한다.

14　진(秦)의 양안(楊安)이 진양(晉陽)을 공격하였는데, 진양에는 군사가 많고 식량도 충분하여 오래 되어도 함락시키지 못하였다. 왕맹이 둔기(屯騎)교위 구장(苟萇)을 남겨두어 호관(壺關)을 지키게 하고 군사를 이끌고 양안을 도와서 진양을 공격하였는데, 땅굴을 파고 호아(虎牙)장군 장자(張蚝)에게 건장한 병사 수백 명을 인솔하고 성 안으로 몰래 들어가서 크게 소리를 지르면서 관문을 부수고 진(秦)의 군사를 받아들이게 하였다.

신사일(10일)에 왕맹과 양안이 진양에 들어가고, 연의 병주자사인 동해왕(東海王) 모용장(慕容莊)을 붙잡았다. 태부 모용평(慕容評)이 왕맹을 두려워하여 감히 앞으로 나가지 아니하고 노천(潞川, 산서성 여성현 남쪽)에 주둔하였다. 겨울, 10월 신해일(10일)에 왕맹이 장군인 무도(武都, 감숙성 성현) 사람 모당(毛當)을 남겨두어 진양을 지키게 하고 군사를 노천으로 진격시켜서 모용평과 서로 대치하였다.

임술일(21일)에 왕맹이 장군 서성(徐成)을 파견하여 연의 군사 형편과 요새 지역을 살펴보게 하였는데, 정오까지로 기약하였지만 어둑어둑할 때 돌아오자 왕맹이 화가 나서 장차 그의 목을 베려고 하였다. 등강(鄧羌)이 그에게 청하며 말하였다.

"지금 도적[94]들은 많고 우리는 적으며 날이 밝으면 싸워야 합니다. 서성은 대장이니 의당 또한 그를 용서해야 할 것입니다."

왕맹이 말하였다.

"만약에 서성을 죽이지 않으면 군법이 제대로 서지 않는다."

등강이 굳게 청하며 말하였다.

"서성은 저 등강의 군장(郡將)[95]인데 모름지기 기한을 어겨서 응당 목을 베어야 하나 저 등강이 바라건대 서성과 더불어 본보기로 싸워서 그 죄를 대속(代贖)하게 해 주십시오."

왕맹이 허락하지 않았다.

등강이 화가 나서 군영으로 돌아와 군사를 엄하게 정리하여서 북을 치며 장차 왕맹을 공격하려고 하였다. 왕맹이 그 연고를 물었다. 등강이 말하였다.

"조서(詔書)를 받고 멀리까지 와서 도적들을 토벌하는데, 지금은 가까운 곳에 도적이 있지만 서로 죽이려고 하니 먼저 그것을 없애려고 한다."

왕맹은 등강이 의롭고 용기가 있다고 말하고 사람을 시켜서 말하였다.

"장군은 중지하시오. 내가 지금 그를 사면하였소."

서성이 사면되자 등강이 왕맹에게 가서 사죄하였다.

왕맹이 그의 손을 잡고 말하였다.

---

94 연을 말한다.

95 태수를 말한다.

"내가 장군을 시험했을 뿐이고, 장군이 군장에게도 오히려 이러하니 하물며 국가인 경우에야. 나는 다시는 도적들을 걱정하지 않겠소."

태부 모용평(慕容評)은 왕맹이 현군(懸軍)[96]으로 깊이 들어왔으므로 오랫동안 버텨가지고 이를 제압하려고 하였다. 모용평은 사람됨이 탐욕스럽고 비루하여 산과 샘을 막아버리고 땔나무와 물을 팔아서 돈과 비단을 언덕만큼 쌓아놓으니 사졸(士卒)들이 원망하고 분하게 생각하여 싸울 생각을 갖지 않았다.

왕맹이 이 말을 듣고 웃으며 말하였다.

"모용평은 정말로 못난 녀석이어서 비록 억조(億兆)나 되는 무리라고 하여도 두려워할 것이 없을 터인데 하물며 10만 명 정도야! 내가 지금 그를 격파하는 것은 분명하다."

마침내 유격(游擊)장군 곽경(郭慶)을 파견하여 기병 5천 명을 인솔하고 밤중에 샛길로 나아가서 모용평의 군영 뒤로 가서 모용평의 치중(輜重)을 불태우니 불빛이 업(鄴)에서도 보였다.[97]

연의 주군 모용위가 두려워서 시중 난이(蘭伊)를 파견하여 모용평을 나무라며 말하였다.

"왕은 고조(高祖)[98]의 아들인데 마땅히 종묘와 사직을 걱정해야지 어찌하여 싸우는 병사를 위무(慰撫)하지는 않고 땔나무와 물을 독점 판매하여 오직 재산 늘리는 것에만 마음을 두었단 말이오? 부고(府庫)

---

96 보급로가 가늘고 길게 늘어진 상태에서 적진 속에 들어가 있는 군대를 말한다.

97 노천과 업과의 거리는 90*km* 정도 떨어져 있고 중간에 태행산이 있는데도 불빛이 보였다고 하니 사실이라면 그 불의 정도를 짐작할 수 있다.

98 모용외를 말한다.

에 쌓여 있는 것은 짐이 왕과 이를 함께 사용할 것인데, 어찌하여 가난하게 될 것을 걱정한단 말이오? 만약 도적들의 군사가 끝내 나온다면 집안과 나라가 망해버릴 것인데, 왕이 돈과 비단을 갖고 있어도 편안하게 그것을 둘 수 있겠소?"

마침내 그의 돈과 비단을 모두 흩어서 군사들에게 주도록 명령하고, 또한 싸우도록 재촉하였다. 모용평이 크게 두려워하여 사자를 파견하여 왕맹에게 싸우자고 청하였다.

갑자일(23일)에 왕맹이 위원(渭源)[99]에서 진을 치고 맹세하여 말하였다.

"나 왕경략(王景略)이 국가의 두터운 은혜를 받고 안팎의 직책을 겸직하고 있는데, 지금 여러분과 더불어 깊숙이 도적들의 땅으로 들어왔으니, 마땅히 힘을 다하다 죽을 것이며 전진하는 것은 있을지라도 후퇴하는 것은 없을 것이고, 함께 큰 공로를 세워서 국가에 보답하여 밝으신 군주의 조정에서 작위를 받고 부모님의 방에서 술잔을 올린다면[100] 또한 아름답지 아니한가?"

무리들이 모두 뛸듯하였고 솥을 깨뜨리고 양식을 버리고 큰 소리를 지르면서 다투어 나아갔다.

왕맹은 연의 병사가 많은 것을 바라보고 등강에게 말하였다.

"오늘의 일은 장군이 아니면 강한 적을 깨뜨릴 수 없는데, 성패의 기

---

99 위원은 이들이 싸운 곳인 산서성 여성현에서 발원하거나 지나지 않고 있다. 그러므로 사마광의 《계고록》에는 청원(淸源), 두우의 《통전》에는 노원(潞源)이라 하였고, 《수경주》에는 열수(涅水)가 노현에서 근원한다고 되어 있으므로 혹은 열원(涅源)일 수도 있다.

100 승리한 다음에 고향에 돌아갔을 때의 상황을 표현한 것이다.

틀이 이 한 번의 거사에 있으니 장군께서는 이들을 부지런하게 하시오.”

등강이 말하였다.

“만약에 사예(司隷)[101]를 줄 수 있을 것이라면 공께서는 걱정하지 마십시오.”

왕맹이 말하였다.

“이는 내가 할 것이 아니요.”

반드시 안정(安定, 감숙성 경천현)태수·만호후(萬戶侯)에 있게 할 것이라고 하니 등강이 기뻐하지 않고 물러났다.

잠시 뒤에 병사들의 교전이 이루어지자 왕맹이 등강을 불렀으나 등강이 누워서 응답하지 않았다. 왕맹이 말을 달려 그에게 그것을 허락하니 등강이 마침내 장막 안에서 술을 잔뜩 먹고 장자(張蚝)와 서성 등과 더불어 말에 올라 창을 움직이며 연의 진지로 말을 달려가서 수삼 차 들락날락하였는데, 마치 아무도 없는 듯이 하며 죽이고 상하게 한 사람이 수백 명이었다.

해가 중간에 오를 쯤에 연의 군사는 대패하고, 포로로 잡아 목을 벤 것이 5만여 명이고, 이긴 기세를 타고서 추격하여 죽인 것과 항복 받은 사람이 또한 10만여 명이었다. 모용평이 혼자 말을 타고 달아나서 업으로 돌아갔다.

❖ 최홍(崔鴻)[102]이 말하였습니다.

---

101 사예교위를 말한다. 이는 수도가 있는 지역의 책임자이다.

102 《16국춘추》를 지은 사람이다.

"등강이 군장(郡將)을 살려달라고 하면서 법을 어지럽히고 사사로움을 좇았는데, 군사를 챙겨서 왕맹을 공격하려고 한 것도 자기 위에 아무도 없다는 뜻이며, 싸우기에 앞서서 미리 사예(司隷)교위를 시켜달라고 한 것은 군주에게 요구한 것이니, 이 세 가지를 갖고 있다면 죄는 얼마나 큰가?

왕맹이 그의 단점을 용납하고 그의 장점을 거두었는데, 마치 용맹스러운 호랑이를 길들이거나 사나운 말을 다루어서 성공한 것과 같다. 《시경(詩經)》에서 말하기를 '봉(葑)이나 비(菲)[103]를 따면 되었지 밑에 있는 몸통이야 상관할 것 없다.'[104]고 하였으니, 왕맹을 두고 말한 것이다."

---

103 봉과 비는 모두 나물 종류이다. 이 나물의 몸체인 뿌리는 경우에 따라서는 먹을 수도 있고 못 먹을 경우도 있다.

104 먹을 수 있는 부분만 딸 수 있으면 되었지 뿌리까지 생각할 필요는 없다는 뜻이다.

연의 주군 모용위의 항복

15   진(秦)의 병사들이 멀리까지 나아가 동쪽으로 가서 정묘일(26일)에는 업(鄴)을 포위하였다. 왕맹이 상소문을 올렸다.

"신(臣)이 갑자일(23일)에 더러운 무리들을 크게 섬멸하였습니다. 폐하의 어질고 아껴주시는 뜻을 좇아서 6주(州)[105]에 있는 병사들이 깨닫지 못하는 사이에 주군을 바꾸었으니 스스로 미욱함을 지키고 명령을 어기는 사람이 아니면 하나도 해를 주지 않았습니다."

진왕(秦王) 부견이 이에 회보하였다.

"장군의 전역(戰役)은 한 계절을 넘기지 아니하고 으뜸가는 악한 사람을 이기고 들어버렸으니, 그 공훈은 옛날 사람보다 높소. 짐이 지금 친히 6군(軍)을 인솔하고 별을 보면서 출발할 것이오. 장군께서는 장사(將士)들을 휴양하게 하고 짐이 도착할 때를 기다려서 그런 다음에 그것을 빼앗으시오."

왕맹이 아직 도착하지 않았는데 업(鄴)의 근처에서는 겁탈하는 일이 공공연하게 행해졌지만, 왕맹이 도착하게 되자 멀고 가까운 곳이 질서

---

105 연의 지배 하에 있던 주를 말한다.

정연하게 되고 호령이 엄하고 분명하며, 군사들이 사사롭게 침범하는 일이 없고 법령은 간단하였지만 정치는 관대하여 연의 백성들은 각기 그 자신의 직업에서 편안하게 느끼게 되니 또한 말하였다.

"기대하지도 않았는데 오늘 태원왕(太原王)을 다시 보게 되었구나!"

왕맹이 이 소식을 듣고 탄식하며 말하였다.

"모용현공(慕容玄恭)[106]이 기이한 선비라고 하더니 정말로 옛날의 백성을 사랑했던 유풍(遺風)이라고 하겠다!"

태뢰(太牢)[107]를 준비하여 그에게 제사를 지냈다.

11월에 진왕(秦王) 부견이 이위(李威)를 남겨서 태자를 보필하여 장안을 지키게 하고, 양평공(陽平公) 부융(苻融)에게는 낙양을 진수하게 하고, 스스로 정예의 병사 10만 명을 인솔하고 업으로 가는데, 7일 만에 안양(安陽)에 도착하여 조부(祖父)[108] 시절의 옛 노인들에게 연회를 베풀었다.

왕맹이 몰래 안양에 가서 부견을 알현하니 부견이 말하였다.

"옛날에 주아부(周亞夫)는 한(漢)의 문제를 영접하지 아니하였는데,[109] 지금 장군이 적과 맞대고 있으면서 군사를 버렸으니 어쩐 일이오?"

왕맹이 말하였다.

---

106 연의 태원왕이었던 모용각을 말한다. 모용각의 자가 현공이다.

107 제일 큰 제사로 소·양·돼지를 각 한 마리씩 잡아서 지내는 제사이다.

108 부견의 할아버지인 부홍을 말한다.

109 이 사건은 전한시대 문제 6년(기원전 158년)에 일어났고, 그 내용은 《자치통감》권15에 보인다.

"주아부는 앞에서 인주를 물리쳐서 명성을 구하였지만 신(臣)은 가만히 이를 하찮게 생각합니다. 또 신은 폐하의 위엄과 신령함을 받들고 곧 망할 야만인을 치고 있으니 비유하자면 가마솥에 있는 물고기인데 어찌 염려하겠습니까? 감국(監國)[110]은 유충(幼沖)하신데 난가(鸞駕)가 멀리까지 왕림하시니 정상을 벗어나서 걱정거리가 있게 되면 이를 후회하여도 어찌 따라잡겠습니까? 폐하께서는 신이 파상(灞上)에서 한 말을 잊으셨습니까?"

애초에, 연의 의도왕(宜都王) 모용환(慕容桓)이 무리 1만여 명을 인솔하고 사정(沙亭, 하북성 대명현 동쪽)에 주둔하고서 태부 모용평의 뒤를 잇게 되었는데, 모용평이 패배하였다는 소식을 듣고 군사를 이끌고 내황(內黃, 하남성 내황현)에 주둔하였다.

부견이 등강에게 신도(信都, 하북성 기현)를 공격하게 하였다. 정축일(6일)에 모용환이 선비족(鮮卑族) 5천 명을 인솔하고 용성(龍城)으로 도망하고, 무인일(7일)에 연의 산기(散騎)시랑 여울(餘蔚)이 부여(扶餘)와 고구려(高句麗) 그리고 상당(上黨)의 인질[111] 500여 명을 인솔하고 밤에 업(鄴)의 북쪽 문을 열고 진(秦)의 병사들을 받아들이니, 연의 주군 모용위와 상용왕 모용평·낙안왕 모용장·정양왕(定襄王) 모용연(慕容淵)·좌위(左衛)장군 맹고(孟高)·전중(殿中)장군 애랑(艾朗) 등이 용성으로 달아났다. 신사일(10일)에 진왕(秦王) 부견이 업(鄴)에 있는

---

110 국가를 감독한다는 의미인데, 군주가 도읍지를 떠날 경우 도읍지에 남아서 국가의 모든 일을 처리하도록 하는 것을 말한다. 이 경우에 황제인 부견이 도읍을 떠나서 전장으로 향하고 있기 때문에 태자 부굉을 감국으로 삼았던 것이다.

111 연에 인질로 와있던 사람들을 말한다.

궁전에 들어갔다.

　모용수(慕容垂)가 연의 공경(公卿)과 대부(大夫)와 옛날의 관료들을 보고서 성난 얼굴을 하였다. 고필(高弼)[112]이 모용수에게 말하였다.

　"대왕께서는 조종이 오래 쌓은 밑천에 의지하여 영웅호걸과 세상에서 뛰어난 지략을 짊어지시고, 바로 액운을 만나 밖에 몸을 맡기셔서 사셨습니다. 지금 비록 국가가 기울어져서 전복되었지만 어찌 그것이 부흥시키는 운이 시작되는 것이 아님을 알 것입니까?

　어리석은 저는 우리나라의 옛 사람들이 강이나 바다와 같은 도량을 품으시고 그들의 마음을 위로하며 연결하셔서 삼태기를 뒤엎어 흙을 쌓아가는 기초를 세우시고 구인(九仞)을 이루는 공로[113]를 세우셔야지 어찌하여 한 번 화를 내고 이를 던져버리십니까? 어리석은 저는 가만히 대왕을 위하여 말씀드린다면 그렇게는 하지 마십시오."

　모용수가 기뻐하며 이를 좇았다.

　연의 주군 모용위가 업(鄴)을 출발하면서는 위사(衛士)는 오히려 1천여 명이었으나, 이미 성을 빠져 나오고 나서는 모두가 흩어져서 오직 10여 기(騎)만이 좇아서 가니, 진왕(秦王) 부견이 유격(游擊)장군 곽경(郭慶)에게 그들을 추격하게 하였다. 때로는 길이 어려워서 맹고가 모용위를 부축하여 모시고 두 왕[114]을 호위하니 그는 대단히 피곤한데,

---

112 고필은 모용수를 좇아서 진으로 도망하였던 사람이었으므로 진언(進言)할 수 있었다.

113 산을 만들 경우에도 스스로 한 삼태기의 흙을 갖다가 엎어 붓는 데서 출발하여 9인이나 되는 산을 만들게 되는 것을 비유한 말이다. 1인은 8척이므로 9인은 72척이다.

114 안락왕 모용장과 정양왕 모용연이다.

또 있는 곳에서는 도적을 만나서 이리저리 싸우며 앞으로 나아갔다.

며칠 만에 복록(福祿)[115]에 도착하여서 무덤에 의지하여 말안장을 풀고 쉬는데, 도적 20여 명이 갑자기 닥치니 모두 활과 화살을 가지고 있어서 맹고(孟高)가 칼을 가지고 싸워서 수 명을 죽였다. 맹고의 힘이 끝까지 가니 스스로 반드시 죽을 것이라고 생각하고 마침내 곧바로 앞으로 가서 한 명의 도적을 잡아서 땅에다 팽개치고 큰 소리로 말하였다.

"남자로서 끝이로구나!"

남아 있던 도적들이 옆에서 맹고를 쏘아서 죽였다.

애랑(艾朗)이 맹고가 홀로 싸우는 것을 보고 또한 돌아와서 도적에게로 달려가서 함께 죽었다. 모용위가 말을 잃어버리고 걸어서 달아나는데, 곽경이 뒤쫓아 가서 고양(高陽, 하북성 고양현 동쪽 업성)에서 따라잡고, 부장(部將) 거무(巨武)가 장차 그를 결박하려 하자 모용위가 말하였다.

"너는 어느 소인인데 감히 천자를 결박하느냐?"

거무가 말하였다.

"나는 조서(詔書)를 받고 도적을 쫓아왔는데, 어찌 천자라고 하느냐?"

잡아가지고 진왕(秦王) 부견에게 데리고 가니 부견이 그가 항복하지 않고 도망한 상황을 힐문하자 대답하였다.

"여우도 죽을 때는 언덕으로 머리를 대고 있으니, 먼저 돌아가신 분들의 무덤으로 돌아가서 죽으려고 하였을 뿐이오."[116]

---

115 어느 곳인지 분명치 않다.

116 이때 모용위는 겨우 21세였다. 모용씨의 선대는 모두 창여에 장사지냈다.

부견이 그를 애달프게 생각하여 풀어주고, 궁궐로 돌아가서 문무관원을 인솔하고 나와서 항복하게 하였다.[117] 모용위가 맹고와 애랑의 충성을 부견에게 칭찬하니 부견이 후하게 염습하여 장사지내게 하며, 그의 아들을 낭중(郎中)으로 삼았다.

곽경이 나아가서 용성(龍城)에 이르니 태부 모용평이 고구려로 달아나고, 고구려는 모용평을 잡아서 진(秦)으로 호송하였다. 의도왕 모용환이 진동(鎭東)장군인 발해왕(勃海王) 모용량(慕容亮)을 죽이고 그의 무리를 합병하고서는 요동(遼東)으로 달아났다. 요동태수 한조(韓稠)가 먼저 이미 진(秦)에 항복하였는데, 모용환이 도착하였으나 들여보내지를 않자 이를 공격하였으나 이기지 못하였다. 곽경이 장군 주억(朱嶷)을 파견하여 이를 치니 모용환이 무리들을 버리고 홀로 달아나고, 주억이 그를 잡아서 죽였다.

여러 주(州)의 주목과 태수 그리고 6이(夷)의 우두머리들이 모두 진(秦)에 항복하니 무릇 157개 군과 2백46만 호(戶), 인구 9백99만 명을 얻었다. 연의 궁인(宮人)과 진기한 보배를 장사(將士)들에게 나누어주었다.

조서를 내려서 크게 사면하고 말하였다.

"짐이 덕이 적고 박하지만 빛나는 천명을 외람되이 이었는데, 먼 곳에 있는 사람들을 덕을 가지고 품어주고, 사유(四維)[118]를 부드럽게 복종시킬 수 없어서 전차(戰車)를 여러 번 타게 하여 이 백성들에게 해를

---

117 진 목제 영화 8년(337년)에 연의 주군 모용준이 칭제하고 아들 모용위에게 전해 주고 나서 19년에 망하니 역사에서 부르는 전연은 34년 만에 망한 것이며, 이로써 전진·동진·전량 세 나라가 병존하게 된다.

118 사방을 말한다.

끼쳤으니, 비록 백성들의 허물이 있다고 하여도 그러나 또한 짐의 죄로다. 그리하여 천하에 크게 사면을 내리니 이와 더불어 새로이 시작하라."

애초에, 양침(梁琛)이 진(秦)에 사신으로 가면서[119] 시연(侍輦)[120] 구순(苟純)을 부사로 하였다. 양침이 매번 응답할 때마다 먼저 구순에게 알리지 않으니, 구순이 이것을 한스럽게 생각하고 돌아와서 연의 주군 모용위에게 말하였다.

"양침이 장안에서 왕맹과 더불어 아주 친하게 지냈는데, 다른 모의를 했을까 의심이 됩니다."

양침은 또한 자주 진왕(秦王) 부견과 왕맹의 훌륭한 점을 칭찬하고, 또한 진(秦)이 장차 군사를 일으킬 것이니 의당 이를 위하여 대비해야 한다고 말하였다.

이미 그리하였는데 진(秦)이 과연 연을 정벌하고 양침의 말처럼 되니 모용위는 양침이 그 사정을 알았을 것이라고 의심하였다. 모용평이 패배하기에 이르자 드디어 양침을 잡아서 옥에 가두었다. 진왕(秦王) 부견이 업(鄴)에 들어가서 그를 석방하고 중서저작랑(中書著作郞)에 제수하고 불러서 보고 그에게 말하였다.

"경은 예전에 상용왕(上庸王)과 오왕(吳王)[121]이 모두 장상의 기이한 재주를 가졌다고 말하였는데, 어찌하여 계획을 세울 수가 없어서 스스로 나라를 망하게 하였소?"

---

119 1년 전인 해서공 태화 4년(369년)에 진(秦)에 사신으로 갔을 때를 말한다.

120 연에서 두었던 관직명으로 황제와 아주 가까이 있는 직책이다.

121 모용평과 모용수를 말한다.

대답하였다.

"천명(天命)이 일으키고 폐지하려는 것을 어찌 두 사람이 옮길 수 있는 것이겠습니까?"

부견이 말하였다.

"경은 기미(幾微)를 살펴볼 줄 모르면서 헛되이 연을 아름답다고 칭찬하였는데, 충성으로 스스로를 막지 못하고 오히려 몸에 화를 입게 되니 지혜로운 사람이라고 할 수 있겠소?"

대답하였다.

"신이 듣기로는 '기(幾)라는 것은 움직임이 미미한 것이며 길(吉)한 일[122]에서 먼저 보이는 것이라'고 하였습니다. 신과 같이 어리석고 아둔한 사람이 실제로 미칠 수 있는 것이 아닙니다. 그러나 신하 된 사람에게는 충성만한 것이 없고 자식 된 사람에게는 효도만한 것이 없으니, 스스로 하나의 지극한 마음을 갖지 않은 사람이면 충효(忠孝)를 처음부터 끝까지 보존할 수 없습니다.

이리하여서 옛날의 열사들은 위험한데 이르러서도 고치지 않고, 죽음을 보고도 피하지 않아서 군주와 부모를 위해 목숨을 바칩니다. 저들 기미(幾微)를 아는 자들이 마음으로 안위(安危)에 관심을 갖고, 몸으로 거취(去就)를 택하다가 집안과 나라를 돌아보지 않았지만, 신이 사신으로 가서 이것을 알았다 하여도 오히려 차마 하지 못하였을 것인데 하물며 미치지도 못한 경우에서야!"

부견이 열관(悅綰)의 충성스러움을 듣고,[123] 만나 볼 수 없는 것을

---

122 다른 판본에는 길(吉) 아래에 흉(凶)이라는 글자가 더 들어가 있으므로 이 경우라면 길흉(吉凶)으로 보아야 한다.

한스럽게 생각하여 그의 아들을 낭중에 임명하였다.

부견은 왕맹을 사지절·도독관동육주제군사[124]·거기(車騎)대장군·개부의동삼사·기주목(冀州牧)으로 삼아 업(鄴)에서 진수하게 하고, 작위를 올려서 청하군후(淸河郡侯)로 삼고, 모용평의 집에 있던 물건들을 모두 그에게 하사하였다.

양안(楊安)에게 박평현후(博平縣侯)를 하사하고, 등강을 사지절·정로(征虜)장군·안정(安定)태수로 삼아 진정군후(眞定郡侯)의 작위를 하사하였으며, 곽경을 지절·도독유주제군사[125]·유주자사로 삼아 계(薊)를 진수하게 하고 양성후(襄城侯)의 작위를 하사하였다. 그 나머지 장사(將士)들에게 책봉하거나 상을 준 것이 각기 차등 있게 하였다.

부견이 경조(京兆, 서안) 사람 위종(韋鍾)을 위군(魏郡, 하북성 임장현)태수로 삼고, 팽표(彭豹)를 양평(陽平, 하북성 대명현)태수로 삼고, 그 나머지의 주와 현의 주목·태수·현령·현장은 모두 옛날에 했던 것을 좇아서 그 직책을 주었다.

연의 상산(常山, 하북성 대명현)태수 신소(申紹)를 산기(散騎)시랑으로 삼고, 산기시랑인 경조 사람 위유(韋儒)와 더불어 모두 수의사자(繡衣使者)[126]가 되어서 관동(關東)의 주와 군을 순시하게 하고, 풍속을

---

123 열관은 연의 상서좌복야로 태화 3년(368년)에 연을 위한 중요한 일을 하였는데, 이에 관한 일은《자치통감》권101에 실려 있다.

124 관동 6주의 모든 군사에 관한 일을 감독하는 관직명이다.

125 유주지역의 모든 군사에 관한 일을 감독하는 관직명이다.

126 황제가 특별히 파견하는 사자로 수를 놓은 의복을 입었다. 수의사자에는 연과 진 사람을 나란히 기용하였으니, 연인을 채용한 것은 그들이 관동습관에 익숙하고, 진인을 채용한 것은 부견의 덕정을 선양하려는 것이었다.

살피게 하고 농업과 잠상을 권고하며 가난하고 고단한 사람을 구휼(救恤)하며 죽은 사람을 거두어 장사지내고, 절개 있는 행동을 한 사람을 표창하고 연시절의 정치에서 백성들에게 불편하였던 것은 모두 이를 고치거나 없앴다.

12월에 진왕(秦王) 부견이 모용위와 연의 후비·왕공·백관들과 선비족 4만여 호를 장안으로 옮겼다.

왕맹은 양침을 주부로 삼아 기실독(記室督)의 업무를 관장[127]하도록 해달라는 표문을 올렸다. 다른 날에 왕맹이 소속한 관료들과 한가롭게 이야기 하다가 연 조정의 사자(使者)가 이르자 왕맹이 말하였다.

"사람의 마음이란 같지 않은 것이니, 옛날의 양군(梁君)이 장안에 왔을 때 오직 본국의 조정을 아름답다고 하였고, 악군(樂君)은 다만 환온의 군사가 강성하다는 것을 이야기 하였으며, 학군(郝君)[128]은 그 나라의 폐단을 조금만 말하였다."

참군 풍탄(馮誕)이 말하였다.

"지금 세 사람은 모두 우리나라의 신하인데, 감히 묻건대 신하를 뽑는 도리에서 무엇이 먼저입니까?"

왕맹이 말하였다.

"학군(郝君)이 기미를 아는 사람이니 우선으로 보아야 할 것이다."

풍탄이 말하였다.

"그렇다면 밝으신 공께서는 정공(丁公) 같은 사람에게 상주고, 계포

---

127 기실독은 삼공 등 일품 관원에게 속한 관료로서 장(章)·표(表)·서(書)·기(記)·문(文)·격(檄) 같은 사무를 책임지는 업무이며, 이 경우에는 영직이었다.

128 양군(梁君)은 양침이고, 악군(樂君)은 악숭(樂嵩)이며, 학군(郝君)은 학구(郝晷)를 말하고, 본국 조정이란 모두 연을 말한다.

(季布) 같은 사람을 주살하시겠군요.[129]"

왕맹이 크게 웃었다.

진왕(秦王) 부견이 업(鄴)에서 방두(枋頭, 하남성 준현의 동남쪽 기문나루)로 가서 부로들에게 연회를 베풀고, 방두라는 명칭을 고쳐서 영창(永昌)이라고 하고, 자기가 죽을 때까지 부역을 면제시켜 주었다. 갑인일(14일)에 장안에 도착하여 모용위를 신흥후(新興侯)로 책봉하고, 연의 옛날 신하 모용평(慕容評)을 급사중으로 삼고, 황보진(皇甫眞)을 봉거(奉車)도위로 삼고, 이홍(李洪)을 부마(駙馬)도위로 삼으며,[130] 모두 봉조청(奉朝請)[131]으로 하고, 이규(李邦)를 상서로 삼고, 봉형(封衡)을 상서랑(尙書郎)으로 삼고, 모용덕(慕容德)을 장액(張掖, 감숙성 장액현) 태수로 삼고, 연국(燕國)의 평예(平叡)를 선위(宣威)장군으로 삼고, 실라등(悉羅騰)을 삼서랑으로 삼고, 그 나머지는 각기 차등 있게 책봉하고 관직에 임명하였다. 봉형은 봉유(封裕)의 아들이다.

연의 옛 태사 황홍(黃泓)이 탄식하며 말하였다.

"연은 반드시 중흥할 것인데, 그것은 오왕(吳王)[132]에게 달려 있다. 내가 늙어서 보지 못하게 되는 것을 한탄할 뿐이다."

급군(汲郡, 하남성 급현) 사람 조추(趙秋)가 말하였다.

---

129 정공과 계포는 모두 유방과 항우가 다툴 때의 인물이다. 두 사람은 모두 항우의 장수이자 유방을 괴롭혔던 인물로, 정공은 유방을 한 번 놓아준 적이 있었는데, 유방이 천하를 통일한 뒤에 계포를 사면하였지만 정공은 자기의 주군(항우)에게 불충하였다 하여 참수하였다.

130 이상 세 사람은 연의 삼공이었다.

131 특히 어전회의에 참가하는 것을 허락하는 것을 말한다.

132 모용수를 말한다.

"천도(天道)는 연에 있으니 15년이 못되어서 진(秦)은 반드시 연의 소유가 될 것이다."

모용환(慕容桓)의 아들 모용봉(慕容鳳)은 나이가 열한 살이었는데, 속으로 복수하고자 하는 뜻을 갖고 있어서 선비족(鮮卑族)과 정령(丁零)부락 가운데 기개와 뼈대가 있는 사람들은 모두 몸을 기울여서 그들과 교제를 맺었다.

권익(權翼)[133]이 그를 보고 말하였다.

"아이는 바야흐로 재주와 명망으로 스스로 드러나야 할 것이지 네 아버지를 본받아 천명을 모르면 안 된다."

모용봉이 성난 기색으로 말하였다.

"먼저 돌아가신 왕께서는 충성을 세우려고 하였다가 끝을 보지 못하였는데, 이는 신하 된 사람의 절개입니다. 군후(君侯)의 말씀을 들으면 어떻게 장래에 대의(大義)를 권장하겠습니까?"

권익이 얼굴을 고치고 사과하고, 진왕(秦王) 부견에게 말하였다.

"모용봉의 기개가 있고 재주와 도량을 갖고 있지만 다만 이리 같은 야심을 가졌으니, 끝내 다른 사람에게 등용되지 못할까 걱정일 뿐입니다."

16 진(秦)에서는 옹주(雍州)를 줄였다.[134]

17 이 해에 구지공(仇池公)[135] 양세(楊世)가 죽었고, 그의 아들 양찬

---

133 우복야였다.

134 옹주를 사예에 포함시키고 옹주를 없앤 것이다.

(楊纂)이 뒤를 잇고 처음으로 진(秦)과 절교(絶交)하였다. 숙부인 무도
(武都, 감숙성 성현)태수 양통(楊統)이 그와 더불어 나라를 가지고 다투
다가 군사를 일으켜서 서로 공격하였다.*

---

135 구지는 감숙성 서화현의 서쪽에 있는 독립집단이다.

❖ 황제계보도

진(晉)

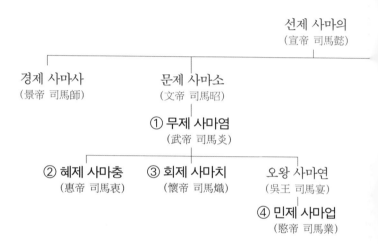

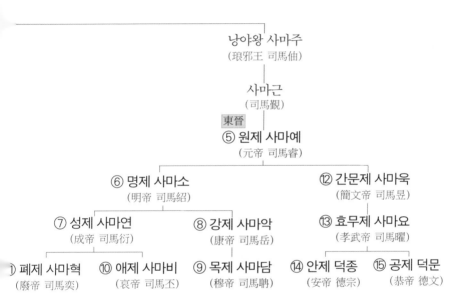

낭야왕 사마주
(琅邪王 司馬伷)

사마근
(司馬覲)

東晉
⑤ 원제 사마예
(元帝 司馬睿)

⑥ 명제 사마소
(明帝 司馬紹)

⑫ 간문제 사마욱
(簡文帝 司馬昱)

⑦ 성제 사마연
(成帝 司馬衍)

⑧ 강제 사마악
(康帝 司馬岳)

⑬ 효무제 사마요
(孝武帝 司馬曜)

⑪ 폐제 사마혁
(廢帝 司馬奕)

⑩ 애제 사마비
(哀帝 司馬丕)

⑨ 목제 사마담
(穆帝 司馬聃)

⑭ 안제 덕종
(安帝 德宗)

⑮ 공제 덕문
(恭帝 德文)

5호16국표

는 16국에 들어가지 않음

종족	나라이름	기 간	창 업 자	도 읍 지
匈奴	前趙(漢)	304~329년	劉淵	平陽(한)
			劉曜	長安(전조)
	北涼	397~439년	段業	張掖
			沮渠蒙遜	
	夏	407~431년	赫連勃勃	統萬
羯	後趙	319~350년	石勒	襄國 → 鄴城
鮮卑	前燕	384~409년	慕容廆	龍城 → 薊 → 鄴城
	後燕	337~370년	慕容垂	中山
	西燕 ★	384~394년	慕容冲	長安 → 長子
	南燕	398~410년	慕容德	廣固
	西秦	385~431년	乞伏國仁	勇士堡 → 金城
	南涼	397~414년	禿髮烏孤	兼川堡 → 樂都
	遼西 ★	303~338년	段務勿塵	令支
	代(魏) ★	315~376년	拓跋猗廬	盛樂(北都) 平城(南都)
氐	成漢	302~347년	李特	成都
	前秦	351~394년	苻洪	長安
	後涼	386~403년	呂光	姑臧
	仇池 ★	296~371년	楊茂搜	仇池
羌	後秦	384~417년	姚弋仲	長安
漢人	前涼	301~376년	張軌	姑臧
	魏 ★	350~352년	冉閔	鄴城
	西涼	400~420년	李暠	酒泉
	北燕	409~436년	馮跋	和龍
	後蜀 ★	405~413년	譙縱	成都

資治通鑑 卷097

【晉紀十九】

起玄黓攝提格(壬寅) 盡強圉協洽(丁未) 凡六年.

❖ **顯宗成皇帝下 咸康 8年(壬寅, 342年)**

1 春 正月 己未朔 日有食之.

2 乙丑 大赦.

3 豫州刺史庾懌以酒餉江州刺史王允之 允之覺其毒 飲犬 犬斃 密奏之. 帝曰"大舅已亂天下 小舅復欲爾邪!"二月 懌 飲鴆而卒.

4 三月 初以武悼后配食武帝廟.

5 庾翼在武昌 數有妖怪 欲移鎮樂鄉. 征虜長史王述與庾冰 牋曰"樂鄉去武昌千有餘里 數萬之衆 一旦移徙 興立城壁 公

私勞擾. 又江州當沂流數千里 供給軍府 力役增倍. 且武昌實
江東鎭戍之中 非但扞禦上流而已 緩急赴告 駿奔不難. 若移
樂鄕 遠在西陲 一朝江渚有虞 不相接救. 方嶽重將 固當居要
害之地 爲內外形勢 使闚覦之心不知所向. 昔秦忌亡胡之讖 卒
爲劉·項之資 周惡檿弧之謠 而成褒姒之亂. 是以達人君子 直
道而行 禳避之道 皆所不取 正當擇人事之勝理 思社稷之長計
耳." 朝議亦以爲然. 翼乃止.

6　夏 五月 乙卯 帝不豫 六月 庚寅 疾篤. 或詐爲尙書符 敕
宮門無得內宰相 衆皆失色. 庾冰曰"此必詐也." 推問 果然.
帝二子丕·奕 皆在繈褓. 庾冰自以兄弟秉權日久 恐易世之後
親屬愈疏 爲他人所間 每說帝以國有強敵 宜立長君 請以母親
弟琅邪王岳爲嗣 帝許之. 中書令何充曰"父子相傳 先王舊典
易之者鮮不致亂. 故武王不授聖弟 非不愛也. 今琅邪踐阼 將
如孺子何!" 冰不聽. 下詔 以岳爲嗣 幷以奕繼琅邪哀王. 壬
辰 冰·充及武陵王晞·會稽王昱·尙書令諸葛恢幷受顧命.
癸巳 帝崩. 帝幼沖嗣位 不親庶政 及長 頗有勤儉之德.

7　甲午 琅邪王卽皇帝位 大赦.

8　己亥 封成帝子丕爲琅邪王 奕爲東海王.

9　康帝亮陰不言 委政於庾冰·何充. 秋 七月 丙辰 葬成帝

于興平陵. 帝徒行送喪 至閶闔門 乃升素輿至陵所. 既葬 帝臨
軒 庾冰·何充侍坐. 帝曰"朕嗣鴻業 二君之力也." 充曰"陛
下龍飛 臣冰之力也 若如臣議 不覩升平之世." 帝有慙色. 己
未 以充爲驃騎將軍·都督徐州·揚州之晉陵諸軍事·領徐州
刺史 鎭京口 避諸庾也.

10　冬 十月 燕王皝遷都龍城 赦其境內.

　建威將軍翰言於皝曰"宇文强盛日久 屢爲國患. 今逸豆歸簒
竊得國 羣情不附. 加之性識庸暗 將帥非才 國無防衛 軍無部
伍. 臣久在其國 悉其地形 雖遠附强羯 聲勢不接 無益救援 今
若擊之 百擧百克. 然高句麗去國密邇 常有闚闞之志. 彼知宇
文既亡 禍將及己 必乘虛深入 掩吾不備. 若少留兵則不足以守
多留兵則不足以行. 此心腹之患也 宜先除之 觀其勢力 一擧可
克. 宇文自守之虜 必不能遠來爭利. 既取高句麗 還取宇文 如
返手耳. 二國既平 利盡東海 國富兵强 無返顧之憂 然後中原
可圖也." 皝曰"善!"

　將擊高句麗. 高句麗有二道 其北道平闊 南道險狹 衆欲從北
道. 翰曰"虜以常情料之 必謂大軍從北道 當重北而輕南. 王
宜帥銳兵從南道擊之 出其不意 丸都不足取也. 別遣偏師出北
道 縱有蹉跌 其腹心已潰 四支無能爲也." 皝從之.

　十一月 皝自將勁兵四萬出南道 以慕容翰·慕容霸爲前鋒
別遣長史王寓等將兵萬五千出北道 以伐高句麗. 高句麗王釗
果遣弟武帥精兵五萬拒北道 自帥羸兵以備南道. 慕容翰等先

至 與釗合戰 皝以大衆繼之. 左常侍鮮于亮曰"臣以俘虜蒙王
國士之恩 不可以不報 今日 臣死日也！"獨與數騎先犯高句
麗陳 所向摧陷. 高句麗陳動 大衆因而乘之 高句麗兵大敗. 左
長史韓壽斬高句麗將阿佛和度加 諸軍乘勝追之 遂入丸都. 釗
單騎走 輕車將軍慕輿埿追獲其母周氏及妻而還. 會王寓等戰
於北道 皆敗沒 由是皝不復窮追. 遣使招釗 釗不出.

　皝將還 韓壽曰"高句麗之地 不可戍守. 今其主亡民散 潛伏
山谷 大軍旣去 必復鳩聚 收其餘燼 猶足爲患. 請載其父尸·
囚其生母而歸 俟其束身自歸 然後返之 撫以恩信 策之上也."
皝從之. 發釗父乙弗利墓. 載其尸 收其府庫累世之寶 虜男女
五萬餘口 燒其宮室 毀丸都城而還.

11　十二月 壬子 立妃褚氏爲皇后. 徵豫章太守褚裒爲待中·
尚書. 裒自以后父 不願居中任事 苦求外出 乃除建威將軍·江
州刺史 鎭半洲.

12　趙王虎作臺觀四十餘所於鄴 又營洛陽·長安二宮 作者
四十餘萬人 又欲自鄴起閣道至襄國 敕河南四州治南伐之備
幷·朔·秦·雍嚴西討之資 靑·冀·幽州爲東征之計 皆三五
發卒. 諸州軍造甲者五十餘萬人 船夫十七萬人 爲水所沒 虎狼
所食者三分居一. 加之公侯·牧宰競營私利 百姓失業愁困. 貝
丘人李弘因衆心之怨 自言姓名應讖 連結黨與 署置百寮 事發
誅之 連坐者數千家.

虎畋獵無度 晨出夜歸 又多微行 躬察作役. 侍中京兆韋謏諫
曰"陛下忽天下之重 輕行斤斧之閒 猝有狂夫之變 雖有智勇
將安所施！又興役無時 廢民耘穫 吁嗟盈路 殆非仁聖之所忍
爲也."虎賜謏穀帛 而興繕滋繁 游畋自若.

秦公韜有寵於虎 太子宣惡之. 右僕射張離領五兵尙書 欲求
媚於宣 說之曰"今諸侯吏兵過限 宜漸裁省 以壯本根."宣使
離爲奏"秦・燕・義陽・樂平四公 聽置吏一百九十七人 帳下
兵二百人 自是以下 三分置一 餘兵五萬 悉配東宮."於是諸公
咸怨 嫌釁益深矣.

青州上言"濟南平陵城北石虎一夕移於城東南 有狼狐千餘
迹隨之 迹皆成蹊."虎喜曰"石虎者 朕也 自西北徙而東南者
天意欲使朕平蕩江南也. 其敕諸州兵明年悉集 朕當親董六師
以奉天命."羣臣皆賀 上《皇德頌》者一百七人. 制"征士五人
出車一乘 牛二頭 米十五斛 絹十匹 調不辦者斬."民至鬻子以
供軍須 猶不能給 自經於道樹者相望.

❖ 康皇帝 建元 元年(癸卯, 343年)

1　　春 二月 高句麗王釗遣其弟稱臣入朝於燕 貢珍異以千數.
燕王皝乃還其父尸 猶留其母爲質.

2　　宇文逸豆歸遣其相莫淺渾將兵擊燕 諸將爭欲擊之 燕王皝

不許. 莫淺渾以爲覷畏之 酣飮縱獵 不復設備. 覷使慕容輸出
擊之 莫淺渾大敗 僅以身免 盡俘其衆.

3   庾翼爲人忼慨 喜功名. 琅邪內史桓溫 彝之子也 尚南康公
主 豪爽有風槪 翼與之友善 相期以寧濟海內. 翼嘗薦溫於成
帝曰"桓溫有英雄之才 願陛下勿以常人遇之 常畜之. 宜委
以方·邵之任 必有弘濟艱難之勳."時杜乂·殷浩並才名冠世
翼獨弗之重也 曰"此輩宜束之高閣 俟天下太平 然後徐議其
任耳."浩累辭徵辟 屛居墓所 幾將十年 時人擬之管·葛. 江
夏相謝尙·長山令王濛常伺其出處 以卜江左興亡. 嘗相與省
之 知浩有確然之志 旣返 相謂曰"深源不起 當如蒼生何!"
尙 鯤之子也. 翼請浩爲司馬 詔除侍中·安西軍司 浩不應. 翼
遺浩書曰"王夷甫立名非眞 雖云談道 實長華競. 明德君子 遇
會處際 寧可然乎!"浩猶不起.

殷羨爲長沙相 在郡貪殘 庾冰與翼書屬之. 翼報曰"殷君驕
豪 亦似由有佳兒 弟故小令物情容之. 大較江東之政 以嫗煦豪
强 常爲民蠹 時有行法 輒施之寒劣. 如往年偸石頭倉米一百萬
斛 皆是豪將輩 而直殺倉督監以塞責. 山遐爲餘姚長 爲官出豪
强所藏二千戶 而衆共驅之 令遐不得安席. 雖皆前宰之惛謬 江
東事去 實此之由. 兄弟不幸 橫陷此中 自不能拔足於風塵之外
當共明目而治之. 荊州所統二十餘郡 唯長沙最惡 惡而不黜 與
殺督監者復何異邪!"遐 簡之子也.

翼以滅胡取蜀爲己任 遣使東約燕王覷 西約張駿 刻期大擧.

朝議多以爲難 唯庾冰意與之同 而桓溫‧譙王無忌皆贊成之.
無忌 承之子也.

秋 七月 趙汝南太守戴開帥數千人詣翼降. 丁巳 下詔議經略
中原. 翼欲悉所部之衆北伐 表桓宣爲都督司‧雍‧梁三州‧
荊州之四郡諸軍事‧梁州刺史 前趣丹水 桓溫爲前鋒小督‧假
節 帥衆入臨淮 並發所統六州奴及車牛驢馬 百姓嗟怒.

4　　代王什翼犍復求婚於燕 燕王皝使納馬千匹爲禮 什翼犍不
與 又倨慢無子壻禮. 八月 皝遣世子儁帥前軍師評等擊代. 什
翼犍帥衆避去 燕人無所見而還.

5　　漢主壽卒 諡曰昭文 廟號中宗 太子勢卽位 大赦.

6　　趙太子宣擊鮮卑斛穀提 大破之 斬首三萬級.

7　　宇文逸豆歸執段遼弟蘭 送於趙 并獻駿馬萬匹. 趙王虎命
蘭帥所從鮮卑五千人屯令支.

8　　庾翼欲移鎮襄陽 恐朝廷不許 乃奏云移鎮安陸. 帝及朝士
皆遣使譬止翼 翼遂違詔北行 至夏口 復上表請鎮襄陽. 翼時
有衆四萬 詔加翼都督征討諸軍事. 先是車騎將軍‧揚州刺史
庾冰屢求出外 辛巳 以冰都督荊‧江‧寧‧益‧梁‧交‧廣七
州‧豫州之四郡諸軍事 領江州刺史 假節 鎮武昌 以爲翼繼援.

徵徐州刺史何充爲督揚‧豫‧徐州之琅邪諸軍事 領揚州刺史
錄尙書事 輔政. 以琅邪內史桓溫爲都督靑‧徐‧兗三州諸軍
事‧徐州刺史 褚裒爲衛將軍 領中書令.

9　　冬 十一月 己巳 大赦.

❖ 康皇帝 建元 2年(甲辰, 344年)

1　　春 正月 趙王虎享羣臣於太武殿 有白鴈百餘集馬道之南
虎命射之 皆不獲. 時諸州兵集者百餘萬 太史令趙攬密言於虎
曰"白鴈集庭 宮室將空之象 不宜南行." 虎信之 乃臨宣武觀
大閱而罷.

2　　漢主勢改元太和 尊母閻氏爲皇太后 立妻李氏爲皇后.

3　　燕王皝與左司馬高詡謀伐宇文逸豆歸. 詡曰"宇文強盛
今不取 必爲國患 伐之必克 然不利於將." 出而告人曰"吾往
必不返 然忠臣不避也." 於是皝自將伐逸豆歸. 以慕容翰爲前
鋒將軍 劉佩副之 分命慕容軍‧慕容恪‧慕容霸及折衝將軍慕
輿根將兵 三道並進. 高詡將發 不見其妻 使人語以家事而行.
　　逸豆歸遣南羅大涉夜干將精兵逆戰 皝遣人馳謂慕容翰曰
"涉夜干勇冠三軍 宜小避之." 翰曰"逸豆歸掃其國內精兵以屬

涉夜干 涉夜干素有勇名 一國所賴也. 今我克之 其國不攻自潰
矣. 且吾孰知涉夜干之爲人 雖有虛名 實易與耳 不宜避之以挫
吾兵氣." 遂進戰. 翰自出衝陳 涉夜干出應之 慕容霸從傍邀
擊 遂斬涉夜干. 宇文士卒見涉夜干死 不戰而潰 燕兵乘勝逐之
遂克其都城. 逸豆歸走死漠北 宇文氏由是散亡. 皝悉收其畜
產‧資貨 徙其部衆五千餘落於昌黎 闢地千餘里. 更命涉夜干
所居城曰威德城 使弟彪戍之而還. 高詡‧劉佩皆中流矢卒.

詡善天文 皝嘗謂曰"卿有佳書而不見與 何以爲忠盡!"詡
曰"臣聞人君執要 人臣執職. 執要者逸 執職者勞. 是以后稷
播種 堯不預焉. 占候‧天文 晨夜其苦 非至尊之所宜親 殿下
將焉用之!"皝默然.

初 逸豆歸事趙甚謹 貢獻屬路. 及燕人伐逸豆歸 趙王虎使右
將軍白勝‧幷州刺史王霸自甘松出救之. 比至 宇文氏已亡 因
攻威德城 不克而還 慕容彪追擊 破之.

慕容翰之與宇文氏戰也 爲流矢所中 臥病積時不出. 後漸差
於其家試騁馬. 或告翰稱病而私飛騎乘 疑欲爲變. 燕王皝雖藉
翰勇略 然中心終忌之 乃賜翰死. 翰曰"吾負罪出奔 既而復還
今日死已晚矣. 然羯賊跨據中原 吾不自量 欲爲國家蕩壹區夏.
此志不遂 沒有遺恨 命矣夫!"飮藥而卒.

4   代王什翼犍遣其大人長孫秩迎婦於燕.

5   夏 四月 涼州將張瓘敗趙將王擢于三交城.

6   初 趙領軍王朗言於趙王虎曰"盛冬雪寒 而皇太子使人伐宮材 引於漳水 役者數萬 吁嗟滿道 陛下宜因出游罷之."虎從之. 太子宣怒. 會熒惑守房 宣使太史令趙攬言於虎曰"房爲天王 今熒惑守之 其殃不細. 宜以貴臣王姓者當之."虎曰"誰可者?"攬曰"無貴於王領軍."虎意惜朗 使攬更言其次. 攬無以對 因曰"其次唯中書監王波耳."虎乃下詔 追罪波前議桍矢事腰斬之 及其四子 投尸漳水 旣而愍其無罪 追贈司空 封其孫爲侯.

7   趙平北將軍尹農攻燕凡城 不克而還.

8   漢太史令韓皓上言"熒惑守心 乃宗廟不脩之譴."漢主勢命羣臣議之. 相國董皎·侍中王嘏以爲"景武創業 獻文承基 至親不遠 無宜疏絶."乃更命祀成始祖·太宗 皆謂之漢.

9   征西將軍庾翼使梁州刺史桓宣擊趙將李罷於丹水 爲罷所敗 翼貶宣爲建威將軍. 宣慚憤成疾 秋 八月 庚辰 卒. 翼以長子方之爲義城太守 代領宣衆 又以司馬應誕爲襄陽太守 參軍司馬勳爲梁州刺史 戍西城.

10   中書令褚裒固辭樞要 閏月 丁巳 以裒爲左將軍·都督兗州·徐州之琅邪諸軍事·兗州刺史 鎭金城.

11 　帝疾篤 庚冰 · 庚翼欲立會稽王昱爲嗣 中書監何充建議立
皇子聃 帝從之. 九月 丙申 立聃爲皇太子. 戊戌 帝崩于式乾
殿. 己亥 何充以遺旨奉太子卽位 大赦. 由是冰 · 翼深恨充. 尊
皇后褚氏爲皇太后. 時穆帝方二歲 太后臨朝稱制. 何充加中書
監 錄尙書事. 充自陳旣錄尙書 不宜復監中書 許之 復加侍中.
　充以左將軍褚裒 太后之父 宜綜朝政 上疏薦裒參錄尙書 乃
以裒爲侍中 · 衛將軍 · 錄尙書事 持節 · 督 · 刺史如故. 裒以
近戚 懼獲譏嫌 上疏固請居藩 改授都督徐 · 兗 · 靑三州 · 揚
州之二郡諸軍事 · 衛將軍 · 徐 · 兗二州刺史 鎭京口. 尙書奏
"裒見太后 在公庭則如臣禮 私覿則嚴父." 從之.

12 　冬 十月 乙丑 葬康帝于崇平陵.

13 　江州刺史庚冰有疾 太后徵冰輔政 冰辭 十一月 庚辰 卒.
庚翼以家國情事 留子方之爲建武將軍 戍襄陽 方之年少 以參
軍毛穆之爲建武司馬以輔之. 穆之 寶之子也. 翼還鎭夏口 詔
翼復督江州 又領豫州刺史. 翼辭豫州 復欲移鎭樂鄕 詔不許.
翼仍繕脩軍器 大佃積穀 以圖後擧.

14 　趙王虎作河橋於靈昌津 采石爲中濟 石下 輒隨流 用功
五百餘萬而橋不成 虎怒 斬匠而罷.

1　春 正月 甲戌朔 皇太后設白紗帷於太極殿 抱帝臨軒.

2　趙義陽公鑒鎭關中 役煩賦重 文武有長髮者 輒拔爲冠纓 餘以給宮人. 長史取髮白趙王虎 虎徵鑒還鄴 以樂平公苞代鎭長安. 發雍·洛·秦·幷州十六萬人治長安未央宮.

　虎好獵 晚歲 體重不能跨馬 乃造獵車千乘 刻期校獵. 自靈昌津南至滎陽東極陽都爲獵場 使御史監察其中禽獸 有犯者罪至大辟. 民有美女·佳牛馬 御史求之不得 皆誣以犯獸 論死者百餘人. 發諸州二十六萬人脩洛陽宮. 發百姓牛二萬頭 配朔州牧官. 增置女官二十四等 東宮十二等 公侯七十餘國皆九等 大發民女三萬餘人 料爲三等以配之 太子·諸公私令采發者又將萬人. 郡縣務求美色 多強奪人妻 殺其夫及夫自殺者三千餘人. 至鄴 虎臨軒簡第 以使者爲能 封侯者十二人. 荊楚·揚·徐之民流叛略盡 守令坐不能綏懷 下獄誅者五十餘人. 金紫光祿大夫逯明因侍切諫 虎大怒 使龍騰拉殺之.

3　燕王皝以牛假貧民 使佃苑中 稅其什之八 自有牛者稅其七. 記室參軍封裕上書諫 以爲“古者什一而稅 天下之中正也. 降及魏·晉 仁政衰薄 假官田官牛者不過稅其什六 自有牛者中分之 猶不取其七八也. 自永嘉以來 海內蕩析 武宣王綏之以德 華夷之民 萬里輻湊 襁負而歸之者 若赤子之歸父母 是

以戶口十倍於舊 無用者什有三四. 及殿下繼統 南摧強趙 東兼
高句麗 北取宇文 拓地三千里 增民十萬戶 是宜悉罷苑囿以賦
新民 無牛者官賜之牛 不當更收重稅也. 且以殿下之民用殿下
之牛 牛非殿下之有 將何在哉！如此 則戎旗南指之日 民誰不
簞食壺漿以迎王師 石虎誰與處矣！川瀆溝渠有廢塞者 皆應通
利 旱則灌漑 潦則疏泄. 一夫不耕 或受之飢 況游食數萬 何以
得家給人足乎？ 今官司猥多 虛費廩祿 苟才不周用 皆宜澄汰.
工商末利 宜立常員. 學生三年無成 徒塞英儁之路 皆當歸之於
農. 殿下聖德寬明 博察芻蕘 參軍王憲‧大夫劉明並以言事忤
旨 主者處以大辟 殿下雖恕其死 猶免官禁錮. 夫求諫諍而罪直
言 是猶適越而北行 必不獲其所志矣！右長史宋該等阿媚苟容
輕劾諫士 己無骨鯁 嫉人有之 掩蔽耳目 不忠之甚者也."皝乃
下令 稱"覽封記室之諫 孤實懼焉. 國以民爲本 民以穀爲命
可悉罷苑囿以給民之無田者. 實貧者 官與之牛 力有餘願得官
牛者 並依魏‧晉舊法 溝瀆各有益者 令以時脩治. 今戎事方興
勳伐旣多 歲未可減 俟中原平壹 徐更議之. 工商‧學生皆當裁
擇. 夫人臣關言於人主 至難也 雖有狂妄 當擇其善者而從之.
王憲‧劉明 雖罪應廢黜 亦由孤之無大量也 可悉復本官 仍居
諫司. 封生謇謇 深得王臣之體 其賜錢五萬. 宣示內外 有欲陳
孤過者 不拘貴賤 勿有所諱！"皝雅好文學 常親臨庠序講授
考校學徒至千餘人 頗有妄濫者 故封裕及之.

4　　詔徵衛將軍褚裒 欲以爲揚州刺史‧錄尙書事. 吏部尙書

劉遐·長史王胡之說袞曰"會稽王令德雅望 國之周公也 足下宜以大政授之." 袞乃固辭 歸藩. 壬戌 以會稽王昱爲撫軍大將軍 錄尙書六條事.

　昱淸虛寡欲 尤善玄言 常以劉惔·王濛及潁川韓伯爲談客 又辟郗超爲撫軍掾 謝萬爲從事中郎. 超 鑒之孫也 少卓犖不羈. 父愔 簡默沖退而嗇於財 積錢至數千萬 嘗開庫任超所取 超散施親故 一日都盡. 萬 安之弟也 淸曠秀邁 亦有時名.

5　燕有黑龍·白龍見于龍山 交首遊戲 解角而去. 燕王皝親祀以太牢 赦其境內 命所居新宮曰和龍.

6　都亭肅侯庾翼疽發于背. 表子爰之行輔國將軍·荊州刺史 委以後任 司馬義陽朱燾爲南蠻校尉 以千人守巴陵. 秋 七月庚午 卒.

　翼部將干瓚等作亂 殺冠軍將軍曹據. 朱燾與安西長史江虨·建武司馬毛穆之·將軍袁眞等共誅之. 虨 統之子也.

7　八月 豫州刺史路永叛奔趙 趙王虎使永屯壽春.

8　庾翼旣卒 朝議皆以諸庾世在西藩 人情所安 宜依翼所請以庾爰之代其任. 何充曰"荊楚 國之西門 戶口百萬 北帶強胡西鄰勁蜀 地勢險阻 周旋萬里 得人則中原可定 失人則社稷可憂 陸抗所謂'存則吳存 亡則吳亡'者也 豈可以白面少年當之

哉！桓溫英略過人 有文武器幹. 西夏之任 無出溫者." 議者又
曰"庾爰之肯避溫乎？ 如令阻兵 恥懼不淺." 充曰"溫足以制
之 諸君勿憂."

丹陽尹劉惔每奇溫才 然知其有不臣之志 謂會稽王昱曰"溫
不可使居形勝之地 其位號常宜抑之." 勸昱自鎮上流 以己爲
軍司 昱不聽 又請自行 亦不聽.

庚辰 以徐州刺史桓溫爲安西將軍 · 持節 · 都督荆 · 司 ·
雍 · 益 · 梁 · 寧六州諸軍事 · 領護南蠻校尉 · 荆州刺史 爰之
果不敢爭. 又以劉惔監沔中諸軍事 領義成太守 代庾方之. 徙
方之 · 爰之于豫章.

桓溫嘗乘雪欲獵 先過劉惔 惔見其裝束甚嚴 謂之曰"老賊
欲持此何爲？"溫笑曰"我不爲此 卿安得坐談乎！"

9　　漢主勢之弟大將軍廣 以勢無子 求爲太弟 勢不許. 馬當 ·
解思明諫曰"陛下兄弟不多 若復有所廢 將益孤危." 固請許
之. 勢疑其與廣有謀 收當 · 思明斬之 夷其三族. 遣太保李奕
襲廣於涪城 貶廣爲臨邛侯 廣自殺. 思明被收 歎曰"國之不亡
以我數人在也 今其殆矣！"言笑自若而死. 思明有智略 敢諫
諍 馬當素得人心. 及其死 士兵無不哀之.

10　　冬 十月 燕王皝使慕容恪攻高句麗 拔南蘇 置戌而還.

11　　十二月 張駿伐焉耆 降之. 是歲 駿分武威等十一郡爲涼州

以世子重華爲刺史 分興晉等八郡爲河州 以寧戎校尉張瓘爲刺史 分敦煌等三郡及西域都護等三營爲沙州 以西胡校尉楊宣爲刺史. 駿自稱大都督·大將軍·假涼王 督攝三州 始置祭酒·郎中·大夫·舍人·謁者等官 官員皆倣天朝而微變其名 車服旌旗擬於王者.

12 　趙王虎以冠軍將軍姚弋仲爲持節·十郡六夷大都督·冠軍大將軍. 弋仲清儉鯁直 不治威儀 言無畏避 虎甚重之. 朝之大議 每與參決 公卿皆憚而下之. 武城左尉 虎寵姬之弟也 嘗入弋仲營 侵擾其部衆. 弋仲執而數之曰 "爾爲禁尉 迫脅小民 我爲大臣 目所親見 不可縱也." 命左右斬之. 尉叩頭流血 左右固諫 乃止.

13 　燕王皝以爲古者諸侯卽位 各稱元年 於是始不用晉年號 自稱十二年.

14 　趙王虎使征東將軍鄧恒將兵數萬屯樂安 治攻具 爲取燕之計. 燕王皝以慕容霸爲平狄將軍 戍徒河 恒畏之 不敢犯.

❖ 孝宗穆皇帝 永和 2年(丙午, 346年)

1 　春 正月 丙寅 大赦.

2　己卯 都鄉文穆公何充卒. 充有器局 臨朝正色 以社稷爲己任 所選用皆以功效 不私親舊.

3　初 夫餘居于鹿山 爲百濟所侵 部落衰散 西徙近燕 而不設備. 燕王皝遣世子儁帥慕容軍·慕容恪·慕輿根三將軍·萬七千騎襲夫餘. 儁居中指授 軍事皆以任恪 遂拔夫餘 虜其王玄及部落五萬餘口而還. 皝以玄爲鎭軍將軍 妻以女.

4　二月 癸丑 以左光祿大夫蔡謨領司徒 與會稽王昱同輔政.

5　褚裒薦前光祿大夫顧和·前司徒左長史殷浩 三月 丙子 以和爲尙書令 浩爲建武將軍·揚州刺史. 和有母喪 固辭不起 謂所親曰"古人有釋衰絰從王事者 以其才足幹時故也. 如和者 正足以虧孝道·傷風俗耳." 識者美之. 浩亦固辭. 會稽王昱與浩書曰"屬當厄運 危弊理極 足下沈識淹長 足以經濟. 若復深存挹退 苟遂本懷 吾恐天下之事於此去矣. 足下去就 卽時之廢興 則家國不異 足下宜深思之." 浩乃就職.

6　夏 四月 己酉朔 日有食之.

7　五月 丙戌 西平忠成公張駿薨. 官屬上世子重華爲使持節·大都督·太尉·護羌校尉·涼州牧·西平公 假涼王 赦其境內 尊嫡母嚴氏爲大王太后 母馬氏爲王太后.

8 趙中黃門嚴生惡尙書朱軌 會久雨 生譖軌不脩道路 又謗訕朝政 趙王虎囚之. 蒲洪諫曰 "陛下旣有襄國‧鄴宮 又脩長安‧洛陽宮殿 將以何用？作獵車千乘 環數千里以養禽獸 奪人妻女十萬餘口以實後宮 聖帝明王之所爲 固若是乎？ 今又以道路不脩 欲殺尙書. 陛下德政不脩 天降淫雨 七旬乃霽. 霽方二日 雖有鬼兵百萬 亦未能去道路之塗潦 而況人乎！ 政刑如此 其如四海何！ 其如後代何！ 願止作役 罷苑囿 出宮女赦朱軌 以副衆望." 虎雖不悅 亦不之罪 爲之罷長安‧洛陽作役 而竟誅朱軌. 又立私論朝政之法 聽吏告其君 奴告其主. 公卿以下 朝覲以目相顧 不必復相過從談語.

9 趙將軍王擢擊張重華 襲武街 執護軍曹權‧胡宣 徙七千餘戶于雍州. 涼州刺史麻秋‧將軍孫伏都攻金城 太守張沖請降 涼州震動.

重華悉發境內兵 使征南將軍裴恒將之以禦趙 恒壁於廣武 久而不戰. 涼州司馬張耽言於重華曰 "國之存亡在兵 兵之勝敗在將. 今議者擧將 多推宿舊. 夫韓信之擧 非舊德也. 蓋明主之擧 擧無常人 才之所堪 則授以大事. 今強寇在境 諸將不進 人情危懼. 主簿謝艾 兼資文武 可用以禦趙." 重華召艾 問以方略 艾願請兵七千人 必破趙以報. 重華拜艾中堅將軍 給步騎五千 使擊秋. 艾引兵出振武 夜有二梟鳴于牙中 艾曰 "六博得梟者勝. 今梟鳴牙中 克敵之兆也." 進與趙戰 大破之 斬首五千級. 重華封艾爲福祿伯.

麻秋之克金城也 縣令敦煌車濟不降 伏劍而死. 秋又攻大夏
護軍梁式執太守宋晏 以城應秋 秋遣晏以書誘致宛戍都尉敦煌
宋矩 矩曰 "爲人臣 功旣不成 唯有死節耳！" 先殺妻子而後自
刎. 秋曰 "皆義士也." 收而葬之.

10　冬 漢太保李奕自晉壽擧兵反 蜀人多從之 衆至數萬. 漢主
勢登城拒戰 奕單騎突門 門者射而殺之 其衆綿潰. 勢大赦境內
改年嘉寧.
　勢驕淫 不恤國事 多居禁中 罕接公卿 疏忌舊臣 信任左右
讒諂並進 刑罰苛濫 由是中外離心. 蜀土先無獠 至是始從山出
自巴西至犍爲・梓潼 布滿山谷十餘萬落 不可禁制 大爲民患
加以饑饉 四境之內 遂至蕭條.

11　安西將軍桓溫將伐漢 將佐皆以爲不可. 江夏相袁喬勸之
曰 "夫經略大事 固非常情所及 智者了於胸中 不必待衆言皆
合也. 今爲天下之患者 胡・蜀二寇而已. 蜀雖險固 比胡爲弱
將欲除之 宜先其易者. 李勢無道 臣民不附 且恃其險遠 不脩
戰備. 宜以精卒萬人輕齎疾趨 比其覺之 我已出其險要 可一戰
擒也. 蜀地富饒 戶口繁庶 諸葛武侯用之抗衡中夏 若得而有之
國家之大利也. 論者恐大軍旣西 胡必窺覦 此似是而非. 胡聞
我萬里遠征 以爲內有重備 必不敢動 縱有侵軼 緣江諸軍足以
拒守 必無憂也." 溫從之. 喬 瓌之子也.
　十一月 辛未 溫帥益州刺史周撫・南郡太守譙王無忌伐漢

拜表卽行 委安西長史范汪以留事 加撫督梁州之四郡諸軍事
使袁喬帥二千人爲前鋒.

朝廷以蜀道險遠 溫衆少而深入 皆以爲憂 惟劉惔以爲必克.
或問其故 惔曰"以博知之. 溫 善博者也 不必得則不爲. 但恐
克蜀之後 溫終專制朝廷耳."

❖ 孝宗穆皇帝 永和 3年(丁未, 347年)

1   春 二月 桓溫軍至靑衣. 漢主勢大發兵 遣叔父右衛將軍
福 · 從兄鎭南將軍權 · 前將軍昝堅等將之 自山陽趣合水. 諸
將欲伏於江南以待晉 昝堅不從 引兵自江北鴛鴦碕渡向犍爲.

三月 溫至彭模. 議者欲分爲兩軍 異道俱進 以分漢兵之勢.
袁喬曰"今懸軍深入萬里之外 勝則大功可立 不勝則噍類無遺
當合勢齊力 以取一戰之捷. 若分兩軍 則衆心不一 萬一偏敗
大事去矣. 不如全軍而進 棄去釜甑 齎三日糧 以示無還心 勝
可必也."溫從之. 留參軍孫盛 · 周楚將贏兵守輜重 溫自將步
卒直指成都. 楚 撫之子也.

李福進攻彭模 孫盛等奮擊 走之. 溫進 遇李權 三戰三捷 漢
兵散走歸成都 鎭東將軍李位都迎詣溫降. 昝堅至犍爲 乃知與
溫異道 還 自沙頭津濟 比至 溫已軍於成都之十里陌 堅衆自
潰.

勢悉衆出戰于成都之笮橋 溫前鋒不利 參軍龔護戰死 矢及

溫馬首. 衆懼 欲退 而鼓吏誤鳴進鼓 袁喬拔劍督士卒力戰 遂大破之. 溫乘勝長驅至成都 縱火燒其城門. 漢人惶懼 無復鬪志. 勢夜開東門走 至葭萌 使散騎常侍王幼送降文於溫 自稱"略陽李勢叩頭死罪" 尋輿櫬面縛詣軍門. 溫解縛焚櫬 送勢及宗室十餘人於建康 引漢司空譙獻之等以爲參佐 舉賢旌善 蜀人悅之.

2　日南太守夏侯覽貪縱 侵刻胡商 又科調船材 云欲有所討由是諸國恚憤. 林邑王文攻陷日南 將士死者五六千 殺覽 以尸祭天 檄交州刺史朱蕃 請以郡北橫山爲界. 文旣去 蕃使督護劉雄戍日南.

3　漢故尙書僕射王誓・鎭東將軍鄧定・平南將軍王潤・將軍隗文等皆舉兵反 衆各萬餘. 桓溫自擊定 使袁喬擊文 皆破之. 溫命益州刺史周撫鎭彭模 斬王誓・王潤. 溫留成都三十日振旅還江陵. 李勢至建康 封歸義侯. 夏 四月 丁巳 鄧定・隗文等入據成都 征虜將軍楊謙棄涪城 退保德陽.

4　趙涼州刺史麻秋攻枹罕. 晉昌太守郎坦以城大難守 欲棄外城. 武成太守張悛曰"棄外城則動衆心 大事去矣." 寧戎校尉張璩從悛言 固守大城. 秋帥衆八萬 圍塹數重 雲梯地突 百道皆進. 城中禦之 秋衆死傷數萬. 趙王虎復遣其將劉渾等帥步騎二萬會之. 郎坦恨言不用 敎軍士李嘉潛引趙兵千餘人登城

璩督諸將力戰 殺二百餘人 趙兵乃退. 璩燒其攻具 秋退保大
夏.

虎以中書監石寧爲征西將軍 帥幷·司州兵二萬餘人爲秋等
後繼. 張重華將宋秦等帥戶二萬降于趙. 重華以謝艾爲使持
節·軍師將軍 帥步騎三萬進軍臨河. 艾乘軺車 戴白帢 鳴鼓而
行. 秋望見 怒曰"艾年少書生 冠服如此 輕我也." 命黑矟龍驤
三千人馳擊之 艾左右大擾. 或勸艾宜乘馬 艾不從 下車 踞胡
牀 指麾處分 趙人以爲有伏兵 懼不敢進. 別將張瑁自間道引兵
截趙軍後 趙軍退 艾乘勢進擊 大破之 斬其將杜勳·汲魚 獲
首虜一萬三千級 秋單馬奔大夏.

五月 秋與石寧復帥衆十二萬進屯河南 劉寧·王擢略地晉
興·廣武·武街 至于曲柳. 張重華使將軍牛旋御之 退守枹罕
姑臧大震. 重華欲親出拒之 謝艾固諫. 索遐曰"君者 一國之
鎮 不可輕動." 乃以艾爲使持節·都督征討諸軍事·行衞將軍
遐爲軍正將軍 帥步騎二萬拒之. 別將楊康敗劉寧于沙阜 寧退
屯金城.

5　六月 辛酉 大赦.

6　秋 七月 林邑復陷日南 殺督護劉雄.

7　隗文·鄧定等立故國師范長生之子賁爲帝而奉之 以妖異
惑衆 蜀人多歸之.

8   趙王虎復遣征西將軍孫伏都·將軍劉渾帥步騎二萬會麻秋軍 長驅濟河 擊張重華 遂城長最. 謝艾建牙誓衆 有風吹旌旗東南指 索遹曰"風爲號令 今旌旗指敵 天所贊也." 艾軍于神鳥 王擢與艾前鋒戰 敗走 還河南. 八月 戊午 艾進擊秋 大破之 秋遁歸金城. 虎聞之 歎曰"吾以偏師定九州 今以九州之力困於枹罕. 彼有人焉 未可圖也！" 艾還 討叛虜斯骨眞等萬餘落 皆破平之.

9   趙王虎據十州之地 聚斂金帛 及外國所獻珍異 府庫財物不可勝紀 猶自以爲不足 悉發前代陵墓 取其金寶.

沙門吳進言於虎曰"胡運將衰 晉當復興 宜苦役晉人以厭其氣." 虎使尙書張羣發近郡男女十六萬人 車十萬乘 運土築華林苑及長牆于鄴北 廣袤數十里. 申鍾·石璞·趙攬等上疏陳天文錯亂 百姓彫弊. 虎大怒曰"使苑牆朝成 吾夕沒無恨矣." 促張羣使然燭夜作 暴風大雨 死者數萬人. 郡國前後送蒼麟十六 白鹿七 虎命司虞張曷柱調之以駕芝蓋 大朝會列於殿庭.

九月 命太子宣出祈福于山川 因行遊獵. 宣乘大輅 羽葆華蓋建天子旌旗 十有六軍戎卒十八萬 出自金明門. 虎從其後宮升陵霄觀望之 笑曰"我家父子如此 自非天崩地陷 當復何愁！但抱子弄孫 日爲樂耳."

宣所舍 輒列人爲長圍 四面各百里 驅禽獸 至暮皆集其所 使文武跪立 重行圍守 炬火如晝 命勁騎百餘馳射其中 宣與姬妾乘輦臨觀 獸盡而止. 或獸有迸逸 當圍守者 有爵則奪馬 步驅

一日 無爵則鞭之一百. 士卒飢凍死者萬有餘人 所過三州十五郡 資儲皆無孑遺.

虎復命韜繼出 自幷州至于秦‧雍 亦如之. 宣怒其與己鈞敵 愈嫉之. 宦者趙生得幸於宣 無寵於韜 微勸宣除之 於是始有殺韜之謀矣.

10 趙麻秋又襲張重華將張瑁 敗之 斬首三千餘級. 枹罕護軍李逵帥衆七千降于趙 自河以南氐‧羌皆附於趙.

11 冬 十月 乙丑 遣侍御史俞歸至涼州 授張重華侍中‧大都督‧督隴右‧關中諸軍事‧大將軍‧涼州刺史‧西平公. 歸至姑臧 重華欲稱涼王 未肯受詔 使所親沈猛私謂歸曰“主公奕世爲晉忠臣 今曾不如鮮卑 何也？朝廷封慕容皝爲燕王 而主公纔爲大將軍 何以褒勸忠賢乎！明臺宜移河右 共勸州主爲涼王. 人臣出使 苟利社稷 專之可也.”歸曰“吾子失言！昔三代之王也 爵之貴者莫若上公 及周之衰 吳‧楚始僭號稱王 而諸侯亦不之非 蓋以蠻夷畜之也 借使齊‧魯稱王 諸侯豈不四面攻之乎！漢高祖封韓‧彭爲王 尋皆誅滅 蓋權時之宜 非厚之也. 聖上以貴公忠賢 故爵以上公 任以方伯 寵榮極矣 豈鮮卑夷狄所可比哉！且吾聞之 功有大小 賞有重輕. 今貴公始繼世而爲王 若帥河右之衆 東平胡‧羯 脩復陵廟 迎天子返洛陽 將何以加之乎？”重華乃止.

12   武都氐王楊初遣使來稱藩 詔以初爲使持節 · 征南將軍 ·
雍州刺史 · 仇池公.

13   十二月 振威護軍蕭敬文殺征虜將軍楊謙 攻涪城 陷之 自
稱益州牧 遂取巴西 通于漢中. ✱

資治通鑑 卷098

【晉紀二十】

起著雍涒灘(戊申) 盡上章淹茂(庚戌) 凡三年.

❖ 孝宗穆皇帝上之下 永和 4年(戊申, 348年)

1　夏 四月 林邑寇九眞 殺士民什八九.

2　趙秦公韜有寵於趙王虎 欲立之 以太子宣長 猶豫未決. 宣
嘗忤旨 虎怒曰"悔不立韜也！"韜由是益驕 造堂於太尉府 號
曰宣光殿 梁長九丈. 宣見而大怒 斬匠 截梁而去 韜怒 增之
至十丈. 宣聞之 謂所幸楊杯‧牟成‧趙生曰"凶豎傲愎乃敢
爾！汝能殺之 吾入西宮 當盡以韜之國邑分封汝等. 韜死 主上
必臨喪 吾因行大事 蔑不濟矣."杯等許諾.

　秋 八月 韜夜與僚屬宴於東明觀 因宿於佛精舍. 宣使楊杯等
緣獼猴梯而入 殺韜 置其刀箭而去. 旦日 宣奏之 虎哀驚氣絕
久之方蘇. 將出臨其喪 司空李農諫曰"害秦公者未知何人 賊
在京師 鑾輿不宜輕出."虎乃止 嚴兵發哀於太武殿. 宣往臨韜

喪 不哭 直言"呵呵"使舉衾觀尸 大笑而去. 收大將軍記室參軍鄭靖·尹武等 將委之以罪.

虎疑宣殺韜 欲召之 恐其不入 乃詐言其母杜后哀過危惙 宣不謂見疑 入朝中宮 因留之. 建興人史科知其謀 告之 虎使收楊杯·牟成 皆亡去 獲趙生 詰之 具服. 虎悲怒彌甚 囚宣於席庫 以鐵環穿其頷而鏁之 取殺韜刀箭 舐其血 哀號震動宮殿. 佛圖澄曰"宣·韜皆陛下之子 今爲韜殺宣 是重禍也. 陛下若加慈恕 福祚猶長. 若必誅之 宣當爲彗星下掃鄴宮."虎不從. 積柴於鄴北 樹標其上 標末置鹿盧 穿之以繩 倚梯柴積. 送宣其下 使韜所幸宦者郝稚·劉霸拔其髮 抽其舌 牽之登梯. 郝稚以繩貫其頷 鹿盧絞上. 劉霸斷其手足 斫眼潰腸 如韜之傷. 四面縱火 煙炎際天. 虎從昭儀已下數千人登中臺以觀之. 火滅取灰分置諸門交道中. 殺其妻子九人. 宣小子纔數歲 虎素愛之 抱之而泣 欲赦之 其大臣不聽 就抱中取而殺之 兒挽虎衣大叫 至於絕帶 虎因此發病. 又廢其后杜氏爲庶人 誅其四率已下三百人 宦者五十人 皆車裂節解 棄之漳水. 洿其東宮以養豬牛. 東官衛士十餘萬人皆謫戍涼州. 先是 趙攬言於虎曰"宮中將有變 宜備之."及宣殺韜 虎疑其知而不告 亦誅之.

3   朝廷論平蜀之功 欲以豫章郡封桓溫. 尙書左丞荀蕤曰"溫若復平河·洛 將何以賞之?"乃加溫征西大將軍·開府儀同三司 封臨賀郡公 加譙王無忌前將軍 袁喬龍驤將軍 封湘西伯. 蕤 崧之子也.

溫旣滅蜀 威名大振 朝廷憚之. 會稽王昱以揚州刺史殷浩有
盛名 朝野推服 乃引爲心膂 與參綜朝權 欲以抗溫 由是與溫
寢相疑貳.

浩以征北長史荀羨·前江州刺史王羲之 夙有令名 擢羨爲吳
國內史 羲之爲護軍將軍 以爲羽翼. 羨 蕤之弟 羲之 導之從子
也. 羲之以爲內外協和 然後國家可安 勸浩不宜與溫搆隙 浩不
從.

4 燕王皝有疾 召世子儁屬之曰"今中原未平 方資賢傑以經
世務. 恪智勇兼濟 才堪任重 汝其委之 以成吾志!"又曰"陽
士秋士行高潔 忠幹貞固 可託大事 汝善待之!"九月 丙申
薨.

5 趙王虎議立太子 太尉張舉曰"燕公斌有武略 彭城公遵
有文德 惟陛下所擇."虎曰"卿言正起吾意."戎昭將軍張豺曰
"燕公母賤 又嘗有過 彭城公母前以太子事廢 今立之 臣恐不
能無微恨. 陛下宜審思之."初 虎之拔上邽也 張豺獲前趙主曜
幼女安定公主 有殊色 納於虎 虎嬖之 生齊公世. 豺以虎老病
欲立世爲嗣 冀劉氏爲太后 己得輔政 乃說虎曰"陛下再立太
子 其母皆出於倡賤 故禍亂相尋 今宜擇母貴子孝者立之."虎
曰"卿勿言 吾知太子處矣."虎再與羣臣議於東堂. 虎曰"吾欲
以純灰三斛自滌其腸 何爲專生惡子 年踰二十輒欲殺父!今世
方十歲 比其二十 吾已老矣."乃與張舉·李農定議 令公卿上

書請立世爲太子. 大司農曹莫不肯署名 虎使張豺問其故 莫頓
首曰"天下重器 不宜立少 故不敢署."虎曰"莫 忠臣也 然未
達朕意 張擧・李農知朕意矣 可令諭之."遂立世爲太子 以劉
昭儀爲后.

6 冬 十一月 甲辰 葬燕文明王. 世子儁卽位 赦境內 遣使詣
建康告喪. 以弟交爲左賢王 左長史陽騖郞中令.

7 十二月 以左光祿大夫・領司徒・錄尙書事蔡謨爲侍中・
司徒. 謨上疏固讓 謂所親曰"我若爲司徒 將爲後代所哂 義不
敢拜也."

❖ 孝宗穆皇帝上之下 永和 5年(己酉, 349年)

1 春 正月 辛未朔 大赦.

2 趙王虎卽皇帝位 大赦 改元太寧 諸子皆進爵爲王.
  故東宮高力等萬餘人謫戍涼州 行達雍城 既不在赦例 又敕
雍州刺史張茂送之 茂皆奪其馬 使之步推鹿車 致糧戍所. 高力
督定陽梁犢因衆心之怨 謀作亂東歸 衆聞之 皆踊抃大呼. 犢
乃自稱晉征東大將軍 帥衆攻拔下辨 安西將軍劉寧自安定擊之
爲犢所敗. 高力皆多力善射 一當十餘人 雖無兵甲 掠民斧 施

一丈柯 攻戰若神 所向崩潰 戍卒皆隨之 攻陷郡縣 殺長吏‧二千石 長驅而東 比至長安 衆已十萬. 樂平王苞盡銳拒之 一戰而敗. 犢遂東出潼關 進趣洛陽. 趙主虎以李農爲大都督‧行大將軍事 統衛軍將軍張賀度等步騎十萬討之 戰于新安 農等大敗 戰于洛陽 又敗 退壁成皋.

犢遂東掠滎陽‧陳留諸郡 虎大懼 以燕王斌爲大都督 督中外諸軍事 統冠軍大將軍姚弋仲‧車騎將軍蒲洪等討之. 弋仲將其衆八千餘人至鄴 求見虎. 虎病 未之見 引入領軍省 賜以己所御食. 弋仲怒 不食 曰“主上召我來擊賊 當面見授方略 我豈爲食來邪！且主上不見我 我何以知其存亡邪？”虎力疾見之 弋仲讓虎曰“兒死 愁邪？何爲而病？兒幼時不擇善人敎之 使至於爲逆 旣爲逆而誅之 又何愁焉！且汝久病 所立兒幼 汝若不愈 天下必亂. 當先憂此 勿憂賊也！犢等窮困思歸 相聚爲盜 所過殘暴 何所能至！老羌爲汝一舉了之！”弋仲情猖直 人無貴賤皆汝之 虎亦不之責. 於坐授使持節‧侍中‧征西大將軍賜以鎧馬. 弋仲曰“汝看老羌堪破賊否？”乃被鎧跨馬于庭中 因策馬南馳 不辭而出. 遂與斌等擊犢於滎陽 大破之 斬犢首而還 討其餘黨 盡滅之. 虎命弋仲劍履上殿 入朝不趨 進封西平郡公. 蒲洪爲車騎大將軍‧開府儀同三司‧都督雍‧秦州諸軍事‧雍州刺史 進封略陽郡公.

3   始平人爲勗聚兵 自稱將軍 趙樂平王苞討滅之 誅三千餘家.

4　夏 四月 益州刺史周撫‧龍驤將軍朱燾出范賁 斬之 益州平.

5　詔遣謁者陳沈如燕 拜慕容儁爲使持節‧侍中‧大都督‧督河北諸軍事‧幽‧平二州牧‧大將軍‧大單于‧燕王.

6　桓溫遣督護滕畯帥交‧廣之兵擊林邑王文於盧容 爲文所敗 退屯九眞.

7　乙卯 趙王虎病甚 以彭城王遵爲大將軍 鎮關右 燕王斌爲丞相 錄尚書事 張豺爲鎮衛大將軍‧領軍將軍‧吏部尚書 並受遺詔輔政.

劉后惡斌輔政 恐不利於太子 與張豺謀去之. 斌時在襄國 遣使詐謂斌曰"主上疾已漸瘳 王須獵者 可小停也." 斌素好獵‧嗜酒 遂留獵 且縱酒. 劉氏與豺因矯詔稱斌無忠敎之心 免官歸第 使豺弟雄帥龍騰五百人守之.

乙丑 遵自幽州至鄴. 敕朝堂受拜 配禁兵三萬遣之 遵涕泣而去. 是日 虎疾小瘳 問"遵至未?"左右對曰"去已久矣." 虎曰"恨不見之!"

虎臨西閤 龍騰中郎二百餘人列拜於前. 虎問"何求?"皆曰"聖體不安 宜令燕王入宿衛 典兵馬."或言"乞以爲皇太子." 虎曰"燕王不在內邪?召以來!"左右言"王酒病 不能入." 虎曰"促持輦迎之 當付璽授."亦竟無行者. 尋惛眩而入. 張豺

使張雄矯詔殺斌.

戊辰 劉氏復矯詔以豺爲太保‧都督中外諸軍 錄尚書事 如霍光故事. 侍中徐統歎曰"亂將作矣 吾無爲預之."仰藥而死.

己巳 虎卒 太子世卽位 尊劉氏爲皇太后. 劉氏臨朝稱制 以張豺爲丞相 豺辭不受 請以彭城王遵‧義陽王鑒爲左右丞相 以慰其心 劉氏從之.

豺與太尉張舉謀誅司空李農 舉素與農善 密告之 農奔廣宗 帥乞活數萬家保上白 劉氏使張舉統宿衛諸軍圍之. 豺以張離爲鎭軍大將軍 監中外諸軍事 以爲己副.

彭城王遵至河內 聞喪 姚弋仲‧蒲洪‧劉寧及征虜將軍石閔‧武衛將軍王鸞等討梁犢還 遇遵於李城 共說遵曰"殿下長且賢 先帝亦有意以殿下爲嗣 正以末年惛惑 爲張豺所誤. 今女主臨朝 姦臣用事 上白相持未下 京師宿衛空虛 殿下若聲張豺之罪 鼓行而討之 其誰不開門倒戈而迎殿下者！"遵從之.

遵自李城舉兵 還趣鄴 洛州刺史劉國帥洛陽之衆往會之. 檄至鄴 張豺大懼 馳召上白之軍. 丙戌 遵軍于蕩陰 戎卒九萬 石閔爲前鋒. 豺將出拒之 耆舊‧羯士皆曰"彭城王來奔喪 吾當出迎之 不能爲張豺守城也！"踰城而出 豺斬之 不能止. 張離亦帥龍騰二千 斬關迎遵. 劉氏懼 召張豺入 對之悲哭曰"先帝梓宮未殯 而禍難至此！今嗣子沖幼 託之將軍 將軍將若之何？欲加遵重位 能弭之乎？"豺惶怖不知所出 但云"唯唯."乃下詔 以遵爲丞相 領大司馬‧大都督‧督中外諸軍 錄尚書事 加黃鉞‧九錫. 己丑 遵至安陽亭 張豺懼而出迎 遵命執之.

庚寅 遵擐甲曜兵 入自鳳陽門 升太武前殿 擗踊盡哀 退如東閣. 斬張豺于平樂市 夷其三族. 假劉氏令曰"嗣子幼沖 先帝私恩所授 皇業至重 非所克堪 其以遵嗣位."於是遵卽位 大赦 罷上白之圍. 辛卯 封世爲譙王 廢劉氏爲太妃 尋皆殺之.

李農來歸罪 使復其位. 尊母鄭氏爲皇太后 立妃張氏爲皇后 故燕王斌子衍爲皇太子. 以義陽王鑒爲侍中·太傅 沛王沖爲太保 樂平王苞爲大司馬 汝陰王琨爲大將軍 武興公閔爲都督中外諸軍事·輔國大將軍.

甲午 鄴中暴風拔樹 震雷 雨雹大如盂升. 太武暉華殿災 及諸門觀閣蕩然無餘 乘輿服御 燒者太半 金石皆盡 火月餘乃滅.

時沛王沖鎭薊 聞遵殺世自立 謂其僚佐曰"世受先帝之命 遵輒廢而殺之 罪莫大焉! 其敕內外戒嚴 孤將親討之."於是留寧北將軍沐堅戍幽州 帥衆五萬自薊南下 傳檄燕·趙 所在雲集 比至常山 衆十餘萬 軍于苑鄉 遇遵赦書 沖曰"皆吾弟也 死者不可復追 何爲復相殘乎! 吾將歸矣!"其將陳暹曰"彭城篡弑自尊 爲罪大矣! 王雖北旆 臣將南轅. 俟平京師 擒彭城 然後奉迎大駕."沖乃復進. 遵馳遣王擢以書喻沖 沖弗聽. 遵使武興公閔及李農帥精卒十萬討之 戰于平棘 沖兵大敗 獲沖于元氏 賜死 阬其士卒三萬餘人.

武興公閔言於遵曰"蒲洪 人傑也 今以洪鎭關中 臣恐秦·雍之地非國家之有. 此雖先帝臨終之命 然陛下踐祚 自宜改圖."遵從之 罷洪都督 餘如前制. 洪怒 歸枋頭 遣使來降.

燕平狄將軍慕容霸上書於燕王儁曰"石虎窮凶極暴 天之所

棄 餘燼僅存 自相魚肉. 今中國倒懸 企望仁恤 若大軍一振 勢
必投戈." 北平太守孫興亦表言"石氏大亂 宜以時進取中原."
儁以新遭大喪 弗許. 霸馳詣龍城 言於儁曰"難得而易失者 時
也. 萬一石氏衰而復興 或有英雄據其成資 豈惟失此大利 亦恐
更爲後患." 儁曰"鄴中雖亂 鄧恒據安樂 兵強糧足 今若伐趙
東道不可由也 當由盧龍 盧龍山徑險狹 虜乘高斷要 首尾爲患
將若之何?" 霸曰"恒雖欲爲石氏拒守 其將士顧家 人懷歸志
若大軍臨之 自然瓦解. 臣請爲殿下前驅 東出徒河 潛趣令支
出其不意 彼聞之 勢必震駭 上不過閉門自守 下不免棄城逃潰
何暇禦我哉! 然則殿下可以安步而前 無復留難矣." 儁猶豫未
決 以問五材將軍封奕 對曰"用兵之道 敵強則用智 敵弱則用
勢. 是故以大吞小 猶狼之食豚也 以治易亂 猶日之消雪也. 大
王自上世以來 積德累仁 兵強士練. 石虎極其殘暴 死未瞑目
子孫爭國 上下乖亂. 中國之民 墜於塗炭 廷頸企踵以待振拔.
大王若揚兵南邁 先取薊城 次指鄴都 宣燿威德 懷撫遺民 彼
孰不扶老提幼以迎大王? 凶黨將望旗冰碎 安能爲害乎!" 從
事中郎黃泓曰"今太白經天 歲集畢北 天下易主 陰國受命 此
必然之驗也 宜速出師 以承天意." 折衝將軍慕輿根曰"中國之
民困於石氏之亂 咸思易主以救湯火之急 此千載一時 不可失
也. 自武宣王以來 招賢養民 務農訓兵 正俟今日. 今時至不取
更復顧慮 豈天意未欲使海內平定邪 將大王不欲取天下也?"
儁笑而從之. 以慕容恪爲輔國將軍 慕容評爲輔弼將軍 左長史
陽鶩爲輔義將軍 謂之"三輔." 慕容霸爲前鋒都督 · 建鋒將軍.

選精兵二十餘萬 講武戒嚴 爲進取之計.

8　六月 葬趙王虎於顯原陵 廟號太祖.

9　桓溫聞趙亂 出屯安陸 遣諸將經營北方. 趙揚州刺史王浹
舉壽春降 西中郎將陳逵進據壽春. 征北大將軍褚裒上表請伐
趙 卽日戒嚴 直指泗口 朝議以裒事任貴重 宜先遣偏師. 裒奏
言"前已遣督護王頤之等徑造彭城 後遣督護麋嶷進據下邳.
今宜速發 以成聲勢."秋 七月 加裒征討大都督 督徐·兗·
靑·揚·豫五州諸軍事. 裒帥衆三萬 徑赴彭城 北方士民降附
者日以千計.

　朝野皆以爲中原指期可復 光祿大夫蔡謨獨謂所親曰"胡滅
誠爲大慶 然恐更貽朝廷之憂."其人曰"何謂也？"謨曰"夫
能順天乘時 濟羣生於艱難者 非上聖與英雄不能爲也 自餘則
莫若度德量力. 觀今日之事 殆非時賢所及 必將經營分表 疲民
以逞 旣而材略疏短 不能副心 財殫力竭 智勇俱困 安得不憂
及朝廷乎！"魯郡民五百餘家相與起兵附晉 求援於褚裒 裒遣
部將王龕·李邁將銳卒三千迎之. 趙南討大都督李農帥騎二萬
與龕等戰于代陂 龕等大敗 皆沒於趙. 八月 裒退屯廣陵. 陳逵
聞之 焚壽春積聚 毁城遁還. 裒上疏乞自貶 詔不許 命裒還鎭
京口 解征討都督. 時河北大亂 遺民二十餘萬口渡河欲來歸附
會裒已還 威勢不接 皆不能自拔 死亡略盡.

10　趙樂平王苞謀帥關右之眾攻鄴　左長史石光・司馬曹曜等固諫　苞怒　殺光等百餘人. 苞性貪而無謀　雍州豪傑知其無成　並遣使告晉　梁州刺史司馬勳帥眾赴之.

11　楊初襲趙西城　破之.

12　九月　涼州官屬共上張重華爲丞相・涼王・雍・秦・涼三州牧. 重華屢以錢帛賜左右寵臣　又喜博奕　頗廢政事. 從事索振諫曰"先王夙夜勤儉以實府庫　正以讎恥未雪　志平海內故也. 殿下嗣位之初　強寇侵逼　賴重餌之故　得戰士死力　僅保社稷. 今蓄積已虛而寇讎尚在　豈可輕有耗散　以與無功之人乎！昔漢光武躬親萬機　章奏詣闕　報不終日　故能隆中興之業. 今章奏停滯　動經時月　下情不得上通　沈冤困於囹圄　殆非明主之事也."重華謝之.

13　司馬勳出駱谷　破趙長城戍　壁于懸鉤　去長安二百里　使治中劉煥攻長安　斬京兆太守劉秀離　又拔賀城　三輔豪傑多殺守令以應勳　凡三十餘壁　眾五萬人. 趙樂平王苞乃輟攻鄴之謀　使其將麻秋・姚國等將兵拒勳. 趙主遵遣車騎將軍王朗帥精騎二萬以討勳爲名　因劫苞送鄴. 勳兵少　畏朗　不敢進. 冬　十月　釋懸鉤　拔宛城　殺趙南陽太守袁景　復還梁州.

14　初　趙主遵之發李城也　謂武興公閔曰"努力！事成　以爾

爲太子."旣而立太子衍. 閔恃功. 欲專朝政 遵不聽. 閔素驍勇
屢立戰功 夷·夏宿將皆憚之. 旣爲都督 總內外兵權 乃撫循殿
中將士 皆奏爲殿中員外將軍 爵關外侯. 遵弗之疑 而更題名善
惡以挫抑之 衆咸怨怒. 中書令孟準·左衛將軍王鸞勸遵稍奪
閔兵權 閔益恨望 準等咸勸誅之.

十一月 遵召義陽王鑒·樂平王苞·汝陽王琨·淮南王昭等
入議於鄭太后前 曰"閔不臣之迹漸著 今欲誅之 如何?"鑒等
皆曰"宜然!"鄭氏曰"李城還兵 無棘奴 豈有今日! 小驕縱
之 何可遽殺!"鑒出 遣宦者楊環馳以告閔. 閔遂劫李農及右
衛將軍王基密謀廢遵 使將軍蘇彥·周成帥甲士三千人執遵於
南臺. 遵方與婦人彈碁 問成曰"反者誰也?"成曰"義陽王鑒
當立."遵曰"我尙如是 鑒能幾時!"遂殺之於琨華殿 幷殺鄭
太后·張后·太子衍·孟準·王鸞及上光祿張斐.

鑒卽位 大赦. 以武興公閔爲大將軍 封武德王 司空李農爲大
司馬 並錄尙書事. 郎闓爲司空 秦州刺史劉羣爲尙書左僕射 侍
中盧諶爲中書監.

15 　秦·雍流民相帥西歸 路由枋頭 共推蒲洪爲主 衆至十餘
萬. 洪子健在鄴 斬關出奔枋頭. 鑒懼洪之逼 欲以計遣之 乃以
洪爲都督關中諸軍事·征西大將軍·雍州牧·領秦州刺史. 洪
會官屬 議應受與不 主簿程朴請且與趙連和 如列國分境而治.
洪怒曰"吾不堪爲天子邪 而云列國乎!"引朴斬之.

16 　都鄉元侯褚裒還至京口 聞哭聲甚多 以問左右 對曰"皆
代陂死者之家也." 裒慚憤發疾 十二月 己酉 卒. 以吳國內史
荀羨爲使持節·監徐·兗二州·揚州之晉陵諸軍事·徐州刺
史 時年二十八 中興方伯未有如羨之少者.

17 　趙主鑒使樂平王苞·中書令李松·殿中將軍張才夜攻石
閔·李農於琨華殿 不克 禁中擾亂. 鑒懼 僞若不知者 夜斬
松·才於西中華門 幷殺苞.

　新興王祇 虎之子也 時鎭襄國 與姚弋仲·蒲洪等連兵 移檄
中外 欲共誅閔·農 閔·農以汝陰王琨爲大都督 與張舉及侍
中呼延盛帥步騎七萬分討祇等.

　中領軍石成·侍中石啓·前河東太守石暉謀誅閔·農 閔·
農皆殺之. 龍驤將軍孫伏都·劉銖等帥羯士三千伏於胡天 亦
欲誅閔·農. 鑒在中臺 伏都帥三十餘人將升臺挾鑒以攻之. 鑒
見伏都毀閣道 臨問其故. 伏都曰"李農等反 已在東掖門 臣欲
帥衛士以討之 謹先啓知." 鑒曰"卿是功臣 好爲官陳力. 朕從
臺上觀 卿勿慮無報也." 於是伏都·銖帥衆攻閔·農 不克 屯
於鳳陽門. 閔·農帥衆數千毀金明門而入. 鑒懼閔之殺己 馳招
閔·農 開門內之 謂曰"孫伏都反 卿宜速討之." 閔·農攻斬
伏都等 自鳳陽至琨華 橫尸相枕 流血成渠. 宣令內外六夷 敢
稱兵仗者斬. 胡人或斬關·或踰城而出者 不可勝數.

　閔使尙書王簡·少府王鬱帥衆數千守鑒於御龍觀 懸食以給
之. 下令城中曰"近日孫·劉搆逆 支黨伏誅 良善一無預也.

今日已後 與官同心者留 不同者各任所之. 敕城門不復相禁."
於是趙人百里內悉入城 胡·羯去者塡門. 閔知胡之不爲己用
班令內外"趙人斬一胡首送鳳陽門者 文官進位三等 武官悉拜
牙門."一日之中 斬首數萬. 閔親帥趙人以誅胡·羯 無貴賤·
男女·少長皆斬之 死者二十餘萬 尸諸城外 悉爲野犬豺狼所
食. 其屯戍四方者 閔皆以書命趙人爲將帥者誅之 或高鼻多須
濫死者半.

18　燕王儁遣使至涼州 約張重華共擊趙.

19　高句麗王釗送前東夷護軍宋晃于燕 燕王儁赦之 更名曰活
拜爲中尉.

❖ 孝宗穆皇帝上之下 永和 6年(庚戌, 350年)

1　春 正月 趙大將軍閔欲滅去石氏之迹 託以讖文有"繼趙
李"更國號曰衛 易姓李氏 大赦 改元靑龍. 太宰趙庶·太尉張
擧·中軍將軍張春·光祿大夫石岳·撫軍石寧·武衛將軍張
季及公侯·卿·校·龍騰等萬餘人 出奔襄國 汝陰王琨奔冀
州. 撫軍將軍張沈據滏口 張賀度據石瀆 建義將軍段勤據黎陽
寧南將軍楊羣據桑壁 劉國據陽城 段龕據陳留 姚弋仲據灄頭
蒲洪據枋頭 衆各數萬 皆不附於閔. 勤 末柸之子 龕 蘭之子也.

王朗·麻秋自長安赴洛陽. 秋承閔書 誅朗部胡千餘人. 朗奔襄國. 秋帥衆歸鄴 蒲洪使其子龍驤將軍雄迎擊 獲之 以爲軍師將軍.

汝陰王琨及張擧·王朗帥衆七萬伐鄴 大將軍閔帥騎千餘與戰於城北 閔操兩刃矛 馳騎擊之 所向摧陷 斬首三千級 琨等大敗而去. 閔與李農帥騎三萬討張賀度于石瀆.

閏月 衛主鑒密遣宦者齎書召張沈等 使乘虛襲鄴. 宦者以告閔·農 閔·農馳還 廢鑒 殺之 幷殺趙主虎三十八孫 盡滅石氏 姚弋仲子曜武將軍益·武衛將軍若帥禁兵數千斬關奔灄頭. 弋仲帥衆討閔 軍于混橋.

司徒申鍾等上尊號於閔 閔以讓李農 農固辭. 閔曰"吾屬故晉人也 今晉室猶存 請與諸君分割州郡 各稱牧·守·公·侯 奉表迎晉天子還都洛陽 何如?"尙書胡睦進曰"陛下聖德應天 宜登大位 晉氏衰微 遠竄江表 豈能總馭英雄 混壹四海乎!"閔曰"胡尙書之言 可謂識機知命矣."乃卽皇帝位 大赦改元永興 國號大魏.

2 朝廷聞中原大亂 復謀進取. 己丑 以揚州刺史殷浩爲中軍將軍·假節·都督揚·豫·徐·兗·靑五州諸軍事 以蒲洪爲氐王·使持節·征北大將軍·都督河北諸軍事·冀州刺史·廣川郡公 蒲健爲假節·右將軍·監河北征討前鋒諸軍事·襄國公.

3　　姚弋仲・蒲洪各有據關右之志. 弋仲遣其子襄帥衆五萬擊洪 洪迎擊 破之 斬獲三萬餘級. 洪自稱大都督・大將軍・大單于・三秦王 改姓苻氏. 以南安雷弱兒爲輔國將軍 安定梁楞爲前將軍 領左長史 馮翊魚遵爲右將軍 領右長史 京兆段陵爲左將軍 領左司馬 天水趙俱・隴西牛夷・北地辛牢皆爲從事中郎 互酋毛貴爲單于輔相.

4　　二月 燕王儁使慕容霸將兵二萬自東道出徒河 慕輿于自西道出蠮螉塞 儁自中道出盧龍塞 以伐趙. 以慕容恪・鮮于亮爲前驅 命慕輿埿樵山通道. 留世子曄守龍城 以內史劉斌爲大司農 與典書令皇甫眞留統後事.

霸軍至三陘 趙征東將軍鄧恒惶怖 焚倉庫 棄安樂遁去 與幽州刺史王午共保薊. 徒河南部都尉孫泳急入安樂 撲滅餘火 籍其穀帛. 霸收安樂・北平兵糧 與儁會臨渠.

三月 燕兵至無終. 王午留其將王佗以數千人守薊 與鄧恒走保魯口. 乙巳 儁拔薊 執王佗 斬之. 儁欲悉阬其士卒千餘人 慕容霸諫曰"趙爲暴虐 王興師伐之 將以拯民於塗炭而撫有中州也 今始得薊而阬其士卒 恐不可以爲王師之先聲也."儁入都于薊 中州士女降者相繼.

燕兵至范陽 范陽太守李產欲爲石氏拒燕 衆莫爲用 乃帥八城令長出降 儁復以產爲太守.

產子績爲幽州別駕 棄其家從王午在魯口. 鄧恒謂午曰"績鄉里在北 父已降燕 今雖在此 恐終難相保 徒爲人累 不如去之."

午曰"此何言也！夫以當今喪亂 而績乃能立義捐家 情節之
重 雖古烈士無以過 乃欲以猜嫌害之？燕·趙之士聞之 謂我
直相聚爲賊 了無意識. 衆情一散 不可復集 此爲坐自屠潰也."
恒乃止. 午猶慮諸將不與己同心 或致非意 乃遣績歸. 績始辭
午往見燕王儁 儁讓之曰"卿不識天命 棄父邀名 今日乃始來
邪！"對曰"臣眷戀舊主 志存微節 官身所在 何事非君！殿下
方以義取天下 臣未謂得見之晚也."儁悅 善待之.

儁以弟宜爲代郡城郎 孫泳爲廣寧太守 悉置幽州郡縣守宰.

甲子 儁使中部俟釐慕輿句督薊中留事 自將擊鄧恒於魯口.
軍至淸梁 恒將鹿勃早將數千人夜襲燕營 半已得入 先犯前鋒
都督慕容霸 突入幕下 霸起奮擊 手殺十餘人 早不能進 由是
燕軍得嚴 儁謂慕輿根曰"賊鋒甚銳 宜且避之."根正色曰"我
衆彼寡 力不相敵 故乘夜來戰 冀萬一獲利. 今求賊得賊 正當
擊之 復何所疑！王但安臥 臣等自爲王破之！"儁不能自安
內史李洪從儁出營外 屯高冢上. 根帥左右精勇數百人從中牙
直前擊早 李洪徐整騎隊還助之 早乃退走. 衆軍追擊四十餘里
早僅以身免 所從士卒死亡略盡. 儁引兵還薊.

5   魏主閔復姓冉氏 尊母王氏爲皇太后 立妻董氏爲皇后 子
智爲皇太子 胤·明裕皆爲王. 以李農爲太宰·領太尉·錄尙
書事 封齊王 其子皆封縣公. 遣使者持節赦諸軍屯 皆不從.

6   麻秋說苻洪曰"冉閔·石祇方相持 中原之亂未可平也.

不如先取關中 基業已固 然後東爭天下 誰能敵之！"洪深然
之. 既而秋因宴鴆洪 欲并其衆 世子健收秋斬之. 洪謂健曰
"吾所以未入關者 以爲中州可定 今不幸爲豎子所困. 中州非
汝兄弟所能辦 我死 汝急入關！"言終而卒. 健代統其衆 乃去
大都督・大將軍・三秦王之號 稱晉官爵 遣其叔父安來告喪
且請朝命.

7   趙新興王祗卽皇帝位于襄國 改元永寧. 以汝陰王琨爲相
國 六夷據州郡者皆應之. 祗以姚弋仲爲右丞相・親趙王 待以
殊禮. 弋仲子襄 雄勇多才略 士民愛之 請弋仲以爲嗣 弋仲以
襄非長子 不許 請者日以千數 弋仲乃使之將兵. 祗以襄爲驃騎
將軍・豫州刺史・新昌公. 又以苻健爲都督河南諸軍事・鎮南
大將軍・開府儀同三司 兗州牧・略陽郡公.

8   夏 四月 趙主祗遣汝陰王琨將兵十萬伐魏.

9   魏主閔殺李農及其三子 并尙書令王謨・侍中王衍・中常
待嚴震・趙昇. 閔遣使臨江告晉曰 "逆胡亂中原 今已誅之 能
共討者 可遣軍來也."朝廷不應.

10   五月 廬江太守袁眞攻魏合肥 克之 虜其居民而還.

11   六月 趙汝陰王琨進據邯鄲 鎮南將軍劉國自繁陽會之. 魏

衛將軍王泰擊琨 大破之 死者萬餘人. 劉國還繁陽.

12　初 段蘭卒於令支 段龕代領其衆 因石氏之亂 擁部落南徙.
秋 七月 龕引兵東據廣固 自稱齊王.

13　八月 代郡人趙榼帥三百餘家叛燕 歸趙幷州刺史張平. 燕
王儁徙廣寧·上谷二郡民於徐無 代郡民於凡城.

14　王朗之去長安也 朗司馬杜洪據長安 自稱晉征北將軍·雍
州刺史 以馮翊張琚爲司馬 關西夷·夏皆應之. 苻健欲取之 恐
洪知之 乃受趙官爵. 以趙俱爲河內太守 戌溫 牛夷爲安集將
軍 戌懷 治宮室於枋頭 課民種麥 示無西意 有知而不種者 健
殺之以徇. 旣而自稱晉征西大將軍·都督關中諸軍事·雍州刺
史 以武威賈玄碩爲左長史 洛陽梁安爲長史 段純爲左司馬 辛
牢爲右司馬 京兆王魚·安定程肱·胡文等爲軍諮祭酒 悉衆而
西. 以魚遵爲前鋒 行至盟津 爲浮梁以濟. 遣弟輔國將軍雄帥
衆五千自潼關入 兄子揚武將軍菁帥衆七千自軹關入. 臨別 執
菁手曰"若事不捷 汝死河北 我死河南 不復相見."旣濟 焚橋
自帥大衆隨雄而進.

　杜洪聞之 與健書 侮嫚之. 以張琚弟先爲征虜將軍 帥衆萬
三千逆戰于潼關之北. 先兵大敗 走還長安. 洪悉召關中之衆以
拒健. 洪弟郁勸洪迎健 洪不從 郁帥所部降於健.

　健遣苻雄徇渭北. 氐酋毛受屯高陵 徐磋屯好時 羌酋白犢屯

黃白 衆各數萬 皆斬洪使 遣子降於健. 苻菁‧魚遵所過城邑
無不降附. 洪懼 固守長安.

15 　張賀度‧段勤‧劉國‧靳豚會于昌城 將攻鄴. 魏主閔自
將擊之 戰于蒼亭 賀度等大敗 死者二萬八千人 追斬靳豚於陰
安 盡俘其衆而歸. 閔戎卒三十餘萬 旌旗‧鉦鼓綿亙百餘里 雖
石氏之盛 無以過也.
　故晉散騎常侍隴西辛謐 有高名 歷劉‧石之世 徵辟皆不就
閔備禮徵爲太常. 謐遺閔書 以爲"物極則反 致至則危. 君王
功已成矣 宜因茲大捷 歸身晉朝 必有由‧夷之廉 享松‧喬之
壽矣."因不食而卒.

16 　九月 燕王儁南徇冀州 取章武‧河間. 初 勃海賈堅 少尙
氣節 仕趙爲殿中督. 趙亡 堅棄魏主閔還鄉里 擁部曲數千家.
燕慕容評徇勃海 遣使招之 堅終不降. 評與戰 擒之. 儁以評爲
章武太守 封裕爲河間太守. 儁與慕容恪皆愛賈堅之材. 堅時年
六十餘 恪聞其善射 置牛百步上以試之. 堅曰"少之時能令不
中 今老矣 往往中之."乃射再發 一矢拂脊 一矢磨腹 皆附膚
落毛 上下如一 觀者咸服其妙. 儁以堅爲樂陵太守 治高城.

17 　苻菁與張先戰于渭北 擒之 三輔郡縣堡壁皆降. 冬 十月
苻健長驅至長安 杜洪‧張琚奔司竹.

18　燕王儁還薊 留諸將守之 儁還龍城 謁陵廟.

19　十一月 魏主閔帥騎十萬攻襄國. 署其子太原王胤爲大單于‧驃騎大將軍 以降胡一千配之爲麾下. 光祿大夫韋謏諫曰 "胡‧羯皆我之仇敵 今來歸附 苟存性命耳 萬一爲變 悔之何及！請誅屛降胡 去單于之號 以防微杜漸." 閔方欲撫納羣胡 大怒 誅謏及其子伯陽.

20　甲午 苻健入長安 以民心思晉 乃遣參軍杜山伯詣建康獻捷 幷脩好於桓溫. 於是秦‧雍夷夏皆附之. 趙涼州刺史石寧獨據上邽不下 十二月 苻雄擊斬之.

21　蔡謨除司徒 三年不就職 詔書屢下 太后遣使諭意 謨終不受. 於是帝臨軒 遣侍中紀據‧黃門郎丁纂徵謨 謨陳疾篤 使主簿謝攸陳讓. 自旦至申 使者十餘返 而謨不至. 時帝方八歲 甚倦 問左右曰 "所召人何以至今不來？臨軒何時當竟？" 太后以君臣俱疲 乃詔 "必不來者 宜罷朝." 中軍將軍殷浩奏免吏部尙書江虨官. 會稽王昱令曹曰 "蔡公傲違上命 無人臣之禮. 若人主卑屈於上 大義不行於下 亦不知所以爲政矣." 公卿乃奏 "謨悖慢傲上 罪同不臣 請送廷尉以正刑書." 謨懼 帥子弟詣闕稽顙 自到廷尉待罪. 殷浩欲加謨大辟. 會徐州刺史荀羨入朝 浩以問羨 羨曰 "蔡公今日事危 明日必有桓‧文之擧." 浩乃止. 下詔免謨爲庶人.*

資治通鑑 卷099

【晉紀二十一】

起重光大淵獻(辛亥) 盡閼逢攝提格(甲寅) 凡四年.

❖ 孝宗穆皇帝中之上 永和 7年(辛亥, 351年)

1   春 正月 丁酉 日有食之.

2   苻健左長史賈玄碩等請依劉備稱漢中王故事 表健爲都督
關中諸軍事‧大將軍‧大單于‧秦王. 健怒曰"吾豈堪爲秦王
邪!且晉使未返 我之官爵 非汝曹所知也." 旣而密使梁安諷
玄碩等上尊號 健辭讓再三 然後許之. 丙辰 健卽天王‧大單于
位 國號大秦 大赦 改元皇始. 追尊父洪爲武惠皇帝 廟號太祖
立妻強氏爲天王后 子萇爲太子 靚爲平原公 生爲淮南公 覿爲
長樂公 方爲高陽公 碩爲北平公 騰爲淮陽公 柳爲晉公 桐爲
汝南公 廋爲魏公 武爲燕公 幼爲趙公. 以苻雄爲都督中外諸
軍事‧丞相‧領車騎大將軍‧雍州牧‧東海公 苻菁爲衛大將
軍‧平昌公 宿衛二宮 雷弱兒爲太尉 毛貴爲司空 略陽姜伯周

爲尙書令 梁楞爲左僕射 王墮爲右僕射 魚遵爲太子太師 強平
爲太傅 段純爲太保 呂婆樓爲散騎常侍. 伯周 健之舅 平 王后
之弟 婆樓 本略陽氏酋也.

3　段龕請以靑州內附 二月 戊寅 以龕爲鎭北將軍 封齊公.

4　魏主閔攻圍襄國百餘日 趙主祗危急 乃去皇帝之號 稱趙
王 遣太尉張擧乞師於燕 許送傳國璽 中軍將軍張春乞師於姚
弋仲. 弋仲遣其子襄帥騎二萬八千救趙 誡之曰 "冉閔棄仁背
義 屠滅石氏. 我受人厚遇 當爲復讎 老病不能自行 汝才十倍
於閔 若不梟擒以來 不必復見我也!" 弋仲亦遣使告於燕 燕
主儁遣禦難將軍悅綰將兵三萬往會之.

　冉閔聞儁欲救趙 遣大司馬從事中郞廣寧常煒使於燕. 儁使
封裕詰之曰 "冉閔 石氏養息 負恩作逆 何敢輒稱大號?" 煒
曰 "湯放桀 武王伐紂 以興商·周之業 曹孟德養於宦官 莫知
所出 卒立魏氏之基. 苟非天命 安能成功! 推此而言 何必致
問!" 裕曰 "人言冉閔初立 鑄金爲己像 以卜成敗 而像不成
信乎?" 煒曰 "不聞." 裕曰 "南來者皆云如是 何故隱之?" 煒
曰 "姦僞之人欲矯天命以惑人者 乃假符瑞·託蓍龜以自重 魏
主握符璽 據中州 受命何疑 而更反眞爲僞 取決於金像乎!"
裕曰 "傳國璽果安在?" 煒曰 "在鄴." 裕曰 "張擧言在襄國."
煒曰 "殺胡之日 在鄴者殆無孑遺 時有迸漏者 皆潛伏溝瀆中
耳 彼安知璽之所在乎! 彼求救者 爲妄誕之辭 無所不可 況一

璽乎！"

儁猶以張擧之言爲信 乃積柴其旁 使裕以其私誘之 曰"君更熟思 無爲徒取灰滅！"煒正色曰"石氏貪暴 親帥大兵攻燕國都 雖不克而返 然志在必取. 故運資糧·聚器械於東北者 非以相資 乃欲相滅也. 魏主誅剪石氏 雖不爲燕 臣子之心 聞仇讎之滅 義當如何？而更爲彼責我 不亦異乎！吾聞死者骨肉下于土 精魂升于天. 蒙君之惠 速益薪縱火 使僕得上訴於帝足矣！"左右請殺之 儁曰"彼不憚殺身而徇其主 忠臣也！且冉閔有罪 使臣何預焉！"使出就館. 夜 使其鄉人趙瞻往勞之 且曰"君何不以實言？王怒 欲處君於遼·碣之表 奈何？"煒曰"吾結髮以來 尙不欺布衣 況人主乎！曲意苟合 性所不能 直情盡言 雖沈東海 不敢避也！"遂臥向壁 不復與瞻言. 瞻具以白儁 儁乃囚煒於龍城.

5　趙幷州刺史張平遣使降秦 秦王以平爲大將軍·冀州牧.

6　燕王逡還薊.

7　三月 姚襄及趙汝陰王琨各引兵救襄國. 冉閔遣車騎將軍胡睦拒襄于長蘆 將軍孫威拒琨於黃丘 皆敗還 士卒略盡.

閔欲自出擊之 衛將軍王泰諫曰"今襄國未下 外救雲集 若我出戰 必覆背受敵 此危道也. 不若固壘以挫其銳 徐觀其釁而擊之. 且陛下親臨行陳 如失萬全 則大事去矣."閔將止 道士

法饒進曰"陛下圍襄國經年 無尺寸之功 今賊至 又避不擊 將何以使將士乎！且太白入昴 當殺胡王 百戰百克 不可失也！"閔攘袂大言曰"吾戰決矣 敢沮衆者斬！"乃悉衆出 與襄・琨戰. 悅綰適以燕兵至 去魏兵數里 疏布騎卒 曳柴揚塵 魏人望之恟懼 襄・琨・綰三面擊之 趙王祗自後沖之 魏兵大敗 閔與十餘騎走還鄴. 降胡栗特康等執大單于胤及左僕射劉琦以降趙 趙王祗殺之. 胡睦及司空石璞・尚書令徐機・中書監盧諶等幷將士死者凡十餘萬人. 閔潛還 人無知者. 鄴中震恐 訛言閔已沒. 射聲校尉張艾請閔親郊以安衆心 閔從之 訛言乃息. 閔支解法饒父子 贈韋謏大司徒. 姚襄還還灄頭 姚弋仲怒其不擒閔 杖之一百.

初 閔之爲趙相也 悉散倉庫以樹私恩 與羌・胡相攻 無月不戰. 趙所徙青・雍・幽・荊四州人民及氐・羌・胡蠻數百萬口 以趙法禁不行 各還本土 道路交錯 互相殺掠 其能達者什有二・三. 中原大亂. 因以饑疫 人相食 無復耕者.

趙王祗使其將劉顯帥衆七萬攻鄴 軍于明光宮 去鄴二十三里. 魏主閔恐 召王泰 欲與之謀 泰恚前言之不從 辭以瘡甚. 閔親臨問之 泰固稱疾篤. 閔怒 還宮 謂左右曰"巴奴 乃公豈假汝爲命邪！要將先滅羣胡 卻斬王泰."乃悉衆出戰 大破顯軍 追奔至陽平 斬首三萬餘級. 顯懼 密使請降 求殺祗以自效 閔乃引歸. 有告王泰欲叛入秦者 閔殺之 夷其三族.

8　秦王健分遣使者問民疾苦 搜羅雋異 寬重斂之稅 弛離宮

之禁 罷無用之器 去侈靡之服 凡趙之苛政不便於民者皆除之.

9　　杜洪·張琚遣使召梁州刺史司馬勳. 夏 四月 勳帥步騎三
萬赴之 秦王健禦之於五丈原. 勳屢戰皆敗 退歸南鄭. 健以中
書令賈玄碩始者不上尊號 銜之 使人告玄碩與司馬勳通 幷其
諸子皆殺之.

10　　渤海人逢約因趙亂 擁衆數千家 附於魏 魏以約爲渤海太
守. 故太守劉準 隗之兄子也 土豪封放 奕之從弟也 別聚衆自
守. 閔以準爲幽州刺史 與約中分渤海. 燕王儁使封奕討約 使
昌黎太守高開討準·放. 開 瞻之子也.

　　奕引兵直抵約壘 遣人謂約曰“相與鄉里 隔絕日久 會遇甚
難. 時事利害 人各有心 非所論也. 願單出一相見 以寫佇結
之情.”約素信重奕 卽出 見奕於門外 各屛騎卒 單馬交語. 奕
與論敍平生畢 因說之曰“與君累世同鄉 情相愛重 誠欲君享
祚無窮 今旣獲展奉 不可不盡所懷. 冉閔乘石氏之亂 奄有成
資 是宜天下服其強矣 而禍亂方始 固知天命不可力爭也. 燕王
奕也載德 奉義討亂 所征無敵. 今已都薊 南臨趙·魏 遠近之
民 繈負歸之. 民厭荼毒 咸思有道. 冉閔之亡 匪朝伊夕 成敗之
形 昭然易見. 且燕王肇開王業 虛心賢儁 君能翻然改圖 則功
參絳·灌 慶流苗裔 孰與爲亡國將 守孤城以待必至之禍哉！”
約聞之 悵然不言. 奕給使張安 有勇力 奕豫戒之 俟約氣下 安
突前持其馬鞚 因挾之而馳. 至營 奕與坐 謂曰“君計不能自決

故相爲決之 非欲取君以邀功 乃欲全君以安民也."

高開至渤海 準·放迎降. 儁以放爲渤海太守 準爲左司馬 約參軍事. 以約誘於人而遇獲 更其名曰釣.

11 劉顯弑趙王祗及其丞相安樂王炳·太宰趙庶等十餘人 傳首于鄴. 驃騎將軍石寧奔柏人. 魏主閔焚祗首于通衢 拜顯上大將軍·大單于·冀州牧.

12 五月 趙兗州刺史劉啓自鄄城來奔.

13 秋 七月 劉顯復引兵攻鄴 魏主閔擊敗之. 顯還 稱帝於襄國.

14 八月 魏徐州刺史周成·兗州刺史魏統·荊州刺史樂弘·豫州牧張遇以廩丘·許昌等諸城來降 平南將軍高崇·征虜將軍呂護執洛州刺史鄭系 以其地來降.

15 燕王儁遣慕容恪攻中山 慕容評攻王午于魯口 魏中山太守上谷侯龕閉城拒守. 恪南徇常山 軍于九門 魏趙郡太守遼西李邽舉郡降 恪厚撫之 將邽還圍中山 侯龕乃降. 恪入中山 遷其將帥·土豪數十家詣薊 餘皆安堵 軍令嚴明 秋豪不犯. 慕容評至南安 王午遣其將鄭生拒戰 評擊斬之.

悅綰還自襄國 儁乃知張擧之妄而殺之. 常煒有四男二女在

中山 儁釋煒之囚 使諸子就見之. 煒上疏謝恩 儁手令答曰 "卿本不爲生計 孤以州里相存耳. 今大亂之中 諸子盡至 豈非天所念邪！天且念卿 況於孤乎！" 賜妾一人 穀三百斛 使居凡城. 以北平太守孫興爲中山太守 興善於綏撫 中山遂安.

16　庫傉官偉帥部衆自上黨降燕.

17　姚弋仲遣使來請降. 冬 十月 以弋仲爲使持節·六夷大都督·督江北諸軍事·車騎大將軍·開府儀同三司·大單于·高陵郡公 又以其子襄爲持節·平北將軍·都督幷州諸軍事·幷州刺史·平鄉縣公.

18　逄釣亡歸渤海 招集舊衆以叛燕. 樂陵太守賈堅使人告諭鄉人 示以成敗 釣部衆稍散 遂來奔.

19　吐谷渾葉延卒 子碎奚立.

20　初 桓溫聞石氏亂 上疏請出師經略中原 事久不報. 溫知朝廷仗殷浩以抗己 甚忿之 然素知浩之爲人 亦不之憚也. 以國無他釁 遂得相持彌年 羈縻而已 八州士衆資調殆不爲國家用. 屢求北伐 詔書不聽. 十二月 辛未 溫拜表輒行 帥衆四五萬順流而下 軍於武昌 朝廷大懼.
　殷浩欲去位以避溫 又欲以騶虞幡駐溫軍. 吏部尚書王彪之

言於會稽王昱曰"此屬皆自爲計 非能保社稷 爲殿下計也. 若
殷浩去職 人情離駭 天子獨坐 當此之際 必有任其責者 非殿
下而誰乎！"又謂浩曰"彼若抗表問罪 卿爲之首. 事任如此
猜釁已成 欲作匹夫 豈有全地邪！且當靜以待之. 令相王與手
書 示以款誠 爲陳成敗 彼必旋師 若不從 則遣中詔 又不從 乃
當以正義相裁. 奈何無故忽忽 先自猖獗乎！"浩曰"決大事正
自難 頃日來欲使人悶. 聞卿此謀 意始得了."彪之 彬之子也.

撫軍司馬高崧言於昱曰"王宜致書 諭以禍福 自當返旆. 如
其不爾 便六軍整駕 逆順於茲判矣！"乃於坐爲昱草書曰"寇
難宜平 時會宜接. 此實爲國遠圖 經略大算 能弘斯會 非足下
而誰？但以比興師動衆 要當以資實爲本 運轉之艱 古人所難
不可易之於始而不熟慮. 頃所以深用爲疑 惟在此耳. 然異常
之舉 衆之所駭 游聲噂嗒 想足下亦少聞之. 苟患失之 無所不
至 或能望風振擾 一時崩散. 如此則望實並喪 社稷之事去矣.
皆由吾暗弱 德信不著 不能鎮靜羣庶 保固維城 所以內愧於心
外慚良友. 吾與足下 雖職有內外 安社稷 保家國 其致一也. 天
下安危 繫之明德 當先思寧國而後圖其外 使王基克隆 大義弘
著. 所望於足下 區區誠懷 豈可復顧嫌而不盡哉！"溫卽上疏
惶恐致謝 回軍還鎮.

21　　朝廷將行郊祀. 會稽王昱問於王彪之曰"郊祀應有赦
否？"彪之曰"自中興以來 郊祀往往有赦 愚意常謂非宜 凶愚
之人 以爲郊必有赦 將生心於徼幸矣！"昱從之.

22 燕王儁如龍城.

23 丁零翟鼠帥所部降燕 封爲歸義王.

❖ 孝宗穆皇帝中之上 永和 8年(壬子, 352年)

1 春 正月 辛卯 日有食之.

2 秦丞相雄等請秦王健正尊號 依漢·晉之舊 不必效石氏之
初. 健從之 卽皇帝位 大赦. 諸公皆進爵爲王. 且言單于所以統
壹百蠻 非天子所宜領 以授太子萇.

3 司馬勳旣還漢中 杜洪·張琚屯宜秋. 洪自以右族 輕琚 琚
遂殺洪 自立爲秦王 改元建昌.

4 劉顯攻常山 魏主閔留大將軍蔣幹使輔太子智守鄴 自將
八千騎救之. 顯大司馬淸河王寧以棗強降魏. 閔擊顯 敗之 追
奔至襄國. 顯大將軍曹伏駒開門納閔 閔殺顯及其公卿己下百
餘人 焚襄國宮室 遷其民於鄴. 趙汝陰王琨以其妻妾來奔 斬於
建康市 石氏遂絕.

5 尙書左丞孔嚴言於殷浩曰 "比來衆情 良可寒心 不知使君

當何以鎮之. 愚謂宜明受任之方 韓‧彭專征伐 蕭‧曹守管籥
內外之任 各有攸司 深思廉‧藺屈身之義 平‧勃交歡之謀 令
穆然無間 然後可以保大定功也. 觀頃日降附之徒 皆人面獸心
貪而無親 恐難以義感也."浩不從. 嚴 愉之從子也.

浩上疏請北出許‧洛 詔許之. 以安西將軍謝尚‧北中郎將
荀羨爲督統 進屯壽春. 謝尚不能撫尉張遇 遇怒 據許昌叛 使
其將上官恩據洛陽 樂弘攻督護戴施於倉垣 浩軍不能進. 三月
命荀羨鎮淮陰 尋加監青州諸軍事 又領兗州刺史 鎮下邳.

6   乙巳 燕王儁還薊 稍徙軍中文武兵民家屬於薊.

7   姚弋仲有子四十二人 及病 謂諸子曰"石氏待吾厚 吾本
欲爲之盡力. 今石氏已滅 中原無主 我死 汝亟自歸於晉 當固
執臣節 無爲不義也!"弋仲卒 子襄祕不發喪 帥戶六萬南攻
陽平‧元城‧發干 破之 屯于碻磝津 以太原王亮爲長史 天水
尹赤爲司馬 太原薛瓚‧略陽權翼爲參軍.

襄與秦兵戰 敗 亡三萬餘戶 南至滎陽 始發喪. 又與秦將高
昌‧李歷戰于麻田 馬中流矢而斃. 弟葁以馬授襄 襄曰"汝何
以自免?"葁曰"但令兄濟 豎子必不敢害葁!"會救至 俱免.
尹赤奔秦 秦以赤爲幷州刺史 鎮蒲阪.

襄遂帥衆歸晉 送其五弟爲質. 詔襄屯譙城 襄單騎渡淮 見謝
尚于壽春. 尚聞其名 命去仗衛 幅巾待之 歡若平生. 襄博學 善
談論 江東人士皆重之.

8　魏主閔旣克襄國 因游食常山‧中山諸郡. 趙立義將軍段勤聚胡‧羯萬餘人保據繹幕 自稱趙帝. 夏 四月 甲子 燕王儁遣慕容恪擊魏 慕容霸等擊勤.

魏主閔將與燕戰 大將軍董閏‧車騎將軍張溫諫曰"鮮卑乘勝鋒銳 且彼衆我寡 請且避之 俟其驕惰 然後益兵以擊之." 閔怒曰"吾欲以此衆平幽州 斬慕容儁 今遇恪而避之 人謂我何!"司徒劉茂‧特進郎闓相謂曰"吾君此行 必不還矣 吾等何爲坐待戮辱!"皆自殺.

閔軍于安喜 慕容恪引兵從之. 閔趣常山 恪追之 及于魏昌之廉臺. 閔與燕兵十戰 燕兵皆不勝. 閔素有勇名 所將兵精銳 燕人憚之. 慕容恪巡陳 謂將士曰"冉閔勇而無謀 一夫敵耳! 其士卒飢疲 甲兵雖精 其實難用 不足破也!"閔以所將多步卒而燕皆騎兵 引兵將趣林中. 恪參軍高開曰"吾騎兵利平地 若閔得入林 不可復制. 宜亟遣輕騎邀之 旣合而陽走 誘致平地然後可擊也."恪從之. 魏兵還就平地 恪分軍爲三部 謂諸將曰"閔性輕銳 又自以衆少 必致死於我. 我厚集中軍之陳以待之 俟其合戰 卿等從旁擊之 無不克矣."乃擇鮮卑善射者五千人以鐵鎖連其馬 爲方陳而前. 閔所乘駿馬曰朱龍 日行千里. 閔左操雙刃矛 右執鉤戟 以擊燕兵 斬首三百餘級. 望見大幢 知其爲中軍 直衝之 燕兩軍從旁夾擊 大破之. 圍閔數重 閔潰圍東走二十餘里 朱龍忽斃 爲燕兵所執. 燕人殺魏僕射劉羣 執董閔‧張溫 及閔皆送於薊. 閔子操奔魯口. 高開被創而卒. 慕容恪進屯常山 儁命恪鎭中山.

己卯 冉閔至薊. 儁大赦. 立閔而責之曰"汝奴僕下才 何得妄稱帝？"閔曰"天下大亂 爾曹夷狄禽獸之類猶稱帝 況我中土英雄 何得不稱帝邪！"儁怒 鞭之三百 送於龍城.

慕容霸軍至繹幕 段勤與弟思陪擧城降.

甲申 儁遣慕容評及中尉侯龕帥精騎萬人攻鄴. 癸巳 至鄴魏蔣幹及太子智閉城拒守. 城外皆降於燕 劉寧及弟崇帥胡騎三千奔晉陽.

9　秦以張遇爲征東大將軍 · 豫州牧.

10　五月 秦主健攻張琚於宜秋 斬之.

11　鄴中大饑 人相食 故趙時宮人被食略盡. 蔣幹遣侍中繆嵩 · 詹事劉猗奉表請降 且求救於謝尚. 庚寅 燕王儁遣廣威將軍慕容軍 · 殿中將軍慕輿根 · 右司馬皇甫眞等帥步騎二萬助慕容評攻鄴.

12　辛卯 燕人斬冉閔於龍城. 會大旱 蝗 燕王儁謂閔爲祟 遣使祀之 諡曰悼武天王.

13　初 謝尚使戴施據枋頭 施聞蔣幹求救 乃自倉垣徙屯棘津止幹使者求傳國璽. 劉猗使繆嵩還鄴白幹 幹疑尚不能救 沈吟未決. 六月 施帥壯士百餘人入鄴 助守三臺 紿之曰"今燕寇在

外 道路不通 璽未敢送也. 卿且出以付我 我當馳白天子. 天子
聞璽在吾所 信卿至誠 必多發兵糧以相救餉." 幹以爲然 出璽
付之. 施宣言使督護何融迎糧 陰令懷璽送于枋頭. 甲子 蔣幹
帥銳卒五千及晉兵出戰 慕容評大破之 斬首四千級 幹脫走入
城.

14　甲申 秦主健還長安.

15　謝尚‧姚襄共攻張遇于許昌. 秦主健遣丞相東海王雄‧衛
大將軍平昌王菁略地關東 帥步騎二萬救之. 丁亥 戰于潁水之
誡橋 尚等大敗 死者萬五千人. 尚奔還淮南 襄棄輜重 送尚于
芍陂 尚悉以後事付襄. 殷浩聞尚敗 退屯壽春. 秋 七月 秦丞相
雄徙張遇及陳‧潁‧許‧洛之民五萬餘戶於關中 以右衛將軍
楊羣爲豫州刺史 鎭許昌. 謝尚降 號建威將軍.

16　趙故西中郎將王擢遣使請降 拜擢秦州刺史.

17　丁酉 以武陵王晞爲太宰.

18　丙辰 燕王儁如中山.

19　王午聞魏敗 時鄧恒已死 午自稱安國王. 八月 戊辰 燕王
儁遣慕容恪‧封奕‧陽鶩攻之 午閉城自守 送冉操詣燕軍 燕

人掠其禾稼而還.

20　庚午 魏長水校尉馬願等開鄴城納燕兵 戴施‧蔣幹懸縋而下 奔于倉垣. 慕容評送魏后董氏‧太子智‧太尉申鍾‧司空條枚等及乘輿服御于薊. 尚書令王簡‧左僕射張乾‧右僕射郎肅皆自殺. 燕王儁詐云董氏得傳國璽獻之 賜號奉璽君 賜冉智爵海賓侯. 以申鍾爲大將軍右長史 命慕容評鎭鄴.

21　桓溫使司馬勳助周撫討蕭敬文於涪城 斬之.

22　謝尙自枋頭迎傳國璽至建康 百僚畢賀.

23　秦以雷弱兒爲大司馬 毛貴爲太尉 張遇爲司空.

24　殷浩之北伐也 中軍將軍王羲之以書止之 不聽. 旣而無功 復謀再擧. 羲之遺浩書曰 "今以區區江左 天下寒心 固已久矣. 力爭武功 非所當作. 自頃處內外之任者 未有深謀遠慮 而疲竭根本 各從所志 竟無一功可論 遂令天下將有土崩之勢. 任其事者 豈得辭四海之責哉! 今軍破於外 資竭於內 保淮之志 非所復及 莫若還保長江 督將各處復舊鎭 自長江以外 羈縻而已. 引咎責躬 更爲善治 省其賦役 與民更始 庶可以救倒懸之急也! 使君起於布衣 任天下之重 當董統之任 而敗喪至此 恐闔朝羣賢未有與人分其謗者. 若猶以前事爲未工 故復求之分外

宇宙雖廣 自容何所！此愚智所不解也."

又與會稽王昱牋曰"爲人臣者誰不願尊其主 比隆前世！況
遇難得之運哉！顧力有所不及 豈不可不權輕重而處之也！今
雖有可喜之會 內求諸己 而所憂乃重於所喜. 功未可期 遺黎殲
盡 勞役無時 徵求日重 以區區吳‧越經緯天下十分之九 不亡
何待！而不度德量力 不弊不已 此封內所痛心歎悼而莫敢吐誠
者也.'往者不可諫 來者猶可追.'願殿下更垂三思 先爲不可勝
之基 須根立勢擧 謀之未晚. 若不行 恐麋鹿之游 將不止林藪
而已！願殿下暫廢虛遠之懷 以救倒懸之急 可謂以亡爲存 轉
禍爲福也."不從.

九月 浩屯泗口 遣河南太守戴施據石門 滎陽太守劉遯據倉
垣. 浩以軍興 罷遣太學生徒 學校由此遂廢.

冬 十月 謝尙遣冠軍將軍王俠攻許昌 克之. 秦豫州刺史楊羣
退屯弘農. 徵尙爲給事中 戍石頭.

25　丁卯 燕王儁還薊.

26　故趙將擁兵據州郡者 各遣使降燕 燕王儁以王擢爲益州刺
史 夔逸爲秦州刺史 張平爲幷州刺史 李歷爲兗州刺史 高昌爲
安西將軍 劉寧爲車騎將軍.

27　慕容恪屯安平 積糧 治攻具 將討王午. 丙戌 中山蘇林起
兵於無極 自稱天子 恪自魯口還討林. 閏月 戊子 燕王儁遣廣

威將軍慕輿根助恪攻林 斬之. 王午爲其將秦興所殺. 呂護殺興
復自稱安國王.

燕羣僚共上尊號於燕王儁 儁許之. 十一月 丁卯 始置百官
以國相封奕爲太尉 左長史陽騖爲尙書令 右司馬皇甫眞爲尙書
左僕射 典書令張悕爲右僕射 其餘文武 拜授有差. 戊辰 儁卽
皇帝位 大赦. 自謂獲傳國璽 改元元璽. 追尊武宣王爲高祖武
宣皇帝 文明王爲太祖文明皇帝. 時晉使適至燕 儁謂曰"汝還
白汝天子 我承人乏 爲中國所推 已爲帝矣!"改司州爲中州
建留臺於龍都 以玄菟太守乙逸爲尙書 專委留務.

28 秦丞相雄攻王擢于隴西 擢奔涼州 雄還屯隴東. 張重華以
擢爲征虜將軍·秦州刺史 特寵待之.

1 春 正月 乙卯朔 大赦.

2 二月 庚子 燕主儁立其妃可足渾氏爲皇后 世子曄爲皇太
子 皆自龍城遷于薊宮.

3 張重華遣將軍張弘·宋修會王擢帥步騎萬五千伐秦. 秦
丞相雄·衛將軍菁拒之 大敗涼兵於龍黎 斬首萬二千級 虜張

弘·宋修 王擢棄秦州 奔姑臧. 秦主健以領軍將軍符願爲秦州刺史 鎭上邽.

4 三月 交州刺史阮敷討林邑 破五十餘壘.

5 趙故衛尉常山李犢聚衆數千人叛燕.

6 西域胡劉康詐稱劉曜子 聚衆於平陽 自稱晉王 夏 四月 秦左衛將軍符飛討擒之.

7 以安西將軍謝尙爲尙書僕射.

8 五月 張重華復使王擢帥衆二萬伐上邽 秦州郡縣多應之 符願戰敗 奔長安. 重華因上疏請伐秦 詔進重華涼州牧.

9 燕主儁遣衛將軍恪討李犢 犢降 遂東擊呂護於魯口.

10 六月 秦符飛攻氐王楊初於仇池 爲初所敗. 丞相雄·平昌王菁帥步騎四萬屯于隴東.

秦主健納張遇繼母韓氏爲昭儀 數於衆中謂遇曰"卿 吾假子也."遇恥之 因雄等精兵在外 陰結關中豪傑 欲滅符氏 以其地來降. 秋 七月 遇與黃門劉晃謀夜襲健 晃約開門以待之. 會健使晃出外 晃固辭 不得已而行. 遇不知 引兵至門 門不開 事覺

伏誅. 於是孔持起池陽 劉珍·夏侯顯起鄠 喬秉起雍 胡陽赤起司竹 呼延毒起灞城 衆數萬人 各遣使來請兵.

11　秦以左僕射魚遵爲司空.

12　九月 秦丞相雄帥衆二萬還長安 遣平昌王菁略定上洛 置荊州于豐陽川 以步兵校尉金城郭敬爲刺史. 雄與淸河王法·苻飛分討孔持等.

13　姚襄屯歷陽 以燕·秦方強 未有北伐之志 乃夾淮廣興屯田 訓厲將士. 殷浩在壽春 惡其強盛 囚襄諸弟 屢遣刺客刺之 刺客皆以情告襄. 安北將軍魏統卒 弟憬代領部曲. 浩潛遣憬帥衆五千襲之 襄斬憬 幷其衆. 浩愈惡之 使龍驤將軍劉啓守譙 遷襄于梁國蠡臺 表授梁國內史.

魏憬子弟數往來壽春 襄益疑懼 遣參軍權翼使於浩. 浩曰 "身與姚平北共爲王臣 休戚同之 平北每舉動自專 甚失輔車之理 豈所望也！" 翼曰 "平北英姿絕世 擁兵數萬 遠歸晉室者 以朝廷有道 宰輔明哲故也. 今將軍輕信讒慝之言 與平北有隙 愚謂猜嫌之端 在此不在彼也." 浩曰 "平北姿性豪邁 生殺自由 又縱小人掠奪吾馬 王臣之體 固若是乎？" 翼曰 "平北歸命聖朝 豈肯妄殺無辜！姦宄之人 亦王法所不容也 殺之何害！" 浩曰 "然則掠馬何也？" 翼曰 "將軍謂平北雄武難制 終將討之 故取馬欲以自衛耳." 浩笑曰 "何至是也！"

初 浩陰遣人誘秦梁安・雷弱兒 使殺秦主健 許以關右之任 弱兒僞許之 且請兵應接. 浩聞張遇作亂 健兄子輔國將軍黃眉 自洛陽西奔 以爲安等事已成. 冬 十月 浩自壽春帥衆七萬北 伐 欲進據洛陽 修復園陵. 吏部尙書王彪之上會稽王昱牋 以爲 "弱兒等容有詐僞 浩未應輕進." 不從.

浩以姚襄爲前驅. 襄引兵北行 度浩將至 詐令部衆夜遁 陰伏 甲以邀之. 浩聞而追襄至山桑 襄縱兵擊之 浩大敗 棄輜重 走 保譙城. 襄俘斬萬餘 悉收其資仗 使兄益守山桑 襄復加淮南. 會稽王昱謂王彪之曰 "君言無不中 張・陳無以過也!"

14　西平敬烈公張重華有疾 子曜靈纔十歲 立爲世子 赦其境 內. 重華庶兄長寧侯祚 有勇力・吏幹 而傾巧善事內外 與重華 嬖臣趙長・尉緝等結異姓兄弟. 都尉常據請出之 重華曰 "吾 方以祚爲周公 使輔幼子 君是何言也!"

謝艾以枹罕之功有寵於重華 左右疾之 譖艾 出爲酒泉太守. 艾上疏言 "權倖用事 公室將危 乞聽臣入侍." 且言 "長寧侯祚 及趙長等將爲亂 宜盡逐之." 十一月 己未 重華疾甚 手令徵艾 爲衛將軍 監中外諸軍事 輔政 祚・長等匿而不宣.

丁卯 重華卒 世子曜靈立 稱大司馬・涼州刺史・西平公. 趙 長等矯重華遺令 以長寧侯祚爲都督中外諸軍事・撫軍大將軍 輔政.

15　殷浩使部將劉啓・王彬之攻姚益于山桑. 姚襄自淮南擊之

啓·彬之皆敗死. 襄進據芍陂.

16 　趙末 樂陵朱禿·平原杜能·清河丁嬈·陽平孫元各擁兵
分據城邑 至是皆請降於燕 燕主儁以禿爲靑州刺史 能爲平原
太守 嬈爲立節將軍 元爲兗州刺史 各留撫其營.

17 　秦丞相雄克池陽 斬孔特. 十二月 淸河王法·苻飛克鄠 斬
劉珍·夏侯顯.

18 　姚襄濟淮 屯盱眙 招掠流民 衆至七萬 分置守宰 勸課農桑
遣使詣建康罪狀殷浩 幷自陳謝. 詔以謝尙都督江西·淮南諸
軍事·豫州刺史 鎭歷陽.

19 　涼右長史趙長等建議 以爲"時難未夷 宜立長君 曜靈沖
幼 請立長寧侯祚."張祚先得幸於重華之母馬氏 馬氏許之 乃
廢張曜靈爲涼寧侯 立祚爲大都督·大將軍·涼州牧·涼公.
祚旣得志 恣爲淫虐 殺重華妃裴氏及謝艾.

20 　燕衛將軍恪·撫軍將軍軍·左將軍彪等屢薦給事黃門侍
郎霸有命世之才 宜總大任. 是歲 燕主儁以霸爲使持節·安東
將軍·北冀州刺史 鎭常山.

❖ 孝宗穆皇帝中之上 永和 10年(甲寅, 354年)

1   春 正月 張祚自稱涼王 改建興四十二年爲和平元年 立妻
辛氏爲王后 子太和爲太子 封弟天錫爲長寧侯 子庭堅爲建康
侯 曜靈弟玄靚爲涼武侯 置百官 郊祀天地 用天子禮樂. 尙書
馬岌切諫 坐免官. 郎中丁琪復諫曰 "我自武公以來 世守臣節
抱忠履謙五十餘年 故能以一州之衆 抗擧世之虜 師徒歲起 民
不告疲. 殿下勳德未高於先公 而亟謀革命 臣未見其可也. 彼
士民所以用命 四遠所以歸嚮者 以吾能奉晉室故也. 今而自尊
則中外離心 安能以一隅之地 拒天下之強敵乎!" 祚大怒 斬
之於闕下.

2   故魏降將周成反 自宛襲洛陽. 辛酉 河南太守戴施奔鮪渚.

3   秦丞相雄克司竹. 胡陽赤奔霸城 依呼延毒.

4   中軍將軍·揚州刺史殷浩連年北伐 師徒屢敗 糧械都盡.
征西將軍桓溫因朝野之怨 上疏數浩之罪 請廢之. 朝廷不得已
免浩爲庶人 徙東陽之信安. 自此內外大權一歸於溫矣.
　浩少與溫齊名 而心競不相下 溫常輕之. 浩旣廢黜 雖愁怨
不形辭色 常書空作 "咄咄怪事" 字. 久之 溫謂掾郄超曰 "浩
有德有言 嚮爲令僕 足以儀刑百揆 朝廷用違其才耳." 將以浩
爲尙書令 以書告之. 浩欣然許焉 將答書 慮有謬誤 開閉者十

數 竟達空函. 溫大怒 由是遂絕 卒於徙所. 以前會稽內史王述
爲揚州刺史.

5　　二月 乙丑 桓溫統步騎四萬發江陵. 水軍自襄陽入均口 至
南鄉 步兵自淅川趣武關 命司馬勳出子午道以伐秦.

6　　燕衛將軍恪圍魯口 三月 拔之. 呂護奔野王 遣弟奉表謝罪
於燕 燕以護爲河內太守.

7　　姚襄遣使降燕.

8　　燕主儁以慕容評爲鎭南將軍 都督秦‧雍‧益‧梁‧江‧
揚‧荊‧徐‧兗‧豫十州諸軍事 權鎭洛水 以慕容強爲前鋒都
督 督荊‧徐二州‧緣淮諸軍事 進據河南.

9　　桓溫將攻上洛 獲秦荊州刺史郭敬 進擊靑泥 破之. 司馬勳
掠秦西鄙 涼秦州刺史王擢攻陳倉以應溫. 秦主健遣太子萇‧
丞相雄‧淮南王生‧平昌王菁‧北平王碩帥衆五萬軍于嶢柳
以拒溫. 夏 四月 己亥 溫與秦兵戰于藍田. 秦淮南王生單騎突
陳 出入以十數 殺傷晉將士甚衆. 溫督衆力戰 秦兵大敗 將軍
桓沖又敗秦丞相雄于白鹿原. 沖 溫之弟也. 溫轉戰而前 壬寅
進至灞上. 秦太子萇等退屯城南 秦主健與老弱六千固守長安
小城 悉發精兵三萬 遣大司馬雷弱兒等與萇合兵以拒溫. 三輔

郡縣皆來降 溫撫諭居民 使安堵復業. 民爭持牛酒迎勞 男女夾路觀之 耆老有垂泣者 曰"不圖今日復覩官軍！"

秦丞相雄帥騎七千襲司馬勳於子午谷 破之 勳退屯女媧堡.

10　戊申 燕主儁封撫軍將軍軍爲襄陽王 左將軍彭爲武昌王 以衛將軍恪爲大司馬·侍中·大都督·錄尚書事 封太原王 鎮南將軍評爲司徒·驃騎將軍 封上庸王 封安東將軍霸爲吳王 左賢王友爲范陽王 散騎常侍厲爲下邳王 散騎常侍宜爲廬江王 寧北將軍度爲樂浪王 又封弟桓爲宜都王 逮爲臨賀王 徽爲河間王 龍爲歷陽王 納爲北海王 秀爲蘭陵王 嶽爲安豐王 德爲梁公 默爲始安公 僂爲南康公 子咸爲樂安王 亮爲勃海王 溫爲帶方王 涉爲漁陽王 暐爲中山王 以尚書令陽鶩爲司空 仍守尚書令.

命冀州刺史吳王霸徙治信都. 初 燕王皝奇霸之才 故名之曰霸 將以爲世子 羣臣諫而止 然寵遇猶踰於世子. 由是儁惡之 以其嘗墜馬折齒 更名曰缺 尋以其應讖文 更名曰垂 遷侍中 錄留臺事 徙鎮龍城. 垂大得東北之和 儁愈惡之 復召還.

11　五月 江西流民郭敞等執陳留內史劉仕 降于姚襄. 建康震駭 以吏部尚書周閔爲中軍將軍 屯中堂 豫州刺史謝尚自歷陽還衛京師 固江備守.

12　王擢拔陳倉 殺秦扶風內史毛難.

13   北海王猛 少好學 倜儻有大志 不屑細務 人皆輕之. 猛悠然自得 隱居華陰. 聞桓溫入關 披褐詣之 捫蝨而談當世之務 旁若無人. 溫異之 問曰"吾奉天子之命 將銳兵十萬爲百姓除殘賊 而三秦豪傑未有至者 何也？"猛曰"公不遠數千里 深入敵境. 今長安咫尺 而不渡灞水 百姓未知公心 所以不至."溫嘿然無以應 徐曰"江東無卿比也！"乃署猛軍謀祭酒.

溫與秦丞相雄等戰于白鹿原 溫兵不利 死者萬餘人. 初 溫指秦麥以爲糧 既而秦人悉芟麥 清野以待之 溫軍乏食. 六月 丁丑 徙關中三千餘戶而歸. 以王猛爲高官督護 欲與俱還 猛辭不就.

呼延毒帥衆一萬從溫還. 秦太子萇等隨溫擊之 比至潼關 溫軍屢敗 失亡以萬數.

溫之屯灞上也 順陽太守薛珍溫徑進逼長安 溫弗從. 珍以偏師獨濟 頗有所獲. 及溫退 乃還 顯言於衆 自矜其勇而咎溫之持重 溫殺之.

14   秦丞相雄擊司馬勳·王擢於陳倉 勳奔漢中 擢奔略陽.

15   秦以光祿大夫趙俱爲洛陽刺史 鎭宜陽.

16   秦東海敬武王雄攻喬秉于雍 丙申 卒. 秦主健哭之嘔血 曰"天不欲吾平四海邪？何奪吾元才之速也！"贈魏王 葬禮依晉安平獻王故事. 雄以佐命無勳 位兼將相 權侔人主 而謙恭汎愛

遵奉法度 故健重之 常曰"元才 吾之周公也."

子堅襲爵. 堅性至孝 幼有志度 博學多能 交結英豪 呂婆樓·強汪及略陽梁平老皆與之善.

17 　燕樂陵太守慕容鉤 翰之子也 與青州刺史朱禿共治厭次. 鉤自恃宗室 每陵侮禿. 禿不勝忿 秋 七月 襲鉤 殺之 南奔段龕.

18 　秦太子萇攻喬秉于雍 八月 斬之 關中悉平. 秦主健賞拒桓溫之功 以雷弱兒爲丞相 毛貴爲太傅 魚遵爲太尉 淮南王生爲中軍大將軍 平昌王菁爲司空. 健勤於政事 數延公卿咨講治道 承趙人苛虐奢侈之後 易以寬簡·節儉 崇儒禮士 由是秦人悅之.

19 　燕大調兵衆 因發詔之日 號曰"丙戌擧."

20 　九月 桓溫還自伐秦 帝遣侍中·黃門勞溫于襄陽.

21 　或告燕黃門侍郎宋斌等謀奉冉智爲主而反 皆伏誅. 斌 燭之子也.

22 　秦太子萇之拒桓溫也 爲流矢所中 冬 十月 卒 諡曰獻哀.

23   燕王儁如龍城.

24   桓溫之入關也 王擢遣使告涼王祚 言溫善用兵 其志難測.
祚懼 且畏擢之叛己 遣人刺之. 事泄 祚益懼 大發兵 聲言東伐
實欲西保敦煌 會溫還而止. 旣而遣秦州刺史牛霸等帥兵三千
擊擢 破之. 十一月 擢帥衆降秦 秦以擢爲尙書 以上將軍啖鐵
爲秦州刺史.

25   秦王健叔父武都王安自晉還 爲姚襄所虜 以爲洛州刺史.
十二月 安亡歸秦 健以安爲大司馬·驃騎大將軍·幷州刺史
鎭蒲阪.

26   是歲 秦大饑 米一升直布一匹.✱

資治通鑑 卷100

❖ 孝宗穆皇帝中之下 永和 11年(乙卯, 355年)

1　　春 正月 故仇池公楊毅弟宋奴使其姑子梁式王刺殺楊初
初子國誅式王及宋奴 自立爲仇池公. 桓溫表國爲鎮北將軍·
秦州刺史.

2　　二月 秦大蝗 百草無遺 牛馬相噉毛.

3　　夏 四月 燕王儁自和龍還薊. 先是 幽·冀之人以儁爲東遷
互相驚擾 所在屯結. 羣臣請討之 儁曰"羣小以朕東巡 故相惑
爲亂耳. 今朕旣至 尋當自定 不足討也."

4　　蘭陵太守孫黑·濟北太守高柱·建興太守高瓮及秦河内
太守王會·黎陽太守韓高皆以郡降燕.

5 　秦淮南王先幼無一目 性儷暴. 其祖父洪嘗戲之曰"吾聞
瞎兒一淚 信乎?"生怒 引佩刀自刺出血 曰"此亦一淚也."
洪大驚 鞭之. 生曰"性耐刀槊 不堪鞭箠!"洪謂其父健曰
"此兒狂悖 宜早除之. 不然 必破人家."健將殺之 健弟雄止之
曰"兒長自應改 何可遽爾!"及長 力舉千鈞 手格猛獸 走及
奔馬 擊刺騎射 冠絕一時. 獻哀太子卒 強后欲立少子晉王柳
秦主健以讖文有"三羊五眼"乃立生爲太子. 以司空‧平昌王
菁爲太尉 尙書令王墮爲司空 司隸校尉梁楞爲尙書令.

6 　姚襄所部多勸襄北還 襄從之. 五月 襄攻冠軍將軍高季於
外黃 會季卒 襄進據許昌.

7 　六月 丙子 秦主健寢疾. 庚辰 平昌王菁勒兵入東宮 將殺
太子生而自立. 時生侍疾西宮 菁以爲健已卒 攻東掖門. 健聞
變 登端門 陳兵自衛. 衆見健惶懼 皆捨仗逃散. 健執菁 數而殺
之 餘無所問.
　王午 以大司馬‧武都王安都督中外諸軍事. 甲申 健引太師
魚遵‧丞相雷弱兒‧太傅毛貴‧司空王墮‧尙書令梁楞‧左
僕射梁安‧右僕射段純‧吏部尙書辛牢等受遺詔輔政. 健謂太
子生曰"六夷酋師及大臣執權者 若不從汝命 宜漸除之."

　❖ 臣光曰

顧命大臣 所以輔導嗣子 爲之羽翼也. 爲之羽翼而敎
使剪之 能無斃乎！知其不忠. 則勿任而已矣. 任以大柄
又從而猜之 鮮有不召亂者也.

8　　乙酉 健卒 謚曰景明皇帝 廟號高祖. 丙戌 太子生卽位 大
赦 改元壽光. 羣臣奏曰"未踰年而改元 非禮也."生怒 窮推議
主 得右僕射段純 殺之.

9　　秋 七月 以吏部尙書周閔爲左僕射.

10　　或告令稽五昱曰"武陵王第中大脩器仗 將謀非常."昱以
告太常王彪之 彪之曰"武陵王之志 盡於馳騁數豬而己耳 深
願靜之 以安異同之論 勿復以爲言！"昱善之.

11　　秦主生尊母强氏曰皇太后 立妃梁氏爲皇后. 梁氏 安之女
也. 以其嬖臣太子門大夫南安趙韶爲右僕射 太子舍人趙誨爲
中護軍 著作郞董榮爲尙書.

12　　涼王祚淫虐無道 上下怨憤. 祚惡河州刺史張瓘之强 遣張
掖太守索孚代瓘守枹罕 使瓘討叛胡 又遣其將易揣‧張玲帥步
騎萬三千以襲瓘. 張掖人王鸞知術數 言於祚曰"此軍出 必不
還 涼國將危."幷陳祚三不道. 祚大怒 以鸞爲妖言 斬以徇. 鸞
臨刑曰"我死 軍敗於外 王死於內 必矣！"祚族滅之. 瓘聞之

斬孚 起兵擊祚 傳檄州郡 廢祚 以侯還第 復立涼寧侯曜靈. 易
揣‧張玲軍始濟河 瓘擊破之. 揣等單騎奔還 瓘軍躡之 姑臧振
恐. 驍騎將軍敦煌宋混兄脩 與祚有隙 懼禍. 八月 混與弟澄西
走 合眾萬餘人以應瓘 還向姑臧. 祚遣楊秋胡將曜靈於東苑 拉
其腰而殺之 埋於沙阬 諡曰哀公.

13　秦主生封衛大將軍黃眉爲廣平王 前將軍飛爲新興王 皆素
所善也. 徵大司馬武都王安領太尉. 以晉王柳爲征東大將軍‧
幷州牧 鎮蒲阪 魏王廋爲鎮東大將軍‧豫州牧 鎮陝城.

　　中書監胡文‧中書令王魚言於生曰"比有星孛于大角 熒惑
入東井. 大角 帝坐 東井 秦分 於占不出三年 國有大喪 大臣
戮死 願陛下脩德以禳之!"生曰"皇后與朕對臨天下 可以應
大喪矣. 毛太傅‧梁車騎‧梁僕射受遺輔政 可以應大臣矣."
九月 生殺梁后及毛貴‧梁楞‧梁安. 貴 后之舅也.

　　右僕射趙韶‧中護軍趙誨 皆洛州刺史俱之從弟也 有寵於生
乃以俱爲尚書令. 俱固辭以疾 謂韶‧誨曰"汝等不復顧祖宗
欲爲滅門之事! 毛‧梁何罪 而誅之?吾何功 而代之?汝等可
自爲 吾其死矣!"遂以憂卒.

14　涼宋混軍于武始大澤 爲曜靈發哀. 閏月 混軍至姑臧 涼王
祚收張瓘弟琚及子嵩 將殺之. 琚‧嵩聞之 募市人數百 揚言
"張祚無道 我兄大軍已至城東 敢舉手者誅三族!"遂開西門
納混兵. 領軍將軍趙長等懼罪 入閣呼張重華母馬氏出殿 立涼

武侯玄靚爲主. 易揣等引兵入殿 收長等 殺之. 祚按劍殿上 大呼 叱左右力戰. 祚素失衆心 莫肯爲之鬬者 遂爲兵人所殺. 混等梟其首 宣示內外 暴尸道左 城內咸稱萬歲. 以庶人禮葬之 幷殺其二子. 混‧琚上玄靚爲大將軍‧涼州牧‧西平公 赦境內 復稱建興四十三年. 時玄靚始七歲.

張瓘至姑臧 推玄靚爲涼王 自爲使持節‧都督中外諸軍事‧尙書令‧涼州牧‧張掖郡公 以宋混爲尙書僕射. 隴西人李儼據郡 不受瓘命 用江東年號 衆多歸之. 瓘遣其將牛霸討之 未至 西平人衛緱亦據郡叛 霸兵潰 奔還. 瓘遣弟琚擊緱 敗之. 酒泉太守馬基起兵以應緱 瓘遣司馬張姚‧王國擊斬之.

15 　冬 十月 以豫州刺史謝尙督幷‧冀‧幽三州 鎭壽春.

16 　鎭北將軍段龕與燕主儁書 抗中表之儀 非其稱帝. 儁怒 十一月 以太原王恪爲大都督‧撫軍將軍 陽騖副之 以擊龕.

17 　秦以辛牢守尙書令 趙韶爲左僕射 尙書董榮爲右僕射 中護軍趙誨爲司隷校尉.

18 　十二月 高句麗王釗遣使詣燕納質修貢 以請其母. 燕主儁許之 遣殿中將軍刁龕送釗母周氏歸其國 以釗爲征東大將軍‧營州刺史 封樂浪公 王如故.

19 　上黨人馮鴦逐燕太守段剛 據安民城 自稱太守 遣使來降.

20 　秦丞相雷弱兒性剛直 以趙韶‧董榮亂政 每公言於朝 見之常切齒. 韶‧榮譖之於秦主生 生殺弱兒及其九子‧二十七孫. 於是諸羌皆有離心.

　生雖諒陰 游飲自若 彎弓露刃 以見朝臣. 錘鉗鋸鑿 可以害人之具 備置左右. 卽位未幾 后妃‧公卿已下至于僕隸 凡殺五百餘人 截脛‧拉脅‧鋸項‧刳胎者 比比有之.

21 　燕主儁以段龕方強 謂太原王恪曰"若龕遣軍拒河 不得渡者 可直取呂護而還."恪分遣輕軍先至河上 具舟楫以觀龕志趣. 龕弟羆 驍勇有智謀 言於龕曰"慕容恪善用兵 加之衆盛 若聽其濟河 進至城下 恐雖乞降 不可得也. 請兄固守 羆帥精銳拒之於河 幸而戰捷 兄帥大衆繼之 必有大功. 若其不捷 不若早降 猶不失爲千戶侯也."龕不從. 羆固請不已 龕怒 殺之.

❖ 孝宗穆皇帝中之下 永和 12年(丙辰, 356年)

1 　春 正月 燕太原王恪引兵濟河 未至廣固百餘里 段龕帥衆三萬逆戰. 丙申 恪大破龕於淄水 執其弟欽 斬右長史袁範等. 齊王龍辟閭蔚被創 恪聞其賢 遣人求之 蔚已死 士卒降者數千人. 龕脫走 還城固守 恪進軍圍之.

2　秦司空王墮性剛峻 右僕射董榮‧侍中強國皆以佞幸進 墮疾之如讎 每朝 見榮未嘗與之言. 或謂墮曰"董君貴幸無比 公宜小降意接之."墮曰"董龍是何雞狗 而令國士與之言乎！"會有天變 榮與強國言於秦主生曰"今天譴甚重 宜以貴臣應之."生曰"貴臣唯有大司馬及司空耳."榮曰"大司馬國之懿親 不可殺也."乃殺王墮. 將刑 榮謂之曰"今日復敢比董龍於雞狗乎？"墮瞋目叱之. 洛州刺史杜郁 隨之甥也 左僕射趙韶惡之 譖於生 以爲貳於晉而殺之.

　王戌 生宴羣臣於太極殿 以尚書令辛牢爲酒監 酒酣 生怒曰"何不強人酒而猶有坐者！"引弓射牢 殺之. 羣臣懼 莫敢不醉 僵仆失冠 生乃悅.

3　匈奴大人劉務桓卒 弟閼頭立 將貳於代. 二月 代王什翼犍引兵西巡臨河 閼頭懼 請降.

4　燕太原王恪招撫段龕諸城. 己丑 龕所署徐州刺史陽都公王騰舉衆降 恪命騰以故職還屯陽都.

5　秦征東大將軍晉王柳遣參軍閻負‧梁殊使於涼 以書說涼王玄靚. 負‧殊至姑臧 張瓘見之 曰"我 晉臣也 臣無境外之交 二君何以來辱？"負‧殊曰"晉王與君鄰藩 雖山河阻絕 風通道會 故來脩好 君何怪焉！"瓘曰"吾盡忠事晉 於今六世矣. 若與苻征東通使 是上違先君之志 下隳士民之節 其

可乎！"負 · 殊曰"晉室衰微 墜失天命 固已久矣. 是以涼之
二王北面二趙 唯知機也. 今大秦威德方盛 涼王若欲自帝河右
則非秦之敵. 欲以小事大 則曷若捨晉事秦 長保福祿乎！"瓘
曰"中州好食言 嚮者石氏使車適返 而戎騎已至 吾不敢信也."
負 · 殊曰"自古帝王居中州者 政化各殊 趙爲姦詐 秦敦信義
豈得一概待之乎！張先 · 楊初皆阻兵不服 先帝討而擒之 赦其
罪戾 寵以爵秩 固非石氏之比."瓘曰"必如君言 秦之威德無
敵 何不先取江南 則天下盡爲秦有 征東何辱命焉！"負 · 殊
曰"江南文身之俗 道汚先叛 化隆後服. 主上以爲江南必須兵
服 河右可以義懷 故遣行人先申大好. 若君不達天命 則江南得
延數年之命 而河右恐非君之土也."瓘曰"我跨據三州 帶甲十
萬 西苞葱嶺 東距大河 伐人有餘 況於自守 何畏於秦！"負 ·
殊曰"貴州山河之固 孰若殽 · 函？民物之饒 孰若秦 · 雍？杜
洪 · 張琚 因趙氏成資 兵強財富 有囊括關中 · 席卷四海之志
先帝戎旗西指 冰消雲散 旬月之間 不覺易主. 主上若以貴州不
服 赫然奮怒 控弦百萬 鼓行而西 未知貴州將何以待之？"瓘
笑曰"茲事當決之於王 非身所了."負 · 殊曰"涼王雖英睿夙
成 然年在幼沖 君居伊 · 霍之任 國家安危 繫君一舉耳."瓘懼
乃以玄靚之命遣使稱藩於秦 秦因玄靚所稱官爵而授之.

6　　將軍劉度攻秦靑州刺史王朗於盧氏 燕將軍慕輿長卿入軹
關 攻秦幽州刺史強哲于裴氏堡. 秦主生遣前將軍新興王飛拒
度 建節將軍鄧羌拒長卿. 飛未至而度退. 羌與長卿戰 大破之

獲長卿及甲首二千餘級.

7   桓溫請移都洛陽 修復園陵 章十餘上 不許. 拜溫征討大都
督 督司 · 冀二州諸軍事 以討姚襄.

8   三月 秦主生發三輔民治渭橋 金紫光祿大夫程肱諫 以爲
妨農 生殺之.

9   夏 四月 長安大風 發屋拔木. 秦宮中驚擾 或稱賊至 宮門
晝閉 五日乃止. 秦主生推告賊者 剔出其心. 左光祿大夫強平
諫曰"天降災異 陛下當愛民事神 緩刑崇德以應之 乃可弭也."
生怒 鑿其頂而殺之. 衛將軍廣平王黃眉 · 前將軍新興王飛 ·
建節將軍鄧羌 以平 太后之弟 叩頭固諫 生弗聽 出黃眉爲左
馮翊 飛爲右扶風 羌行咸陽太守 猶惜其驍勇 故皆弗殺. 五月
太后強氏以憂恨卒 諡曰明德.

10   姚襄自許昌攻周成于洛陽.

11   六月 秦主生下詔曰"朕受皇天之命 君臨萬邦 嗣統以來
有何不善 而謗讟言之音 扇滿天下! 殺不過千 而謂之殘虐!
行者比肩 未足爲希. 方當峻刑極罰 復如朕何!"
    自去春以來 潼關之西 至于長安 虎狼爲暴. 晝則繼道 夜則
發屋 不食六畜 專務食人 凡殺七百餘人. 民廢耕桑 相聚邑居

而爲害不息. 秋 七月 秦羣臣奏請禳災 生曰"野獸飢則食人
飽當自止 何禳之有！且天豈不愛民哉 正以犯罪者多 故助朕
殺之耳！"

12　丙子 燕獻懷太子曄卒.

13　姚襄攻洛陽 踰月不克. 長史王亮諫曰"明公英名蓋世 兵
強民附. 今頓兵堅城之下 力屈威挫 或爲他寇所乘 此危亡之道
也！"襄不從.

桓溫自江陵北伐 遣督護高武據魯陽 輔國將軍戴施屯河上
自帥大兵繼進. 與寮屬登平乘樓望中原 歎曰"遂使神州陸沈
百年丘墟 王夷甫諸人不得不任其責！"記室陳郡袁宏曰"運
有興廢 豈必諸人之過！"溫作色曰"昔劉景升有千斤大牛 噉
芻豆十倍於常牛 負重致遠 曾不若一羸牸 魏武入荊州 殺以享
軍."

八月 己亥 溫至伊水 姚襄撤圍拒之 匿精銳於水北林中 遣使
謂溫曰"承親帥王師以來 襄今奉身歸命 願敕三軍小卻 當拜
伏道左."溫曰"我自開復中原 展敬山陵 無豫君事. 欲來者便
前 相見在近 無煩使人！"襄拒水而戰 溫結陳而前 親被甲督
戰 襄衆大敗 死者數千人. 襄帥麾下數千騎奔于洛陽北山 其夜
民棄妻子隨襄者五千餘人. 襄勇而愛人 雖戰屢敗 民知襄所在
輒扶老攜幼 奔馳而赴之. 溫軍中傳言襄病創已死 許・洛士女
爲溫所得者 無不北望而泣. 襄西走 溫追之不及. 弘農楊亮自

襄所來奔 溫問襄之爲人 亮曰"襄神明器宇 孫策之儔 而雄武過之."

周成帥衆出降 溫屯故太極殿前 旣而徙屯金墉城. 己丑 謁諸陵 有毀壞者修復之 各置陵令. 表鎭西將軍謝尙都督司州諸軍事 鎭洛陽. 以尙未至 留潁川太守毛穆之・督護陳午・河南太守戴施以二千人戍洛陽 衛山陵 徙降軍三千餘家於江・漢之間 執周成以歸.

姚襄奔平陽 秦幷州刺史尹赤復以衆降襄 襄遂據襄陵. 秦大將軍張平擊之 襄爲平所敗 乃與平約爲兄弟 各罷兵.

14　段龕遣其屬段蘊來求救 詔徐州刺史荀羨將兵隨蘊救之. 羨至琅邪 憚燕兵之强 不敢進. 王騰寇鄧城 羨進攻陽都 會霖雨 城壞 獲騰 斬之.

15　冬 十月 癸巳朔 日有食之.

16　秦主生夜食棗多 旦而有疾 召太醫令程延 使診之. 延曰"陛下無他疾 食棗多耳." 生怒曰"汝非聖人 安知吾食棗！" 遂斬之.

17　燕大司馬恪圍段龕於廣固 諸將請急攻之. 恪曰"用兵之勢 有宜緩者 有宜急者 不可不察. 若彼我勢敵 外有强援 恐有腹背之患 則攻之不可不急. 若我强彼弱 無援於外 力足制之者

當羈縻守之 以待其斃. 兵法"十圍五攻"正謂此也. 龕兵尚眾
未有離心. 濟南之戰 非不銳也 但龕用之無術 以取敗耳. 今憑
阻堅城 上下戮力 我盡銳攻之 計數日可拔 然殺吾士卒必多矣.
自有事中原 兵不暫息 吾每念之 夜而忘寐 奈何輕用其死乎！
要在取之 不必求功之速也！"諸將皆曰"非所及也."軍中聞
之 人人感悅. 於是為高牆深塹以守之. 齊人爭運糧以饋燕軍.

　龕嬰城自守 樵采路絕 城中人相食. 龕悉眾出戰. 恪破之於
圍裏 先分騎屯諸門. 龕身自衝蕩 僅而得入 餘兵皆沒. 於是城
中氣沮 莫有固志. 十一月 丙子 龕面縛出降 幷執朱禿送薊. 恪
撫安新民 悉定齊地 徙鮮卑‧胡‧羯三千餘戶于薊. 燕主儁具
朱禿五刑 以段龕為伏順將軍. 恪留慕容塵鎮廣固 以尚書左丞
鞠殷為東萊太守 章武太守鮮于亮為齊郡太守 乃還.

　殷 彭之子也. 彭時為燕大長秋 以書戒殷曰"王彌‧曹嶷 必
有子孫 汝善招撫 勿尋舊怨 以長亂源！"殷推求 得彌從子
立‧嶷孫巖於山中 請與相見 深結意分. 彭復遣使遺以車馬衣
服 郡民由是大和.

　荀羨聞段龕已敗 退還下邳 留將軍諸葛攸‧高平太守劉莊將
三千人守琅邪 參軍譙國戴遂等將二千人守泰山. 燕將慕容蘭
屯汴城 羨擊斬之.

18　詔遣兼司空‧散騎常侍車灌等持節如洛陽 脩五陵. 十二
月 庚戌 帝及羣臣皆服緦 臨於太極殿三日.

19   司州都督謝尙以疾不行 以丹陽尹王胡之代之. 胡之 廙之
子也.

20   是歲 仇池公楊國從父俊殺國自立 以俊爲仇池公. 國子安
奔秦.

❖ 孝宗穆皇帝中之下 升平 元年(丁巳, 357年)

1   春 正月 壬戌朔 帝加元服 太后詔歸政 大赦 改元 太后徙
居崇德宮.

2   燕主儁徵幽州刺史乙逸爲左光祿大夫. 逸夫婦共載鹿車
子璋從數十騎 服飾甚麗 奉迎於道. 逸大怒 閉車不與言. 到城
深責之 璋猶不悛. 逸常憂其敗 而璋更被擢任 歷中書令·御史
中丞. 逸乃歎曰"吾少自脩立 克已守道 僅能免罪. 璋不治節
儉 專爲奢縱 而更居淸顯. 此豈唯璋之忝幸 實時世之陵夷也."

3   二月 癸丑 燕主儁立其子中山王暐爲太子 大赦 改元光壽.

4   太白入東井. 秦有司奏"太白罰星 東井秦分 必有暴兵起
京師."秦主生曰"太白入井 自爲渴耳 何所怪乎！"

5　　姚襄將圖關中 夏 四月 自北屈進屯杏城 遣輔國將軍姚蘭
略地敷城 曜武將軍姚益生・左將軍王欽盧各將兵招納諸羌・
胡. 蘭 襄之從兄 益生 襄之兄也. 羌・胡及秦民歸之者五萬餘
戶. 秦將苻飛龍擊蘭 擒之. 襄引兵進據黃落 秦主生遣衞大將
軍廣平王黃眉・平北將軍苻道・龍驤將軍東海王堅・建節將
軍鄧羌將步騎萬五千以禦之. 襄堅壁不戰. 羌謂黃眉曰"襄爲
桓溫・張平所敗 銳氣喪矣. 然其爲人強狠 若鼓噪揚旗 直壓
其壘 彼必忿恚而出 可一戰擒也."五月 羌帥騎三千壓其壘門
而陳 襄怒 悉衆出戰. 羌陽不勝而走 襄追之 至于三原 羌廻騎
擊之 黃眉等以大衆繼至 襄兵大敗. 襄所乘駿馬曰黦眉騧 馬倒
秦兵擒而斬之 弟萇帥其衆降. 襄載其父弋仲之柩在軍中 秦主
生以王禮葬弋仲於孤磐 亦以公禮葬襄. 廣平王黃眉等還長安
生不之賞 數衆辱黃眉. 黃眉怒 謀弒生 發覺 伏誅 事連王公親
戚 死者甚衆.

6　　戊寅 燕主儁遣撫軍將軍垂・中軍將軍虔・護軍將軍平熙
帥步騎八萬攻敕勒於塞北 大破之 俘斬十餘萬 獲馬十三萬匹
牛羊億萬頭.

7　　匈奴單于賀賴頭帥部落三萬五千口降燕 燕人處之代郡平
舒城.

8　　秦主生夢大魚食蒲 又長安謠曰"東海大魚化爲龍 男皆爲

王女爲公." 生乃誅太師·錄尙書事·廣寧公魚遵 幷其七子·十孫. 金紫光祿大夫牛夷懼禍 求爲荊州 生不許 以爲中軍將軍 引見 調之曰"牛性遲重 善持轅軛 雖無驥足 動負百石." 夷曰"雖服大車 未經峻壁 願試重載 乃知勳績." 生笑曰"何其快也 公嫌所載輕乎？朕將以魚公爵位處公." 夷懼 歸而自殺.

生飲酒無晝夜 或連月不出. 奏事不省 往往寢落 或醉中決事. 左右因以爲姦 賞罰無準. 或至申酉乃出視朝 乘醉多所殺戮. 自以眇目 諱言"殘·缺·偏·隻·少·無·不具"之類 誤犯而死者 不可勝數. 好生剝牛·羊·驢·馬·爔雞·豚·鵝·鴨 縱之殿前 數十爲羣. 或剝人面皮 使之歌舞 臨觀以爲樂. 嘗問左右曰"自吾臨天下 汝外間何所聞？"或對曰"聖明宰世 賞罰明當 天下唯歌太平."怒曰"汝媚我也！"引出斬之. 他日又問 或對曰"陛下刑罰微過."又怒曰"汝謗我也！"亦斬之. 勳舊親戚 誅之殆盡 羣臣得保一日 如度十年.

東海王堅 素有時譽 與故姚襄參軍薛贊·權翼善. 贊·翼密說堅曰"主上猜忍暴虐 中外離心 方今宜主秦祀者 非殿下而誰！願早爲計 勿使他姓得之！"堅以問尙書呂婆樓 婆樓曰"僕 刀鐶上人耳 不足以辦大事. 僕里舍有王猛者 其人謀略不世出 殿下宜請而咨之."堅因婆樓以招猛 一見如舊友 語及時事 堅大悅 自謂如劉玄德之遇諸葛孔明也.

六月 太史令康權言於秦主生曰"昨夜三月並出 孛星入太微 連東井 自去月上旬 沈陰不雨 以至于今 將有下人謀上之禍."生怒 以爲妖言 撲殺之.

特進·領御史中丞梁平老等謂堅曰"主上失德 上下嗷嗷 人懷異志 燕·晉二方 伺隙而動 恐禍發之日 家國俱亡. 此殿下之事也 宜早圖之!"堅心然之 畏生趫勇 未敢發.

生夜對侍婢言曰"阿法兄弟亦不可信 明當除之."婢以告堅及堅兄清河王法. 法與梁平老及特進光祿大夫強汪 帥壯士數百潛入雲龍門 堅與呂婆樓帥麾下三百人鼓噪繼進 宿衛將士皆舍仗歸堅. 生猶醉寐 堅兵至 生驚問左右曰"此輩何人?"左右曰"賊也!"生曰"何不拜之!"堅兵皆笑. 生又大言"何不速拜 不拜者斬之!"堅兵引生置別室 廢爲越王 尋殺之 謚曰厲王.

堅以位讓法 法曰"汝嫡嗣 且賢 宜立."堅曰"兄年長 宜立."堅母苟氏泣謂羣臣曰"社稷重事 小兒自知不能. 他日有悔 失在諸君."羣臣皆頓首請立堅. 堅乃去皇帝之號 稱大秦天王 卽位於太極殿 誅生幸臣中書監董榮·左僕射趙韶等二十餘人. 大赦 改元永興. 追尊父雄爲文桓皇帝 母苟氏爲皇太后 妃苟氏爲皇后 世子宏爲皇太子 以清河王法爲都督中外諸軍事·丞相·錄尙書事·東海公 諸王皆降爵爲公. 以從祖右光祿大夫·永安公侯爲太尉 晉公柳爲車騎大將軍·尙書令. 封弟融爲陽平公 雙爲河南公 子丕爲長樂公 暉爲平原公 熙爲廣平公 睿爲巨鹿公. 以漢陽李威爲左僕射 梁平老爲右僕射 強汪爲領軍將軍 呂婆樓爲司隷校尉 王猛爲中書侍郎.

融好文學 明辯過人 耳聞則誦 過目不忘 力敵百夫 善騎射擊刺 少有令譽 堅愛重之 常與共議國事. 融經綜內外 刑政修明

薦才揚滯 補益弘多. 丕亦有文武才幹 治民斷獄 皆亞於融.

威 苟太后之姑子也 素與魏王雄友善 生屢欲殺堅 賴威營救
得免. 威得幸於苟太后 堅事之如父. 威知王猛之賢 常勸堅以
國事任之 堅謂猛曰 "李公知君 猶鮑叔牙之知管仲也." 猛以兄
事之.

9　燕主儁殺段龕 阬其徒三千餘人.

10　秋 七月 秦大將軍冀州牧張平遣使請降 拜并州刺史.

11　八月 丁未 立皇后何氏. 后 故散騎侍郎廬江何準之女也.
禮如咸康而不賀.

12　秦王堅以權翼爲給事黃門侍郎 薛贊爲中書侍郎 與王猛並
掌機密. 九月 追復太師魚遵等官 以禮改葬 子孫存者皆隨才擢
敍.

13　張平據新興·鴈門·西河·太原·上黨·上郡之地 壁壘
三百餘 夷·夏十餘萬戶 拜置征鎮 欲與燕·秦爲敵國. 冬 十
月 平寇略秦境 秦王堅以晉公柳都督并·冀州諸軍事 加并州
牧 鎮蒲阪以禦之.

14　十一月 癸酉 燕主儁自薊徙都鄴.

15 秦太后苟氏遊宣明臺 見東海公法之第門車馬輻湊 恐終不利於秦王堅 乃與李威謀 賜法死. 堅與法訣於東堂 慟哭歐血 諡曰獻哀公 封其子陽爲東海公 敷爲淸河公.

16 十二月 乙巳 燕主儁入鄴宮 大赦. 復作銅雀臺.

17 以太常王彪之爲左僕射.

18 秦王堅行至尙書 以文案不治 免左丞程卓官 以王猛代之. 堅舉異才 脩廢職 課農桑 恤困窮 禮百神 立學校 旌節義 繼絶世 秦民大悅.

❖ 孝宗穆皇帝中之下 升平 2年(戊午, 358年)

1 春 正月 司徒昱稽首歸政 帝不許.

2 初 馮鴦旣以上黨來降 又附於張平 又自歸於燕 旣而復叛燕. 二月 燕司徒上庸王評討之 不克.

3 秦王堅自將討張平 以鄧羌爲前鋒督護 帥騎五千 軍于汾上 平使養子蚝禦之. 蚝多力趫捷 能曳牛卻走 城無高下 皆可超越. 與羌相持旬餘 莫能相勝. 三月 堅至銅壁 平盡衆出戰 蚝

單馬大呼 出入秦陳者四·五. 堅募人生致之 鷹揚將軍呂光刺
蚝 中之 鄧羌擒蚝以獻 平衆大潰. 平懼 請降. 堅拜平右將軍
以蚝爲虎賁中郎將. 蚝 本姓弓 上黨人也 堅寵待甚厚 常置左
右. 秦人稱鄧羌·張蚝皆萬人敵. 光 婆樓之子也. 堅徙張平部
民三千餘戶于長安.

4　　甲戌 燕主儁遣領軍將軍慕輿根 將兵助司徒評攻馮鴦. 根
欲急攻之 評曰"鴦壁堅 不如緩之."根曰"不然. 公至城下經
月 未嘗交鋒. 賊謂國家力止於此 遂相固結 冀幸萬一. 今根兵
初至 形勢方振 賊衆恐懼 皆有離心 計慮未定 從而攻之 無不
克者."遂急攻之. 鴦與其黨果相猜忌 鴦奔野王依呂護 其黨盡
降.

5　　夏 四月 秦王堅如雍 祠五畤 六月 如河東 祀后土.

6　　秋 八月 豫州刺史謝奕卒. 奕 安之兄也. 司徒昱以建武將
軍桓雲代之. 雲 溫之弟也. 訪於僕射王彪之. 彪之曰"雲非不
才 然溫居上流 已割天下之半 其弟復處西藩 兵權萃於一門
非深根固蒂之宜. 人才非可豫量 但當今不與殿下作異者耳."
昱頷之曰"君言是也."壬申 以吳興太守謝萬爲西中郎將 監
司·豫·冀·幷四州諸軍事·豫州刺史.
　　王羲之與桓溫牋曰"謝萬才流經通 使之處廊廟 固是後來之
秀. 今以之俯順荒餘 近是違才易務矣."又遺萬書曰"以君邁

往不屑之韻 而俯同羣碎 誠難爲意也. 然所謂通識 正當隨事行
藏耳. 願君每與士卒之下者同甘苦 則盡善矣." 萬不能用.

徐·兗二州刺史荀羨有疾 以御史中丞郗曇爲羨軍司. 曇 鑒
之子也.

7　九月 庚辰 秦王堅還長安 以太尉侯守尙書令. 於是秦大旱
堅減膳徹樂 命后妃以下悉去羅紈 開山澤之利 公私共之 息兵
養民 旱不爲災.

王猛日親幸用事 宗親勳舊多疾之. 特進·姑臧侯樊世 本氐
豪 佐秦主健定關中 謂猛曰"吾輩耕之 君食之邪？"猛曰"非
徒使君耕之 又將使君炊之！"世大怒曰"要當懸汝頭於長安
城門 不然 吾不處世！"猛以白堅. 堅曰"必殺此老氐 然後百
寮可肅."會世入言事 與猛爭論於堅前 世欲起擊猛. 堅怒 斬
之. 於是羣臣見猛皆屏息.

8　趙之亡也 其將張平·李歷·高昌皆遣使降燕 已而降晉
又降秦 各受爵位 欲中立以自固. 燕主儁使司徒評討張平於幷
州 司空陽鶩討高昌於東燕 樂安王臧討李歷濮. 陽鶩攻昌別將
於黎陽 不拔. 歷奔滎陽 其衆皆降. 幷州壁壘百餘降於燕 儁以
右僕射悅綰爲幷州刺史以撫之. 平所署征西將軍諸葛驤等帥壁
壘百三十八降於燕 儁皆復其官爵. 平帥衆三千奔平陽 復請降
於燕.

9　　冬 十月 泰山太守諸葛攸攻燕東郡 入武陽 燕主儁遣大司馬恪統陽鶩及樂安王臧之兵以擊之. 攸敗走 還泰山 恪遂渡河略地河南 分置守宰.

10　　燕主儁欲經營秦·晉 十二月 令州郡校實見丁 戶留一丁餘悉發爲兵 欲使步卒滿一百五十萬 期來春大集洛陽. 武邑劉貴上書 極陳"百姓凋弊 發兵非法 必致土崩之變."儁善之 乃更令三五發兵 寬其期日 以來冬集鄴.

　　時燕調發繁數 官司各遣使者 道路旁午 郡縣苦之. 太尉·領中書監封奕請"自今非軍期嚴急 不得遣使 自餘賦發皆責成州郡 其羣司所遣彈督先在外者 一切攝還."儁從之.

11　　燕泰山太守賈堅屯山茌 荀羨引兵擊之 堅所將纔七百餘人 羨兵十倍於堅. 堅將出戰 諸將皆曰"衆少 不如固守."堅曰"固守亦不能免 不如戰也."遂出戰 身先士卒 殺羨兵千餘人 復還入城. 羨進攻之 堅歎曰"吾自結髮 志立功名 而每值窮阨 豈非命乎！與其屈辱而生 不若守節而死."乃謂將士曰"今危困 計無所設 卿等可去 吾將止死."將士皆泣曰"府君不出 衆亦俱死耳."乃扶堅上馬. 堅曰"我如欲逃 必不相遣. 今當爲卿曹決鬪 若勢不能支 卿等可趣去 勿復顧我也！"乃開門直出. 羨兵四集 堅立馬橋上 左右射之 皆應弦而倒. 羨兵衆多 從塹下斫橋 堅人馬俱陷 生擒之 遂拔山茌. 羨謂堅曰"君父·祖世爲晉臣 奈何背本不降？"堅曰"晉自棄中華 非吾叛也. 民既

無主 強則託命. 旣已事人 安可改節！吾束脩自立 涉趙歷燕
未嘗易志 君何忽忽相謂降乎！"羨復責之 堅怒曰"豎子 兒女
御乃公！"羨怒 執置雨中 數日 堅憤惋而卒.

　　燕靑州刺史慕容塵遣司馬悅明救泰山 羨兵大敗 燕復取山
茌. 燕主儁以賈堅子活爲任城太守.

　　荀羨疾篤 徵還 以郗曇爲北中郞將·都督徐·兗·靑·冀·
幽五州諸軍事·徐·兗二州刺史 鎭下邳.

12　　燕吳王垂娶段末柸女 生子令寶. 段氏才高性烈 自以貴姓
不尊事可足渾后 可足渾氏銜之. 燕主儁素不快於垂 中常侍涅
皓因希旨告段氏及吳國典書令遼東高弼爲巫蠱 欲以連汙垂.
儁收段氏及弼下大長秋·延尉考驗 段氏及弼志氣確然 終無撓
辭. 掠治日急 垂愍之 私使人謂段氏曰"人生會當一死 何堪楚
毒如此！不若引服." 段氏歎曰"吾豈愛死者耶！若自誣以惡
逆 上辱祖宗 下累於王 固不爲也！"辯答益明 故垂得免禍 而
段氏竟死於獄中. 出垂爲平州刺史 鎭遼東. 垂以段氏女弟爲繼
室 足渾氏黜之 以其妹長安君妻垂 垂不悅 由是益惡之.

13　　匈奴劉閼頭部落多叛 懼而東走 乘冰渡河 半渡而冰解 後
衆盡歸劉悉勿祈 閼頭奔代. 悉勿祈 務桓之子也.

1 　春 二月 燕主儁立子泓爲濟北王 沖爲中山王.

2 　燕人殺段勤 勤弟思來奔.

3 　燕主儁宴羣臣于蒲池 語及周太子晉 潸然流涕曰"才子難得. 自景先之亡 吾鬢髮中白. 卿等謂景先何如?"司徒左長史李績對曰"獻懷太子之在東宮 臣爲中庶子 太子志業 敢不知之!太子大德有八 至孝 一也 聰敏 二也 沈毅 三也 疾諛喜直 四也 好學 五也 多藝 六也 謙恭 七也 好施 八也."儁曰"卿譽之雖過 然此兒在 吾死無憂矣. 景茂何如?"時太子暐侍側 績曰"皇太子天資岐嶷 雖八德已聞 然二闕未補 好遊畋而樂絲竹 此其所以爲損也."儁顧謂暐曰"伯陽之言 藥石之惠也 汝宜誡之!"暐甚不平.

　儁夢趙主虎齧其臂 乃發虎墓 求尸不獲 購以百金 鄴女子李菟知而告之 得尸於東明觀下 僵而不腐. 儁蹋而罵之曰"死胡何敢怖生天子!"數其殘暴之罪而鞭之 投於漳水 尸倚橋柱不流. 及秦滅燕 王猛爲之誅李菟 收而葬之.

4 　秦平羌護軍高離據略陽叛 永安威公侯討之 未克而卒. 夏四月 驍騎將軍鄧羌 · 秦州刺史啖鐵討平之.

5　匈奴劉悉勿祈卒 弟衛辰殺其子而代之.

6　五月 秦王堅如河東 六月 大赦 改元甘露.

7　涼州牧張瓘 猜忌苛虐 專以愛憎爲賞罰. 郎中殷郇諫之.
瓘曰"虎生三日 自能食肉 不須人教也."由是人情不附. 輔國
將軍宋混 性忠鯁 瓘憚之 欲殺混及弟澄 因廢涼王玄靚而代之
徵兵數萬 集姑臧. 混知之 與澄帥壯士楊和等四十餘騎奄入南
城 宣告諸營曰"張瓘謀逆 被太后令誅之."俄而衆至二千. 瓘
帥衆出戰 混擊破之. 瓘麾下玄臚刺混 不能穿甲 混擒之 瓘衆
悉降. 瓘與弟琚皆自殺 混夷其宗族. 玄靚以混爲使持節‧都督
中外諸軍事‧驃騎大將軍‧酒泉郡侯 代瓘輔政. 混乃請玄靚
去涼王之號 復稱涼州牧. 混謂玄臚曰"卿刺我 幸而不傷 今我
輔政 卿其懼乎?"臚曰"臚受瓘恩 唯恨刺節下不深耳 竊無所
懼!"混義之 任爲心膂.

8　高昌不能拒燕 秋 七月 自白馬奔滎陽.

9　秦王堅自河東還 以驍騎將軍鄧羌爲御史中丞. 八月 以咸
陽內史王猛爲侍中‧中書令 領京兆尹. 特進‧光祿大夫強德
太后之弟也 酗酒 豪橫 掠人財貨‧子女 爲百姓患. 猛下車收
德 奏未及報 已陳尸於市 堅馳使赦之 不及. 與鄧羌同志 疾惡
糾案 無所顧忌 數旬之間 權豪‧貴戚 殺戮‧刑免者二十餘人

朝廷震栗 姦猾屏氣 路不拾遺. 堅歎曰"吾始今知天下之有法
也！"

10　泰山太守諸慕攸將水陸二萬擊燕 入自石門 屯于河渚. 燕
上庸王評‧長樂太守傅顏帥步騎五萬與攸戰于東阿 攸兵大敗.
　冬 十月 詔謝萬軍下蔡 郗曇軍高平以擊燕. 萬矜豪傲物 但
以嘯詠自高 未嘗撫衆. 兄安深憂之 謂萬曰"汝爲元帥 宜數接
對諸將以悅其心 豈有傲誕如此而能濟事也！"萬乃召集諸將
一無所言 直以如意指四坐云"諸將皆勁卒."諸將益恨之. 安
慮萬不免 乃自隊帥以下 無不親造 厚相親託. 旣而萬帥衆入
渦‧潁以援洛陽. 郗曇以病退屯彭城. 萬以爲燕兵大盛 故曇退
卽引兵還 衆遂驚潰. 萬狼狽單歸 軍士欲因其敗而圖之 以安
故而止. 旣至 詔廢萬爲庶人 降曇號建武將軍. 於是許昌‧潁
川‧譙‧沛諸城相次皆沒於燕.

11　秦王堅以王猛爲吏部尚書 尋遷太子詹事. 十一月 爲左僕
射 餘官如故.

12　十二月 封武陵王晞子瓘爲梁王.

13　大旱.

14　辛酉 燕主儁寢疾 謂大司馬太原王恪曰"吾病必不濟. 今

二方未平 景茂沖幼 國家多難 吾欲效宋宣公 以社稷屬汝 何如？"恪曰"太子雖幼 勝殘致治之主也. 臣實何人 敢干正統！"儁怒曰"兄弟之間 豈虛飾邪！"恪曰"陛下若以臣能荷天下之任者 豈不能輔少主乎！"儁喜曰"汝能爲周公 吾復何憂！李績清方忠亮 汝善遇之."召吳王垂還鄴.

15　秦王堅以王猛爲輔國將軍‧司隸校尉‧居中宿衛‧僕射‧詹事‧侍中‧中書令 領選如故. 猛上疏辭讓 因薦散騎常侍陽平公融‧光祿‧散騎西河任羣‧處士京兆朱肜自代. 堅不許 而以融爲侍中‧中書監‧左僕射 任羣爲光祿大夫 領太子家令 朱肜爲尚書侍郎‧領太子庶子. 猛時年三十六 歲中五遷 權傾內外 人有毀之者 堅輒罪之 於是羣臣莫敢復言. 以左僕射李威領護軍 右僕射梁平老爲使持節‧都督北垂諸軍事‧鎮北大將軍 戍朔方之西 丞相司馬賈雍爲雲中護軍 戍雲中之南.

16　燕所徵郡國兵悉集鄴城.＊

資治通鑑 卷101

【晉紀二十三】

起上章涒灘(庚申) 盡著雍執徐(戊辰) 凡九年.

❖ 孝宗穆皇帝下 升平 4年(庚申, 360年)

1   春 正月 癸巳 燕主儁大閱于鄴 欲使大司馬恪・司空陽鶩
將之入寇 會疾篤 乃召恪・鶩及司徒評・領軍將軍慕輿根等受
遺詔輔政. 甲午 卒. 戊子 太子暐卽位 年十一 大赦 改元建熙.

2   秦王堅分司・隸置雍州 以河南公雙爲都督雍・河・涼三
州諸軍事・征西大將軍・雍州刺史 改封趙公 鎭安定. 封弟忠
爲河南公.

3   仇池公楊儁卒 子世立.

4   二月 燕人尊可足渾后爲皇太后. 以太原王恪爲太宰 專錄
朝政 上庸王評爲太傅 陽鶩爲太保 慕輿根爲太師 參輔朝政.

根性木強 自恃先朝勳舊 心不服恪 舉動倨傲. 時太后可足渾氏頗預外事 根欲爲亂 乃言於恪曰"今主上幼沖 母后干政 殿下宜防意外之變 思有以自全. 且定天下者 殿下之功也. 兄亡弟及 古今成法 俟畢山陵 宜廢主上爲王 殿下自踐尊位 以爲大燕無窮之福." 恪曰"公醉邪？何言之悖也！吾與公受先帝遺詔 云何而遽有此議？" 根愧謝而退. 恪以告吳王垂 垂勸恪誅之. 恪曰"今新遭大喪 二鄰觀釁 而宰輔自相誅夷 恐乖遠近之望 且可忍之." 秘書臨皇甫眞言於恪曰"根本庸豎 過蒙先帝厚恩 引參顧命. 而小人無識 自國哀已來 驕很日甚 將成禍亂. 明公今日居周公之地 當爲社稷深謀 早爲之所." 恪不聽.

根又言於可足渾氏及燕主暐曰"太宰‧太傅將謀不軌 臣請帥禁兵以誅之." 可足渾氏將從之 暐曰"二公 國之親賢 先帝選之 托以孤嫠 必不肯爾. 安知非太師欲爲亂也！" 乃止. 根又思戀東土 言於可足渾氏及暐曰"今天下蕭條 外寇非一 國大憂深 不如還東." 恪聞之 乃與太傅評謀 密奏根罪狀 使右衛將軍傅顏就內省誅根 幷其妻子‧黨與. 大赦. 是時新遭大喪 誅夷狼籍 內外恟懼 太宰恪舉止如常 人不見其有憂色 每出入一人步從. 或說以宜自戒備 恪曰"人情方懼 當安重以鎭之 奈何復自驚擾 衆將何仰！" 由是人心稍定.

恪雖綜大任 而朝廷之禮 兢兢嚴謹 每事必與司徒評議之 未嘗專決. 虛心待士 咨詢善道 量才授任 人不踰位. 官屬‧朝臣或有過失 不顯其狀 隨宜他敍 不令失倫 唯以此爲貶 時人以爲大愧 莫敢犯者. 或有小過 自相責曰"爾復欲望宰公遷官

邪！"朝廷初聞燕主儁卒 皆以爲中原可圖. 桓溫曰"慕容恪尚
在 憂方大耳."

三月 己卯 葬燕主儁於龍陵 諡曰景昭皇帝 廟號烈祖. 所徵
郡國兵 以燕朝多難 互相驚動 往往擅自散歸 自鄴以南 道路
斷塞. 太宰恪以吳王垂爲使持節 · 征南將軍 · 都督河南諸軍
事 · 兗州牧 · 荊州刺史 鎭梁國之蠡臺 孫希爲幷州刺史 傅顔
爲護軍將軍 帥騎二萬 觀兵河南 臨淮而還 境內乃安. 希 泳之
弟也.

5　匈奴劉衛辰遣使降秦 請田內地 春來秋返 秦王堅許之. 夏
四月 雲中護軍賈雍遣司馬徐贇帥騎襲之 大獲而還. 堅怒曰
"朕方以恩信懷戎狄 而汝貪小利以敗之 何也！"黜雍以白衣
領職 遣使還其所獲 慰撫之. 衛辰於是入居塞內 貢獻相尋.

夏 六月 代王代翼犍妃慕容氏卒. 秋 七月 劉衛辰如代會葬
因求婚 什翼犍以女妻之.

6　八月 辛丑朔 日有食之 既.

7　謝安少有重名 前後徵辟 皆不就 寓居會稽 以山水 · 文籍
自娛. 雖爲布衣 時人皆以公輔期之 士大夫至相謂曰"安石不
出 當如蒼生何！"安海遊東山 常以妓女自隨. 司徒昱聞之 曰
"安石既與人同樂 必不得不與人同憂 召之必至."安妻 劉惔之
妹也 見家門貴盛而安獨靜退 謂曰"丈夫不如此也？"安掩鼻

曰"恐不免耳." 及弟萬廢黜 安始有仕進之志 時已年四十餘.
征西大將軍桓溫請爲司馬 安乃赴召 溫大喜 深禮重之.

8　冬 十月 烏桓獨孤部·鮮卑沒奕干各帥衆數萬降秦 秦王
堅處之塞南. 陽平公融諫曰"戎狄人面獸心 不知仁義. 其稽顙
內附 實貪地利 非懷德也 不敢犯邊 實憚兵威 非感恩也. 今處
之塞內 與民雜居 彼窺郡縣虛實 必爲邊患 不如徙之塞外以防
未然." 堅從之.

9　十一月 封桓溫爲南郡公 溫弟沖爲豐城縣公 子濟爲臨賀
縣公.

10　燕太宰恪欲以李績爲右僕射 燕主暐不許. 恪屢以爲請 暐
曰"萬機之事 皆委之叔父 伯陽一人 暐請獨裁." 出爲章武太
守 以憂卒.

❖ 孝宗穆皇帝下 升平 5年(辛酉, 361年)

1　春 正月 戊戌 大赦.

2　劉衛辰掠秦邊民五十餘口爲奴婢以獻於秦 秦王堅責之 使
歸所掠. 衛辰由是叛秦 專附於代.

3   東安簡伯郄曇卒. 二月 以東陽太守范汪都督徐・兗・青・冀・幽五州諸軍事 兼徐・兗二州刺史.

4   平陽人舉郡降燕 燕以建威將軍段剛爲太守 遣督護韓苞將兵共守平陽.

5   方士丁進有寵於燕主暐 欲求媚於太宰恪 說恪令殺太傅評 恪大怒 奏收斬之.

6   高昌卒 燕河內太守呂護并其衆 遣使來降 拜護冀州刺史. 護欲引晉兵以襲鄴. 三月 燕太宰恪將兵五萬 冠軍將軍皇甫眞將兵萬人 共討之. 燕兵至野王 護嬰城自守. 護軍將軍傅顔請急攻之 以省大費. 恪曰"老賊經變多矣 觀其守備 未易猝攻 而多殺士卒. 頃攻黎陽 多殺精銳 卒不能拔 自取困辱. 護內無蓄積 外無救援 我深溝高壘 坐而守之 休兵養士 離間其黨 於我不勞而賊勢日蹙 不過十旬 取之必矣 何爲多殺士卒以求旦夕之功乎！"乃築長圍守之.

7   夏 四月 桓溫以其弟黃門郎豁都督沔中七郡諸軍事 兼新野・義城二郡太守 將兵取許昌 破燕將慕容塵.

8   涼驃騎大將軍宋混疾甚 張玄靚及其祖母馬氏往省之 曰"將軍萬一不幸 寡婦孤兒將何所托！欲以林宗繼將軍 可乎？"

混曰"臣子林宗幼弱 不堪大任. 殿下儻未棄臣門 臣弟澄政事
愈於臣 但恐其儒緩 機事不稱耳. 殿下策勵而使之 可也."混
戒澄及諸子曰"吾家受國大恩 當以死報 無恃勢位以驕人."又
見朝臣 皆戒之以忠貞. 及卒 行路爲之揮涕. 玄靚以澄爲領軍
將軍 輔政.

9   五月 丁巳 帝崩 無嗣. 皇太后令曰"琅邪王丕 中興正統
義望情地 莫與爲比 其以王奉大統 !"於是百官備法駕迎於琅
邪第. 庚申 卽皇帝位 大赦. 壬戌 改封東海王奕爲琅邪王. 秋
七月 戊午 葬穆帝於永平陵 廟號孝宗.

10   燕人圍野王數月 呂護遣其將張興出戰 傅顔擊斬之 城中
日蹙. 皇甫眞戒部將曰"護勢窮奔突 必擇虛隙而投之 吾所部
士卒多羸 器甲不精 宜深爲之備."乃多課櫓楯 親察行夜者.
護食盡 果夜悉精銳趨眞所部 突圍 不得出 太宰恪引兵擊之
護衆死傷殆盡 棄妻子奔滎陽. 恪存撫降民 給其廩食 徙士人 ·
將帥於鄴 自餘各隨所樂. 以護參軍廣平梁琛爲中書著作郎.

11   九月 戊申 立妃王氏爲皇后 后 濛之女也. 穆帝何皇后稱
穆皇后 居永安宮.

12   涼右司馬張邕惡宋澄專政 起兵攻澄 殺之 幷滅其族. 張玄
靚以邕爲中護軍 叔父天錫爲中領軍 同輔政.

13 　張平襲燕平陽 殺段剛·韓苞 又攻鴈門 殺太守單男. 既而
爲秦所攻 平復謝罪於燕以求救. 燕人以平反覆 弗救也 平遂爲
秦所滅.

14 　乙亥 秦大赦.

15 　徐·兗二州刺史范汪 素爲桓溫所惡 溫將北伐 命汪帥衆
出梁國. 冬 十月 坐失期 免爲庶人 遂廢 卒於家.
　　子寧 好儒學 性質直 常謂王弼·何晏之罪深於桀·紂. 或以
爲貶之太過. 寧曰"王·何蔑棄典文 幽沈仁義 游辭浮說 波蕩
後生 使搢紳之徒翻然改轍 以至禮壞樂崩 中原傾覆 遺風餘俗
至今爲患. 桀·紂縱暴一時 適足以喪身覆國 爲後世戒 豈能廻
百姓之視聽哉！故吾以爲一世之禍輕 歷代之患重 自喪之惡小
迷衆之罪大也."

16 　呂護復叛 奔燕 燕人赦之 以爲廣州刺史.

17 　涼張邕驕矜淫縱 樹黨專權 多所刑殺 國人患之. 張天錫所
親敦煌劉肅謂天錫曰"國家事欲未靜！"天錫曰"何謂也？"
肅曰"今護軍出入 有似長寧."天錫驚曰"我固疑之 未敢出口.
計將安出？"肅曰"正當速除之耳！"天錫曰"安得其人？"
肅曰"肅卽其人也！"肅時年未二十. 天錫曰"汝年少 更求其
助."肅曰"趙白駒與肅二人足矣."十一月 天錫與邕俱入朝 肅

與白駒從天錫 値邕於門下 蕭祈之不中 白駒繼之 又不克 二人與天錫俱入宮中 邕得逸走 帥甲士三百餘人攻宮門. 天錫登屋大呼曰 "張邕凶逆無道 既滅宋氏 又欲傾覆我家. 汝將士世爲涼臣 何忍以兵相向邪！今所取者 止張邕耳 他無所問！" 於是邕兵悉散走 邕自刎死 盡滅其族黨. 玄靚以天錫爲使持節 · 冠軍大將軍 · 都督中外諸軍事 輔政. 十二月 始改建興四十九年 奉升平年號. 詔以玄靚爲大都督 · 督隴右諸軍事 · 涼州刺史 · 護羌校尉 · 西平公.

18   燕大赦.

19   秦王堅命牧伯守宰各舉孝悌 · 廉直 · 文學 · 政事 察其所舉 得人者賞之 非其人者罪之. 由是人莫敢妄舉 而請托不行 士皆自勵 雖宗室外戚 無才能者皆棄不用. 當是之時 內外之官率皆稱職 田疇修闢 倉庫充實 盜賊屛息.

20   是歲 歸義侯李勢卒.

❖ 哀皇帝 隆和 元年(壬戌, 362年)

1   春 正月 壬子 大赦 改元.

2　甲寅 減田租 畝收二升.

3　燕豫州刺史孫興請攻洛陽 曰"晉將陳祐弊卒千餘 介守孤城 不足取也！"燕人從其言 遣寧南將軍呂護屯河陰.

4　二月 辛未 以吳國內史庾希爲北中郎將·徐·兗二州刺史 鎭下邳 龍驤將軍袁眞爲西中郎將·監護豫·司·幷·冀四州諸軍事·豫州刺史 鎭汝南 並假節. 希 冰之子也.

5　丙子 拜帝母周貴人爲皇太妃 儀服擬於太后.

6　燕呂護攻洛陽. 三月 乙酉 河南太守戴施奔宛 陳祐告急. 五月 丁巳 桓溫遣庾希及竟陵太守鄧遐帥舟師三千人助祐守洛陽. 遐 嶽之子也.

溫上疏請遷都洛陽 自永嘉之亂播流江表者 一切北徙 以實河南. 朝廷畏溫 不敢爲異 而北土蕭條 人情疑懼 雖並知不可 莫敢先諫. 散騎常侍領著作郎孫綽上疏曰"昔中宗龍飛 非惟信順協於天人 實賴萬裏長江畫而守之耳. 今自喪亂已來 六十餘年 河·洛丘墟 函夏蕭條. 士民播流江表 已經數世 存者老子長孫 亡者丘隴成行 雖北風之思感其素心 目前之哀實爲交切. 若遷都旋軫之日 中興五陵 卽復緬成遐域. 秦山之安 旣難以理保 烝烝之思 豈不纏於聖心哉！溫今此舉 誠欲大覽始終 爲國遠圖 而百姓震駭 同懷危懼 豈不以反舊之樂賒 而趨死之

憂促哉！何者？植根江外 數十年矣 一朝頓欲拔之 驅踧於窮荒之地 提挈萬裏 踰險浮深 離墳墓 棄生業 田宅不可復售 舟車無從而得 捨安樂之國 適習亂之鄉 將頓仆道塗 飄溺江川 僅有達者. 此仁者所宜哀矜 國家所宜深慮也！臣之愚計 以爲且宜遣將帥有威名‧資實者 先鎮洛陽 掃平梁‧許 清壹河南. 運漕之路旣通 開墾之積已豐 豺狼遠竄 中夏小康 然後可徐議遷徙耳. 奈何捨百勝之長理 舉天下而一擲哉！”綽 楚之孫也. 少慕高尚 嘗著《遂初賦》以見志. 溫見綽表 不悅 曰“致意興公 何不尋君《遂初賦》而知人家國事邪！”

時朝廷憂懼 將遣侍中止溫 揚州刺史王述曰“溫欲以虛聲威朝廷耳 非事實也 但從之 自無所至.”乃詔溫曰“在昔喪亂 忽涉五紀 戎狄肆暴 繼襲凶迹 眷言西顧 慨歎盈懷. 知欲躬帥三軍 蕩滌氛穢 廓清中畿 光復舊京 非夫外身徇國 孰能若此！諸所處分 委之高算. 但河洛丘墟 所營有廣 經始之勤 致勞懷也.”事果不行.

溫又議移洛陽鍾虡 述曰“永嘉不競 暫都江左 方當蕩平區宇 旋軫舊京. 若其不爾 宜改遷園陵 不應先事鍾虡！”溫乃止.

朝廷以交‧廣遼遠 改授溫都督幷‧司‧冀三州 溫表辭不受.

7　秦王堅親臨太學 考第諸生經義 與博士講論 自是每月一至焉.

8   六月 甲戌 燕征東參軍劉拔刺殺征東將軍·冀州刺史·范陽王友於信都.

9   秋 七月 呂護退守小平津 中流矢而卒. 燕將段崇收軍北渡屯于野王. 鄧遐進屯新城
八月 西中郎將袁眞進屯汝南 運米五萬斛以饋洛陽.

10   冬 十一月 代王什翼犍納女於燕 燕人亦以女妻之.

11   十二月 戊午朔 日有食之.

12   庾希自下邳退屯山陽 袁眞自汝南退屯壽陽.

❖ 孝哀皇帝 興寧 元年(癸亥, 363年)

1   春 二月 己亥 大赦 改元.

2   三月 壬寅 皇太妃周氏薨于琅邪第. 癸卯 帝就第治喪 詔司徒會稽王昱總內外衆務. 帝欲爲太妃服三年 僕射江虨啓"於禮 應服緦麻." 又欲降服朞 虨曰"厭屈私情 所以上嚴祖考."乃服緦麻.

3　　夏 四月 燕寧東將軍慕容忠攻滎陽太守劉遠 遠奔魯陽.

4　　五月 加征西大將軍桓溫侍中 · 大司馬 · 都督中外諸軍 ·
錄尚書事 假黃鉞. 溫以撫軍司馬王坦之爲長史. 坦之 述之子
也. 又以征西掾郗超爲參軍 王珣爲主簿 每事必與二人謀之.
府中爲之語曰"髯參軍 短主簿 能令公喜 能令公怒."溫氣槪
高邁 罕有所推 與超言 常自謂不能測 傾身待之 超亦深自結
納. 珣 導之孫也 與謝玄皆爲溫掾 溫俱重之. 曰"謝掾年四十
必擁旄杖節 王掾當作黑頭公 皆未易才也."玄 奕之子也.

5　　以西中郎將袁眞都督司 · 冀 · 幷三州諸軍事 北中郎將庾
希都督靑州諸軍事.

6　　癸卯 燕人拔密城 劉遠奔江陵.

7　　秋 八月 有星孛於角 · 亢.

8　　張玄靚祖母氏卒 尊庶母郭氏爲太妃. 郭氏以張天錫專政
與大臣張欽等謀誅之 事泄 欽等皆死. 玄靚懼 以位讓天錫 天
錫不受. 右將軍劉肅等勸天錫自立. 閏月 天錫使肅等夜帥兵入
宮 弑玄靚 宣言暴卒 謚曰沖公. 天錫自稱使持節 · 大都督 · 大
將軍 · 涼州牧 · 西平公 時年十八. 尊母劉美人曰太妃. 遣司馬
綸騫奉章詣建康請命 幷送御史俞歸東還.

9   癸亥 大赦.

10   冬 十月 燕鎭南將軍慕容塵攻陳留太守袁披于長平 汝南
太守朱斌乘虛襲許昌 克之.

11   代王什翼犍擊高車 大破之 俘獲萬餘口 馬 · 牛 · 羊百餘
萬頭.

12   以征虜將軍桓沖爲江州刺史. 十一月 姚襄故將張駿殺江
州督護趙毗 帥其徒北叛 沖討斬之.

❖ 孝哀皇帝 興寧 2年(甲子, 364年)

1   春 正月 丙辰 燕大赦.

2   二月 燕太傅評 · 龍驤將軍李洪略地河南.

3   三月 庚戌朔 大閱戶口 令所在土斷 嚴其法制 謂之《庚戌
制》.

4   帝信方士言 斷穀餌藥以求長生. 侍中高崧諫曰 "此非萬
乘所宜爲 陛下玆事 實日月之食." 不聽. 辛未 帝以藥發 不能

親萬機 褚太后復臨朝攝政.

5 　夏 四月 甲辰 燕李洪攻許昌 · 汝南 敗晉兵於懸瓠 潁川太守李福戰死 汝南太守朱斌奔壽春 陳郡太守朱輔退保彭城. 大司馬溫遣西中郎將袁眞等禦之 溫帥舟師屯合肥. 燕人遂拔許昌 · 汝南 · 陳郡 徙萬餘戶於幽 · 冀二州 遣鎮南將軍慕容塵屯許昌.

6 　五月 戊辰 以揚州刺史王述爲尙書令. 加大司馬溫揚州牧 · 錄尙書事. 壬申 使侍中召溫入參朝政 溫辭不至.
　王述每受職 不爲虛讓 其所辭必於不受. 及爲尙書令 子坦之白述“故事當讓.”述曰“汝謂我不堪邪？”坦之曰“非也 但克讓自美事耳！”述曰“旣謂堪之 何爲復讓！人言汝勝我 定不及也.”

7 　六月 秦王堅遣大鴻臚拜張天錫爲大將軍 · 涼州牧 · 西平公.

8 　秋 七月 丁卯 詔復徵大司馬溫入朝. 八月 溫至赭圻 詔尙書車灌止之 溫遂城赭圻居之 固讓內錄 遙領揚州牧.

9 　秦汝南公騰謀反 伏誅. 騰 秦主生之弟也. 是時 生弟晉公柳等猶有五人 王猛言於堅曰“不去五公 終必爲患.”堅不從.

10　燕侍中慕龍輿詣龍城 徙宗廟及所留百官皆詣鄴.

11　燕太宰恪將取洛陽 先遣人招納士民 遠近諸塢皆歸之 乃使司馬悅希軍于盟津 豫州刺史孫興軍于成皋.

　初 沈充之子勁 以其父死於逆亂 志欲立功以雪舊恥 年三十餘 以刑家不得仕. 吳興太守王胡之爲司州刺史 上疏稱勁才行 請解禁錮 參其府事 朝廷許之. 會胡之以病 不行. 及燕人逼洛陽 冠軍將軍陳祐守之 衆不過二千. 勁自表求配祐效力 詔以勁補冠軍長史 令自募壯士 得千餘人以行. 勁屢以少擊燕衆 摧破之. 而洛陽糧盡援絕 祐自度不能守 乃以救許昌爲名 九月 留勁以五百人守洛陽 祐帥衆而東. 勁喜曰"吾志欲致命 今得之矣."祐聞許昌已沒 遂奔新城. 燕悅希引兵略河南諸城 盡取之.

12　秦王堅命公國各置三卿 幷餘官皆聽自采辟 獨爲置郎中令. 富商趙掇等車服僭侈 諸公競引以爲卿. 黃門侍郎安定程憲請治之. 堅乃下詔稱"本欲使諸公延選英儒 乃更猥濫如是！宜令有司推檢 辟召非其人者 悉降爵爲侯 自今國官皆委之銓衡. 自非命士已上 不得乘車馬 去京師百里內 工商皁隸 不得服金銀·錦繡. 犯者棄市！"於是平陽·平昌·九江·陳留·安樂五公皆降爵爲侯.

1   春 正月 庚申 皇后王氏崩.

2   劉衛辰復叛代 代王什翼犍東渡河 擊走之.
　什翼犍性寬厚 郎中令許謙盜絹二匹 什翼犍知而匿之 謂左
長史燕鳳曰"吾不忍視謙之面 若謙慙而自殺 是吾以財殺士
也."嘗討西部叛者 流矢中目 旣而獲射者 群臣欲臠割之 什翼
犍曰"彼各爲其主鬥耳 何罪!"遂釋之.

3   大司馬溫移鎭姑孰. 二月 乙未 以其弟右將軍豁監荊州·
揚州之義城·雍州之京兆諸軍事 領荊州刺史 加江州刺史桓沖
監江州及荊·豫八郡諸軍事 並假節.
　司徒昱聞陳祐棄洛陽 會大司馬溫於洌洲 共議征討. 丙申 帝
崩于西堂 事遂寢.
　帝無嗣 丁酉 皇太后詔以琅邪王奕承大統. 百官奉迎于琅邪
第 是日 卽皇帝位 大赦.

4   秦大赦 改元建元.

5   燕太宰恪·吳王垂共攻洛陽. 恪謂諸將曰"卿等常患吾不
攻 今洛陽城高而兵弱 易克也 勿更畏懦而怠惰!"遂攻之. 三
月 克之 執揚武將軍沈勁. 勁神氣自若 恪將宥之. 中軍將軍慕

興虔曰"勁雖奇士 觀其志度 終不爲人用 今赦之 必爲後患."
遂殺之.

恪略地至崤·澠 關中大震 秦王堅自將屯陝城以備之.

燕人以左中郎將慕容筑爲洛州刺史 鎮金墉 吳王垂爲都督
荊·揚·洛·徐·兗·豫·雍·益·涼·秦十州諸軍事·征
南大將軍·荊州牧 配兵一萬 鎭魯陽.

太宰恪還鄴 謂僚屬曰"吾前平廣固 不能濟辟閭蔚 今定洛
陽 使沈勁爲戮 雖皆非本情 然身爲元帥 實有愧於四海."朝廷
嘉勁之忠 贈東陽太守.

❖ 臣光曰

沈勁可謂能子矣！恥父之惡 致死以滌之 變凶逆之族
爲忠義之門.《易》曰"幹父之蠱 用譽."《蔡仲之命》曰
"爾尙蓋前人之愆 惟忠惟孝."其是之謂乎！

6　太宰恪爲將 不事威嚴 專用恩信 撫士卒務綜大要 不爲苛
令 使人人得便安. 平時營中寬縱 似若可犯 然警備嚴密 敵至
莫能近者 故未嘗負敗.

7　王申 葬哀帝及靜皇后于安平陵.

8　夏 四月 王午 燕太尉武平匡公封奕卒. 以司空陽鶩爲太

尉 侍中 · 光祿大夫皇甫眞爲司空 領中書監. 騖歷事四朝 年耆
望重 自太宰恪以下皆拜之. 而騖謙恭謹厚 過於少時 戒束子孫
雖硃紫羅列 無敢違犯其法度者.

9   六月 戊子 益州刺史建城襄會周撫卒. 撫在益州三十餘年
甚有威惠. 詔以其子㳟爲太守楚代之.

10   秋 七月 己酉 徙會稽王昱復爲琅邪王.

11   壬子 立妃庾氏爲皇后. 后 冰之女也.

12   甲申 立琅邪王昱子昌明爲會稽王 昱固讓 猶自稱會稽王.

13   匈奴右賢王曹轂 · 左賢王劉衛辰皆叛秦. 轂帥衆二萬寇杏
城 秦王堅自將討之 使衛大將軍李威 · 左僕射王猛輔太子宏留
守長安. 八月 堅擊轂 破之 斬轂弟活 轂請降 徙其豪傑六千餘
戶于長安. 建節將軍鄧羌討衛辰 擒之於木根山.
    九月 堅如朔方 巡撫諸胡. 冬 十月 征北將軍 · 淮南公幼帥
杏城之衆乘虛襲長安 李威擊斬之.

14   鮮卑禿髮椎斤卒 年一百一十 子思復鞬代統其衆. 椎斤 樹
機能從弟務丸之孫也.

15 　梁州刺史司馬勳 爲政酷暴 治中・別駕及州之豪右 言語
忤意 卽於坐梟斬之 或親射殺之. 常有據蜀之志 憚周撫 不敢
發. 及撫卒 勳遂舉兵反 別駕雍端・西戎司馬隗粹切諫 勳皆殺
之 自號梁・益二州牧・成都王. 十一月 勳引兵入劍閣 攻涪
西夷校尉毌丘暐棄城走. 乙卯 圍益州刺史周楚于成都. 大司馬
溫表鷹揚將軍江夏相義陽朱序爲征討都護以救之.

16 　秦王堅還長安 以李威守太尉 加侍中. 以曹轂爲鴈門公 劉
衛辰爲夏陽公 各使統其部落.

17 　十二月 戊戌 以尙書王彪之爲僕射.

1 　春 三月 荊州刺史桓豁使督護桓羆攻南鄭 討司馬勳.

2 　燕太宰・大司馬恪 太傅・司徒評 稽首歸政 上章綬 請歸
第 燕主暐不許.

3 　夏 五月 戊寅 皇后庾氏崩.

4 　朱序・周楚擊司馬勳 破之 擒勳及其黨 送大司馬溫 溫皆

斬之 傳首建康.

5 　代王什翼犍遣左長史燕鳳入貢于秦.

6 　秋 七月 癸酉 葬孝皇后于敬平陵.

7 　秦輔國將軍王猛‧前將軍楊安‧揚武將軍姚萇等帥衆二
萬寇荊州 攻南鄉郡 荊州刺史桓豁救之 八月 軍于新野. 秦兵
掠安陽民萬餘戶而還.

8 　九月 甲午 曲赦梁‧益二州.

9 　冬 十月 加司徒昱丞相‧錄尙書事 入朝不趨 讚拜不名 劍
履上殿.

10 　張天錫遣使至秦境上 告絕於秦.

11 　燕撫軍將軍下邳王厲寇兗州 拔魯‧高平數郡 置守宰而
還.

12 　初 隴西李儼以郡降秦 旣而復通於張天錫. 十二月 羌斂岐
以略陽四千家叛秦 稱臣於儼 儼於是拜置牧守 與秦‧涼絕.

13 南陽督護趙億據宛城降燕 太守桓澹走保新野 燕人遣南中郎將趙盤自魯陽戍宛.

14 徐 · 兗二州刺史庾希 以后族故 兄弟貴顯 大司馬溫忌之.

❖ 海西公 太和 2年(丁卯. 367年)

1 春 正月 庾希坐不能救魯 · 高平 免官.

2 二月 燕撫軍將軍下邳王厲 · 鎮北將軍宜都王桓襲敕勒.

3 秦輔國將軍王猛 · 隴西太守姜衡 · 南安太守南安邵羌 · 揚武將軍姚萇等帥衆萬七千討斂岐. 三月 張天錫遣前將軍楊遹向金城 征東將軍常據向左南 遊擊將軍張統向白土 天錫自將三萬人屯倉松 以討李儼. 斂岐部落先屬姚弋仲 聞姚萇至 皆降 王猛遂猛攻略陽. 斂岐奔白馬. 秦王堅以萇爲隴東太守.

4 夏 四月 燕慕容塵寇竟陵 太守羅崇擊破之.

5 張天錫攻李儼大夏 · 武始二郡 下之. 常據敗儼兵於葵谷 天錫進屯左南. 儼懼 退守枹罕 遣其兄子純謝罪於秦 且請救. 秦王堅使前將軍楊安 · 建威將軍王撫帥騎二萬 會王猛以救儼.

猛遣邵羌追斂岐 王撫守候和 姜衡守白石 猛與楊安救枹罕.
天錫遣楊遹逆戰於枹罕東 猛大破之 俘斬萬七千級 與天錫相
持於城下. 邵羌禽斂岐於白馬 送之. 猛遣天錫書曰"吾受詔救
儼 不令與京州戰 今當深壁高壘 以聽後詔. 曠日持久 恐二家
俱弊 非良算也. 若將軍退舍 吾執儼而東 將軍徙民西旋 不亦
可乎！"天錫謂諸將曰"猛書如此 吾本來伐叛 不來與秦戰."
遂引兵歸.

李儼猶未納秦師 王猛白服乘輿 從者數十人 請與儼相見. 儼
開門延之 未及爲備 將士繼入 遂執儼. 以立忠將軍彭越爲平西
將軍‧涼州刺史 鎮枹罕.

張天錫之西歸也 李儼將賀肫說儼曰"以明公神武 將士驍悍
奈何束手於人！王猛孤軍遠來 士卒疲弊 且以我請救 必不設
備 若乘其怠而擊之 可以得志."儼曰"求救於人以免難 難既
免而擊之 天下其謂我何！不若因守以老之 彼將自退."猛責
儼以不卽出迎 儼以賀肫之謀告 猛斬肫 以儼歸. 至長安 堅以
儼爲光祿勳 賜爵歸安侯.

6 　　燕太原桓王恪言於燕主暐曰"吳王垂 將相之才十倍於臣.
先帝以長幼之次 故臣得先之. 臣死之後 願陛下舉國以聽吳
王."五月 壬辰 恪疾篤. 暐親視之 問以後事. 恪曰"臣聞報恩
莫大於薦賢 賢者雖在板築 猶可爲相 況至親乎！吳王文武兼
資 管‧蕭之亞. 陛下若任以大政 國家可安 不然 秦‧晉必有
窺窬之計."言終而卒.

秦王堅聞恪卒 陰有圖燕之計 欲覘其可否 命匈奴曹轂發使
如燕朝貢 以西戎主簿郭辯爲之副. 燕司空皇甫眞兄腆及從子
奮・覆皆仕秦 腆爲散騎常侍. 辯至燕 歷造公卿 謂眞曰"僕本
秦人 家爲秦所誅 故寄命曹王 貴兄常侍及奮・覆兄弟並相知
有素."眞怒曰"臣無境外之交 此言何以及我！君似奸人 得無
因緣假托乎！"白暐 請窮治之 太傅評不許. 辯還 爲堅言"燕
朝政無綱紀 實可圖也. 鑒機識變 唯皇甫眞耳."堅曰"以六州
之衆 豈得不使有智士一人哉！"

曹轂尋卒 秦分其部落爲二 使其二子分統之 號東・西曹.

7 荊州刺史桓豁・竟陵太守羅崇攻宛 拔之 趙億走 趙盤退
歸魯陽. 豁追擊盤於雉城 擒之 留兵戍宛而還.

8 秋 七月 燕下邳王厲等破敕勒 獲馬牛數萬頭.
初 厲兵過代地 犯其稑田 代王什翼犍怒. 燕平北將軍武強公
涅幽州兵戍雲中. 八月 什翼犍攻雲中 涅棄城走 振威將軍慕輿
賀辛戰沒.

9 九月 以會稽內史郗愔爲都督徐・兗・靑・幽・揚州之晉
陵諸軍事・徐・兗二州刺史 鎭京口.

10 秦淮南公幼之反也 征東大將軍・幷州牧・晉公柳 征西
大將軍・秦州刺史趙公雙 皆與之通謀. 秦王堅以雙・母弟至

親. 柳 健之愛子 隱而不問. 柳 · 雙復與鎭東將軍 · 洛州刺史
魏公廋 · 安西將軍 · 雍州刺史燕公武謀作亂 鎭東主簿南安姚
眺諫曰"明公以周 · 邵之親 受方面之任 國家有難 當竭力除
之 況自爲難乎!"廋不聽. 堅聞之 徵柳等詣長安. 冬 十月 柳
據蒲阪 雙據上邽 廋據陝城 武據安定 皆舉兵反. 堅遣使諭之
曰"吾待卿等 恩亦至矣 何苦而反! 今止不徵 卿宜罷兵 各安
其位 一切如故."各齧黎以爲信. 皆不從.

11　　代王什翼犍擊劉衛辰 河冰未合 什翼犍命以葦絙約流澌.
俄而冰合 然猶未堅 乃散葦於其上 冰草相結 有如浮梁 代兵
乘之以渡. 衛辰不意兵猝至 與宗族西走 什翼犍收其部落什
六七而還. 衛辰奔秦 秦王堅送衛辰還朔方 遣兵戍之.

12　　十二月 甲子 燕太尉建寧敬公陽騖卒. 以司空皇甫眞爲侍
中 · 太尉 光祿大夫李洪爲司空.

❖ 海西公 太和 3年(戊辰, 368年)

1　　春 正月 秦王堅遣後將軍楊成世 · 左將軍毛嵩分討上邽 ·
安定 輔國將軍王猛 · 建節將軍鄧羌攻蒲阪 前將軍楊安 · 廣武
將軍張蠔攻陝城. 堅命蒲 · 陝之軍皆距城三十里 堅壁勿戰 俟
秦 · 雍已平 然後幷力取之.

2　　初 燕太宰恪有疾 以燕主暐幼弱 政不在己 太傅評多猜忌 恐大司馬之任不當其人 謂暐兄樂安王臧曰 "今南有遺晉 西有 強秦 二國常蓄進取之志 顧我未有隙耳. 夫國之興衰 繫於輔 相. 大司馬總統六軍 不可任非其人 我死之後 以親疏言之 當 在汝及沖. 汝曹雖才識明敏 然年少 未堪多難. 吳王天資英傑 智略超世 汝曹若能推大司馬以授之 必能混壹四海 況外寇 不 足憚也 慎無冒利而忘害 不以國家爲意也." 又以語太傅評. 及 恪卒 評不用其言. 二月 以車騎將軍中山王沖爲大司馬. 沖 暐 之弟也. 以荊州刺史吳王垂爲侍中 · 車騎大將軍 · 儀同三司.

3　　秦魏公廋以陝城降燕 請兵應接 秦人大懼 盛兵守華陰.

　　燕魏尹范陽王德上疏 以爲 "先帝應天受命 志平六合 陛下 纂統 當繼而成之. 今苻氏骨肉乖離 國分爲五 投誠請援 前後 相尋 是天以秦賜燕也. 天與不取 反受其殃 吳 · 越之事 足以 觀矣. 宜命皇甫眞引幷 · 冀之衆徑趨蒲阪 吳王垂引許 · 洛之 兵馳解廋圍 太傅總京師虎旅爲二年後繼 傳檄三輔 示以禍福 明立購賞 彼必望風響應. 渾壹之期 於此乎在矣!" 時燕人多 請救陝 因圖關中者 太傅評曰 "秦 大國也 今雖有難 未易可 圖. 朝廷雖明 未如先帝 吾等智略 又非太宰之比. 但能閉關保 境足矣 平秦非吾事也."

　　魏公廋遺吳王垂及皇甫眞牋曰 "苻堅 · 王猛 皆人傑也 謀爲 燕患久矣 今不乘機取之 恐異日燕之君臣將有甬東之悔矣!" 垂謂眞曰 "方今爲人患者必在於秦 主上富於春秋 觀太傅識度

豈能敵苻堅 · 王猛乎？"眞曰"然 吾雖知之 如言不用何！"

4　三月 丁巳朔 日月食之.

5　癸亥 大赦.

6　秦楊成世爲趙公雙將苟興所敗 毛嵩亦爲燕公武所敗 奔
還. 秦王堅復遣武衛將軍王鑒 · 寧朔將軍呂光 · 將軍馮翊郭
將 · 翟僑等帥衆三萬討之. 夏 四月 雙 · 武乘勝至於榆眉 以苟
興爲前鋒. 王鑒欲速戰 呂光曰"興新得志 氣勢方銳 宜持重以
待之. 彼糧盡必退 退而擊之 蔑不濟矣！"二旬而興退. 光曰
"興可擊矣." 遂追之 興敗 因擊雙 · 武 大破之 斬獲萬五千級
武棄安定 與雙皆奔上邽 鑒等進攻之.

　晉公柳數出挑戰 王猛不應. 柳以猛爲畏之. 五月 留其世子
良守蒲阪 帥衆二萬西趨長安. 去蒲阪百餘里 鄧羌帥銳騎七千
夜襲 敗之. 柳引軍還 猛邀擊之 盡俘其衆. 柳與數百騎入城
猛 · 羌進攻之.

　秋 七月 王鑒等拔上邽 斬雙 · 武 宥其妻子. 以左衛將軍苻
雅爲秦州刺史. 八月 以長樂公丕爲雍州刺史.

　九月 王猛等拔蒲阪 斬晉公柳及其妻子. 猛屯蒲阪 遣鄧羌與
王鑒等會攻陝城.

7　燕王公 · 貴戚多占民爲蔭戶 國之戶口少於私家 倉庫空竭

用度不足. 尙書左僕射廣信公悅縮曰"今三方鼎峙 各有呑倂
之心. 而國家政法不立 豪貴恣橫 至使民戶殫盡 委輸無入 吏
斷常俸 戰士絶廩 官貸粟帛以自贍給 旣不可聞於鄰敵 且非所
以爲治 宜一切罷斷諸蔭戶 盡還郡縣."燕主暐從之 使縮專治
其事 糾摘姦伏 無敢蔽匿 出戶二十餘萬 擧朝怨怒. 縮先有疾
自力釐校戶籍 疾遂亟. 冬 十一月 卒.

8　十二月 秦王猛等拔陝城 獲魏公廋 送長安. 秦王堅問其所
以反 對曰"臣本無反心 但以弟兄屢謀逆亂 臣懼幷死 故謀反
耳."堅泣曰"汝素長者 固知非汝心也 且高祖不可以無後."乃
賜廋死 原其七子 以長子襲魏公 餘子皆封縣公 以嗣越厲王及
諸弟之無後者. 苟太后曰"廋與雙俱反 雙獨不得置後 何也?"
堅曰"天下者 高祖之天下 高祖之子不可以無後. 至於仲群 不
顧太后 謀危宗廟 天下之法 不可私也."以范陽公抑爲征東大
將軍 · 幷州刺史 鎭蒲阪 鄧羌爲建武將軍 · 洛州刺史 鎭陝城.
擢姚眺爲汲郡太守.

9　加大司馬溫殊禮 位在諸侯王上.

10　是歲 以仇池公楊世爲秦州刺史 世弟統爲武都太守. 世亦
稱臣於秦 秦以世爲南秦州刺史.＊

資治通鑑 卷102

【晉紀二十四】

起屠維大荒落(己巳) 盡上章敦牂(庚午) 凡二年.

❖ 海西公下 太和 4年(己巳, 369年)

1   春 三月 大司馬溫請與徐·兗二州刺史郗愔·江州刺史桓
沖·豫州刺史袁眞等伐燕. 初 愔在北府 溫常云"京口酒可飲
兵可用." 深不欲愔居之 而愔暗於事機 乃遺溫牋 欲共奬王室
請督所部出河上. 愔子超爲溫參軍 取視 寸寸毀裂 乃更作愔牋
自陳非將帥才 不堪軍旅 老病 乞閒地自養 勸溫幷領己所統.
溫得牋大喜 卽轉愔冠軍將軍·會稽內史 溫自領徐·兗二州刺
史. 夏 四月 庚戌 溫帥步騎五萬發姑孰.

2   甲子 燕主暐立皇后可足渾氏 太后從弟尙書令豫章公翼之
女也.

3   大司馬溫自兗州伐燕. 郗超曰"道遠 汴水又淺 恐漕運難

通."溫不從. 六月 辛丑 溫至金鄉 天旱 水道絕 溫使冠軍將
軍毛虎生鑿巨野三百里 引汶水會于清水. 虎生 寶之子也. 溫
引舟師自清水入河 舳艫數百里. 郗超曰"清水入河 難以通運.
若寇不戰 運道又絕 因敵爲資 復無所得 此危道也. 不若盡舉
見衆直趣鄴城 彼畏公威名 必望風逃潰 北歸遼·碣. 若能出
戰 則事可立決. 若欲城鄴而守之 則當此盛夏 難爲功力. 百姓
布野 盡爲官有 易水以南必交臂請命矣. 但恐明公以此計輕銳
勝負難必 欲務持重 則莫若頓兵河·濟 控引漕運 俟資儲充備
至來夏乃進兵 雖如賒遲 然期於成功而已. 捨此二策而連軍北
上 進不速決 退必愆乏. 賊因此勢以日月相引 漸及秋冬 水更
澀滯. 且北土早寒 三軍裘褐者少 恐於時所憂 非獨無食而已."
溫又不從.

溫遣建威將軍檀玄攻湖陸 拔之 獲燕寧東將軍慕容忠. 燕主
暐以下邳王厲爲征討大都督 帥步騎二萬逆戰于黃墟 厲兵大敗
單馬奔還. 高平太守徐翻舉郡來降. 前鋒鄧遐·朱序敗燕將傳
顏於林渚. 暐復遣樂安王臧統諸軍拒溫 臧不能抗 乃遣散騎常
侍李鳳求救于秦.

秋 七月 溫屯武陽 燕故兗州刺史孫元帥其族黨起兵應溫. 溫
至枋頭 暐及太傅評大懼 謀奔和龍. 吳王垂曰"臣請擊之 若其
不捷 走未晚也."暐乃以垂代樂安王臧爲使持節·南討大都督
帥征南將軍范陽王德等衆五萬以拒溫. 垂表司徒左長史申胤·
黃門侍郎封孚·尚書郎悉羅騰皆從軍. 胤 鍾之子 孚 放之子
也.

暐又遣散騎侍郎樂嵩請救于秦 許賂以虎牢以西之地. 秦王堅引群臣議于東堂 皆曰"昔桓溫伐我 至灞上 燕不我救. 今溫伐燕 我何救焉！且燕不稱藩於我 我何爲救之！"王猛密言於堅曰"燕雖強大 慕容評非溫敵也. 若溫擧山東 進屯洛邑 收幽·冀之兵 引幷·豫之粟 觀兵崤·澠 則陛下大事去矣. 今不如與燕合兵以退溫 溫退 燕亦病矣 然後我承其弊而取之 不亦善乎！"堅從之. 八月 遣將軍苟池·洛州刺史鄧羌帥步騎二萬以救燕 出自洛陽 軍至潁川 又遣散騎侍郎姜撫報使于燕. 以王猛爲尙書令.

太子太傅封孚問於申胤曰"溫衆強士整 乘流直進 今大軍徒逡巡高岸 兵不接刃 未見克殄之理 事將何如？"胤曰"以溫今日聲勢 似能有爲 然在吾觀之 必無成功. 何則？晉室衰弱 溫專制其國 晉之朝臣未必皆與之同心. 故溫之得志 衆所不願也 必將乖阻以敗其事. 又 溫驕而恃衆 怯於應變. 大衆深入 値可乘之會 反更逍遙中流 不出赴利 欲望持久 坐取全勝 若糧廩愆懸 情見勢屈 必不戰自敗 此自然之數."

溫以燕降人段思爲鄕導 悉羅騰與溫戰 生擒思 溫使故趙將李述徇趙·魏 騰又與虎賁中郎將染干津擊斬之 溫軍奪氣.

初 溫使豫州刺史袁眞攻譙·梁 開石門以通水運 眞克譙·梁而不能開石門 水運路塞.

九月 燕范陽王德帥騎一萬·蘭台治書侍御史劉當帥騎五千屯石門 豫州刺史李邦帥州兵五千斷溫糧道. 當 佩之子也. 德使將軍慕容宙帥騎一千爲前鋒 與晉兵遇. 宙曰"晉人輕剽 怯

於陷敵 勇於乘退 宜設餌以釣之." 乃使二百騎挑戰 分餘騎爲
三伏. 挑戰者兵未交而走 晉兵追之 宙帥伏以擊之 晉兵死者甚
衆.

溫戰數不利 糧儲復竭 又聞秦兵將至 丙申 焚舟 棄輜重‧鎧
仗 自陸道奔還. 以毛虎生督東燕等四郡諸軍事 領東燕太守.

溫自東燕出倉垣 鑿井而飲 行七百餘里. 燕之諸將爭欲追之
吳王垂曰"不可. 溫初退惶恐 必嚴設警備 簡精銳爲後拒 擊之
未必得志 不如緩之. 彼幸吾未至 必晝夜疾趨 俟其士衆力盡氣
衰 然後擊之 無不克矣." 乃帥八千騎徐行躡其後. 溫果兼道而
進. 數日 垂告諸將曰"溫可擊矣." 乃急追之 及溫於襄邑. 范
陽王德先帥勁騎四千伏於襄邑東澗中 與垂夾擊溫 大破之 斬
首三萬級. 秦苟池邀擊溫於譙 又破之 死者復以萬計. 孫元遂
據武陽以拒燕 燕左衛將軍孟高討擒之.

冬 十月 己巳 大司馬溫收散卒 屯于山陽. 溫深恥喪敗 乃歸
罪於袁眞 奏免眞爲庶人 又免冠軍將軍鄧遐官. 眞以溫誣己 不
服 表溫罪狀 朝廷不報. 眞遂據壽春叛降燕 且請救 亦遣使如
秦. 溫以毛虎生領淮南太守 守歷陽.

4　　燕‧秦旣結好 使者數往來. 燕散騎侍郎郝晷‧給事黃門
侍郎梁琛相繼如秦. 晷與王猛有舊 猛接以平生 問以東方之事.
晷見燕政不脩而秦大治 陰欲自托於猛 頗泄其實.

琛至長安 秦王堅方畋於萬年 欲引見琛 琛曰"秦使至燕 燕
之君臣朝服備禮 灑掃宮庭 然後敢見. 今秦王欲野見之 使臣不

敢聞命！"尙書郎辛勁謂琛曰"賓客入境 惟主人所以處之 君
焉得專制其禮！且天子稱乘輿 所至曰行在所 何堂居之有！又
《春秋》亦有遇禮 何爲不可乎！"琛曰"晉室不綱 靈祚歸德 二
方承運 俱受明命. 而桓溫猖狂 闚我王略 燕危秦孤 勢不獨立
是以秦主同恤時患 要結好援. 東朝君臣 引領西望 愧其不競
以爲鄰憂 西使之辱 敬待有加. 今強寇旣退 交聘方始 謂宜崇
禮篤義以固二國之歡若忽慢使臣 是卑燕也 豈脩好之義乎！夫
天子以四海爲家 故行曰乘輿 止曰行在. 今海縣分裂 天光分曜
安得以乘輿・行在爲言哉！ 禮 不期而見曰遇 蓋因事權行 其
禮簡略 豈平居容與之所爲哉！客使單行 誠勢屈於主人 然苟
不以禮 亦不敢從也."堅乃爲之設行宮 百僚倍位 然後延客 如
燕朝之儀.

事畢 堅與之私宴 問"東朝名臣爲誰？"琛曰"太傅上庸王
評 明德茂親 光輔王室 車騎大將軍吳王垂 雄略冠世 折沖禦
侮 其餘或以文進 或以武用 官皆稱職 野無遺賢."

琛從兄奕爲秦尙書郎 堅使典客館琛於奕舍. 琛曰"昔諸葛瑾
爲吳聘蜀 與諸葛亮惟公朝相見 退無私面 餘竊慕之. 今使之卽
安私室 所不敢也."乃不果館. 奕數來就邸舍 與琛臥起 間問
琛東國事. 琛曰"今二方分據 兄弟並蒙榮寵 論其本心 各有所
在. 琛欲言東國之美 恐非西國之所欲聞 欲言其惡 又非使臣之
所得論也. 兄何用問爲！"

堅使太子延琛相見. 秦人欲使琛拜太子 先諷之曰"鄰國之君
猶其君也 鄰國之儲君 亦何以異乎！"琛曰"天子之子視元士

欲其由賤以登貴也. 尚不敢臣其父之臣 況他國之臣乎！苟無
純敬 則禮有往來 情豈忘恭 但恐降屈爲煩耳." 乃不果拜.

王猛勸堅留琛 堅不許.

5　燕主暐遣大鴻臚溫統拜袁眞使持節‧都督淮南諸軍事‧
征南大將軍‧揚州刺史 封宣城公. 統未踰淮而卒.

6　吳王垂自襄邑還鄴 威名益振 太傅評愈忌之. 垂奏"所募
將士忘身立效 將軍孫蓋等椎鋒陷陳 應蒙殊賞." 評皆抑而不
行. 垂數以爲言 與評廷爭 怨隙愈深. 太后可足渾氏素惡垂 毀
其戰功 與評密謀誅之. 太宰恪之子楷及垂舅蘭建知之 以告垂
曰"先發制人 但除評及樂安王臧 餘無能爲矣." 垂曰"骨肉相
殘而首亂於國 吾有死而已 不忍爲也." 頃之 二人又以告 曰
"內意已決 不可不早發." 垂曰"必不可彌縫 吾寧避之於外 餘
非所議."

垂內以爲憂 而未敢告諸子. 世子令請曰"尊比者如有憂色
豈非以主上幼沖 太傅疾賢 功高望重 愈見猜邪？" 垂曰"然.
吾竭力致命以破強寇 本欲保全家國 豈知功成之後 返令身無
所容. 汝旣知吾心 何以爲吾謀？" 令曰"主上闇弱 委任太傅
一旦禍發 疾於駭機. 今欲保族全身 不失大義 莫若逃之龍城
遜辭謝罪 以待主上之察 若周公之居東 庶幾感寤而得還 此幸
之大者也. 如其不然 則內撫燕‧代 外懷群夷 守肥如之險以自
保 亦其次也." 垂曰"善！"

十一月 辛亥朔 垂請畋于大陸 因微服出鄴 將趨龍城. 至邯
鄲 少子麟 素不爲垂所愛 逃還告狀 垂左右多亡叛. 太傅評白
燕主暐 遣西平公強帥精騎追之 及於范陽 世子令斷後 強不敢
逼. 會日暮 令謂垂曰"本欲保東都以自全 今事已泄 謀不及設
秦主方招延英傑 不如往歸之."垂曰"今日之計 舍此安之！"
乃散騎滅迹 傍南山復還鄴 隱于趙之顯原陵. 俄有獵者數百騎
四面而來 抗之則不能敵 逃之則無路 不知所爲. 會獵者鷹皆飛
颺 衆騎散去. 垂乃殺白馬以祭天 且盟從者.

世子令言於垂曰"太傅忌賢疾能 搆事以來 人尤忿恨. 今鄴
城之中 莫知尊處 如嬰兒之思母 夷・夏同之. 若順衆心 襲其
無備 取之如指掌耳. 事定之後 革弊簡能 大匡朝政 以輔主上
安國存家 功之大者也. 今日之便 誠不可失 願給騎數人 足以
辦之."垂曰"如汝之謀 事成誠爲大福 不成悔之何及！不如
西奔 可以萬全."子馬奴潛謀逃歸 殺之而行. 至河陽 爲津吏
所禁 斬之而濟. 遂自洛陽與段夫人・世子令・令弟寶・農・
隆・兄子楷・舅蘭建・郎中令高弼俱奔秦 留妃可足渾氏於鄴.
乙泉戌主吳歸追及於閺鄉 世子令擊之而退.

初 秦王堅聞太宰恪卒 陰有圖燕之志 憚垂威名 不敢發. 及
聞垂至 大喜 郊迎 執手曰"天生賢傑 必相與共成大功 此自然
之數也. 要當與卿共定天下 告成岱宗 然後還卿本邦 世封幽州
使卿去國不失爲子之孝 歸朕不失事君之忠 不亦美乎！"垂謝
曰"羈旅之臣 免罪爲幸. 本邦之榮 非所敢望！"堅復愛世子
令及慕容楷之才 皆厚禮之 賞賜巨萬 每進見 屬目觀之. 關中

士民素聞垂父子名 皆嚮慕之. 王猛言於堅曰"慕容垂父子 譬如龍虎 非可馴之物 若借以風雲 將不可復制 不如早除之."堅曰"吾方收攬英雄以清四海 奈何殺之! 且其始來 吾已推誠納之矣. 匹夫猶不棄言 況萬乘乎!"乃以垂爲冠軍將軍 封賓徒侯 楷爲積弩將軍.

燕魏尹范陽王德素與垂善 及車騎從事中郎高泰 皆坐免官. 尙書右丞申紹言於太傅評曰"今吳王出奔 外口籍籍 宜徵王僚屬之賢者顯進之 粗可消謗."評曰"誰可者?"紹曰"高泰其領袖也."乃以泰爲尙書郎. 泰 瞻之從子 紹 胤之兄也.

秦留梁琛月餘 乃遣歸. 琛兼程而進 比至鄴 吳王垂已奔秦. 琛言於太傅評曰"秦人日閱軍旅 多聚糧於陝東. 以琛觀之 爲和必不能久. 今吳王又往歸之 秦必有窺燕之謀 宜早爲之備."評曰"秦豈肯受叛臣而敗和好哉!"琛曰"今二國分據中原 常有相呑之志 桓溫之入寇 彼以計相救 非愛燕也 若燕有釁 彼豈忘其本志哉!"評曰"秦主何如人?"琛曰"明而善斷."問王猛 曰"名不虛得."評皆不以爲然. 琛又以告燕主暐 暐亦不然之. 以告皇甫眞 眞深憂之 上疏言"苻堅雖聘問相尋 然實有窺上國之心 非能慕樂德義 不忘久要也. 前出兵洛川 及使者繼至 國之險易虛實 彼皆得之矣. 今吳王垂又往從之 爲其謀主 伍員之禍 不可不備. 洛陽·太原·壺關 皆宜選將益兵 以防未然."暐召太傅評謀之 評曰"秦國小力弱 恃我爲援 且苻堅庶幾善道 終不肯納叛臣之言 絕二國之好 不宜輕自驚擾以啓寇心."卒不爲備.

秦遣黃門郎石越聘於燕 太傅評示之以奢 欲以誇燕之富盛. 高泰及太傅參軍河間劉靖言於評曰 "越言誕而視遠 非求好也 乃觀釁也. 宜耀兵以示之 用折其謀. 今乃示之以奢 益爲其所輕矣." 評不從. 泰遂謝病歸.

是時太后可足渾氏侵橈國政 太傅評貪昧無厭 貨賂上流 官非才擧 群下怨憤. 尚書左丞申紹上疏 以爲 "守宰者 致治之本. 今之守宰 率非其人 或武人出於行伍 或貴戚生長綺紈 既非鄉曲之選 又不更朝廷之職. 加之黜陟無法 貪惰者無刑罰之懼 清修者無旌賞之勸. 是以百姓困弊 寇盜棄斥 綱頹紀紊 莫相糾攝. 又官吏猥多 踰於前世 公私紛然 不勝煩擾. 大燕戶口數兼二寇 弓馬之勁 四方莫及 而比者戰則屢北 皆由守宰賦調不平 侵漁無已 行留俱窘 莫肯致命故也. 後宮之女四千餘人 僅侍廝役尚在其外 一日之費 厥直萬金. 士民承風 競爲奢靡. 彼秦·吳僭僻 猶能條治所部 有兼幷之心 而我上下因循 日失其序. 我之不脩 彼之願也. 謂宜精擇守宰 幷官省職 存恤兵家 使公私兩遂 節抑浮靡 愛惜用度 賞必當功 罰必當罪. 如此 則溫·猛可梟 二方可取 豈特保境安民而已哉! 又 索頭什翼犍疲病昏悖 雖乏貢御 無能爲患 而勞兵遠戍 有損無益. 不若移於幷土 控制西河 南堅壺關 北重晉陽 西寇來則拒守 過則斷後 猶愈於戍孤城守無用之地也." 疏奏 不省.

6　辛丑 丞相昱與大司馬溫會涂中 以謀後擧 以溫世子熙爲豫州刺史·假節.

7　初 燕人許割虎牢以西賂秦. 晉兵旣退 燕人悔之 謂秦人曰
"行人失辭. 有國有家者 分災救患 理之常也." 秦王堅大怒 遣
輔國將軍王猛‧建威將軍梁成‧洛州刺史鄧羌帥步騎三萬伐
燕. 十二月 進攻洛陽.

8　大司馬溫發徐‧兗州民築廣陵城 徙鎭之. 時征役旣頻 加
之疫癘 死者什四五 百姓嗟怨. 秘書監太原孫盛作《晉春秋》直
書時事. 大司馬溫見之 怒 謂盛子曰"枋頭誠爲失利 何至乃如
尊君所言! 若此史遂行 自是關君門戶事!"其子遽拜謝 請改
之. 時盛年老家居 性方嚴 有軌度 子孫雖斑白 待之愈峻. 至
是諸子乃共號泣稽顙 請爲百口切計. 盛大怒 不許 諸子遂私改
之. 盛先已寫別本 傳之外國. 及孝武帝購求異書 得之於遼東
人 與見本不同 遂兩存之.

❖ 海西公下 太和 5年(庚午, 370年)

1　春 正月 己亥 袁眞以梁國內史沛郡朱憲及弟汝南內史斌
陰通大司馬溫 殺之.

2　秦王猛遺燕荊州刺史武威王筑書曰"國家今已塞成皋之
險 杜盟津之路 大駕虎旅百萬 自軹關取鄴都 金墉窮戍 外無
救援 城下之師 將軍所監 豈三百弊卒所能支也!"筑懼 以洛

陽降 猛陳師受之. 燕衛大將軍樂安王臧城新樂 破秦兵于石門
執秦將楊猛.

王猛之發長安也 請慕容令參其軍事 以爲鄉導. 將行 造慕容
垂飲酒 從容謂垂曰"今當遠別 卿何以贈我 使我睹物思人?"
垂脫佩刀贈之. 猛至洛陽 賂垂所親金熙 使詐爲垂使者 謂令曰
"吾父子來此 以逃死也. 今王猛疾人如讎 讒毀日深 秦王雖外
相厚善 其心難知. 丈夫逃死而卒不免 將爲天下笑. 吾聞東朝
比來始更悔悟 主·后相尤. 吾今還東 故遣告汝 吾已行矣 便
可速發."令疑之 躊躇終日 又不可審覆. 乃將舊騎 詐爲出獵
遂奔樂安王臧於石門. 猛表令叛狀 垂懼而出走 及藍田 爲追騎
所獲. 秦王堅引見東堂 勞之曰"卿家國失和 委身投朕. 賢子
心不忘本 猶懷首丘 亦各其志 不足深咎. 然燕之將亡 非令所
能存 惜其徒入虎口耳. 且父子兄弟 罪不相及 卿何爲過懼而狼
狽如是乎!"待之如舊. 燕人以令叛而復還 其父爲秦所厚 疑
令爲反間 徙之沙城 在龍都東北六百里.

❖ 臣光曰

昔周得微子而革商命 秦得由余而霸西戎 吳得伍員而
克強楚 漢得陳平而誅項籍 魏得許攸而破袁紹. 彼敵國
之材臣 來爲己用 進取之良資也. 王猛知慕容垂之心久
而難信 獨不念燕尚未滅 垂以材高功盛 無罪見疑 窮困
歸秦 未有異心 遽以猜忌殺之 是助燕爲無道而塞來者之

門也 如何其可哉！故秦王堅禮以收燕望 親之以盡燕情
寵之以傾燕衆 信之以結燕心 未爲過矣. 猛何汲汲於殺
垂 乃爲市井鬻賣之行 有如嫉其寵而讒之者 豈雅德君子
所宜爲哉！

3　　樂安王臧進屯滎陽 王猛遣建威將軍梁成・洛州刺史鄧羌
擊走之 留羌鎭金墉 以輔國司馬桓寅爲弘農太守 代羌戍陝城
而還.
　秦王堅以王猛爲司徒 錄尙書事 封平陽郡侯. 猛固辭曰“今
燕・吳未平 戎車方駕 而始得一城 卽受三事之賞 若克殄二寇
將何以加之！”堅曰“苟不蹔抑朕心 何以顯卿謙光之美！已
詔有司權聽所守 封爵酬庸 其勉從朕命！”

4　　二月 癸酉 袁眞卒. 陳郡太守朱輔立眞子瑾爲建威將軍・
豫州刺史 以保壽春 遣其子乾之及司馬爨亮如鄴請命. 燕人以
瑾爲揚州刺史 輔爲荊州刺史.

5　　三月 秦王堅以吏部尙書權翼爲尙書右僕射. 夏 四月 復以
王猛爲司徒 錄尙書事 猛固辭 乃止.

6　　燕・秦皆遣兵助袁瑾 大司馬溫遣督護竺瑤等禦之. 燕兵
先至 瑤等與戰于武丘 破之. 南頓太守桓石虔克其南城. 石虔
溫之弟子也.

7　秦王堅復遣王猛督鎮南將軍楊安等十將步騎六萬以伐燕.

8　慕容令自度終不得免　密謀起兵　沙城中諷戍士數千人　令
皆厚撫之. 五月　庚午　令殺牙門孟嫣. 城大涉圭懼　請自效. 令
信之　引置左右. 遂帥諷戍士東襲威德城　殺城郞慕容倉　據城部
署　遣人招東西諸戍　翕然皆應之. 鎮東將軍勃海王亮鎮龍城　令
將襲之　其弟麟以告亮　亮閉城拒守. 癸酉　涉圭因侍直擊令　令
單馬走　其黨皆潰. 涉圭追令至薛黎澤　擒而殺之　詣龍城白亮.
亮爲之誅涉圭　收令尸而葬之.

9　六月　乙卯　秦王堅送王猛於灞上　曰"今委卿以關東之任
當先破壺關　平上黨　長驅取鄴　所謂'疾雷不及掩耳.'吾當親督
萬衆　繼卿星發　舟車糧運　水陸俱進　卿勿以爲後慮也."猛曰
"臣杖威靈　奉成算　盪平殘胡　如風掃葉　願不煩鑾輿親犯塵霧
但願速敕所司部置鮮卑之所."堅大悅.

10　秋　七月　癸酉朔　日有食之.

11　秦王猛攻壺關　楊安攻晉陽. 八月　燕主暐命太傅上庸王評
將中外精兵三十萬以拒秦. 暐以秦寇爲憂　召散騎侍郎李鳳・
黃門侍郎梁琛・中書侍郎樂嵩問曰"秦兵衆寡何如？今大軍
旣出　秦能戰乎？"鳳曰"秦國小兵弱　非王師之敵　景略常才
又非太傅之比　不足憂也."琛・嵩曰"勝敗在謀　不在衆寡. 秦

遠來爲寇 安肯不戰！且吾當用謀以求勝 豈可冀其不戰而已乎！"暐不悅. 王猛克壼關 執上黨太守南安王越 所過郡縣 皆望風降附 燕人大震.

黃門侍郎封孚問司徒長史申胤曰"事將何如？"胤歎曰"鄴必亡矣 吾屬今茲將爲秦虜. 然越得歲而吳伐之 卒受其禍. 今福德在燕 秦雖得志 而燕之復建 不過一紀耳."

12 大司馬溫自廣陵帥衆二萬討袁瑾 以襄城太守劉波爲淮南內史 將五千人鎭石頭. 波 隗之孫也. 癸丑 溫敗瑾于壽春 遂圍之. 燕左衛將軍孟高將騎兵救瑾 至淮北 未渡 會秦伐燕 燕召高還.

13 廣漢妖賊李弘 詐稱漢歸義侯勢之子 聚衆萬餘人 自稱聖王 年號鳳凰. 隴西人李高 詐稱成主雄之子 攻破涪城 逐梁州刺史楊亮. 九月 益州刺史周楚遣子瓊討高 又使瓊子梓潼太守虓討弘 皆平之.

14 秦楊安攻晉陽 晉陽兵多糧足 久之未下. 王猛留屯騎校尉苟長戍壼關 引兵助安攻晉陽 爲地道 使虎牙將軍張蚝帥壯士數百潛入城中 大呼斬關 納秦兵. 辛巳 猛・安入晉陽 執燕幷州刺史東海王莊. 太傅評畏猛 不敢進 屯于潞川. 冬 十月 辛亥 猛留將軍武都毛當戍晉陽 進兵潞川 與慕容評相持.

王戌 猛遣將軍徐成覘燕軍形要 期以日中 及昏而返 猛怒 將

斬之. 鄧羌請之曰"今賊衆我寡 詰朝將戰 成 大將也 宜且宥之." 猛曰"若不殺成 軍法不立." 羌固請曰"成 羌之郡將也雖違期應斬 羌願與成効戰以贖之." 猛弗許. 羌怒 還營 嚴鼓勒兵 將攻猛. 猛問其故 羌曰"受詔討遠賊 今有近賊 自相殺欲先除之!" 猛謂羌義而有勇 使語之曰"將軍止 吾今赦之." 成旣免 羌詣猛謝. 猛執其手曰"吾試將軍耳 將軍於郡將尚爾況國家乎 吾不復憂賊矣!"

太傅評以猛懸軍深入 欲以持久制之. 評爲人貪鄙 鄣固山泉 鬻樵及水 積錢帛如丘陵 士卒怨憤 莫有鬪志. 猛聞之 笑曰"慕容評眞奴才 雖億兆之衆不足畏 況數十萬乎! 吾今玆破之必矣." 乃遣遊擊將軍郭慶帥騎五千 夜從間道出評營後 燒評輜重 火見鄴中. 燕主暐懼 遣侍中蘭伊讓評曰"王 高祖之子也當以宗廟社稷爲憂 奈何不撫戰士而榷賣樵水 專以貨殖爲心乎! 府庫之積 朕與王共之 何憂於貧! 若賊兵遂進 家國喪亡王持錢帛欲安所置之!"乃命悉以其錢帛散之軍士 且趣使戰. 評大懼 遣使請戰於猛.

甲子 猛陳於渭源而誓之 曰"王景略受國厚恩 任兼內外 今與諸君深入賊地 當竭力致死 有進無退 共立大功 以報國家受爵明君之朝 稱觴父母之室 不亦美乎!"衆皆踴躍 破釜棄糧 大呼競進.

猛望燕兵之衆 謂鄧羌曰"今日之事 非將軍不能破勍敵. 成敗之機 在玆一擧 將軍勉之!"羌曰"若能以司隷見與者 公勿以爲憂." 猛曰"此非吾所及也." 必以安定太守・萬戶侯相處

羌不悅而退. 俄而兵交 猛召羌 羌寢不應. 猛馳就許之 羌乃大
飲帳中 與張蚝·徐成等跨馬運矛 馳赴燕陳 出入數四 旁若無
人 所殺傷數百. 及日中 燕兵大敗 俘斬五萬餘人 乘勝追擊 所
殺及降者又十萬餘人 評單騎走還鄴.

❖ 崔鴻曰

鄧羌請郡將以撓法 徇私也 勒兵欲攻王猛 無上也 臨
戰豫求司隸 邀君也. 有此三者 罪孰大焉！猛能容其所
短 收其所長 若馴猛虎 馭悍馬 以成大功.《詩》云"采葑
采菲 無以下體."猛之謂矣.

15　秦兵長驅而東 丁卯 圍鄴. 猛上疏稱"臣以甲子之日 大殲
醜類. 順陛下仁愛之志 使六州士庶 不覺易主 自非守迷違命
一無所害."秦王堅報之曰"將軍役不踰時 而元惡克舉 勳高前
古. 朕今親帥六軍 星言電赴. 將軍其休養將士 以待朕至 然後
取之."
　猛之未至也 鄴旁剽劫公行 及猛至 遠近貼然 號令嚴明 軍無
私犯 法簡政寬 燕民各安其業 更相謂曰"不圖今日復見太原
王！"猛聞之 歎曰"慕容玄恭信奇士也 可謂古之遺愛矣！"
設太牢以祭之.
　十一月 秦王堅留李威輔太子守長安 陽平公融鎮洛陽 自帥
精銳十萬赴鄴 七日而至安陽 宴祖父時故老. 猛潛如安陽謁

堅 堅曰"昔周亞夫不迎漢文帝 今將軍臨敵而棄軍 何也？"猛
曰"亞夫前卻人主以求名 臣竊少之. 且臣奉陛下威靈 擊垂亡
之虜 譬如釜中之魚 何足慮也！監國沖幼 鸞駕遠臨 脫有不虞
悔之何及！陛下忘臣灞上之言邪！"

初 燕宜都王桓帥衆萬餘屯沙亭 爲太傅評後繼 聞評敗 引兵
屯內黃. 堅使鄧羌攻信都. 丁丑 桓帥鮮卑五千奔龍城. 戊寅 燕
散騎侍郎餘蔚帥扶餘‧高句麗及上黨質子五百餘人 夜 開鄴北
門 納秦兵 燕主暐與上庸王評‧樂安王臧‧定襄王淵‧左衛將
軍孟高‧殿中將軍艾朗等奔龍城. 辛巳 秦王堅入鄴宮.

慕容垂見燕公卿大夫及故時僚吏 有慍色. 高弼言於垂曰"大
王憑祖宗積累之資 負英傑高世之略 遭值迍阨 棲集外邦. 今雖
家國傾覆 安知其不爲興運之始邪！愚謂國之舊人 宜恢江海之
量 有以慰結其心 以立覆簣之基 成九仞之功 奈何以一怒捐之
愚竊爲大王不取也！"垂悅 從之.

燕主暐之出鄴也 衛士猶千餘騎 既出城 皆散 惟十餘騎從行
秦王堅使游擊將軍郭慶追之. 時道路艱難 孟高扶侍暐 經護二
王 極其勤瘁 又所在遇盜 轉鬪而前. 數日 行至福祿 依冢解息
盜二十餘人猝至 皆挾弓矢 高持刀與戰 殺傷數人. 高力極 自
度必死 乃直前抱一賊 頓擊於地 大呼曰"男兒窮矣！"餘賊從
帝射高 殺之. 艾朗見高獨戰 亦還趨賊 并死. 暐失馬步走 郭慶
追及於高陽 部將巨武將縛之 暐曰"汝何小人 敢縛天子！"武
曰"我受詔追賊 何謂天子！"執以詣秦王堅 堅詰其不降而走
之狀 對曰"狐死首丘 欲歸死於先人墳墓耳."堅哀而釋之 令

還宮 帥文武出降. 暐稱孟高 · 艾朗之忠於堅 堅命厚加斂葬 拜
其子爲郎中.

郭慶進至龍城 太傅評奔高句麗 高句麗執評 送於秦. 宜都王
桓殺鎮東將軍勃海王亮 幷其衆 奔遼東. 遼東太守韓稠 先已降
秦 桓至 不得入 攻之 不克. 郭慶遣將軍朱嶷擊之 桓充衆單走
嶷獲而殺之.

諸州牧守及六夷渠帥盡降於秦 凡得郡百五十七 戶
二百四十六萬 口九百九十九萬. 以燕宮人 · 珍寶分賜將士. 下
詔大赦曰"朕以寡薄 猥承休命 不能懷遠以德 柔服四維 至使
戎車屢駕 有害斯民 雖百姓之過 然亦朕之罪也. 其大赦天下
與之更始."

初 梁琛之使秦也 以侍輦苟純爲副. 琛每應對 不先告純 純
恨之 歸 言於燕主暐曰"琛在長安 與王猛甚親善 疑有異謀."
琛又數稱秦王堅及王猛之美 且言秦將興師 宜爲之備. 已而秦
果伐燕 皆如琛言 暐乃疑琛知其情. 及慕容評敗 遂收琛繫獄.
秦王堅入鄴而釋之 除中書著作郎 引見 謂之曰"卿昔言上庸
王 · 吳王皆將相奇材 何爲不能謀畫 自使亡國？"對曰"天命
廢興 豈二人所能移也！"堅曰"卿不能見幾而作 虛稱燕美 忠
不自防 返爲身禍 可謂智乎？"對曰"臣聞'幾者動之微 吉凶
之先見者也.'如臣愚暗 實所不及. 然爲臣莫如忠 爲子莫如孝
自非有一至之心者 莫能保忠孝之始終. 是以古之烈士 臨危不
改 見死不避 以徇君親. 彼知幾者 心達安危 身擇去就 不顧家
國 臣就使知之 尚不忍爲 況非所及邪！"

堅聞悅綰之忠 恨不及見 拜其子爲郎中.

堅以王猛爲使持節·都督關東六州諸軍事·車騎大將軍·開府儀同三司·冀州牧 鎭鄴 進爵淸河郡侯 悉以慕容評第中之物賜之. 賜楊安爵博平縣侯 以鄧羌爲使持節·征虜將軍·安定太守 賜爵眞定郡侯 郭慶爲持節·都督幽州諸軍事·幽州刺史 鎭薊 賜爵襄城侯. 其餘將士封賞各有差.

堅以京兆韋鍾爲魏郡太守 彭豹爲陽平太守 其餘州縣牧·守·令·長 皆因舊而授之. 以燕常山太守申紹爲散騎侍郎 使與散騎侍郎京兆韋儒俱爲繡衣使者 循行關東州郡 觀省風俗 勸課農桑 振恤窮困 收葬死亡 旌顯節行 燕政有不便於民者 皆變除之.

十二月 秦王堅遷慕容暐及燕後妃·王公·百官幷鮮卑四萬餘戶于長安.

王猛表留梁琛爲主簿 領記室督. 他日 猛與僚屬宴語及燕朝使者 猛曰"人心不同. 昔梁君至長安 專美本朝 樂君但言桓溫軍盛 郝君微說國弊." 參軍馮誕曰"今三子皆爲國臣 敢問取臣之道何先?" 猛曰"郝君知幾爲先." 誕曰"然則明公賞丁公而誅季布也." 猛大笑.

秦王堅自鄴如枋頭 宴父老 改枋頭爲永昌 復之終世. 甲寅至長安 封慕容暐爲新興侯 以燕故臣慕容評爲給事中 皇甫眞爲奉車都尉 李洪爲駙馬都尉 皆奉朝請. 李邽爲尙書 封衡爲尙書郎 慕容德爲張掖太守 燕國平叡爲宣威將軍 悉羅騰爲三署郎. 其餘封授各有差. 衡 裕之子也.

燕故太史黃泓歎曰"燕必中興 其在吳王乎！恨吾老 不及見耳！"汲郡趙秋曰"天道在燕 不及十五年 秦必復爲燕有."

慕容桓之子鳳 年十一 陰有復讎之志. 鮮卑·丁零有氣幹者皆傾身與之交結. 權翼見而謂之曰"兒方以才望自顯 勿效爾父不識天命！"鳳厲色曰"先王欲建忠而不遂 此乃人臣之節君侯之言 豈獎勸將來之義乎！"翼改容謝之 言於秦王堅曰"慕容鳳忼慨有才器 但狼子野心 恐終不爲人用耳."

16 秦省雍州.

17 是歲 仇池公楊世卒 子纂立 始與秦絕. 叔父武都太守統與之爭國 起兵相攻.✽